■2025年度高等学校受験用

浦和麗明高等学校

収録内容一覧

★この問題集は以下の収録内容となっています。また、編集の都合上、解説、解答用紙を省略させていただいている場合もございますのでご了承ください。

（○印は収録、一印は未収録）

入試問題と解説・解答の収録内容			解答用紙
2024年度	推薦 単願・併願1回目	英語・数学・国語	○
	推薦 併願2回目	英語・数学・国語	○
2023年度	推薦 単願・併願1回目	英語・数学・国語	○
	推薦 併願2回目	英語・数学・国語	○
2022年度	推薦 単願・併願1回目	英語・数学・国語	○
	推薦 併願2回目	英語・数学・国語	○
2021年度	推薦 単願・併願1回目	英語・数学・国語	○
	推薦 併願2回目	英語・数学・国語	○

★当問題集のバックナンバーは在庫がございません。あらかじめご了承ください。

●凡例●

【英語】

≪解答≫

〔　〕　①別解
②置き換え可能な語句（なお下線は置き換える箇所が2語以上の場合）
（例）I am〔I'm〕glad〔happy〕to ~

（　）　省略可能な言葉

≪解説≫

1，2… 本文の段落（ただし本文が会話文の場合は話者の１つの発言）

〔　〕　置き換え可能な語句（なお〔　〕の前の下線は置き換える箇所が 2 語以上の場合）

（　）　①省略が可能な言葉
（例）「（数が）いくつかの」
②単語・代名詞の意味
（例）「彼（＝警察官）が叫んだ」
③言い換え可能な言葉
（例）「いやなにおいがするなべにはふたをするべきだ（＝くさいものにはふたをしろ）」

//　訳文と解説の区切り

cf.　比較・参照

≒　ほぼ同じ意味

【数学】

≪解答≫

〔　〕　別解

≪解説≫

（　）　補足的指示
（例）（右図１参照）など

〔　〕　①公式の文字部分
（例）〔長方形の面積〕=〔縦〕×〔横〕
②面積・体積を表す場合
（例）〔立方体 ABCDEFGH〕

∴　ゆえに

≒　約、およそ

【社会】

≪解答≫

〔　〕　別解

（　）　省略可能な語

＿＿　使用を指示された語句

≪解説≫

〔　〕　別称・略称
（例）政府開発援助〔ODA〕

（　）　①年号
（例）壬申の乱が起きた（672 年）。
②意味・補足的説明
（例）資本収支（海外への投資など）

【理科】

≪解答≫

〔　〕　別解

（　）　省略可能な語

＿＿　使用を指示された語句

≪解説≫

〔　〕　公式の文字部分

（　）　①単位
②補足的説明
③同義・言い換え可能な言葉
（例）カエルの子（オタマジャクシ）

≒　約、およそ

【国語】

≪解答≫

〔　〕　別解

（　）　省略してもよい言葉

＿＿　使用を指示された語句

≪解説≫

〈　〉　課題文中の空所部分（現代語訳・通釈・書き下し文）

（　）　①引用文の指示語の内容
（例）「それ（＝過去の経験）が ～」
②選択肢の正誤を示す場合
（例）（ア，ウ…×）
③現代語訳で主語などを補った部分
（例）（女は）出てきた。

／　漢詩の書き下し文・現代語訳の改行部分

浦和麗明高等学校

所在地	〒330-0054 さいたま市浦和区東岸町10-36
電　話	048-885-8625
ホームページ	https://www.eimei-urawareimei.ac.jp/reimei/
交通案内	JR浦和駅東口より徒歩8分 JR南浦和駅東口より徒歩10分

普通科

男女共学

くわしい情報はホームページへ

応募状況

年度	募集数		受験数		合格数
2024	320名	特選Ⅰ	推薦・単	34名	34名
			推薦・併	198名	198名
			一　般	5名	5名
		特選Ⅱ	推薦・単	48名	48名
			推薦・併	263名	263名
			一　般	5名	4名
		特選Ⅲ	推薦・単	101名	98名
			推薦・併	357名	339名
			一　般	32名	21名
2023	320名	特選Ⅰ	推薦・単	52名	52名
			推薦・併	231名	231名
			一　般	4名	1名
		特選Ⅱ	推薦・単	51名	51名
			推薦・併	227名	227名
			一　般	3名	2名
		特選Ⅲ	推薦・単	111名	105名
			推薦・併	360名	342名
			一　般	24名	4名
2022	200名	特選Ⅰ	推薦・単	73名	73名
			推薦・併	249名	254名
			一　般	0名	―
		特選Ⅱ	推薦・単	71名	71名
			推薦・併	257名	254名
			一　般	0名	―
		特選Ⅲ	推薦・単	51名	51名
			推薦・併	199名	198名
			一　般	0名	―
	120名	特進	推薦・単	115名	109名
			推薦・併	358名	332名
			一　般	0名	―

※一般の受験数と合格数は，単願・併願の合計。

※スライド合格を含む。

試験科目　（参考用：2024年度入試）

単願：国語・数学・英語，面接

併願：国語・数学・英語

※いずれもマークシート方式・各45分

教育の特色

1年次は必修科目を中心に履修。2年次からは多彩な選択科目の中から自分に必要な科目を選択できるため，生徒個々の希望進路の実現に向けて，効率的に学習を進めることができる。また，長期休暇等を利用した先取り学習で十分な授業時間を確保。さらに，映像授業も導入することで，学力の定着を図る。

国際教育

本校では，英語学習アプリやオンライン英会話を活用しながら，確実な英語力の育成を図っている。また，オンラインだけでなく，対面でトレーニングできる「English Gym」も設置。

修学旅行は海外(アメリカ)と国内(広島・関西)の選択制で，希望者対象の海外研修(アジア・ヨーロッパ)も実施している。

進路状況

◎主な大学合格実績　〔2024年4月判明分〕

一橋大1名，北海道大1名，東京海洋大1名，埼玉大6名，宇都宮大1名，群馬大1名，防衛大17名，早稲田大7名，慶應義塾大1名，上智大6名，東京理科大16名，明治大37名，青山学院大16名，立教大25名，中央大38名，法政大46名など。

編集部注―本書の内容は2024年5月現在のものであり，変更されている場合があります。正確な情報は，学校のホームページ等で必ずご確認ください。

出題傾向と今後への対策　英語

出題内容

	2024		2023		2022	
	単・併1	併2	単・併1	併2	単・併1	併2
大問数	7	7	7	7	7	7
小問数	40	40	40	40	40	40
リスニング	×	×	×	×	×	×

◎大問数７題，小問数40問という構成が続いている。出題構成は，長文読解総合１～２題，対話文完成１題，単語の発音とアクセントがそれぞれ１題などである。

2024年度の出題状況

《単願・併願１回目》

1 単語の発音
2 単語のアクセント
3 適語(句)選択
4 誤文訂正
5 長文読解総合－対話文
6 長文読解総合－説明文
7 長文読解総合－物語

《併願２回目》

1 単語の発音
2 単語のアクセント
3 適語(句)選択
4 誤文訂正
5 長文読解総合－対話文
6 長文読解総合－エッセー
7 長文読解総合－手紙

解答形式

《単願・併願1回目》　記　述／マーク／併　用（マークに丸印）

《併願２回目》　記　述／マーク／併　用（マークに丸印）

出題傾向

長文の題材は物語，説明文など幅広いが長さは短めで読みやすいものが選ばれている。設問は適語選択，英文解釈，内容真偽など内容把握の問題が中心であるが単語の知識を問う問題なども含まれている。文法問題は，適語(句)選択と誤文訂正が頻出である。単語の発音，アクセント問題は基本単語が多く見られる。

今後への対策

基本問題が多いので，教科書の基本単語や熟語をしっかり覚えよう。基本例文をできる限り暗記し正確に書けるようにしておこう。教科書の復習を終えたら，薄めの問題集を何度も解き直そう。定期テストで間違えた問題も必ず復習しておこう。最後に過去問を時間を計って解き，問題形式と時間配分を確認しておこう。

◆◆◆◆◆ 英語出題分野一覧表 ◆◆◆◆◆

分野			2022 単・併1	2022 併2	2023 単・併1	2023 併2	2024 単・併1	2024 併2	2025予想※ 単・併1	2025予想※ 併2
音声	放送問題									
	単語の発音・アクセント		■	■	■	■	■	■	◎	◎
	文の区切り・強勢・抑揚									
語彙・文法	単語の意味・綴り・関連知識			●		●	●		△	◎
	適語(句)選択・補充		■	■	■	■	■	■	◎	◎
	書き換え・同意文完成									
	語形変化		●			●			△	△
	用法選択									
	正誤問題・誤文訂正		●	●	●	●	●	●	◎	◎
	その他									
作文	整序結合			●	●	●	●	●	◎	◎
	日本語英訳	適語(句)・適文選択								
		部分・完全記述								
	条件作文									
	テーマ作文									
会話文	適文選択		●	●	●	●	●	●	◎	◎
	適語(句)選択・補充		●						△	
	その他									
長文読解	内容把握	主題・表題	●	●	●				◎	△
		内容真偽		●	●	●	●	●	◎	◎
		内容一致・要約文完成	●		■			●	◎	△
		文脈・要旨把握	●			●	●	●	◎	◎
		英問英答	●	●	●			■	◎	◎
	適語(句)選択・補充		●	●	●	●	●	●	◎	◎
	適文選択・補充				●	●	●		◎	△
	文(章)整序									
	英文・語句解釈(指示語など)		●	●	●	●	●	●	◎	◎
	その他(適所選択)					●				△

●印：１～５問出題，■印：６～10問出題，★印：11問以上出題。
※予想欄　◎印：出題されると思われるもの。　△印：出題されるかもしれないもの。

出題傾向と今後への対策　数学

出題内容

2024年度　《単願・併願1回目》

［1］は計算問題4問，確率1問，平面図形1問で計6問。［2］は数の計算，方程式の応用，数の性質，データの活用で計4問。［3］は関数で，放物線と直線に関するもの。［4］は平面図形の計量題5問。［5］は飛行機の座席に関する連立方程式の応用問題。

《併願２回目》

［1］は計算問題4問，確率1問，平面図形1問で計6問。［2］は数の計算，方程式の応用問題，場合の数，データの活用で計4問。［3］は関数で，放物線と直線に関するもの。［4］は特殊・新傾向問題で，頂点の数に関するもの。［5］は空間図形の計量題。

2023年度　《単願・併願1回目》

［1］は計算問題4問，確率1問で計5問。［2］は方程式の計算，数の計算，場合の数，方程式の応用問題で計5問。［3］は関数で，放物線と直線に関するもの。図形の知識も要する。［4］は空間図形の計量題3問。［5］は平面図形の計量題。

《併願２回目》

［1］は計算問題4問，確率1問で計5問。［2］は式の計算，数の計算，数の性質，確率で計5問。［3］は関数で，放物線と直線に関するもの。図形の知識も要する。［4］は平面図形の計量題。［5］は特殊・新傾向問題で規則性に関する問題。

作…作図問題　証…証明問題　グ…グラフ作成問題

解答形式

《単願・併願1回目》　記　述／マーク／併　用

《併願２回目》　記　述／マーク／併　用

出題傾向

大問5～6題，小問18～35問の出題で，ばらつきがある。出題形式も，小問集合題が1題の年もあれば，3題出題される年もある。共通していえることとしては，数と式，方程式の分野からの出題が多く，この分野の問題で半分以上を占めている。関数や図形ではやや難度の高い問題も見られる。

今後への対策

まずは教科書で，基礎の確認を。教科書にある確認問題や練習問題はひと通り解けるようにしよう。解けない問題があれば，教科書に戻って復習をすること。次に，公式や定理を定着させるために，基本問題集などで演習を積もう。公式や定理を忘れないようにするためには日々の積み重ねが大事。計算練習もおろそかにしないように。

◆◆◆◆◆ 数学出題分野一覧表 ◆◆◆◆◆

分野	年度	2022		2023		2024		2025予想※	
		単・併1	併２	単・併1	併２	単・併1	併２	単・併1	併２
数と式	計算，因数分解	★	★	★	★	★	★	◎	◎
	数の性質，数の表し方	●	●		●	●		◎	◎
	文字式の利用，等式変形								
	方程式の解法，解の利用	●	●	★	★	■	■	◎	◎
	方程式の応用	●		●		★	●	◎	◎
関　数	比例・反比例，一次関数								
	関数 $y=ax^2$ とその他の関数	★	★	★	★	★	★	◎	◎
	関数の利用，図形の移動と関数								
図　形	（平面）計　量	●	■	★	★	★	●	◎	◎
	（平面）証明，作図								
	（平面）その他								
	（空間）計　量	★	★	★			★	◎	◎
	（空間）頂点・辺・面，展開図								
	（空間）その他								
データの活用	場合の数，確率	●	●	■	■	●	■	◎	◎
	データの分析・活用，標本調査					●	●	△	△
その他	不 等 式								
	特殊・新傾向問題など	★	★		★		★	△	△
	融合問題								

●印：1問出題，■印：2問出題，★印：3問以上出題。
※予想欄　◎印：出題されると思われるもの。　△印：出題されるかもしれないもの。

出題傾向と今後への対策 国語

出題内容

2024年度

《単願・併願1回目》

論説文　小説　古文

課題文

一大竹文雄『あなたを変える行動経済学』
二朝倉かすみ『乙女の家』
三菅原孝標女『更級日記』

《併願２回目》

論説文　小説　古文

課題文

一酒井　敏『カオスなSDGs』
二寺地はるな『水を縫う』
三菅原孝標女『更級日記』

2023年度

《単願・併願1回目》

論説文　小説　古文

課題文
一橘木俊詔『新しい幸福論』
二三浦しをん『エレジーは流れない』
三清少納言『枕草子』

《併願２回目》

論説文　小説　古文

課題文
一堀内進之介『感情で釣られる人々』
二角田光代『さがしもの』
三藤原長子『讃岐典侍日記』

解答形式

《単願・併願1回目》	記　述／マーク／併　用
《併願２回目》	記　述／マーク／併　用

出題傾向

設問数は，現代文の読解問題に10問程度，古文の読解問題に８問程度付されており，全体で30問前後となっている。そのうち７割程度が内容理解の設問となっている。課題文は，分量も比較的少なく，読みやすいものが選ばれており，また，著名な学者や作家の作品からの出題が多い。

今後への対策

読解問題の設問は，内容理解に関するものが中心である。したがって，論旨の流れや登場人物の心情を理解する基本的な読解力を，問題集で練習を積んで，養成しておく必要がある。国語の知識については，慣用句，四字熟語，文法，漢字，文学史などを勉強しておくとよい。

◆◆◆◆◆ 国語出題分野一覧表 ◆◆◆◆◆

分野		年度	2022 単・併1	2022 併２	2023 単・併1	2023 併２	2024 単・併1	2024 併２	2025予想※ 単・併1	2025予想※ 併２
現代文	論説文 説明文	主題・要旨	●	●	●	●		●	◎	◎
		文脈・接続語・指示語・段落関係	●	●	●	●	●	●	◎	◎
		文章内容	●	●	●	●	●	●	◎	◎
		表現					●	●	△	△
	随筆 日記 手紙	主題・要旨								
		文脈・接続語・指示語・段落関係								
		文章内容								
		表現								
		心情								
	小説	主題・要旨		●				●		◎
		文脈・接続語・指示語・段落関係								
		文章内容	●	●	●	●	●	●	◎	◎
		表現	●	●		●			△	◎
		心情			●	●	●	●	◎	◎
		状況・情景								
韻文	詩	内容理解								
		形式・技法								
	俳句 和歌 短歌	内容理解								
		技法								
古典	古文	古語・内容理解・現代語訳	●	●	●	●	●	●	◎	◎
		古典の知識・古典文法	●	●	●	●	●	●	◎	◎
	漢文	(漢詩を含む)								
国語の知識	漢字 語句	漢字	●	●	●	●	●	●	◎	◎
		語句・四字熟語	●		●	●	●	●	◎	◎
		慣用句・ことわざ・故事成語	●	●	●	●	●	●	◎	◎
		熟語の構成・漢字の知識				●		●		◎
	文法	品詞		●						△
		ことばの単位・文の組み立て								
		敬語・表現技法								
	文学史			●			●		△	△
作文・文章の構成・資料										
その他								●		△

※予想欄　◎印：出題されると思われるもの。　△印：出題されるかもしれないもの。

合格を勝ち取るための

本書の使い方

本書に掲載されている過去問をご覧になって，「難しそう」と感じたかもしれません。でも，大丈夫。ほとんどの受験生が同じように感じるのです。高校入試の出題範囲は中学校の定期テストに比べて広いですし，残りの中学校生活で学ぶはずの，まだ習っていない内容からも出題されているかもしれません。
ですから，初めて本書に取り組む際には，点数を気にする必要はありません。点数は本番で取れればいいのです。

過去問で重要なのは「間違えること」です。自分の弱点を知るために，過去問に取り組むのです。当然，間違った問題をそのままにしておいては意味がありません。
本書には，長年にわたって高校受験に関わってきたベテランスタッフによる詳細な解説がついています。間違えた問題は重点的に解説を読み，何度も解きなおしてください。時にはもう一度，教科書で復習するのもよいでしょう。

別冊として，抜き取って使える解答用紙を収録しました。表示してあるように拡大コピーをとれば，実際の入試と同じ条件で，何度でも過去問に取り組むことができます。特に記述問題では解答欄の大きさがヒントになる場合があります。そうした，本番で使える受験テクニックの練習ができるのも，本書の強みです。

前のページにある「出題傾向と今後への対策」もよく読んで，本校の出題傾向に慣れておきましょう。

2024年度 浦和麗明高等学校（推薦 単願・併願1回目）

【英　語】（45分）〈満点：100点〉

1 次の語の下線部と同じ発音を持つ語を1つずつ選びなさい。

問1 young ① friend ② hot ③ blood ④ cat

問2 break ① great ② already ③ season ④ breakfast

問3 enough ① high ② laugh ③ through ④ neighbor

2 最も強いアクセントを含む音節の位置が，他の語と異なるものを1つずつ選びなさい。

問4 ① museum ② restaurant ③ umbrella ④ musician

問5 ① understand ② Japanese ③ medicine ④ introduce

問6 ① communicate ② interesting ③ experience ④ unhappiness

3 次の各文の空所に入れるのに，最も適切なものを1つずつ選びなさい。

問7 Since I forgot my eraser, could you (　　) me yours ?

① rent ② employ ③ borrow ④ lend

問8 Thank you (　　) your time to have an interview with us.

① for ② on ③ about ④ from

問9 First (　　) are essential when people meet each other.

① missions ② impressions ③ expressions ④ passions

問10 Saitama stadium was (　　　) many supporters last night.

① filling with ② filling of ③ filled with ④ filled of

問11 Let's go to school festival next week, (　　　)?

① will you ② will I ③ shall we ④ shall I

問12 A : Pass me the soy sauce over there, please.

B : (　　　).

① Here you are ② Yes, it is

③ You're welcome ④ That's all right

問13 We had (　　) rain last month, so most of the vegetables were dead.

① a few ② few ③ a little ④ little

問14 (　　) is as important as time.

① Nothing ② Anything ③ No other ④ Not all

問15 The exciting news (　　) soldiers very strong.

① took ② had ③ gave ④ made

問16 We have to (　　) to Email from our boss as soon as we can.

① replace ② replay ③ reply ④ repair

4 次の各文にはそれぞれ文法的・語法的に誤っている箇所が含まれている。その箇所を1つずつ選びなさい。

問17 Yuta Watanabe is ①one of the ②best Japanese basketball ③player that I have ④ever seen.

問18　When she went ①shopping in the Aeon mall, Maki ②bought ten ③sheets of ④papers and some stationery.

問19　There ①are a ②lot of fresh ③water around Mt. Fuji ④in Japan.

問20　Hurry ①up and run ②faster, ③and you will miss ④the first train at 5 o'clock.

問21　All of ①they were very sad ②to hear that the war ③would not be ④done.

5　次の会話文を読み，後の問い(問22〜問26)に答えなさい。

Jack：So tell me, Loni, is Harry ready for his trip ?

Loni：Yeah, he finished packing this evening.

Jack：Where is he now ?

Loni：Out with some friends.

Jack：Well, we have to go to the airport at six in the morning, so ― Hey, what's the matter ?

Loni：(　ア　) I mean, Japan is so far away.

Jack：Come on, honey, he's twenty-two years old, he's got a great job, and he speaks a little Japanese. (イ)[have / a great / I'm / he's / sure / going / time / to].

Loni：But we won't see him for one year !

Jack：Don't worry. (　ウ　)

Loni：But what if he stays there ?　He might meet a girl and have a family over there !

Jack：So what's wrong with that ? (　エ　)

Loni：I guess so, but maybe he'll never come back !

Jack：Then we can visit him in Japan, okay ?

Loni：Well, okay.　Maybe we should start learning Japanese, huh ?

Jack：(　オ　) Arigato.

Loni：Harry got two ?　Harry got two what ?

Jack：No, no ― I said "Arigato."　That's Japanese for "Thank you."　Harry taught me a few words.

問22　空所(ア)に入れるのに，最も適切なものを１つ選びなさい。

①　I want to go to Japan, too.
②　I'm a little nervous about Harry's trip to Japan.
③　Shall we eat some Japanese food ?
④　How long does it take to go to Japan ?

問23　下線部(イ)の[　]内を並べ替えたとき，[　]内で４番目にくるものとして最も適切なものを１つ選びなさい。

①　a great　　②　going
③　time　　④　sure

問24　空所(ウ)に入れるのに，最も適切なものを１つ選びなさい。

①　The time will probably pass very quickly.
②　Why don't you go to the airport to see him off ?
③　He is learning Japanese very hard.
④　You are able to book a airplane for Japan anytime.

問25　空所(エ)に入れるのに，最も適切なものを１つ選びなさい。

①　We won't meet him any longer.　　②　He'll keep in touch.
③　We will stay there as well.　　④　We welcome the new family.

問26　空所(オ)に入れるのに，最も適切なものを１つ選びなさい。

① We need to hire an competent interpreter.
② Harry got a new smartphone.
③ Let's look for an English conversation school.
④ Now that's a good idea.

6　次の文章を読み，後の問い(問27～問33)に答えなさい。

Most of us know a little about the way babies learn to talk. From the time *infants are born, they hear language because their parents talk to them all the time. Between the ages of seven and ten months, most infants begin to make sounds. They repeat the same sounds over and over again. For example, a baby may repeat the sound "dadada" or "bababa". This is called babbling. When babies babble, they are practicing their language. Soon, (ア)the sound "dadada" may become "daddy", and "bababa" may become "bottle".

Then, what happens to children who cannot hear? How do these deaf children learn to communicate? Recently, doctors have learned that deaf babies babble with their hands. Dr. Laura Ann Petitto at McGill University in Montreal, Canada, has studied how children learn language. She studied three hearing infants and two deaf infants. The three hearing infants had English-speaking parents. The two deaf infants had deaf mothers and fathers who used *ASL to communicate with each other and with their babies. Dr. Petitto studied the babies three times: at 10, 12, and 14 months. During this time, children really begin to learn their language skills.

After watching and videotaping the children for a few hundred hours, Dr. Petitto and her team made many important (イ)observations. For example, they saw that the hearing children made many different movements with their hands. (ウ), there weren't any rules in these movements. The deaf babies also made many different movements with their hands, but these were more planned. The deaf babies were making the same hand movements over and over again. During the four months of studies, the deaf baby's hand movements started to look like some of the (エ)fundamental movements used in ASL.

Hearing infants start with simple babbling (dadada), then put more sounds together to make up the sentences and questions like real ones. Clearly, deaf babies (オ)follow the same as hearing infants do. First, they repeat simple hand-shapes. Next, they make some simple hand signs (words) and use these movements together to look like ASL sentences.

Linguists — people who study language — believe that (カ)we have the ability for language from the time we are born. We can use language in many different ways — for example, by speech or by sign. Dr. Petitto wants to see what happens when babies learn both sign language and speech. Does the human brain choose speech? Some of these studies of hearing babies who have one deaf parent and one hearing parent show that the babies babble with their hands and their voices. They also use both at about the same time as their first words.

Only human can use language. More studies in the future may clearly show that the sign system of deaf people is something like the speech system of hearing people. If so, the old idea that only the spoken word is language will have to be changed. The whole idea of human communication will have a very new and different meaning.

注　*infant(s)：幼児　　*ASL：アメリカ手話法

問27　下線部(ア)the sound "dadada" may become "daddy", and "bababa" may become "bottle"の内容を表すものとして最も適切なものを１つ選びなさい。

① babies learn to talk by making sounds with bottles
② babies learn to talk by hearing the same sounds
③ babies learn to talk by talking to daddy
④ babies learn to talk by repeating the same sounds

問28　下線部(イ)observationsの内容として本文と一致しないものを１つ選びなさい。

① All the children made movements with their hands.
② The deaf babies tried to make sounds though they couldn't hear.
③ The hearing and the deaf infants made different hand movements.
④ Not only the deaf babies but the hearing babies were studied.

問29　空所(ウ)に入れるのに，最も適切なものを１つ選びなさい。

① Because　② As　③ However　④ So

問30　下線部(エ)fundamentalの意味として最も適切なものを１つ選びなさい。

① clear　② wrong　③ difficult　④ simple

問31　下線部(オ)follow the sameの内容として最も適切なものを１つ選びなさい。

① 耳が聞こえる子供と同じ手ぶりをする。
② 耳が聞こえる子供の口の動きを真似て発声する。
③ 耳が聞こえる子供の言語習得と同様の発達段階をたどる。
④ 耳が聞こえる子供よりも言語の習得に時間がかかる。

問32　下線部(カ)we have the ability for languageの内容を表すものとして最も適切なものを１つ選びなさい。

① all of us are able to choose a language
② all of us are able to speak a language
③ all of us are able to learn a language
④ all of us are able to hear a language

問33　本文の内容と一致するものとして最も適切なものを１つ選びなさい。

① Deaf children and hearing children learn a language in different steps.
② Deaf babies will make sentences by putting simple hand signs together.
③ Deaf babies made many different movements, but hearing babies didn't.
④ Dr. Petitto saw that deaf babies and hearing babies moved their hands in the same way.

7　次の文章を読み，後の問い(問34～問37)に答えなさい。

Every student was very excited! Ms. Green announced that she was going to make a little gift to the boy or girl who answered the most questions correctly in the tests they were going to have that day.

What the present was, she didn't say. She just said, "It is very nice, very pretty, and very tasty."

"Something tasty!" said Ted Jones. "I could use that right now."

"(ア)," said Eric Foster, because his mother had said to him that morning, "I was so busy looking after your two little brothers and your baby sister that I forgot to make your lunch."

Then the tests began, and how everyone did work! When the teacher asked the questions aloud, everyone listened very carefully. When the answers had to be written, there was an *unusual silence.

It was lots of fun, and everyone had high hopes of winning the prize.

As time went by, Ted and Peter and Peggy and all the rest became more and more certain that they were going to win. Poor Eric got hungrier and hungrier every minute and said to himself, "(イ)"

At last the tests were all over, the answers all checked.

Who was the winner ?

"Now," said the teacher, "(ウ)"

The silence was complete.

"In second place is Peggy but the winner is little Eric !"

At that moment, the teacher opened her desk drawer and showed them a big chocolate egg with a piece of wide blue ribbon.

"(エ)" cried everyone.

"Now just a moment," said the teacher. "I have a second prize. It is in this box."

Everyone looked and saw four little chocolate eggs. They were good, too, but not so attractive as the big one in the blue ribbon.

Eric came forward to receive his prize. He had looked at (オ)<u>both prizes</u> and was thinking hard.

The teacher smiled at him and said to him, "Good job !" Then she tried to hand him the big chocolate egg. But Eric kept his hands (カ) his back and his face turned red.

"Please," he said shyly, "would—would you mind if I had the second prize instead ?" Everybody was surprised to hear that, and the teacher was too surprised to say anything, because she thought that everyone would be glad to get the first prize. But, she thought, Eric was always a good boy and he must have a reason for his unusual request. So she gave him the second prize, and Peggy was happy to get the first prize after all.

But if you want to know the reason why Eric wanted the second prize, you should go to his house. You will find out all about it. That night, four of the happiest children were sitting on the kitchen floor. They were all happy to be eating chocolate eggs.

注　* unusual：普通でない

問34　空所(ア)～(エ)には以下の①～④のいずれかが入る。各空所に入れるのに最も適切なものを1つずつ選びなさい。

① How lovely !

② What am I going to do with the prize if I win ?

③ And so could I.

④ I am almost ready to tell you the name of the winner.

空所(ア)：マークシート番号34

空所(イ)：マークシート番号35

空所(ウ)：マークシート番号36

空所(エ)：マークシート番号37

問35　下線部(オ)<u>both prizes</u>の意味するものとして最も適切なものを1つ選びなさい。

マークシート番号38

①　1等賞　②　2等賞　③　1等賞と2等賞　④　4つのチョコレートのうちから2個

問36　空所(カ)に入れるのに，最も適切なものを１つ選びなさい。

マークシート番号39

① behind　② before　③ between　④ beside

問37　本文の内容と一致するものとして最も適切なものを１つ選びなさい。

マークシート番号40

① The teacher said before the test that the prize was the big chocolate egg.
② Each of the students hoped to win the prize when they were taking the exam.
③ The teacher knew the reason why Eric chose the second prize.
④ In the evening, one of the classmates came to Eric's house to find out the truth.

【数　学】 (45分) 〈満点：100点〉

(注意)　1　問題の文中の $\boxed{\text{ア}}$，$\boxed{\text{イウ}}$ などには，特に指示がない限り，符合(−)または数字(0 ～ 9)が入ります。ア，イ，ウ，…の一つ一つは，これらのいずれか一つに対応します。それらを解答用紙のア，イ，ウ，…で示された解答欄にマークして答えなさい。

2　分数形式で解答する場合，分数の符号は分子につけ，分母につけてはいけません。例えば，$\dfrac{\boxed{\text{エオ}}}{\boxed{\text{カ}}}$ に $-\dfrac{2}{3}$ と答えたいときには，$\dfrac{-2}{3}$ として答えなさい。

また，それ以上約分できない形で答えなさい。例えば，$\dfrac{3}{2}$ と答えるところを $\dfrac{6}{4}$ のように答えてはいけません。

3　根号を含む形で解答する場合，根号の中に現れる自然数が最小となる形で答えなさい。例えば，$\boxed{\text{キ}}\sqrt{\boxed{\text{ク}}}$ に $6\sqrt{2}$ と答えるところを，$3\sqrt{8}$ のように答えてはいけません。

4　根号を含む分数形式で解答する場合，例えば，$\dfrac{\boxed{\text{ケ}}+\boxed{\text{コ}}\sqrt{\boxed{\text{サ}}}}{\boxed{\text{シ}}}$ に $\dfrac{3+2\sqrt{2}}{3}$ と答えるところを，$\dfrac{6+4\sqrt{2}}{6}$ や $\dfrac{6+2\sqrt{8}}{6}$ のように答えてはいけません。

1　次の空欄に当てはまる符号，数字を答えなさい。

(1)　$\left(-\dfrac{1}{3}ab^2\right)^2\times(-2a^4b)\div\dfrac{1}{6}(a^2b)^3=\dfrac{\boxed{\text{アイ}}}{\boxed{\text{ウ}}}b^{\boxed{\text{エ}}}$

(2)　$(1-\sqrt{2})^2+\dfrac{6}{\sqrt{2}}-\dfrac{\sqrt{6}-\sqrt{12}}{\sqrt{3}}=\boxed{\text{オ}}$

(3)　連立方程式 $\begin{cases}0.5x+0.3y=0.8\\0.3x+0.15y=0.28\end{cases}$ を解くと $x=\dfrac{\boxed{\text{カキク}}}{\boxed{\text{ケ}}}$，$y=\dfrac{\boxed{\text{コサ}}}{\boxed{\text{シ}}}$ である。

(4)　$(x-27)^2-10=5(x-29)$ を解くと，$x=\boxed{\text{スセ}}$，$\boxed{\text{ソタ}}$ ただし，$\boxed{\text{スセ}}<\boxed{\text{ソタ}}$ である。

(5)　1から6までの目がある大小2つのさいころを同時に投げる。大きいさいころの出た目の数を a，小さいさいころの出た目を b とする。$\dfrac{1}{2}\leqq\dfrac{a}{b}<4$ となる確率は $\dfrac{\boxed{\text{チ}}}{\boxed{\text{ツ}}}$ である。

(6)　右の図のような円Oにおいて，線分ABは円Oの直径である。円Oの周上の点Cを通る接線と直線ABとの交点をDとする。∠BAC＝25°のとき，∠BDCの大きさは $\boxed{\text{テト}}$°である。

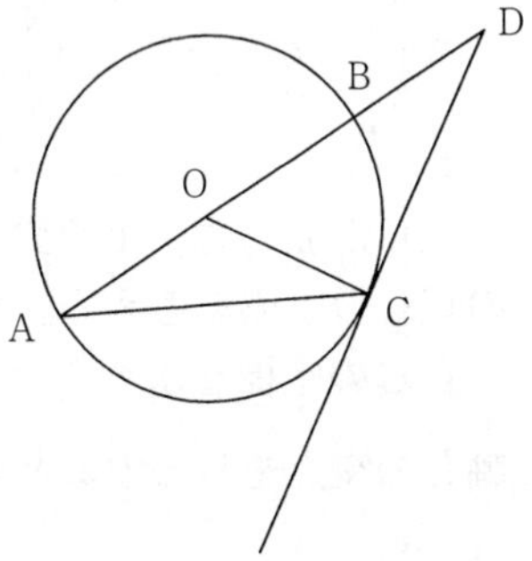

2 次の空欄に当てはまる符号，数字を答えなさい。

(1) $x=19$，$y=36$のとき，$9x^2-6xy+y^2$の値は $\boxed{\text{アイウ}}$ である。

(2) 2桁の整数がある。その整数の十の位の数の4倍は，一の位の数より2だけ大きい。この整数の十の位の数と一の位の数を入れ替えた数は，もとの整数の3倍より16だけ小さい。もとの整数は $\boxed{\text{エオ}}$ である。

(3) nを自然数とするとき，$\dfrac{n+110}{13}$と$\dfrac{66-n}{7}$の値がともに自然数となるnの値は $\boxed{\text{カキ}}$ である。

(4) 右の表は，生徒20人のハンドボール投げの記録を度数分布表にまとめたものである。次の⓪～③のうち，この度数分布表からわかることとして正しいものは $\boxed{\text{ク}}$ である。

⓪ 生徒20人の記録の範囲は25m以上である。

① 生徒20人の記録の中央値は20m以上25m未満の階級にふくまれている。

② 25m以上30m未満の階級の相対度数は0.15である。

③ 度数が最も多い階級の階級値は32.5mである。

記録(m)	度数(人)
10以上15未満	4
15 ～ 20	7
20 ～ 25	5
25 ～ 30	3
30 ～ 35	1
計	20

3 放物線$y=ax^2$…①のグラフと直線$y=-x+\dfrac{3}{4}$…②のグラフが図のように2点A，Bで交わっている。A，Bのx座標をそれぞれx_1，x_2($x_1<x_2$)とする。また，①は点$(-4,\ 16)$を通る。このとき，次の問に答えなさい。

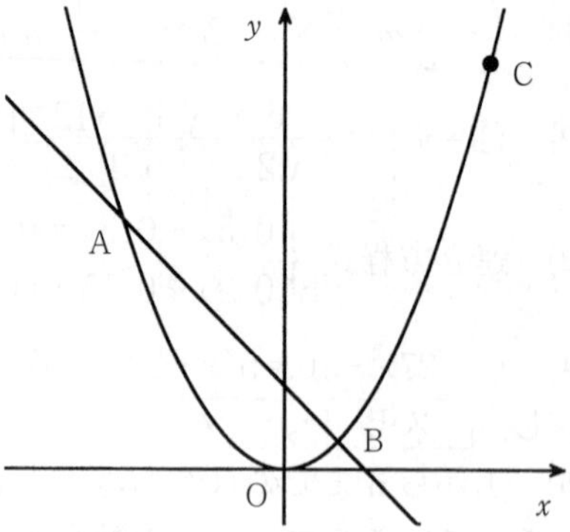

(1) aの値は $\boxed{\text{ア}}$ である。

(2) 点Aと点Bの座標はそれぞれ

$$A\left(\frac{\boxed{\text{イウ}}}{\boxed{\text{エ}}},\ \frac{\boxed{\text{オ}}}{\boxed{\text{カ}}}\right),\ B\left(\frac{\boxed{\text{キ}}}{\boxed{\text{ク}}},\ \frac{\boxed{\text{ケ}}}{\boxed{\text{コ}}}\right)$$

である。

(3) 点Cが放物線①上を動くとする。ここで，△ABCがCAとCBが等しい二等辺三角形となるときの点Cの座標を考える。ただし，点Cのx座標をx_3とするとき，$x_2<x_3$となる。

点Cの座標を求めるために，線分ABの垂直二等分線を利用する。線分ABの垂直二等分線とx軸との交点をDとするとき，点Dの座標は$\left(-\dfrac{7}{4},\ 0\right)$であった。

このことから，点Cのx座標は$x_3=\dfrac{\boxed{\text{サ}}+\boxed{\text{シ}}\sqrt{\boxed{\text{ス}}}}{\boxed{\text{セ}}}$である。

(4) 点Cは(3)で求めたものとし，直線ACの傾きをmとすると，$m=\sqrt{\boxed{\text{ソ}}}-\boxed{\text{タ}}$である。

点Eが放物線①上を点Aから点Bまで動くとする。このとき，△AECと△ABCの面積が1：2となるときの点Eのx座標を求める。

点Eのx座標をx_4とすると，$x_1<x_4<x_2$となるので，点Eのx座標は

$x_4=\dfrac{\sqrt{\boxed{\text{チ}}}-\sqrt{\boxed{\text{ツ}}}-\boxed{\text{テ}}}{\boxed{\text{ト}}}$である。

4　次の各問に答えなさい。

図１のように，一辺の長さが１の正五角形ABCDEがあり，対角線ACとBEの交点をFとする。次の各問に答えなさい。

図１

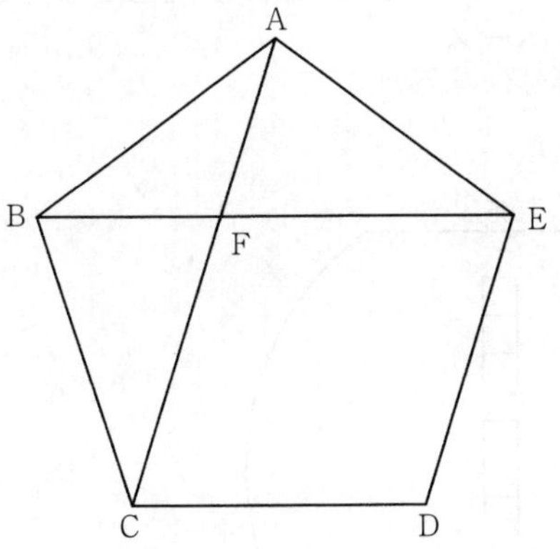

図２

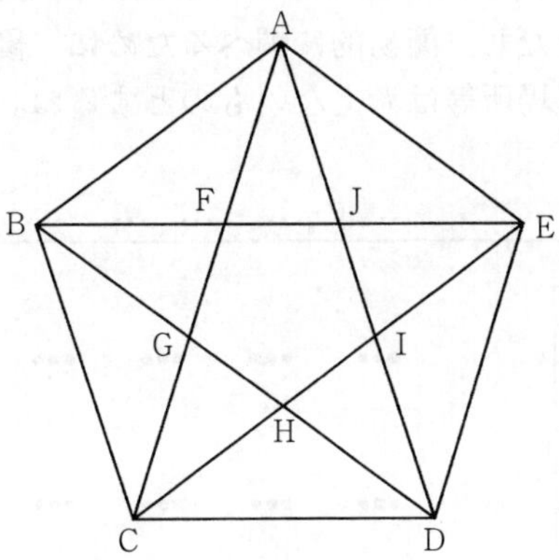

(1)　∠ABEの大きさを求めると，∠ABE＝$\boxed{アイ}$°である。

(2)　∠CBF＝∠CFB＝$\boxed{ウエ}$°である。

(3)　△ABCと△AFBが相似であることを利用して，対角線ACの長さを考える。

AC＝$\dfrac{\boxed{オ}+\sqrt{\boxed{カ}}}{\boxed{キ}}$である。

(4)　図１において，対角線ACとBDの交点をG，対角線BDとCEの交点をH，対角線CEとDAの交点をI，対角線DAとBEの交点をJとする。（図２）

このとき，正五角形FGHIJの一辺の長さは$\dfrac{\boxed{ク}-\sqrt{\boxed{ケ}}}{\boxed{コ}}$である。

(5)　正五角形ABCDEと正五角形FGHIJの面積比は２：$(\boxed{サ}-\boxed{シ}\sqrt{\boxed{ス}})$である。

5　次の会話文を読み，空欄に当てはまる記号，および数値を答えよ。

浦太：コロナウイルス感染拡大防止に関しての規制も徐々に緩やかになり，海外への旅行も少しずつ可能になってきたね。修学旅行はニューヨークに行けるといいな。

麗子：そうだね。私も行けることを願っているわ。昨日，ワクワクしてしまって飛行機について色々調べてみたの。そうしたら，１つ驚いたことがあったの。

浦太：驚いたこと？

麗子：うん。飛行機の搭乗券を買う際に様々な座席のクラスがあるでしょ？　クラスによって値段が違うことは知っているよね。搭乗券だけでどれだけの売り上げが出るのか，ある航空会社の東京からニューヨークまでの飛行機を調べてみたら，仮に座席がすべて売れたとすると約１億円にもなるのよ。

浦太：約１億円？　それはとても大きな金額だね。飛行機を飛ばすためには，それだけの売り上げが必要なんだね。

麗子：でも，なぜ座席をクラス分けするのかな？　ファーストクラスとエコノミークラスでは金額が20倍違うこともあるって聞いたことがあるわ…全席均等にした方が多くの人が買ってくれそうなのにな。

浦太：確かにそうだね。一緒に調べてみようよ。ただし，クラス分けが多いと大変そうだから，まずはファーストクラスとエコノミークラスの２種類に絞ってみよう。

麗子：そうね。まず，調べたことをもとに〈表１〉のように料金を設定するね。座席は，仮に，すべてがエコノミークラスの座席の場合〈図１〉のように１列９人で45列ある合計405人が座れる飛行機と設定しましょう。ただし，簡易的に調べるために，優先席スペースや，通路，機材設置場所等は考えないものとするね。

〈表１〉

ファーストクラス	200万円
エコノミークラス	18万円

〈図１〉

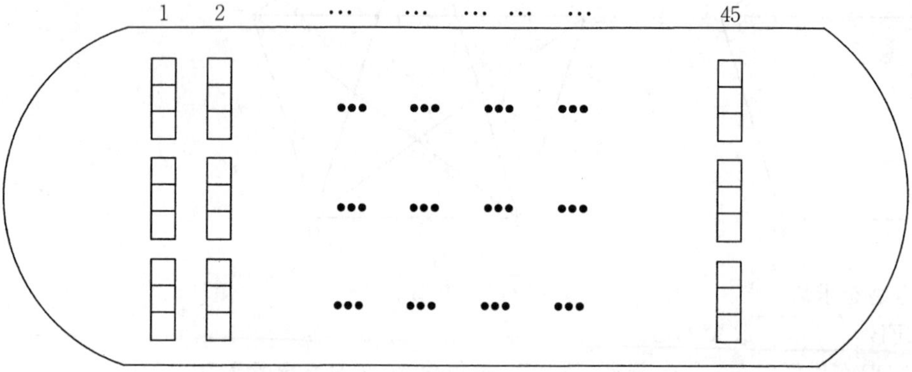

浦太：ファーストクラスの座席は，縦にも横にもスペースを確保しないと差別化ができないよね。〈図２〉のように，エコノミークラスの座席18席分をファーストクラス４席分と設定してみよう。また，各列において，エコノミークラスとファーストクラスが並ぶことはないものとし，座席数は用意できる最大限まで設定することにする。

〈図２〉

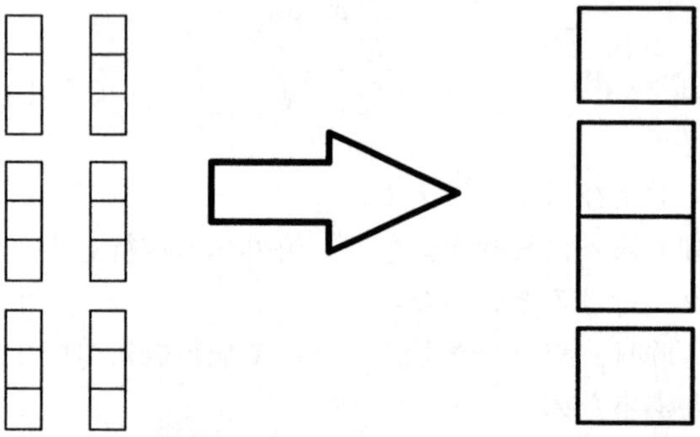

麗子：うん。エコノミークラスの座席数を x，ファーストクラスの座席数を y とすると，

$0 \leqq x \leqq 405$，$0 \leqq y \leqq$ [アイ] …①

とおけるね。

浦太：仮に，座席すべてをエコノミークラスにすると売り上げは，7,290万円。１億円には届かないか。

麗子：そうか！　飛行機には定員があるから，ファーストクラスのように高い金額の座席を用意する必要があるのね。仮にファーストクラスの座席を最大限まで用意すると，売り上げは，１億 [ウエオカ] 万円と過剰に売り上げが出てしまうのね。

浦太：ファーストクラスばかりじゃ購入する人も減ってしまうからクラス分けの調整が必要なんだね。じゃあ，ここでは，１億円の売り上げを出すと設定しよう。そうすると，

$\boxed{\text{キ}}\,x+\boxed{\text{クケコ}}\,y=5000$…②

という等式が成り立つね。

麗子：②をみたす x，y を考えればいいけど，①も考慮すると，エコノミークラスとファーストクラスの座席の割合から，$x+\dfrac{\boxed{\text{サ}}}{\boxed{\text{シ}}}y \leqq 405$ をみたす x，y であればよさそうね。

$x+\dfrac{\boxed{\text{サ}}}{\boxed{\text{シ}}}y=405$…③

としたとき，②と③の交点は小数点3位を四捨五入すると（$\boxed{\text{スセソ}}$.52，$\boxed{\text{タチ}}$.77）となるわね。

浦太：座席数は自然数だから，売り上げ1億円以上を考えると，エコノミークラスは $\boxed{\text{ツテト}}$ 席，ファーストクラスは $\boxed{\text{ナニ}}$ 席用意すれば，過剰の売り上げにはならなさそうだ。でも，それでも多くお金をとっている状況は何か嫌な感じがするな。ぴったり1億円にできたらいいんだけど…。

麗子：1円単位でお金を請求するのも，航空会社からするとなかなかできないのかな。例えばだけど，今求めた座席数からファーストクラスを1列減らして，ファーストクラスの料金を $\boxed{\text{ヌ}}$ 万円増額すればいいかも。

浦太：おお。それはいい案だね。その分，パイロット，CAの方々には，ファーストクラスに乗る人に対して，最高のおもてなしをしてほしいね。

$\boxed{\text{ヌ}}$ に入る数値として適切な値を次の⓪～⑤の中から1つ選びなさい。

⓪ 15.5　① 15.8　② 16.2　③ 16.5　④ 17.8　⑤ 18.2

問22　二重傍線部A～Dの「の」のうち、用法が他と異なるものとして最も適当なものを選びなさい。

①　A　②　B　③　C　④　D

問23　傍線部②「あはれなる」とありますが、その理由として最も適当なものを選びなさい。

①　今年の桜が散るのと同時に、乳母も亡くなってしまったから。

②　桜が散っているのを見ると、乳母も亡くなってしまうのではないかと思われるから。

③　春の終わりまでせっかく残っていた桜だったのに、見る前に散ってしまったから。

④　桜が散る頃になると、乳母が亡くなった季節だと思い出されるから。

問24　傍線部③「五月」を表す月の異名は何ですか。最も適当なものを選びなさい。

①　神無月　②　皐月　③　睦月　④　如月

問25　傍線部④「なれつつ」の主語として最も適当なものを選びなさい。

①　大納言の御むすめ　②　猫

③　姉　④　作者

問26　傍線部⑤「かしがましくなきののしれ」とありますが、誰が、なぜ騒いだのでしょうか。その説明として最も適当なものを選びなさい。

①　猫が、私の姉が病気になって心配しているから。

②　猫が、下衆の中にいて寂しく思ったから。

③　私の姉が、体調を崩して猫と離れてしまったから。

④　私の姉が、夢で見た猫の声が悲しく感じられたから。

問27　傍線部⑥「あはれなり」と感じた人物として最も適当なものを選びなさい。

①　下衆　②　猫　③　姉　④　作者

問28　傍線部⑦「むかひゐたれば」の現代仮名遣いとして最も適当なものを選びなさい。

①　むかいいたれば　②　むかいえたれば

③　むこういたれば　④　むこうえたれば

三　次の文章を読んで、後の問いに答えなさい。（……の左側は口語訳です。）

①三月つごもりがた、つちいみ《土忌み》に人Ａのもとにわたりたるに、桜さかりにおもしろく、今まで散らぬもあり。かへりて又の日、

あかざりし宿の桜を春くれて散りがたにしも一目みしかな《我が家の桜は心残りのまま散ってしまいましたが、それも春の終わりの散る寸前に、その桜に思いがけなくあなたのお宅で、一目お目にかかったことです》

といひにやる。

花の咲き散るをりごとに、乳母《めのと》なくなりしをりぞかし、とのみ②あはれなるに、同じをりなくなりたまひし侍従の大納言の御むすめＢの手《筆跡》を見つつ、すずろにあはれなるに《何ということなく、もの悲しく》、③五月ばかり、夜ふくるまで物語をよみて起きゐたれば、来《き》つらむ方《かた》《やって来た方向》も見えぬに、猫Ｃのいとなごう《のどやかに》ないたるを、おどろきて《はっと気がついて》見れば、いみじうをかしげなる《見るからにかわいらしい》猫あり。いづくより来つる猫ぞと見るに、姉なる人、「あなかま《ああ静かに》、人に聞かすな。いとをかしげなる猫なり。飼はむ」とあるに、いみじう人④なれつつ、かたはらにうち臥《ふ》したり。尋ぬる人やあると、これをかくして飼ふに、すべて下衆《げす》《下賤の者》のあたりにもよらず、つと《じっと》前にのみありて、物もきたなげなるは、ほかざまに顔をむけてくはず。姉おとと《妹》Ｄの中につとまとはれて、をかしがりらうたがる《かわいがる》ほどに、姉のなやむ《病気になる》ことあるに、ものさわがしくて、この猫を北面《きたおもて》《北側の部屋》にのみあらせて呼ばねば、⑤かしがましくなきののしれども、なほさるに《やはり何かわけが》てこそは《あって鳴くのだろう》と思ひてあるに、わづらふ姉おどろきて「いづら、猫は。こちゐて来《こ》」とあるを、「など」と問へば、「夢にこの猫のかたはらに来て、『おのれは侍従の大納言殿の御むすめの、かく《このように》なりたるなり。さるべき縁《えん》のいささか《少し》ありて、その中の君のすずろにあはれと思ひ出でたまへば、ただしばしここにあるを、このごろ下衆の中にありて、いみじうわびしき《寂しい》こと』といひて、いみじうなくさまは、あてに《いかにも》をかしげなる人と見えて、うちおどろきたれば、この猫の声にてありつるが、いみじくあはれなるなり」と語りたまふを聞くに、いみじく⑥あはれなり。その後はこの猫を北面にも出さず思ひかしづく《大切に育てる》。ただ一人ゐたる所に、この猫が⑦むかひゐたれば、かいなで《なでながら》つつ、「侍従の大納言の姫君のおはするな《おいでなのね》。大納言殿に知らせたてまつらばや《したい》」といひかくれば、顔をうちまもり《じっと見つめ》つつなごうなくも、心のなし《気のせいか》、目のうちつけ《一見したところ》に、例の猫にはあらず、聞き知り顔にあはれなり。

菅原孝標女『更級日記』

問21 傍線部①「三月」を表す月の異名は何ですか。最も適当なものを選びなさい。

① 弥生　② 長月
③ 葉月　④ 霜月

① 岩手県花巻市・盛岡高等農林学校
② 新潟県越後湯沢・ノーベル文学賞
③ 青森県北津軽郡・桜桃忌
④ 愛媛県松山市・金之助

問15 傍線部④「この小説を読めば、わたしがなぜあなたの相談に乗る気になったか分かるはず」について、高橋さんが若菜の相談に乗る気になったのはなぜだと考えられますか。その理由として、最も適当なものを選びなさい。

① 若菜が小説を読んだ経験が乏しいことを見抜いて、まずは自分の人生観に大きく影響を与えた著名な小説を読んでほしいと考えたから。
② 友人が少ない高橋さんはおすすめの本を尋ねてくれた若菜に対して、その後の関係が続くような内容の本を推薦したかったから。
③ その本を読んで、自分が感銘を受けた理由を感じてもらい、それを若菜の人生観にも影響を与えたかったから。
④ 高橋さんは、自分を『人間失格』の主人公になぞらえ、若菜を主人公の失敗を見抜いた「竹一」ととらえているから。

問16 傍線部⑤「ヤンキーとは方向の異なる不良性」とは、どのようなことですか。その説明として最も適当なものを選びなさい。

① 集団で行動することが多いヤンキーに対して、群れを作ることなく孤高の存在として周囲を受け入れようとしない態度。
② 反社会的な行動を取ることが多いヤンキーに対して、小さな法律違反をするものの人を傷つけることがない態度。
③ 学業を嫌い、遊ぶことばかりに目を向けるヤンキーとは異なり、時には人の価値観を否定しつつも、本を愛する態度。
④ 公的な場所で騒ぐヤンキーに対して、高校生が出入りしないような場所に入りつつも、沈黙を重視するような態度。

問17 傍線部⑥「若菜」が「主人公のきもちがよく分かった」のはなぜですか。その理由として最も適当なものを選びなさい。

① 若菜も高橋さんの前では、いつも一緒にいる友人たちには見せない側面を、気にすることなく見せているから。
② 高橋さんが認めてくれた若菜の素の部分こそが、周囲に見せることのなかった若菜の真の姿だったから。
③ 高橋さんのように、若菜自身も周囲の目を気にしないで生きてゆくことを理想としていることを高橋さんに見抜かれたから。
④ 『人間失格』の主人公が「竹一」に失敗を見抜かれたように、キャラが崩壊するときの不安と恐怖を若菜が感じたから。

問18 傍線部⑦「イ」と同じ漢字を用いるものを選びなさい。

① イワカンを覚える　② イギョウを成し遂げる
③ イヨウな光景　④ 聴衆を前にイシュクする

問19 傍線部⑧「気の置けなさ」について、「気の置けない」友人とはどのような存在ですか。その説明として最も適当なものを選びなさい。

① 気をつかう必要がない友人
② 用心して関わる必要がある友人
③ それほど親しくはない友人
④ 日常的に会うことが多い友人

問20 傍線部⑨「言うじゃないの」に込められた高橋さんの心情として最も適当なものを選びなさい。

① 若菜の予想外の説明に驚き、若菜の名前ではなく「竹一」と呼び続けるほど動揺している。
② 若菜の指摘を素直には受け入れられず、どのように反論していいか戸惑っている。
③ 周囲が自分をどう見ているか、若菜の説明を聞き驚きながらもそれを好意的に受け止めている。
④ 若菜の説明があまりにも自分の姿を的確に表現していたものであったため、感心している。

を一口飲んだ。コーヒーは苦手だったが、「純喫茶ウィーン」の飲み物のなかではもっとも安い。常連になるほど通い詰めた高橋さんの経済力に思いをはせた。バイトしてるのかな、それともお嬢さま？　考えているあいだも高橋さんの語りはつづいていた。

「……見抜かれるのはすごい恐怖だけど、でも、そしたら、少し楽になれるかなってきもちもあって」

「え？」

「意外でしょ？　わたし、こう見えて実は」

「いやいやいや、そうじゃなくて」

若菜は顔の前で手を振った。

「けっこうばれてると思うよ？」

　高橋さん独自の文学少女キャラは、半笑いで受け入れられており周知の事実だった。

　だが、それはあくまで若菜サイドからの見方であって、高橋さん自身は気づいていないようだった。

　なぜなら、若菜の言葉を聞いたとたん、高橋さんの顔がぼん！と弾《はじ》けるように赤らんだからだ。腕を組み、ふんぞり返ったと思ったら身を乗り出し、水の入ったグラスを手に取って口もとまで運んでおきながらテーブルに戻した。じゃあ、じゃあ、と呻《うめ》いたのち、マジシャンが口からトランプを出すように吐き出した。

「なんでみんな指摘しないのかな。綻《ほころ》びをからかって笑い合うのがきょうびの友だち関係なんじゃないの。まあ、日常親しく会話するひとたちを友だちだと定義すればの話だけれども、閑話休題。忌憚《きたん》なく接し合うのって⑧気の置けなさの証《あかし》なんじゃない？　それとも泳がせておいて陰でせせら笑ってるとか？　だとしたら超腹黒」

　若菜は高橋さんが「超」と言ったことに胸を打たれた。興奮のあまり、そんじょそこらの若者が使う言葉をつい口にしてしまったのだろう。高橋さんもひとの子なのだ。

「……めんどくさいからじゃないかな」

　言ったら、高橋さんの顔色が変わった。冷蔵庫に入れた温度計の目盛りのように、赤から青へと。

「ていうか、高橋さんが文学少女をやってるのは多少盛ってるだけで、本来の高橋さんとはそんなにかけ離れてないと思ってるとか？　だから、こう、やむを得ないというか、ギリ許容範囲っていうか、名物的な位置づけっていうか」

「……⑨言うじゃないの、竹一」

　高橋さんの顔に、血色が戻ってきた。「いつものコーヒー」をあおって、手の甲で唇をぐいとぬぐった。

朝倉かすみ『乙女の家』（新潮文庫）

問10　傍線部①「なべて」の意味として最も適当なものを選びなさい。

①　ひいき目に見て　②　分析して
③　総合的に考えて　④　いずれかに特化して

問11　空欄部 A に入る四字熟語を選びなさい。

①　付和雷同　②　旗幟鮮明
③　右往左往　④　隠忍自重

問12　傍線部②「通俗小説にさわっちゃったから」から感じ取れる高橋さんの考え方として最も適当なものを選びなさい。

①　文学少女である高橋さんが好きなのは純文学であり、それに対する通俗小説を不潔なものとして捉えている。
②　高橋さんは純文学とともに大衆小説も好んではいるのだが、通俗小説は苦手としており読みたいとは感じていない。
③　高橋さんは図書委員という立場上、通俗小説にも精通しているが、若菜に紹介するのは純文学に限ると考えている。
④　純文学に該当する本は自分からアピールしてくるが、通俗小説は読み手が選ばないと読む機会が失われると考えている。

問13　空欄部 B に入る語として最も適当なものを選びなさい。

①　辟易　②　感服　③　諦観　④　驚嘆

問14　傍線部③「人間失格」の作者に関連するものの組み合わせとして、最も適当なものを選びなさい。

ではなく、大型古書店でもなく、大学の近くで長年ほそぼそと営業している古本屋で買ったという文庫本だ。

狭い古本屋にただようカビのにおいがどうとか、生まれ変われるなら紙をたべる紙魚になりたいとか、知ってる？　西洋紙魚って英語でシルバーフィッシュっていうのとか、いろいろ言っていたようだったが、若菜が覚えているのは次のひとことだった。

「④この小説を読めば、わたしがなぜあなたの相談に乗る気になったか分かるはず」

常連だという駅裏の「純喫茶ウィーン」で高橋さんは腕と脚を同時に組んだ。図書室で値踏みをするように若菜を見たあと、高橋さんが誘ったのだった。

「めったにこんなことしないんだけど……。気まぐれってやつかな」

高橋さんはちょっぴり舌を出してから、肩をすくめ、流れるように窓の外に目を向けた。そのときの高橋さんはたいそう美しかった。というより、決まっていた。

升目が四つある窓に嵌《はま》ったガラスはちょっと汚れていた。そこから差し込む金色の夕日はいくぶん柔らかで、高橋さんの端整な横顔や、ちいさな頭部を覆《おお》う癖毛をいかしたベリーショートな髪形や、タンポポの茎みたいな細い首が映えるよう、ちょうどよく照らした。

「純喫茶ウィーン」に入ってすぐ、カウンターのなかにいる気難しそうな老人に、「マスター、いつもの」と声を放ち、コーヒーにブランデーをひとたらししたのを注文したときといい、高橋さんは若菜に見せつけようとしているようだった。

なにを、って、「高橋さんが考える文学少女のイメージ」をだ。皮肉屋で、意地悪だが、そこが大きな魅力となる美人で、⑤ヤンキーとは方向の異なる不良性とセンスを有し、持って回った話し方を好み、もちろん文学にうるさい。若菜はざっくりと、そう捉《とら》えた。

「ワザ。ワザ」

三日後、また「純喫茶ウィーン」で高橋さんと会ったとき、若菜は低い声で囁《ささや》いてみせた。

高橋さんの振る舞いやスタイルは、自分を「そういう人物」だと見せたいための方便のようなものだと考えた。それを『人間失格』のある場面になぞらえたのだった。

竹一《たけいち》という、なにもかもぱっとしない者に、主人公がわざと失敗したことを見抜かれたシーンである。読んでいて、若菜は胸がきゅうっと縮んでいくようだった。親兄弟や先生までも上手に騙《だま》し、お道化《どけ》として足場を固めていたのに、よりによって竹一に見破られるとは。

「世界が一瞬にして地獄の業火《ごうか》に包まれて燃え上るのを眼前に見るような心地」はちょっと大げさだとしても、⑥若菜は、主人公のきもちがよく分かった。

お道化キャラが崩壊の危機にさらされたのだ。クラスや仲間内で生きるよすがとして設定したキャラが浮きまくり、うざったがられたと考えれば、主人公が「不安と恐怖」に戦《おのの》いても、ふしぎではない。

「やっぱり看破したね、竹一」

高橋さんの口ぶりは、でかした、というふうだったが、若菜は即座に⑦イを唱えた。

「竹一じゃないし。ていうか、竹一はやめて」

「『ワザ。ワザ』って言いたくせに。それはもう竹一宣言ですよ」

「そういう言い方のほうが雰囲気でるかな、と思っただけで」

「べつにいいけど」

高橋さんは「いつものコーヒー」を啜《すす》り、話を打ち切った。カップをソーサーに置き、低めのテーブルに肘《ひじ》をついた。両手で頬を包んだのだが、やや苦しそうな体勢だった。

「わたし、いつか竹一みたいなひとが現れると思ってたの。その日が来るのを心のどこかで待っていたような気がする」

うなずきながら、若菜は砂糖とミルクをどっさり入れたコーヒー人気者の一群と、いっぷう変わった者たちと見なされる一群である。どちらの数もそう多くない。そうしてどちらにも選民意識のようなものがあり、クラスを横断しての交流がおこなわれるのだった。

高橋さんは後者のグループに属していた。

図書委員なので、図書室に行けばいつもいた。白くてちいさな顔を上げることなく、たんたんと貸し出し作業をつづけた。利用者になにか訊かれたら、答える前に、かならず唇を斜めに上げた。いったん目をふせ、気怠《けだる》げに鼻息を漏らすようすも、実にさまになっていた。

バス停では、つねに文庫本を読んでいた。字面《じづら》を追う目の動きと、それにつれてかすかに震える長い睫毛《まつげ》や、もどかしげにページをめくる細い指を、若菜は、じっと見つめたことがあった。仲間内で、高橋さんが話題になったすぐあとだった。

「なんか残念だよね」

「素材をいかしきってないよね」

「自分の世界持ちすぎっていうか」

「敷居が高い感、打ち出しすぎっていうか」

「ていうか、それって文学少女感なんじゃ」

あー、そうかもー、と一同納得した。高橋さんは、直球の文学少女だった。

本を読むだけでオタク呼ばわりされがちな風潮である。図書委員のひとたちは、若菜たちからすれば、りっぱな特殊グループになる。その特殊グループにおいても、凛《りん》として文学少女をつらぬく高橋さんは特異だった。

そこが若菜の目に新鮮に映った。

若菜はどちらかというと［　A　］型だ。表情がゆたかで、身振りも大きいほうなので、仲間内でおしゃべりしていると、たくさん発言しているように見える。だが、実際は、だれかが意見を言うたび全力で肯定するきりで、口数は決して多くなかった。

気づいているのは、いまのところ、当の若菜だけだった。トッシーも、いとまりも、ちょこたんもまだ気づいていないはずだ。

高橋さんへの好奇心が抑えきれなくなったある日の放課後、若菜は図書室で声をかけた。

「本、読みたいんですけど」

「読めば？」

高橋さんは返却された本を棚に戻す作業をつづけながら即答した。唇を斜めに上げて。

「いやいや、なにを読めばいいかなーと思いまして」

「それは本が教えてくれる」

「はい？」

「いま読むべき本なら、向こうのほうから呼びかけてくれる」

「あ、そういうんじゃなくて」

若菜は手にしていた図書室だよりを差し出した。読書の秋特集号だ。

「ここに、読書ビギナーは図書委員にお気軽にご相談を、と。お待ちしてまーす、と」

高橋さんは作業の手を止め、図書室だよりを一瞥《いちべつ》した。ふ、とかたちのいい鼻から息を漏らした、と思ったら、書棚の向こう側を通りかかった男子図書委員を呼び止め、「つづき、お願い」と抱えていた本を渡した。

スカートのポケットからレース付きの真っ白いハンカチを取り出し、ていねいに手をふき始める。

「②通俗小説にさわっちゃったから」

眉《まゆ》をひそめて、聞こえよがしに独り言をつぶやいたあと、

「ご用件はなんでしたっけ？」

と意地悪そうに大きな目をかがやかせた。

「や、ほんとそういうのいいから」

混ぜっ返したものの、若菜は高橋さんの応対に［　B　］していた。徹底してるな！

高橋さんが貸してくれたのは『③人間失格』だった。図書室の本

作業をしたことが実感できない状況では、やる気が出なくなるということです。

② バイオニクルを組み立てたことを実感できる状況であっても努力するし、組み立てたバイオニクルがすぐに崩されて、作業をしたことが実感できない状況でも努力するということがわかったのです。

③ バイオニクルを組み立てたことを誰かから評価されるのであれば努力するけれども、組み立てたバイオニクルがすぐに崩されて、誰からも評価されない状況では、やる気が出なくなるということです。

④ バイオニクルを組み立てたことによって報酬を得られる状況であれば努力するけれども、報酬が徐々に減っていき、作れば作るほど損になるという状況では、やる気が出なくなるということです。

問8 傍線部④「『意味のある条件』を自分でつくり出すこと」について、生徒が勉強の新たな取り組みについて話をしています。「意味のある条件」に合っている勉強方法はどれですか。最も適当なものを選びなさい。

① やっぱり「なんで勉強をするのか」が分かると、やる気になると思うんだな。何のために勉強しているのか分からない科目はやる気にならないよね。

② そうだね。だから勉強する目的を明確にするのと、どれだけ自分が勉強したのかを可視化できるように机の前に勉強時間グラフでも貼っておくといいかも。

③ 私は解いた参考書を積み上げておきたいな。そうすれば、自分が「これだけやったんだ」って目で見えるのがテスト本番でも自信になりそう。

④ 本番前と言えば、テスト前によく「寝ないで勉強した」という自慢をしている人がいるけど、一夜漬けは良くないからちゃんとよく睡眠をとる方が大切なんだよね。

問9 本文の構成を説明したものとして最も適当なものを選びなさい。

① 筆者は自身の主張を補強する目的で、ピア効果やシーシュポスの岩などの実験例を多く出し、読者に分かりやすく伝えようとしている。

② 筆者は実験例を多く出すことによって、ピア効果やシーシュポスの岩など読者にとっつきにくい専門用語を分かりやすく説明している。

③ 筆者は教育現場での例なども出すことによって、読者層をビジネスマンに限定せずに学生なども視野にいれて分かりやすく説明している。

④ 筆者は専門用語について実験結果の数字を多用することによって、論理的な説明を行い、読者を説得しようとしている。

二

次の文章を読んで、後の問いに答えなさい。

高橋さんとは同じ高校に通っていた。ともに二年生の女子だが、クラスはちがう。若菜とは属するグループ層もちがっていた。若菜が普段仲良くしているのは、同じクラスのトッシーと、いとまりと、ちょこたんだ。

四人ともすべての項目において中の上に位置している、と自覚していた。つまり、成績、ヴィジュアル、異性からの関心度、目立ち度、発信力などなど、①なべて「そこそこよりちょっと上」ゾーンに収まっている、と思っていた。

なお、四人が通う高校の偏差値は五十三で、中の上というところ。だから若菜たちはたまに「うちら、中の上・オブ・中の上ズだね」と冗談めかして、だが、誇らし気に言い合った。

〈中略〉

細分化すれば切りがないのだが、クラスごとにこのような階層グループが存在していた。横のつながりを持ちやすいのは、上位グループと特殊グループだった。

1440円を手にしました。一方、「シーシュポスの条件」では、学生たちは平均7・2組しか組み立てず、1152円しか手にできなかったのです。つまり、[G]。

この実験結果は、私たちが仕事への意欲を高めるための二つのポイントを示してくれます。一つは、仕事そのものに意味があると実感できるようにすることが大切だということです。人のために役に立つとか、社会的に意味のある仕事であると認識することができれば、同じ仕事であっても意欲がわくはずです。もう一つは、仕事をした成果が目に見えるようにしておくことです。④「意味のある条件」を自分でつくり出すことができれば完璧です。勉強についても同じようなところがあるかもしれません。

大竹文雄『あなたを変える行動経済学』(東京書籍)

注1　ナッジ…英語で「軽くつつく、行動をそっと後押しする」という意味。行政やビジネスシーンでは「経済的なインセンティブや行動の強制をせず、行動変容を促す戦略・手法」であるとされる。

問1　空欄部[A]に入る語句として最も適当なものを選びなさい。

①　自己　②　参考　③　相対　④　価値

問2　空欄部[B]~[E]に入る接続詞の組み合わせとして最も適当なものを選びなさい。

①　[B]　そして　[C]　ただし　[D]　しかし　[E]　つまり
②　[B]　つまり　[C]　そして　[D]　ただし　[E]　しかし
③　[B]　しかし　[C]　つまり　[D]　そして　[E]　ただし
④　[B]　ただし　[C]　しかし　[D]　つまり　[E]　そして

問3　傍線部①「負のピア効果」の具体例として最も適当なものを選びなさい。

①　荒れている学校に入学し、周りが不良ばっかりだったので自分も不良になった。
②　仕事をしない人ばかりがいる会社に就職したが、次の転職の為にも一生懸命働いた。
③　犯罪に手を染めてしまい、刑務所に入ったが、心から反省したので模範囚となった。
④　アルバイトとして採用されたが、求人広告と仕事内容が違っていたのですぐに辞めた。

問4　空欄部[F]に入ることわざはどれですか。最も適当なものを選びなさい。

①　朱に交われば赤くなる
②　青は藍より出でて藍より青し
③　鶏口となるも牛後となるなかれ
④　牛にひかれて善光寺参り

問5　傍線部②「スーパーのレジ打ちの『ピア効果』を研究した興味深い事例」について、筆者がこの事例を持ち出すことによってどのようなことを説明していますか。最も適当なものを選びなさい。

①　「正のピア効果」を、具体例を持ち出すことによって詳しく説明しようとしている。
②　「負のピア効果」を、具体例を持ち出すことによって詳しく説明しようとしている。
③　ピア効果を実験したが、実際にはピア効果が現れなかった具体例として提示している。
④　「正のピア効果」を実際の市場に応用した具体例として提示している。

問6　傍線部③「サイ」と同じ漢字を用いる語句として最も適当なものを選びなさい。

①　コクサイ問題にまで発展した。
②　多くの企業が多額のフサイを抱えた。
③　家庭科の授業でサイホウをする。
④　通常国会でサイタクされた。

問7　空欄部[G]に入る文として最も適当なものを選びなさい。

①　バイオニクルを組み立てたことを実感できる状況であれば努力するけれども、組み立てたバイオニクルがすぐに崩されて、

何となく分かるような気がします。人は、自分よりも優れた人が後ろにいて、自分が見られているときのほうが頑張るということであり、このケースは「ピア効果」の不思議の一つです。

〈中略〉

次に、働き方を変えるための注1ナッジについて説明しましょう。中学生・高校生は「働き方」を「勉強・学問の仕方」に置き換えて読んでみてください。

働き方を考えるうえで重要なことの一つは、どうすれば仕事の意欲を高めることができるかということです。それが分かれば苦労はしないという声が聞こえてきそうですが、逆から考えると分かりやすいかもしれません。仕事の意欲が高まらない例を考えればいいということです。

最も意欲が高まらない仕事は何か。それは意味のない仕事です。意味のない仕事ほど絶望的なものはありません。意味が分からずに勉強をすることも苦痛です。ギリシャ神話のなかに出てくる「シーシュポスの岩」は、意味のない仕事を象徴的に示しているので、簡単に紹介しましょう。

シーシュポスという名の神は、他の神々を欺いた罰として、巨大な岩を山頂まで上げるように命じられました。シーシュポスは必死で山頂を目指して巨大な岩を押し上げていきますが、山頂まであと少しのところまで近づくと、必ずその岩は谷底まで転がり落ちてしまうのです。そのため、シーシュポスは③サイゲンのない苦行を続けることになるのです。現代風に言いかえれば、シーシュポスは罰として、いつまでたっても完成しない仕事を命じられたということです。

〈中略〉

「シーシュポスの岩」をすることで、私たちがどのくらい仕事の意欲を失うのでしょうか。意味のない仕事が仕事の意欲にどのくらい関わるかについて、アメリカ・デューク大学のダン・アリエリー教授らは、興味深い実験を行っています。

実験の概要は次のようなものです。仕事は、レゴブロックのバイオニクルというキャラクターを組み立てる作業で、実験の参加者はハーバード大学の学生たちです。

一つのバイオニクルは約40個の部品でできていて、組み立てるのに約10分かかります。作業は、他の参加者がいない状態で、1人で組み立てます。組み立てたバイオニクルの個数に応じて報酬を得ることができ、分かりやすいように日本円で表記すると、最初の1組は２００円ですが、二つ目は１８９円、三つ目は１７８円というように、1組ごとに11円ずつ減っていきます。そして、20組以上は1組2円で一定になります。

実験参加者は、このような条件のときに、何組のバイオニクルをつくるでしょうか。10分で２００円もらえるとなれば組み立てようと思いますが、10分で2円だったら嫌でしょうから、みなどこかで組み立て作業をやめるはずです。実験では、大学生たちがどこまで作業し、どこでやめるのかを調べたのです。

学生は二つのグループに分けられて実験が行われました。

一つのグループでは、完成したバイオニクルは、その学生の前に並べられていきます。自分で何組つくったかが目に見える形で、「意味のある条件」と名づけました。

もう一つのグループは、学生が次のバイオニクルを組み立てている間に、隣に座った係員が、完成したばかりのバイオニクルを崩してしまいます。これを「シーシュポスの条件」と呼びました。

組み立てたバイオニクルの数によって報酬が決まるので、「意味のある条件」でも「シーシュポスの条件」でも、組み立てた数が同じであれば、報酬は同じです。つまり、作業量と報酬の関係は同様であり、組み立てたバイオニクルが自分の目の前に並べられるか、崩されていくかが違うということです。もし、お金のために作業をするのであれば、どちらも同じだけつくるはずです。

さて、実験の結果はどうだったでしょうか。「意味のある条件」では、学生たちは平均10・6組のバイオニクルを組み立てて、

二〇二四年度 浦和麗明高等学校（推薦 単願・併願一回目）

【国　語】（四五分）〈満点：一〇〇点〉

一　次の文章を読んで、後の問いに答えなさい。

私たちは、何か物事を判断するときに、どのような基準で評価し、意思決定しているでしょうか。私たちは絶対的な基準で評価することに不慣れであり、ほとんどのケースで何らかの「参照点」を基準として［　A　］評価しています。参照点よりも下のときの「損の悲しみ」は、上のときの「得の喜び」の2・5倍大きいので、私たちは損失回避をしようとすることは、すでに説明しました。

［　B　］、私たちは、友達や同僚など周囲の人の行動を「参照点」として考えることが少なくありません。参照点として、他者の行動を基準とした結果として、場合によっては、自分の意思とは異なる意見を表明してしまう場合すらあります。自分はそうは思っていなくても、みんなが言う意見に従って自分の気持ちとは違うことを言うこともあるということです。これを「同調行動」と呼びます。

学校のクラスのようなグループ内のメンバーの行動や性格が影響を与えることを「ピア効果」と呼びます。「ピア」(peer)とは、同僚や友人のことです。私たちは、同僚(ピア)の動きと異なっていると損失を感じてしまい、それに追いつこうとする、あるいは同じ行動を取ろうとするということです。

「ピア効果」は2種類あります。

一つは「正のピア効果」で、周りの人が優秀であれば、自分も努力をして、それに追いつこうとするというのが分かりやすい例です。［　C　］、その逆もあって、周りがさぼっている人ばかりだと、それに追いつこうとするから自分もさぼるというのも「正のピア効果」です。「正のピア効果」は必ずしも良いことばかりではないのです。「ピア」と同じ方向に動くことが「正のピア効果」です。

もう一つは「①負のピア効果」です。例えば、周りが優秀な人ばかりだと、自分が諦めて努力しなくなるというケースです。

実は、逆の例も見られます。同じ実力でもグループの中で上位になると意欲が高まるというもので、「順位効果」と呼ばれ、教育分野では多くの観察事例が紹介されています。例えば、偏差値が60の人が二人いるとします。一人は、偏差値70の優秀な人たちばかりのクラスに入り、最下位だとします。一方、偏差値60のもう一人は、偏差値50のクラスに入り、そのクラスのトップだとします。このようなケースで、もし「正のピア効果」が働くとすれば、偏差値70の優秀クラスに入った偏差値60の人は頑張って勉強するはずです。また、偏差値50のクラスに入った偏差値60の人は、他のクラスの人に影響されてさぼるだろうと予想されます。［　D　］、実際に教育のデータを使って調べてみると、逆の結果が出ています。［　E　］、同じ偏差値でも偏差値50のクラスに入って1番になった人のほうが努力をして、その後、成績が伸びているということが、日本だけではなく、アメリカやその他の国でも観察されています。このような現象を「井の中の蛙《かわず》効果」とも呼んでいます。「［　F　］」ということわざどおりになっているということです。

ここで、②スーパーのレジ打ちの「ピア効果」を研究した興味深い事例を紹介します。スーパーマーケットのレジ打ちの状況を思い浮かべてください。レジ打ちの人はみな同じ方向を向いているので、自分の前の人がどのくらい速いスピードでレジを打っているか見えます。もしピア効果があるとすれば、自分の前のレジ打ちの人が非常に速いスピードでレジを打っていて、列に並んだ客がどんどん少なくなっている。それを見て、自分ももっと早くレジ打ちをできるように頑張ろうと思うだろうと考えられます。

しかし、実際にアメリカの大手スーパーの膨大なデータを調べてみると、逆であることが分かりました。自分の前ではなく、自分からは見えない後ろのレジにいる人がレジ打ちの達人であるということを知っていたほうが、人は頑張るという結果が出ているのです。

英語解答

1 問１ ③　問２ ①　問３ ②
2 問４ ②　問５ ③　問６ ②
3 問７ ④　問８ ①　問９ ②
問10 ③　問11 ③　問12 ①
問13 ④　問14 ①　問15 ④
問16 ③
4 問17 ③　問18 ④　問19 ①
問20 ③　問21 ①
5 問22 ②　問23 ②　問24 ①
問25 ②　問26 ④
6 問27 ④　問28 ②　問29 ③
問30 ④　問31 ③　問32 ③
問33 ②
7 問34 ア…③　イ…②　ウ…④　エ…①
問35 ③　問36 ①　問37 ②

1〔単語の発音〕

問１．young[ʌ]　① friend[e]　② hot[ɑ]　③ blood[ʌ]　④ cat[æ]
問２．break[ei]　① great[ei]　② already[e]　③ season[iː]　④ breakfast[e]
問３．enough[f]　① high[黙字]　② laugh[f]　③ through[黙字]　④ neighbor[黙字]

2〔単語のアクセント〕

問４．① mu-sé-um　② rés-tau-rant　③ um-brél-la　④ mu-sí-cian
問５．① un-der-stánd　② Jap-a-nése　③ méd-i-cine　④ in-tro-dúce
問６．① com-mú-ni-cate　② ín-ter-est-ing　③ ex-pé-ri-ence　④ un-háp-pi-ness

3〔適語（句）選択〕

問７．‘lend＋人＋物’「〈人〉に〈物〉を貸す」（≒‘lend＋物＋to＋人’） *cf.*‘borrow＋物＋from＋人’「〈物〉を〈人〉から借りる」　rentは有料で貸し借りすること。　「私は消しゴムを忘れたので，あなたのものを貸してくれませんか」

問８．‘thank＋人＋for＋物事’「〈人〉に〈物事〉に対して感謝する」　Thank you for ～「～をありがとう」　「私たちの面接にお時間をいただき，ありがとうございました」

問９．first impression「第一印象」　mission「使命，任務」　expression「表現」　passion「情熱」　「第一印象は人がお互いに会うときにきわめて重要だ」

問10．be filled with ～「～でいっぱいだ」（≒ be full of ～）　「埼玉スタジアムは昨夜，多くのサポーターでいっぱいだった」

問11．Let's ～「～しよう」につく付加疑問は，shall we?。　「来週，学園祭に行きませんか」

問12．Ａ：そこのしょう油を取ってください。／Ｂ：はい，どうぞ。∥Here you are.「はい，どうぞ」は物を手渡すときの決まり文句。　‘pass＋人＋物’「〈人〉に〈物〉を渡す」　You're welcome.「どういたしまして」

問13．rainは‘数えられない名詞’。‘数えられない名詞’につくのはlittle。a littleは「少し（ある）」，littleは「ほとんどない」ことを表す。fewは‘数えられる名詞’につき，a fewは「少し（ある）」，fewは「ほとんどない」ことを表す。　「先月はほとんど雨が降らなかったので，野菜のほとんどが枯れてしまった」

問14．‘Nothing is as〔so〕～ as …’「…ほど～なものはない」（≒‘Nothing is more ～ than …’）

は最上級と同様の意味を表す。　「時間ほど大切なものはない」

問15. ‘make＋目的語＋形容詞’「～を…(の状態)にする」　soldier「兵士」　「その刺激的なニュースは，兵士たちをとても強くした」

問16. reply to ～「～に返信する」　replace「～に取って代わる」　repair「～を修理する」(≒fix/mend)　「上司からのＥメールにできるだけ早く返信しなければならない」

4〔誤文訂正〕

問17. ‘one of the＋最上級＋名詞の複数形’で「最も～な…の１つ」となるので，player でなく players が正しい。　「ワタナベユウタは，私が今まで見た中で最高の日本人バスケットボール選手の１人だ」

問18.「紙」の意味の paper は‘数えられない名詞’なので複数形にはならない。数える場合は a sheet of paper「紙１枚」，ten sheets of paper「紙10枚」などとする。　「マキはイオンモールに買い物に行ったとき，紙10枚と文房具を買った」

問19. water「水」は‘数えられない名詞’で，単数扱いなので，are ではなく is が正しい。　「日本の富士山周辺にはたくさんの真水がある」

問20. ‘命令文，and ～’は「…しなさい。そうすれば～」という意味。本問は文の意味から，‘命令文，or ～’「…しなさい。さもないと～」の形が正しい。　「急いでもっと早く走って。さもないと，５時の始発を逃すわよ」

問21. all of them「彼ら全員」で were の主語になる。前置詞の後なので目的格(「～を」の形)が正しい。　(類例) some of us「私たちのうちの何人か」　they－their－them－theirs　「戦争が終わらないだろうと聞いて，彼ら全員がとても悲しんだ」

5〔長文読解問題―対話文〕

≪全訳≫❶ジャック(Ｊ)：それで，教えてくれ，ロニ，ハリーは旅行の準備はできているのかい？❷ロニ(Ｌ)：ええ，今晩，荷づくりを終えていたわ。❸Ｊ：彼は今どこにいるんだい？❹Ｌ：友達と外出してるわよ。❺Ｊ：うーん，僕たちは朝６時に空港に行かなきゃいけないんだよ，だから…，おい，どうしたんだい？❻Ｌ：ア ハリーが日本に行くのがちょっと心配なのよ。つまり，日本はとても遠いから。❼Ｊ：おいおい，彼は22歳だし，立派な職にもついてるし，日本語も少し話せる。イ きっとすばらしい時間を過ごすと思うよ。❽Ｌ：でも私たちは彼に１年間会えないのよ！❾Ｊ：心配いらないよ。ウ 時間はたぶんとても早く過ぎるよ。❿Ｌ：でも，もし彼が日本に残ったら？　向こうで女の子と出会って，家庭を持つかもしれないわ！⓫Ｊ：それのどこがいけないんだい？　エ 彼はずっと連絡してくれるよ。⓬Ｌ：そう思うけど，もしかしたら彼は二度と戻ってこないかもしれないわ！⓭Ｊ：それなら，僕たちが日本に彼を訪ねればいいじゃないか？⓮Ｌ：そうね，わかったわ。もしかしたら私たちが日本語の勉強を始めるべきかもね？⓯Ｊ：オ それはいい考えだ。アリガト。⓰Ｌ：ハリーゴットュー？　ハリーが何を２つ手に入れたの？⓱Ｊ：いや，いや。僕は「アリガト」って言ったんだ。「サンキュー」を日本語ではそう言うんだよ。ハリーは僕にいくつか単語を教えてくれたんだ。

問22＜適文選択＞直前の what's the matter?「どうしたの？」への返答。続く内容から，ロニは，息子が日本に行くことを心配していることがわかる。　be nervous about ～「～を心配している」(≒ be worried〔concerned〕about ～)

問23＜整序結合＞I'm sure (that) ～「～だということに私は確信がある，私は～だと思う」の形をつくる。　be going to ～「～するだろう」　have a great time「楽しむ」(≒ enjoy ～self)
I'm sure he's going to have a great time.

問24＜適文選択＞「彼(息子のハリー)に１年間会えない」というロニに対するジャックの発言。直前で Don't worry. と言っているので，会えなくても大丈夫な理由を表す内容が入る。

問25＜適文選択＞前後の流れから，何かと心配するロニを安心させる内容が適切。keep in touch (with ～)は「(～と)連絡を取り続ける」という意味。直後の I guess so は「私もそう思う，そうだね」と相手の言葉への同意を示す表現。

問26＜適文選択＞直前でロニが話題に出した日本語の勉強とつながる内容が入る。直後で Arigato. と日本語を言っている。

６〔長文読解総合─説明文〕

≪全訳≫❶私たちの大半は，幼児がどうやって話せるようになるか，少しは知っている。両親が幼児にいつも話しかけているので，幼児は生まれたときから言葉を聞いている。生後７～10か月の間に，ほとんどの幼児は音を発し始める。幼児は同じ音を何度も何度も繰り返す。例えば，赤ちゃんは「ダダダ」や「バババ」という音を繰り返すだろう。これは喃語《なんご》と呼ばれている。幼児は喃語を話すとき，言葉の練習をしているのだ。やがて，「ダダダ」が「ダディ」になって，「バババ」が「ボトル」になるかもしれない。❷では，耳が聞こえない子どもには何が起こっているのだろうか。耳が聞こえない子どもは，どうやってコミュニケーションをとれるようになるのだろうか。最近，医師たちは耳が聞こえない幼児が手を使って喃語を話していることを知った。カナダのモントリオールにあるマギル大学のローラ・アン・ペティット博士は，子どもの言語習得方法を研究している。彼女は耳が聞こえる幼児３人と耳が聞こえない幼児２人を調査した。耳が聞こえる幼児３人には，英語を話す両親がいた。耳が聞こえない幼児２人には，お互いや自分の赤ちゃんとコミュニケーションをとるためにアメリカ手話法を使う耳が聞こえない両親がいた。ペティット博士は幼児が10か月，12か月，14か月のときの３回にわたって調査した。この時期，子どもは言語能力を実際に身につけ始めるのだ。❸数百時間この子どもたちを見守りビデオに撮った後，ペティット博士と彼女のチームは多くの重要な観察を行った。例えば，耳が聞こえる幼児は多くの異なる動きを手で行っていることがわかった。しかしながら，これらの動きには何の規則もなかった。耳が聞こえない赤ちゃんも多くの異なる動きを手で行っていたが，その動きはもっと計画的だった。耳が聞こえない幼児は同じ手の動きを何度も何度も行っていた。４か月の調査中，耳が聞こえない幼児の手の動きは，アメリカ手話法で使われる基本的な動きのいくつかに似てきた。❹耳が聞こえる幼児は，単純な喃語(ダダダ)から始まって，より多くの音を組み合わせて，本物のような文章や質問をつくる。明らかに，耳が聞こえない幼児は，耳が聞こえる幼児と同じものに従っている。まず，単純な手の形を繰り返す。次に，手でいくつかの単純な記号(単語)をつくり，この動きを合わせて使って，アメリカ手話法の文章のように見せるのだ。❺言語を研究している言語学者は，私たちは生まれたときから言語の能力を持っていると考えている。私たちはさまざまな方法，例えば，話し言葉や手話によって言語を使うことができる。ペティット博士は，赤ちゃんが手話と話し言葉の両方を学ぶと何が起こるのか知りたがっている。人間の脳は話し言葉を選ぶのだろうか。耳の聞こえない親と耳が聞こえる親を持つ，耳が聞こえる幼児の調査のいくつかは，幼児が手と声で喃語を話していることを示している。また，彼らが手話と音声の両方を初めて使う時期もほぼ同じである。❻人間だけが言葉を使うことができる。将来のさらなる研究は，耳が聞こえない人々の手話システムは，耳が聞こえる人々の話し言葉のシステムのようなものだということを明らかにするかもしれない。もしそうなら，話し言葉だけが言語であるという古い考え方は，変わらざるをえなくなるだろう。人間のコミュニケーションという考え方全体が，非常に新しく，異なる意味を持つだろう。

問27＜英文解釈＞この前で，幼児は話せるようになる過程で同じ言葉を何度も繰り返し言うことが説明されている。下線部はその例である。④「幼児は同じ音を繰り返すことによって，話せるようになる」が，その内容を表している。

問28＜要旨把握＞下線部 observations「観察」の具体的な内容は，続く For examples「例えば」以下で具体的に説明されている。②「耳の聞こえない幼児は，聞こえないのに音を出そうとした」という記述はない。

問29＜適語選択＞空所前後の「多くの異なる動きを手で行っている」と「これらの動きには何のルールもなかった」が‘逆接’の関係になっている。 However「しかしながら」

問30＜単語の意味＞fundamental は「基本的な」という意味(≒ basic)。この意味に近いのは，simple「単純な，簡単な」。単語の意味を知らなくても，文脈から推測できる。

問31＜語句解釈＞次の２文に，下線部を含む follow the same as hearing infants do の具体的な内容が書かれており，その内容が，下線部の前で述べられている，耳が聞こえる子どもの言語習得における発達段階と同様の内容になっている。

問32＜語句解釈＞言語習得に関する内容なので，③「全員が言語を学ぶことができる」が適切。deaf babies「耳が聞こえない赤ちゃん」の話題も出ているので，②の speak や④の hear は不適切。

問33＜内容真偽＞①「耳が聞こえない子どもと耳が聞こえる子どもでは，言葉を学ぶ段階が異なる」…×　第４段落第２文参照。「同じ」である。　②「耳が聞こえない赤ちゃんは単純な手の記号を組み合わせて文章をつくる」…○　第４段落第４文の内容に一致する。　③「耳が聞こえない赤ちゃんは多くの異なる動きをするが，耳が聞こえる赤ちゃんはしない」…×　第３段落第２文参照。耳が聞こえる赤ちゃんも多くの異なる動きをする。　④「ペティット博士は，耳が聞こえない赤ちゃんと耳が聞こえる赤ちゃんが同じように手を動かすのを確認した」…×　第３段落第２～５文参照。「同じ」ではなかった。

7〔長文読解総合―物語〕

≪全訳≫❶生徒全員がとてもわくわくしていた。グリーン先生が，その日に行われる予定のテストで，最も多くの問題に正解した生徒に，ちょっとしたプレゼントをあげると発表したのだ。❷そのプレゼントが何なのか，先生は言わなかった。先生は「とてもすてきで，とてもかわいくて，とてもおいしい」と言っただけだった。❸「おいしいもの！」とテッド・ジョーンズが言った。「それを今すぐに使えたらいいのに」❹「ア僕もそうできたらなあ」と，エリック・フォスターが言った，というのは，彼の母親がその日の朝，彼に「あなたの弟２人と，まだ赤ちゃんの妹の世話で忙しくて，あなたのお弁当をつくるのを忘れてしまったわ」と言っていたからだ。❺そしてテストが始まり，全員が一生懸命に取り組んだ。先生が声に出して質問すると，全員がとても注意深く聞いていた。答えを書かなければならないときは，普通ではない静寂があった。❻それはとても楽しく，全員が優勝することを強く望んでいた。❼時間がたつにつれて，テッドやピーターやペギーや他の全員は，自分が優勝するとますます確信していた。エリックはかわいそうにどんどんおなかがすいてきて，「イもし僕が優勝したら，賞品をどうしようか？」と自分に言い聞かせていた。❽ついにテストが全て終わり，採点が全て終わった。❾優勝者は誰だろうか。❿「さて」と先生が言った。「ウ優勝者の名前を言う準備がだいたいできたわ」⓫教室は静まり返った。⓬「２位はペギー，でも優勝者はエリックです！」⓭その瞬間，先生は机の引き出しを開け，幅の広い青いリボンのついた大きなチョコレートエッグを全員に見せた。⓮「エなんてすてきなんだ！」と全員が叫んだ。⓯「さあ，ちょっと待ってね」と先生が言った。「２等賞があるの。この箱の中に入ってるのよ」⓰全員が見ると，４つの小さなチョコレートエッグがあった。その４つもすてきだったが，青いリボンのついた大きなチョコレートエッグほど魅力的ではなかった。⓱エリックが賞品を受け取りに前に出た。彼は両方の賞品を見て，一生懸命考えていた。⓲先生はエリックにほほ笑みかけ，「よくがんばったわね！」と言った。そして，大きなチョコレートエッグを彼に手渡そうとした。しかし，エリックは両手を背中の後ろにしたままで，顔は真っ赤になっていた。⓳「お願いなんですけど」とエリックは恥ずかしそうに言った。「もし，もしよかったら，代わりに２等賞をもらえませんか？」全員がそれを聞いて驚き，先生もあまりにも驚いて何も言えなかった，なぜなら，誰もが１等賞をもらって喜ぶだろうと先生は思っていたからだ。でも，エリックはいつもいい子なので，彼の普通ではないお願いには何か理由があるに違いないと先生は思った。だから彼女はエリックに２等賞を与え，結局，ペギーが１等賞をもらって喜んでいた。⓴だが，もしエリックが２等賞を欲しがった理由を知りたければ，彼の家に行ってみるとよい。全てがわかるだろう。その夜，幸せいっぱいの子ども４人が台所の床に座っていた。全員がチョコレートエッグを食べられて幸せだった。

問34＜適文選択＞ア．後ろのbecause以下で，こう言った理由が説明されている。so could Iは‘so＋助動詞＋主語’「～もまた…する」の形。直前のI could use that right now.というテッド・ジョーンズの言葉を受けており，これはI could use that right now, too.と同じ意味である。イ．say to ～selfは「(心の中で)自分自身に言い聞かせる，考える」という意味。テスト中に心の中で考えた内容となるものを選ぶ。　ウ．テストと採点が終わった後の先生の発言である。be ready to ～「～する準備ができている」　エ．チョコレートエッグを見た子どもたちの発言である。‘How＋形容詞(＋主語＋動詞)!’の感嘆文(lovelyの後ろにit isが省略されている)。lovely「かわいい，すてきな」

問35＜語句解釈＞both prizesとは「両方の賞品」という意味。この前で１等のa big chocolate egg with a piece of wide blue ribbonと２等のfour little chocolate eggsが紹介されている。

問36＜適語選択＞先生がエリックに１等賞を手渡そうとしている場面(‘hand＋人＋物’「〈人〉に〈物〉を手渡す」)。この後，エリックは「代わりに２等賞をもらえませんか？」と言っていることから，１等の賞品をもらうことを拒否していると考えられる。keep his hands behind his backは‘keep＋目的語＋前置詞句’「～を…のままにしておく」の形。　behind「～の後ろに」(⇔in front of ～「～の前に」)　beside「～の隣りに」

問37＜内容真偽＞①「先生はテストの前に，賞品は大きなチョコレートエッグだと言った」…×　第２段落参照。賞品が何かは言っていない。　②「生徒全員がテストを受けるとき，優勝したがっていた」…○　第６段落の内容に一致する。　③「先生はエリックが２等賞を選んだ理由を知っていた」…×　第19段落参照。何か理由があるだろうと思っているが，それが何かはわかっていない。　④「夕方，クラスメートの１人がエリックの家を訪ねて，真実を知った」…×　第20段落参照。語り手が読者に伝えているのであって，クラスメートがエリックの家に行ったわけではない。

2024年度／浦和麗明高等学校（推薦　単願・併願１回目）

数学解答

1

(1)　ア…－　イ…4　ウ…3　エ…2

(2)　5

(3)　カ…－　キ…1　ク…2　ケ…5

コ…2　サ…0　シ…3

(4)　ス…2　セ…7　ソ…3　タ…2

(5)　チ…3　ツ…4

(6)　テ…4　ト…0

2

(1)　ア…4　イ…4　ウ…1

(2)　エ…2　オ…6

(3)　カ…5　キ…9　(4)　②

3

(1)　1

(2)　イ…－　ウ…3　エ…2　オ…9

カ…4　キ…1　ク…2　ケ…1

コ…4

(3)　サ…1　シ…2　ス…2　セ…2

(4)　ソ…2　タ…1　チ…2　ツ…6

テ…1　ト…2

4

(1)　ア…3　イ…6

(2)　ウ…7　エ…2

(3)　オ…1　カ…5　キ…2

(4)　ク…3　ケ…5　コ…2

(5)　サ…7　シ…3　ス…5

5

ア…8　イ…8　ウ…7　エ…7

オ…6　カ…2　キ…9　ク…1

ケ…0　コ…0　サ…9　シ…2

ス…3　セ…0　ソ…2　タ…2

チ…2　ツ…2　テ…9　ト…7

ナ…2　ニ…4　ヌ…③

1〔独立小問集合題〕

(1)＜式の計算＞与式$=\frac{1}{9}a^2b^4\times(-2a^4b)\div\frac{a^6b^3}{6}=\frac{a^2b^4}{9}\times(-2a^4b)\times\frac{6}{a^6b^3}=-\frac{a^2b^4\times2a^4b\times6}{9\times a^6b^3}=-\frac{4}{3}b^2$

(2)＜数の計算＞与式$=1-2\sqrt{2}+2+\frac{6\times\sqrt{2}}{\sqrt{2}\times\sqrt{2}}-\left(\frac{\sqrt{6}}{\sqrt{3}}-\frac{\sqrt{12}}{\sqrt{3}}\right)=3-2\sqrt{2}+\frac{6\sqrt{2}}{2}-(\sqrt{2}-\sqrt{4})=3-2\sqrt{2}+3\sqrt{2}-(\sqrt{2}-2)=3-2\sqrt{2}+3\sqrt{2}-\sqrt{2}+2=5$

(3)＜連立方程式＞$0.5x+0.3y=0.8$……①，$0.3x+0.15y=0.28$……②とする。①×10より，$5x+3y=8$……①′　②×100より，$30x+15y=28$……②′　①′×5－②′より，$25x-30x=40-28$，$-5x=12$　$\therefore x=-\frac{12}{5}$　これを①′に代入して，$5\times\left(-\frac{12}{5}\right)+3y=8$，$-12+3y=8$，$3y=20$　$\therefore y=\frac{20}{3}$

(4)＜二次方程式＞$x^2-54x+729-10=5x-145$，$x^2-59x+864=0$，$(x-27)(x-32)=0$　$\therefore x=27$，32
≪別解≫$(x-27)^2-10=5\{(x-27)-2\}$として，$x-27=A$とおくと，$A^2-10=5(A-2)$，$A^2-10=5A-10$，$A^2-5A=0$，$A(A-5)=0$となる。$A$をもとに戻して，$(x-27)(x-27-5)=0$，$(x-27)(x-32)=0$　$\therefore x=27$，32

(5)＜確率―さいころ＞大小２つのさいころを同時に投げるとき，目の出方は全部で$6\times6=36$（通り）あるから，a，bの組も36通りある。このうち，$\frac{1}{2}\leqq\frac{a}{b}<4$となるのは，$b=1$のとき，$\frac{1}{2}\leqq\frac{a}{1}<4$より，$\frac{1}{2}\leqq a<4$だから，$a=1$，2，3の３通りある。$b=2$のとき，$\frac{1}{2}\leqq\frac{a}{2}<4$より，$\frac{1}{2}\leqq\frac{a}{2}<\frac{8}{2}$，$1\leqq a<8$だから，$a=1$，2，3，4，5，6の６通りある。$b=3$のとき，$\frac{1}{2}\leqq\frac{a}{3}<4$より，$\frac{3}{6}\leqq\frac{2a}{6}<\frac{24}{6}$，$3\leqq2a<24$だから，$a=2$，3，4，5，6の５通りある。$b=4$のとき，$\frac{1}{2}\leqq\frac{a}{4}<4$より，$\frac{2}{4}\leqq\frac{a}{4}<\frac{16}{4}$，$2\leqq a<16$だから，$a=2$，3，4，5，6の５通りある。$b=5$のとき，$\frac{1}{2}\leqq\frac{a}{5}<4$より，$\frac{5}{10}\leqq\frac{2a}{10}<\frac{40}{10}$，$5\leqq2a<40$だから，$a=3$，4，5，6の４通りある。$b=6$のとき，$\frac{1}{2}\leqq\frac{a}{6}<4$より，$\frac{3}{6}\leqq\frac{a}{6}<\frac{24}{6}$，$3\leqq a<24$だから，$a=3$，4，5，6の４通りある。よって，$3+6+5+5+4+4=27$（通り）あるから，求める確率は$\frac{27}{36}=\frac{3}{4}$である。

(6)＜平面図形―角度＞右図で，接線とその接点を通る半径は垂直に交わるので，∠OCD＝90°である。また，$\overset{\frown}{BC}$に対する円周角と中心角の関係より，∠BOC＝2∠BAC＝2×25°＝50°となる。よって，△OCDの内角の和より，∠BDC＝180°－∠OCD－∠BOC＝180°－90°－50°＝40°である。

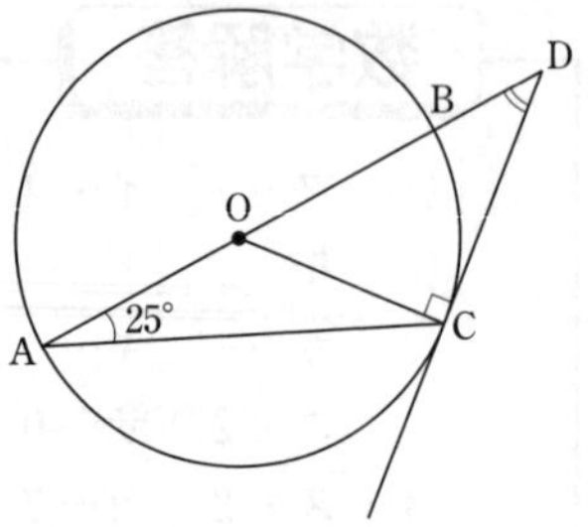

2 〔独立小問集合題〕

(1)＜数の計算＞与式＝$(3x)^2-2\times3x\times y+y^2=(3x-y)^2$として，$x=19$，$y=36$を代入すると，与式＝$(3\times19-36)^2=(57-36)^2=21^2=441$となる。

(2)＜連立方程式の応用＞もとの2けたの整数の十の位の数をx，一の位の数をyとすると，$4x=y+2$……①が成り立つ。また，もとの2けたの整数は$10x+y$，十の位の数と一の位の数を入れかえた整数は$10y+x$と表せるから，$10y+x=3(10x+y)-16$……②が成り立つ。①より，$4x-y=2$……①′　②より，$10y+x=30x+3y-16$，$-29x+7y=-16$……②′　①′×7＋②′より，$28x+(-29x)=14+(-16)$，$-x=-2$　$\therefore x=2$　これを①′に代入して，$4\times2-y=2$，$8-y=2$　$\therefore y=6$　よって，もとの整数は26である。

(3)＜数の性質＞nは自然数だから，$\dfrac{66-n}{7}$の値が自然数となるとき，$66-n$は自然数で66より小さい7の倍数となる。これより，$66-n=7$，14，21，28，35，42，49，56，63が考えられ，$n=59$，52，45，38，31，24，17，10，3となる。このうち，$\dfrac{n+110}{13}$の値も自然数となるのは，$n+110$が13の倍数となるときだから，$59+110=169=13\times13$より，$n=59$である。

(4)＜データの活用―正誤問題＞⓪…誤。度数分布表からは記録の最大値と最小値が読み取れないので，記録の範囲はわからない。　①…誤。度数の合計は20人なので，中央値は記録を小さい順に並べたときの10番目と11番目の平均値である。15m未満の生徒は4人，20m未満の生徒は$4+7=11$(人)だから，10番目と11番目はともに15m以上20m未満の階級に含まれている。よって，中央値は15m以上20m未満の階級に含まれている。　②…正。度数の合計は20人で，25m以上30m未満の階級の度数は3人だから，この階級の相対度数は$3\div20=0.15$である。　③…誤。度数が最も多いのは，度数が7人の15m以上20m未満の階級である。よって，度数が最も多い階級の階級値は$\dfrac{15+20}{2}=17.5$(m)である。

3 〔関数―関数$y=ax^2$と一次関数のグラフ〕

≪基本方針の決定≫(4)　等積変形を利用する。

(1)＜比例定数＞右図で，放物線$y=ax^2$は点$(-4,\ 16)$を通るから，$16=a\times(-4)^2$より，$a=1$である。

(2)＜座標＞右図で，2点A，Bは放物線$y=x^2$と直線$y=-x+\dfrac{3}{4}$の交点だから，2式からyを消去して，$x^2=-x+\dfrac{3}{4}$より，$4x^2=-4x+3$，$4x^2+4x-3=0$，$(2x)^2+2\times2x-3=0$，$(2x+3)(2x-1)=0$となる。よって，$2x+3=0$より，$x=-\dfrac{3}{2}$，$2x-1=0$より，$x=\dfrac{1}{2}$となり，$y=x^2$にそれぞれを代入すると，$y=\left(-\dfrac{3}{2}\right)^2=\dfrac{9}{4}$，$y=\left(\dfrac{1}{2}\right)^2=\dfrac{1}{4}$となる。

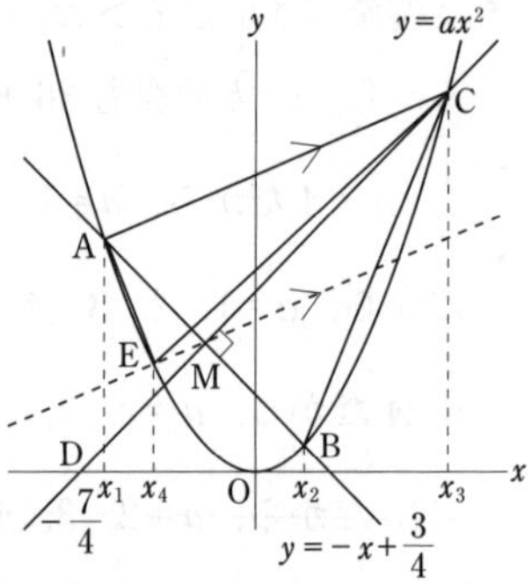

$x_1<x_2$より，$x_1=-\dfrac{3}{2}$，$x_2=\dfrac{1}{2}$だから，$A\left(-\dfrac{3}{2},\ \dfrac{9}{4}\right)$，$B\left(\dfrac{1}{2},\ \dfrac{1}{4}\right)$である。

(3)＜x座標＞右上図で，線分ABの中点をMとすると，線分ABの垂直二等分線は直線DMとなる。

(2)より，A$\left(-\frac{3}{2},\ \frac{9}{4}\right)$，B$\left(\frac{1}{2},\ \frac{1}{4}\right)$だから，点Mの$x$座標は$\left(-\frac{3}{2}+\frac{1}{2}\right)\div 2=-\frac{1}{2}$，$y$座標は$\left(\frac{9}{4}+\frac{1}{4}\right)\div 2=\frac{5}{4}$であり，M$\left(-\frac{1}{2},\ \frac{5}{4}\right)$となる。また，D$\left(-\frac{7}{4},\ 0\right)$だから，直線DMの傾きは$\left(\frac{5}{4}-0\right)\div\left\{-\frac{1}{2}-\left(-\frac{7}{4}\right)\right\}=1$となり，その式は$y=x+b$とおける。これが点Dを通るので，$0=-\frac{7}{4}+b$，$b=\frac{7}{4}$となり，直線DMの式は$y=x+\frac{7}{4}$である。点Cは放物線$y=x^2$と直線$y=x+\frac{7}{4}$の交点だから，2式から$y$を消去して，$x^2=x+\frac{7}{4}$より，$4x^2=4x+7$，$4x^2-4x-7=0$となり，解の公式より，$x=\frac{-(-4)\pm\sqrt{(-4)^2-4\times4\times(-7)}}{2\times4}=\frac{4\pm\sqrt{128}}{8}=\frac{4\pm8\sqrt{2}}{8}=\frac{1\pm2\sqrt{2}}{2}$となる。したがって，$x_2<x_3$より，$\frac{1}{2}<x_3$だから，$x_3=\frac{1+2\sqrt{2}}{2}$である。

(4)<傾き，x座標>前ページの図で，(3)より，点Cは直線$y=x+\frac{7}{4}$上にありx座標は$\frac{1+2\sqrt{2}}{2}$だから，$y=\frac{1+2\sqrt{2}}{2}+\frac{7}{4}=\frac{9+4\sqrt{2}}{4}$より，C$\left(\frac{1+2\sqrt{2}}{2},\ \frac{9+4\sqrt{2}}{4}\right)$となる。これとA$\left(-\frac{3}{2},\ \frac{9}{4}\right)$より，直線ACの傾き$m$は，$m=\left(\frac{9+4\sqrt{2}}{4}-\frac{9}{4}\right)\div\left\{\frac{1+2\sqrt{2}}{2}-\left(-\frac{3}{2}\right)\right\}=\sqrt{2}\div(2+\sqrt{2})=\frac{\sqrt{2}}{2+\sqrt{2}}=\frac{\sqrt{2}(2-\sqrt{2})}{(2+\sqrt{2})(2-\sqrt{2})}=\frac{2\sqrt{2}-2}{4-2}=\sqrt{2}-1$となる。また，(3)より，点Mは線分ABの中点だから，図で，△AMC：△ABC＝1：2となり，△AEC：△ABC＝1：2となるとき，△AMC＝△AECである。このとき，△AMCと△AECの底辺をACと見ると高さが等しいので，AC∥EMとなる。よって，点Eは点Mを通り直線ACに平行な直線と放物線$y=x^2$の交点である。直線ACの傾きは$m=\sqrt{2}-1$だから，直線EMの傾きも$\sqrt{2}-1$となり，その式は$y=(\sqrt{2}-1)x+c$とおける。(3)より，M$\left(-\frac{1}{2},\ \frac{5}{4}\right)$であり，直線EMは点Mを通るので，$\frac{5}{4}=(\sqrt{2}-1)\times\left(-\frac{1}{2}\right)+c$，$c=\frac{3+2\sqrt{2}}{4}$となる。これより，直線EMの式は$y=(\sqrt{2}-1)x+\frac{3+2\sqrt{2}}{4}$である。放物線の式は$y=x^2$だから，2式から$y$を消去して，$x^2=(\sqrt{2}-1)x+\frac{3+2\sqrt{2}}{4}$より，$4x^2=4(\sqrt{2}-1)x+(3+2\sqrt{2})$，$4x^2-4(\sqrt{2}-1)x-(3+2\sqrt{2})=0$となり，$x=\frac{-\{-4(\sqrt{2}-1)\}\pm\sqrt{\{-4(\sqrt{2}-1)\}^2-4\times4\times\{-(3+2\sqrt{2})\}}}{2\times4}=\frac{4(\sqrt{2}-1)\pm\sqrt{16(\sqrt{2}-1)^2+16(3+2\sqrt{2})}}{8}=\frac{4(\sqrt{2}-1)\pm\sqrt{16(2-2\sqrt{2}+1+3+2\sqrt{2})}}{8}=\frac{4(\sqrt{2}-1)\pm\sqrt{16\times6}}{8}=\frac{4(\sqrt{2}-1)\pm4\sqrt{6}}{8}=\frac{\sqrt{2}-1\pm\sqrt{6}}{2}$となる。したがって，$x_1<x_4<x_2$より，$-\frac{3}{2}<x_4<\frac{1}{2}$だから，$x_4=\frac{\sqrt{2}-1-\sqrt{6}}{2}=\frac{\sqrt{2}-\sqrt{6}-1}{2}$である。

4 〔平面図形―正五角形〕

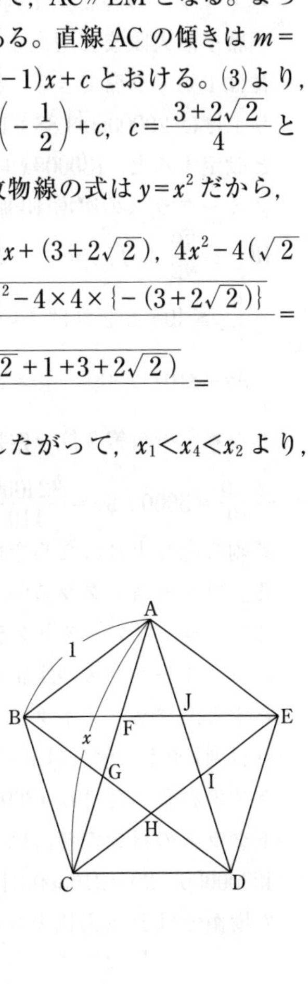

(1)<角度>右図で，正五角形の内角の和は180°×(5−2)＝540°だから，∠EAB＝540°÷5＝108°である。△EABはAE＝ABの二等辺三角形だから，∠ABE＝∠AEB＝(180°−∠EAB)÷2＝(180°−108°)÷2＝36°となる。

(2)<角度>右図で，(1)より，∠ABC＝∠EAB＝108°，∠ABE＝∠AEB＝36°だから，∠CBF＝∠ABC−∠ABE＝108°−36°＝72°となる。また，図形の対称性より，△ABC≡△EABだから，∠BAC＝∠AEB＝36°となる。よって，△AFBで内角と外角の関係より，∠CFB＝∠ABE＋

$\angle BAC = 36^\circ + 36^\circ = 72^\circ$である。よって，$\angle CBF = \angle CFB = 72^\circ$である。

(3)<長さ>前ページの図で，$AC = x$とおく。$\triangle ABC \backsim \triangle AFB$より，$AC : AB = AB : AF$となる。(2)より，$\triangle CBF$は二等辺三角形だから，$CF = CB = 1$となり，$AF = AC - CF = x - 1$と表せる。よって，$x : 1 = 1 : (x-1)$が成り立つ。これを解くと，$x \times (x-1) = 1 \times 1$より，$x^2 - x - 1 = 0$となり，解の公式より，$x = \dfrac{-(-1) \pm \sqrt{(-1)^2 - 4 \times 1 \times (-1)}}{2 \times 1} = \dfrac{1 \pm \sqrt{5}}{2}$となる。したがって，$AC > CF$より，$AC > 1$だから，$x = \dfrac{1+\sqrt{5}}{2}$となり，$AC = \dfrac{1+\sqrt{5}}{2}$である。

(4)<長さ>前ページの図で，(3)より，$AF = AC - CF = \dfrac{1+\sqrt{5}}{2} - 1 = \dfrac{\sqrt{5}-1}{2}$となり，同様にして，$CG = \dfrac{\sqrt{5}-1}{2}$となる。よって，正五角形FGHIJの1辺の長さは，$FG = CF - CG = 1 - \dfrac{\sqrt{5}-1}{2} = \dfrac{3-\sqrt{5}}{2}$である。

(5)<面積比>前ページの図で，正五角形ABCDEと正五角形FGHIJは相似で，相似比は$AB : FG = 1 : \dfrac{3-\sqrt{5}}{2} = 2 : (3-\sqrt{5})$となる。よって，〔正五角形ABCDE〕:〔正五角形FGHIJ〕$= 2^2 : (3-\sqrt{5})^2 = 4 : (14 - 6\sqrt{5}) = 2 : (7 - 3\sqrt{5})$である。

5 〔数と式―数量の計算，連立方程式の応用〕

エコノミークラスの座席は最大で45列でき，エコノミークラスの座席2列分でファーストクラス1列分ができるので，$45 \div 2 = 22$あまり1より，ファーストクラスの座席は最大で22列できる。ファーストクラスの座席は1列4席だから，$4 \times 22 = 88$より，$0 \leqq y \leqq 88$……①となる。ファーストクラスの座席を最大限まで用意すると，ファーストクラスの座席は22列で88席でき，エコノミークラスの座席は1列で9席できる。料金はファーストクラスが200万円，エコノミークラスが18万円だから，売り上げは$2000000 \times 88 + 180000 \times 9 = 177620000$より，1億7762万円となる。1億円の売り上げを出すと設定すると，$180000x + 2000000y = 100000000$が成り立ち，$9x + 100y = 5000$……②が成り立つ。エコノミークラスの座席18席分をファーストクラス4席分としているので，ファーストクラス1席分は，$18 \div 4 = \dfrac{9}{2}$より，エコノミークラスの$\dfrac{9}{2}$席分となる。エコノミークラスの座席は合計405席だから，$x + \dfrac{9}{2}y \leqq 405$となればよい。$x + \dfrac{9}{2}y = 405$……③として，②，③の連立方程式を解く。③×2より，$2x + 9y = 810$……③′　②×2−③′×9より，$200y - 81y = 10000 - 7290$，$119y = 2710$，$y = \dfrac{2710}{119} = 22.773\cdots$となり，小数第3位を四捨五入すると，$y = 22.77$となる。また，$y = \dfrac{2710}{119}$を②に代入して，$9x + 100 \times \dfrac{2710}{119} = 5000$，$9x = \dfrac{324000}{119}$，$x = \dfrac{36000}{119} = 302.521\cdots$より，$x = 302.52$となる。売り上げが1億円以上で，過剰な売り上げにならないのは，yの値が22.77より大きく，22.77に最も近い自然数になるときである。ファーストクラスの座席は1列4席だから，これを満たすのは，$4 \times 6 = 24$(席)となるときである。このとき，ファーストクラスの座席は6列できる。これはエコノミークラスの$2 \times 6 = 12$(列)分だから，エコノミークラスの座席は$45 - 12 = 33$(列)でき，$9 \times 33 = 297$(席)となる。ファーストクラスを1列減らすと，ファーストクラスの座席は4席減るので，$24 - 4 = 20$(席)となる。エコノミークラスは$2 \times 1 = 2$(列)増え，座席は$9 \times 2 = 18$(席)増えるので，$297 + 18 = 315$(席)となる。このとき，エコノミークラスの料金の合計は$180000 \times 315 = 56700000$(円)となるので，ぴったり1億円になるとき，ファーストクラスの料金の合計は$100000000 - 56700000 = 43300000$(円)となる。よって，1席当たりの料金は$43300000 \div 20 = 2165000$(円)となるので，$2165000 - 2000000 = 165000$より，ファーストクラスの料金の増額分は16.5万円となる。

2024年度／浦和麗明高等学校（推薦　単願・併願１回目）

国語解答

一	問1 ③	問2 ①	問3 ②		問16 ②	問17 ④	問18 ③
	問4 ③	問5 ④	問6 ①		問19 ①	問20 ③	
	問7 ①	問8 ②	問9 ③	三	問21 ①	問22 ③	問23 ④
二	問10 ③	問11 ①	問12 ①		問24 ②	問25 ②	問26 ②
	問13 ②	問14 ③	問15 ④		問27 ④	問28 ①	

一〔論説文の読解―教育・心理学的分野―心理〕出典：大竹文雄『あなたを変える行動経済学　よりよい意思決定・行動をめざして』「仕事や勉強の中の行動経済学」。

≪本文の概要≫私たちは何か物事を判断するとき，何らかの参照点，例えば友達や同僚など周囲の人の行動を基準として考えることが少なくない。ただ，他者の行動を基準とした結果，場合によっては，自分の意思とは異なる意見を表明してしまう，同調行動をとる場合がある。また，「ピア効果」と呼ばれる，グループ内のメンバーの行動や性格からよくも悪くも影響を受けることもある。では，どうすれば仕事の意欲を高められるのだろうか。二つのグループに同じ作業をさせ，一方には仕事の成果を見えるようにし，もう一方には成果を見えないようにした実験結果から，仕事への意欲を高めるためには二つのポイントがあることがわかる。一つは，仕事そのものに意味があると実感できるようにすること，もう一つは，仕事をした成果が目に見えるようにしておくことである。このことは仕事だけでなく，勉強についても同じことがいえる。

問１＜文章内容＞私たちは，「絶対的な基準で評価することに不慣れ」なので，ほとんどのケースで何らかの「参照点」を基準とし，それと比較して上か下かを判断し，意思決定を行っている。

問２＜接続語＞B．私たちは，物事を判断するとき，何らかの「参照点」を基準として「評価して」いて，「友達や同僚など周囲の人の行動を『参照点』として考えることが少なく」ない。　C．「正のピア効果」には，周りの人が優秀であれば，「自分も努力をして，それに追いつこうとする」という例が挙げられる一方で，「その逆」の，「周りがさぼっている人ばかりだと，それに追いつこうとするから自分もさぼる」という例もある。　D．「偏差値50のクラスに入った偏差値60の人は，他のクラスの人に影響されてさぼるだろうと予想」されるが，実際の教育データで調べると，「逆の結果」が出た。　E．「逆の結果」とはどういうことかというと，同じ60という偏差値でも「偏差値50のクラスに入って一番になった人のほうが努力をして，その後，成績が伸びている」ということである。

問３＜文章内容＞「負のピア効果」は，周囲が「優秀な人ばかりだと，自分が諦めて努力しなくなる」というように，「ピア」と反対の方向に動くことである。

問４＜ことわざ＞大きな集団で人の下にいるよりも，小さな集団で人の上に立つ方がよいということを，「鶏口となるも牛後となるなかれ」という。「朱に交われば赤くなる」は，よくも悪くもつき合う人から影響を受ける，という意味。「青は藍より出でて藍より青し」は，弟子の方が師よりも優れていることを表す。「牛にひかれて善光寺参り」は，自分の意志ではなく，他から誘われて偶然よい方向に行くこと。

問５＜文章内容＞周囲の人と「同じ方向に動く」という「正のピア効果」について，実際のスーパーでは，「レジ打ちの達人」が自分の前ではなく，後ろにいることを知っていた方が意欲を高めるという結果が出ている。理論と実際とでは，結果に違いがあることが示されているのである。

問６＜漢字＞「際限」と書く。①は「国際」，②は「負債」，③は「裁縫」，④は「採択」。

問７＜文章内容＞「作業量と報酬の関係は同様」であるのに，自分が組み立てた数が目に見える「意味のある条件」のもと作業した学生の方が，組み立てたバイオニクルが崩される「シーシュポスの条件」のもとで作業した学生より，組み立てた数が多かった。何個できたかなど作業の成果が見えた方が，作業をする意欲が継続するのである。

問８＜文章内容＞「仕事への意欲を高めるため」のポイントは，「仕事そのものに意味があると実感できるようにすること」と「仕事をした成果が目に見えるようにしておくこと」であり，勉強にも同じことがいえる。

問９＜表現＞同じ偏差値60の人でも「グループの中で上位になると意欲が高まる」ことや「ハーバード大学の学生」による実験が例として挙げられ，学生にもどうすれば意欲を高められるかがわかるように説明されている。

二〔小説の読解〕出典：朝倉かすみ『乙女の家』。

問10＜語句＞「なべて」は，総じて，という意味。

問11＜四字熟語＞他の人の意見に考えもなく「肯定」して同調することを，「付和雷同」という。「旗幟鮮明」は，立場や主張などがはっきりしていること。「右往左往」は，混乱してあっちへ行ったりこっちへ行ったりすること。「隠忍自重」は，じっとがまんして軽々しく行動しないこと。

問12＜文章内容＞「直球の文学少女」を「つらぬく」高橋さんから見れば，通俗小説はその内容だけでなく本自体が，ハンカチで手をふきたくなるほど不潔なものに感じられたのである。

問13＜文章内容＞通俗小説に触ったから手をふくという高橋さんの振る舞いや図書委員としての応対が，文学少女として「徹底してる」ことに，若菜は感心した。

問14＜文学史＞『人間失格』は，太宰治の小説。太宰は，青森県北津軽郡の出身で，太宰の忌日である「桜桃忌」は，太宰の作品『桜桃』にちなんで名づけられた。

問15＜文章内容＞高橋さんは，「いつか竹一のようなひとが現れる」と思い，「その日が来るのを心のどこかで待って」いた。高橋さんは，若菜に『人間失格』の登場人物と重なるものを感じ取り，この本を勧めた。

問16＜文章内容＞高橋さんは，高校生なのに「ブランデーをひとたらしした」コーヒーを注文するような法律違反をする「不良性」はあっても，ヤンキーのように反社会的な行動で他人に迷惑をかけることはしていない。

問17＜文章内容＞若菜は，周囲からは「たくさん発言している」ように見られていたが，実際は「口数は決して多く」なかった。ただ，それに気づいているのは「当の若菜だけ」だった。そのため，若菜は，『人間失格』の主人公がキャラを演じているのと自分が同じように思え，そのキャラが「崩壊の危機」にさらされる主人公の「不安と恐怖」がよく理解できた。

問18＜漢字＞「異を唱える」と書く。①は「違和感」，②は「偉業」，③は「異様」，④は「萎縮」。

問19＜慣用句＞「気の置けない」は，遠慮や気を遣わなくてもよいさまを表す。

問20＜心情＞若菜は，高橋さんの文学少女キャラはわざとであることは「けっこうばれて」いて，それを周囲が指摘しないのは，「多少盛ってるだけで，本来の高橋さんとはそんなにかけ離れてないと思ってる」からではないかと分析した。高橋さんは，若菜の分析を聞いて，驚いてすぐに言葉が出なかったものの，自分にとって竹一のような存在と思った若菜の言葉を好ましいものに感じて，「言うじゃないの，竹一」と言った。

三〔古文の読解―日記〕出典：菅原孝標女『更級日記』。

≪現代語訳≫三月の末頃，土忌みのためにある人の家に移動したときに，桜が満開で趣深く，今日まで散らない木もある。帰ってきてその翌日，我が家の桜は心残りのまま散ってしまいましたが，その桜に思いがけなくあなたのお宅で，それも春の終わりの散る寸前に，一目お目にかかったことです

と言って(この歌を)贈った。

桜が咲き散る折ごとに，乳母が亡《な》くなった季節だな，とばかり悲しい気持ちになるのだが，同じ頃お亡くなりになった侍従の大納言の姫君の筆跡を見ながら，何ということなく，もの悲しく感じていると，五月頃に，夜更けまで物語を読んで起きていると，やってきた方向もわからないが，猫がとてものどやかに鳴いているのを，(私が)はっと気がついて見ると，見るからにかわいらしい猫がいる。どこから来た猫かと考えていると，姉である人が，「ああ静かに，他の人に聞かせてはいけない。たいそうかわいらしい猫である。飼おう」と言うと，(その猫は)とても人になれていて，(私の)そばに寄り添って寝てしまった。捜している飼い主がいるだろうかと思い，これを隠して飼っていると，(この猫は)全く下賤《げせん》の者の辺りには近寄らず，じっと(私たちの)前だけにいて，食べ物も汚らしい物は，顔をそむけて食べることをしなかった。姉妹の間にぴったりとまとわりつくので，(その様子を)おもしろがりかわいがるうちに，姉が病気になることがあり，(家の中が)何かと騒がしくて，この猫を北側の部屋にばかり置いて呼ばないでいると，(猫が)やかましく鳴き叫んだが，やはり何か訳があって鳴くのだろうと思っていると，病気になった姉が目を覚まして「どうしたの，猫は。こちらに連れてきて」と言うので，(私が)「どうして」と尋ねると，(姉が)「夢にこの猫がそばに来て，『私は侍従の大納言殿の娘で，このような姿になっているのです。こうなるべき因縁が少しあって，こちらの中の姫君が(私のことを)しきりにしみじみと思い出してくださったので，ほんのしばらく(と思って)ここにいるのですが，この頃は下賤の者の中にいて，とても寂しいことです』と言って，ひどく泣く様子が，いかにも高貴な美しい人に見えて，はっと目を覚ましたところ，この猫の声であったのが，ひどく悲しかったのです」と語りなさったのを聞くと，(私は)とても悲しくなった。その後はこの猫を北側の部屋にも置かず大切に育てる。(私が)ただ一人で座っているところに，この猫が向かい合って座っているので，なでながら，「侍従の大納言の姫君がおいでなのね。大納言殿にお知らせ申し上げたい」と話しかけると，(猫が私の)顔をじっと見つめながら穏やかに鳴くのも，気のせいか，一見したところ，普通の猫ではなく，(私の言葉を)聞き分けているような顔でしみじみと思われた。

問21＜古典の知識＞「弥生」は三月，「長月」は九月，「葉月」は八月，「霜月」は十一月を指す。

問22＜古典文法＞「猫のいとなごうないたる」の「の」は，～が，と訳し，主格を表す。「人のもとに」，「御むすめの手」，「姉おととの中に」の「の」は，～の，と訳し，連体格を表す。

問23＜古文の内容理解＞作者の乳母が亡くなったのが桜の時期であったので，桜が散るのを見るたびに，乳母のことが思い出され，作者は，悲しい気持ちになった。

問24＜古典の知識＞「五月」は「皐月」と書き，「さつき」と読む。「神無月」は十月，「睦月」は一月，「如月」は二月を指す。

問25＜古文の内容理解＞どこからともなく現れた猫が，とても人になれていて，作者のそばに寄り添って寝てしまった。

問26＜古文の内容理解＞姉の夢に出てきた猫は，この頃は下賤の者の中にいて寂しいと言い，その声は，どこからともなく現れた猫に似ていた。猫は，いつも作者姉妹のそばにいたのに，姉が病気になって，北側の部屋で下賤の者に囲まれていて寂しく思い，ひどく鳴いたと考えられる。

問27＜古文の内容理解＞姉から，猫の正体が最近亡くなった侍従の大納言の姫君で，作者がその姫君をしばしばしのんだことから現れたという話を聞き，作者は，浅からぬ縁を感じ悲しく思った。

問28＜歴史的仮名遣い＞歴史的仮名遣いの語頭以外のハ行は，原則として現代仮名遣いでは「わいうえお」になる。また，歴史的仮名遣いの「ゐ」は，現代仮名遣いでは「い」になる。

2024年度 浦和麗明高等学校（推薦 併願2回目）

【英　語】（45分）〈満点：100点〉

1　次の語の下線部と同じ発音を持つ語を１つずつ選びなさい。

問１　said　①　wait　②　afraid　③　hair　④　rain
問２　honest　①　hour　②　hike　③　hook　④　horse
問３　Christmas　①　church　②　chain　③　cheat　④　orchestra

2　最も強いアクセントを含む音節の位置が，他の語と異なるものを１つずつ選びなさい。

問４　①　hotel　②　begin　③　without　④　ticket
問５　①　foreigner　②　favorite　③　Internet　④　another
問６　①　volunteer　②　popular　③　everything　④　Instagram

3　次の各文の空所に入れるのに，最も適切なものを１つずつ選びなさい。

問７　A couple of days ago Suzu was (　　) foreigners.
①　spoken　②　spoken by　③　spoken to　④　spoken to by

問８　My father always drinks (　　) water after taking a bath.
①　two glasses of　②　two pieces of　③　two　④　so many

問９　Pablo Picasso (　　) for about sixty years.
①　died　②　has been dead　③　is dead　④　has been dying

問10　That teacher was (　　) traveling abroad with his family.
①　too busy joining to　②　so busy that he joined
③　too busy to join　④　so busy to join to

問11　The fish (　　) was caught in Lake Biwa last week was big.
①　which　②　whose　③　whom　④　what

問12　(　　) is the seventh month in a year.
①　May　②　June　③　August　④　July

問13　Mt. Fuji is covered (　　) a lot of snow every February.
①　for　②　on　③　with　④　into

問14　Using a smartphone too much has a bad (　　) on children.
①　individual　②　influence　③　industry　④　inspiration

問15　They cannot see the (　　) between the twins.
①　assistance　②　experience　③　independence　④　difference

問16　How (　　) times has Mike been to this university ?
①　often　②　much　③　many　④　long

4　次の各文にはそれぞれ文法的・語法的に誤っている箇所が含まれている。その箇所を１つずつ選びなさい。

問17　Kaoru and Takumi will ①can be active in ②Europe because they ③have speed and ④strength.
問18　We ①will not be able to ②hold a school concert, if it ③will snow ④heavily next Saturday.

問19　Shohei ①is looking forward to ②meet his teammates to enjoy ③playing baseball with ④them.

問20　Syunsuke was ①surprising ②at the news because he believes ③in his boss from the bottom of ④his heart.

問21　Many people ①around the world hope ②to know what ③do Russian President and people around him ④think.

5　次の会話文を読み，後の問い(問22～問26)に答えなさい。

Grace invites Matt to a concert.

Grace：My favorite band will be in town tonight. Let's go to the concert.

Matt　：Oh, I would love to. But I am on a tight *budget. (　　ア　　)?

Grace：Don't worry, I will treat you. Just come with me. I just can't stand going to concerts alone.

Matt　：OK, if you say so. (イ)[they / kind / play / what / do / music / of]?

Grace：I guess I would call it rock. Do you like rock?

Matt　：Yes, fine with me. When does the concert start, and where will it take place?

Grace：It starts at 9:00 pm, and (　　ウ　　). How about we meet at a bar and have a few drinks before the concert?

Matt　：Good idea. Can I bring a friend of mine?

Grace：Sure, you can bring a friend. I wonder if we can bring some beverages to the concert.

Matt　：(　　エ　　). It's not usually allowed.

注　* budget：予算

問22　空所(ア)に入れるのに，最も適切なものを1つ選びなさい。

① What can I do for you
② How much does it cost
③ Where are we going
④ How much money do you have

問23　下線部(イ)の[　]内を並べ替えたとき，[　]内で4番目にくるものとして最も適切なものを1つ選びなさい。

① they　② of　③ do　④ music

問24　空所(ウ)に入れるのに，最も適切なものを1つ選びなさい。

① it will be held at the City Hall
② it will take you to the station
③ it is located in the middle of the city
④ it depends on the weather

問25　空所(エ)に入れるのに，最も適切なものを1つ選びなさい。

① I think we can
② I have no idea
③ I wouldn't try that
④ I love them so much

問26　次の質問の答えとして最も適切なものを1つ選びなさい。

Why did Grace invite Matt to go to a concert with her?

① Because Grace didn't have the courage to ask Matt for a date.

② Because Grace didn't want to go there by herself.
③ Because Grace went to the concert a few years ago.
④ Because Grace wanted to make friends with Matt.

6 次の文章を読み，後の問い（問27～問33）に答えなさい。

※1～4は段落番号を表す。

1 Good manners are important in every aspect of life. Without good manners our world becomes an uncomfortable place to live in. And yet, many people have (ア) of what is the right thing to do or say in some situations. After all, we get no formal education or training in manners or etiquette. Most of us learn our manners from family and friends while we are still children. Very often, the manners we learn as children become habits that stay with us for the rest of our lives.

2 Etiquette is important in business especially. The "rules" of business etiquette are not so difficult to master. (イ)They are easy to understand and simple to follow. But you must know what the rules are. For example, a businessman is sitting in the office of an important *client. Her phone rings and she tells him she must answer the call. What should he do? Should he just sit there during the call, or should he leave the room? Without the correct reaction, the businessman may lose that client.

3 I have a friend, whom I call Bill. He is an *executive at an American company and recently came to Japan on business. While having dinner together, he told me about how his company had tried to find a top-level manager. After much searching and interviews by a panel of experts, the list of *applicants for the job was narrowed to three persons. As the final test, each candidate was invited to dine in a famous restaurant in New York. The last person, Tom, was heavily favored to get the job, as his ability and experience seemed to be the best. However, he was not hired. During dinner, he made noise while having his soup. He kept talking when eating. And he used his finger to push the last vegetable onto his fork. Bill said, "Oh, poor Tom. What a pity!"

4 I told Bill that his company should have employed Tom and then train him, as often happens in Japan. He replied, "You can't teach an old horse new tricks." Then I told him that many people in the world, especially in India, eat with their fingers, even curry and rice. "Oh, really?" he answered. I was also thinking of telling Bill about a famous incident that took place about ten years ago. The U.S. President got sick at a formal dinner in Tokyo and dirtied the clothes of the person sitting beside him. I would have liked to ask Bill that if one with such bad manners can become President of America, then what is wrong when someone uses his finger to push the last green pea onto his fork? However, I decided to keep my mouth shut. The reason? This would be a bad topic to talk about, especially when having dinner — even with a good friend.

注 *client：顧客　*executive：重役　*applicant(s)：応募者

問27 空所（ア）に入れるのに，最も適切なものを１つ選びなさい。

① many ideas　② little idea　③ one idea　④ a little idea

問28 下線部(イ)Theyが指すものとして最も適切なものを１つ選びなさい。

① a businessman　② the manners
③ children　④ the "rules" of business etiquette

問29 第３段落の内容を説明したものとして最も適切なものを１つ選びなさい。

① ビルによると，トムが採用されなかったのはテーブルマナーの悪さのせいだった。

② ビルの会社でトップマネージャーを募集したところ，３人だけが応募してきた。
③ ビルの会社の採用試験では，最後にニューヨークの有名なレストランで料理を作ることになっていた。
④ ビルはあるアメリカの会社の重役で，最近日本に移住してきた。

問30 第４段落の内容を説明したものとして最も適切なものを１つ選びなさい。
① 日本の会社では，採用する前にトレーニングを行うことがよくある。
② 著者は，あるアメリカの大統領が東京のレストランで体調を崩したときのエピソードをビルに伝えた。
③ ビルは自身が馬を飼っていた経験からトムを採用しなかったと言った。
④ ビルはインドの人々が自分の指を使ってカレーライスを食べることを知らなかった。

問31 次の質問の答えとして最も適切なものを１つ選びなさい。
Where do most people typically learn their manners and etiquette, according to the story?
① In school
② From family and friends during childhood
③ From business colleagues
④ From self-help books

問32 次の質問の答えとして最も適切なものを１つ選びなさい。
Why is etiquette important in business, as mentioned in the story?
① It helps businesses make more money.
② It makes business interactions more complicated.
③ It can affect the success of business relationships.
④ It's unnecessary in business.

問33 次の質問の答えとして最も適切なものを１つ選びなさい。
What point does the author want to make about the U.S. President's incident and Tom's behavior during dinner?
① The President's behavior was worse than Tom's.
② Both incidents emphasize the importance of good manners.
③ Tom's behavior was acceptable because others have worse manners.
④ The President should have been fired for his behavior.

7 次の二つの英文は，日本のある町に住む外国出身の住民から町長に宛てられた手紙と，それに対する町長からの返事である。これらをよく読み，後の問い（問34～問40）に答えなさい。

— Letter to the Mayor —

Dear Mayor,

Dogs are barking, babies are crying, the whole room is shaking — what's happening? Is this another earthquake? No, it's just the musical chime that rings at 6:00 a.m. every morning in my neighborhood. I have found that the music comes from a giant loudspeaker on the roof of the Yakuba (Town Hall). If you live far enough away from the loudspeaker, the music may seem a pleasant background melody, but as I live nearby, it is quite noisy and *disturbing. It *interferes with my sleep and leaves me tired throughout the rest of the day.

I have recently come to Japan from Ireland and I was shocked to learn that the Town Hall organizes this "service" and uses our tax money to pay for (ア)it. I must tell you that such a noise in the early morning would not be allowed in my country. People would protest about it and those responsible would be punished.

So, what is the purpose of this musical chime? Why is it necessary? I have heard that it was originally introduced to help the local rice farmers wake up in the morning so that they would not be late for work in their fields. Indeed, such a system may have been necessary in the old days when alarm clocks did not exist, but why do farmers need such a wake-up call in these modern times? Surely, they can afford to buy their own personal alarm clocks. I have my own alarm clock and don't need an expensive and *annoying musical chime to tell me what time it is. In our present world where people's lifestyles vary greatly, you should not expect all of us to wake up at 6:00 in the morning. The musical chime is just another type of noise pollution!

I hope you will consider removing such an old-fashioned service and using our tax money in a more sensible way.

Yours sincerely,
Morgan O'Brien

— Letter from the Mayor —

Dear Mr. O'Brien,

Thank you for your letter explaining your point of view about the musical chime. We regret that you find it so noisy and that it disturbs your peace of mind.

(イ), you should understand that the musical chime has a long tradition and is a part of Japanese culture. The origin of the musical chime is the bell that was struck in local temples in order to announce the beginning of the new day. So, even now, many Japanese say that when they hear the musical chime early in the morning, their hearts are *uplifted and they feel refreshed and ready to face the challenges of the coming day.

In fact, many people in the community have told us how much they enjoy hearing the musical chime and seem very much in favor of continuing this service. Not only rice farmers but also those who work in the town center appreciate the musical chime. They say it helps them to wake up in the morning and encourages them to leave for work earlier. (ウ), they can avoid the morning rush hour and face fewer traffic jams on the way to work. They therefore experience less stress while driving to work and arrive at their office with more energy and *enthusiasm.

We are sorry you think that such a service is old-fashioned, but as you can see, it serves a useful purpose in Japanese society.

We hope you will gradually come to understand and accept the cultural differences that exist between our two countries and enjoy your stay in Japan.

Yours faithfully,
Hayato Okita
Mayor

注　＊disturbing：心を乱す（ような）　＊interfere with ～：～の邪魔をする
　　＊annoying：迷惑な　＊uplift：（～を）揚げる　＊enthusiasm：熱意

問34　下線部(ア)itが指すものとして最も適切なものを１つ選びなさい。

①　アイルランド　②　税金を使うこと
③　町役場　④　音楽のチャイムを鳴らすこと

問35　空所（イ）に入れるのに，最も適切なものを１つ選びなさい。

① For example　② Therefore　③ However　④ In addition

問36　空所(ウ)に入れるのに，最も適切なものを１つ選びなさい。

① As a result　② By the way

③ On the other hand　④ But

問37　次の質問の答えとして最も適切なものを１つ選びなさい。

Why was the musical chime originally introduced?

① To help people pay their taxes.

② To wake up rice farmers in the morning.

③ To play background music in the town.

④ To mark the end of the day.

問38　次の質問の答えとして最も適切なものを１つ選びなさい。

How does Morgan O'Brien feel about the cultural differences mentioned in the Mayor's letter?

① He understands and accepts them.

② He's frustrated by them and wants a change.

③ He thinks they don't matter.

④ He doesn't care about cultural differences.

問39　本文の内容に合うように，次の英文の空所に入れるのに最も適切なものを１つ選びなさい。

The Mayor says that many people in Japan feel (　　　　) when they hear the musical chime in the morning.

① annoyed and tired　② happy and refreshed

③ lost and confused　④ sleepy and lazy

問40　本文の内容と一致するものとして最も適切なものを１つ選びなさい。

① モーガンさんは町が鳴らす音楽のチャイムよりも地震を怖がっている。

② モーガンさんは米農家の人は元々早起きなのだから目覚まし時計は必要ないと主張している。

③ 町長は町で音楽のチャイムに感謝しているのは米農家の人だけではないと主張している。

④ 町長は少しずつモーガンさんの主張を理解し，文化の違いを受け入れようとしている。

【数　学】（45分）〈満点：100点〉

（注意）　1　問題の文中の $\boxed{\text{ア}}$，$\boxed{\text{イウ}}$ などには，特に指示がない限り，符号(－)または数字(0～9)が入ります。ア，イ，ウ，…の一つ一つは，これらのいずれか一つに対応します。それらを解答用紙のア，イ，ウ，…で示された解答欄にマークして答えなさい。

2　分数形式で解答する場合，分数の符号は分子につけ，分母につけてはいけません。例えば，$\dfrac{\boxed{\text{エオ}}}{\boxed{\text{カ}}}$ に $-\dfrac{2}{3}$ と答えたいときには，$\dfrac{-2}{3}$ として答えなさい。

また，それ以上約分できない形で答えなさい。例えば，$\dfrac{3}{2}$ と答えるところを $\dfrac{6}{4}$ のように答えてはいけません。

3　根号を含む形で解答する場合，根号の中に現れる自然数が最小となる形で答えなさい。例えば，$\boxed{\text{キ}}\sqrt{\boxed{\text{ク}}}$ に $6\sqrt{2}$ と答えるところを，$3\sqrt{8}$ のように答えてはいけません。

4　根号を含む分数形式で解答する場合，例えば，$\dfrac{\boxed{\text{ケ}}+\boxed{\text{コ}}\sqrt{\boxed{\text{サ}}}}{\boxed{\text{シ}}}$ に $\dfrac{3+2\sqrt{2}}{3}$ と答えるところを，$\dfrac{6+4\sqrt{2}}{6}$ や $\dfrac{6+2\sqrt{8}}{6}$ のように答えてはいけません。

1　次の空欄に当てはまる符号，数字を答えなさい。

(1)　$\left(-\dfrac{3x}{y^2}\right)^3 \div \left(-\dfrac{6}{xy^2}\right)^2 \times \dfrac{(2y^2)^3}{x} = -\boxed{\text{ア}}\,x^{\boxed{\text{イ}}}y^{\boxed{\text{ウ}}}$

(2)　$(\sqrt{2}+3)^2-4(3+\sqrt{2})+4=\boxed{\text{エ}}+\boxed{\text{オ}}\sqrt{\boxed{\text{カ}}}$

(3)　連立方程式 $\begin{cases} \dfrac{4}{3}x+\dfrac{2y-1}{4}=0 \\ \dfrac{8x-5}{4}-\dfrac{3}{2}y=0 \end{cases}$ を解くと，$x=\dfrac{\boxed{\text{キ}}}{\boxed{\text{ク}}}$，$y=\dfrac{\boxed{\text{ケコ}}}{\boxed{\text{サシ}}}$

(4)　方程式 $(x-29)^2-31=3(x-30)$ を解くと，$x=\boxed{\text{スセ}}$ と $\boxed{\text{ソタ}}$　ただし，$\boxed{\text{スセ}}<\boxed{\text{ソタ}}$ とする。

(5)　1から5までの数字が1つずつ書かれた5枚のカードがある。この5枚のカードをよくきって1枚取り出し，取り出したカードに書かれた数字を確認した後もとに戻す。これを2回行い，1回目に取り出したカードに書かれた数を a，2回目に取り出したカードに書かれた数を b とする。このとき，a と b の積 ab の値が15以下となる確率は $\dfrac{\boxed{\text{チツ}}}{\boxed{\text{テト}}}$ である。

(6)　図において，A，B，C，Dは円周上の点である。∠AEBの大きさが55°，∠AFBの大きさが25°であるとき，∠ADEの大きさは $\boxed{\text{ナニ}}$°である。

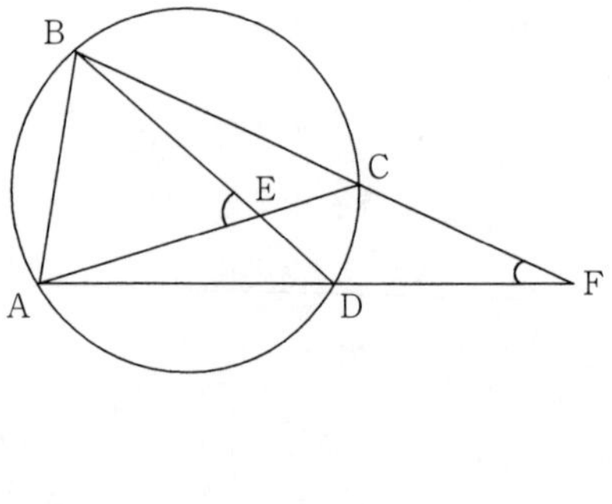

2　次の空欄に当てはまる符号，数字を答えなさい。

(1)　$x=2025$，$y=2023$のとき，x^2-y^2の値は［アイウエ］である。

(2)　6％の食塩水Aと14％の食塩水Bがある。AとBを混ぜ合わせて9％の食塩水Cを360g作るには，Aを［オカキ］g混ぜ合わせればよい。

(3)　等式$4x+3y=45$を満たす自然数x，yの値は全部で［ク］組ある。

(4)　次のデータはある生徒が10回行ったゲームの得点の記録である。⓪～③のうち，このデータにおける平均値，中央値，最頻値，範囲，四分位範囲の大小関係を表しているものとして正しいものは［ケ］である。

70　80　70　30　50　40　40　70　50　60

⓪　(四分位範囲)＜(範囲)＜(平均値)＜(中央値)＜(最頻値)
①　(四分位範囲)＜(範囲)＜(中央値)＝(最頻値)＜(平均値)
②　(四分位範囲)＜(範囲)＜(中央値)＜(平均値)＜(最頻値)
③　(四分位範囲)＜(範囲)＜(平均値)＝(中央値)＜(最頻値)

3　放物線$y=ax^2$…①と$y=bx^2$…②がある。①の放物線は点(3, 9)を通り，②の放物線は点(2, −8)を通る。直線$y=\frac{1}{2}x+3$が①の放物線と図のように2点A，Bで交わっている。また，直線$y=x-3$が②の放物線と図のように2点C，Dで交わっている。このとき，次の問に答えなさい。

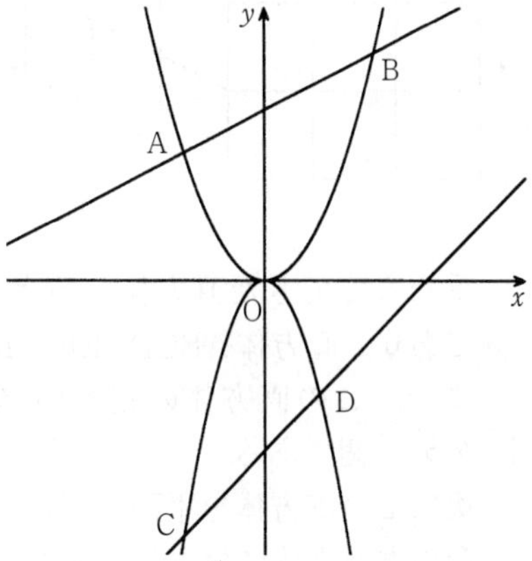

(1)　aとbの値はそれぞれ$a=$［ア］，$b=-$［イ］である。

(2)　点Aと点Bの座標はそれぞれ，

$A\left(\frac{\text{ウエ}}{\text{オ}},\ \frac{\text{カ}}{\text{キ}}\right)$，B(［ク］，［ケ］)

である。

また，点Cと点Dの座標はそれぞれ，

$C\left(\frac{\text{コサ}}{\text{シ}},\ \frac{\text{スセ}}{\text{ソ}}\right)$，D(［タ］，［チツ］)

である。

(3)　△ABDの面積を求めると，$\triangle ABD=\frac{\text{テト}}{\text{ナ}}$である。点Eが放物線②上を点Cから点Dまで動くとする。

このとき，△ABDの面積と△ABEの面積が等しくなるときの点Eの座標を考える。

点Eのx座標をx_1とすると，$\frac{\text{コサ}}{\text{シ}}<x_1<$［タ］であるから，$x_1=\frac{-\text{ニ}}{\text{ヌ}}$である。

4　【図１】のように各頂点に１個ずつ，合計８個の黒点をもった立方体について考える。

この立方体を【図２】のように４つ重ねたとき，重なった部分の黒点は同一のものとなり，黒点の数は合計18個となる。次に，この立方体を縦に４つずつ，横に３つずつ，奥に６つずつ重ねると【図３】のようになる。（黒点省略）

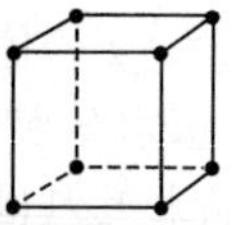

【図１】

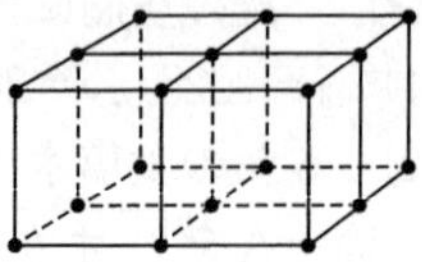

【図２】

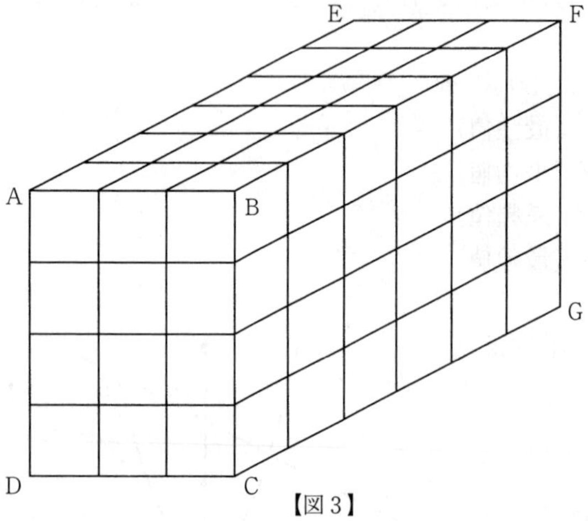

【図３】

重なってできた直方体の頂点をそれぞれABCD−EFGHとすると面ABCD上の黒点は［アイ］個であり，直方体ABCD−EFGHに含まれる黒点の数は［ウエオ］個である。

また，この直方体の辺上の黒点の数は［カキ］個であるから各面上の点以外の黒点の数は［クケ］個である。

次にこの直方体を平面ADGFで切り離したとき，面ADGF上には黒点は［コサ］個あるのでBを含む方の立体に含まれる黒点の数は［シス］個である。

5　半径１の球の中に最も大きな正四面体を作るとき，次の対話文の中の数値を埋めよ。

太郎「底面積が一番大きくなれば，一番大きい正四面体を作ることができると思うんだ。例えば，正四面体の底面が球の中心を通る断面図は【図１】のようになるよね。」

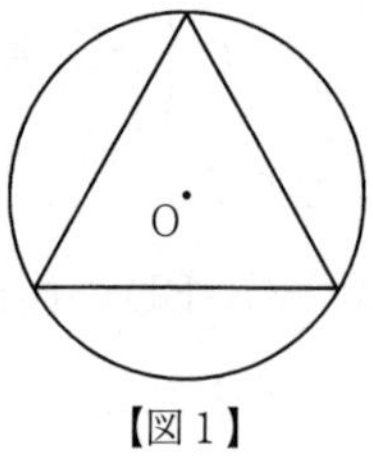

【図１】

花子「【図１】のとき，円の中心と正三角形の重心が重なるから正三角形の面積は

$\dfrac{\boxed{ア}\sqrt{\boxed{イ}}}{\boxed{ウ}}$ になるね。」

太郎「でも，【図１】のとき，正四面体は球の中に入らないと思うんだけど。」

先生「よく気がついたね。実は高校で習う範囲なので今回は特別に教えちゃうけど，球の中心と正四面体の中心が同じ場所になれば，一番大きな体積になるんだ。」

花子「正四面体の中心ってどういうことだろう？」

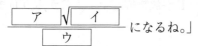

先生「頂点と対面の重心を結ぶ線分の４本が１点で交わるところがあって，そこが四面体の中心になる。これは四面体の重心って呼ばれる場所なんだ。その点をＧとする。さらに直線AGと面BCDの交点をＨとするとAG：GH＝３：１となることが分かっています。［【図２】］」

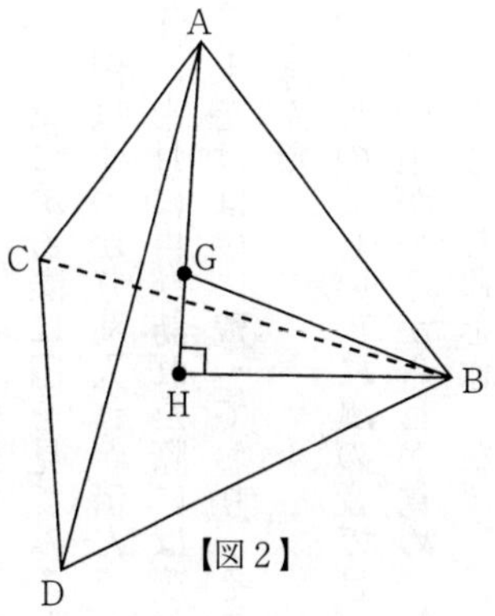

【図２】

太郎「そうなんだ！　じゃあ，そのときの正四面体の底面の面積と高さを求めてみよう。」

花子「【図２】のように頂点から対面に垂線をおろすと重心Ｇを通るね。

$AG = BG = \boxed{\text{エ}}$ より，

$GH = \dfrac{\boxed{\text{オ}}}{\boxed{\text{カ}}}$ だから，三平方の定理より

$BH = \dfrac{\boxed{\text{キ}}\sqrt{\boxed{\text{ク}}}}{\boxed{\text{ケ}}}$ となるね。」

太郎「正四面体の１辺の長さは $\dfrac{\boxed{\text{コ}}\sqrt{\boxed{\text{サ}}}}{\boxed{\text{シ}}}$ だね。

底面積が $\dfrac{\boxed{\text{ス}}\sqrt{\boxed{\text{セ}}}}{\boxed{\text{ソ}}}$ になるから，体積は $\dfrac{\boxed{\text{タ}}\sqrt{\boxed{\text{チ}}}}{\boxed{\text{ツテ}}}$ になるよ。」

① 尼　② 春　③ 花　④ 作者

問25　傍線部⑥「音もせねば」とあるが、この部分に関する説明として最も適当なものを選びなさい。

① 花の盛りになったら教えてほしいと言ったにもかかわらず連絡がないので、作者はまだ春が来ないのか、それとも花が咲いていないのかと歌を詠んでいる。

② 花の盛りになったら教えてほしいと言ったにもかかわらず連絡がないので、作者は尼が自分で言っていたとおり春まで生きていられなかったのだと考えている。

③ 花の盛りになったら教えてほしいと言ったにもかかわらず連絡がないので、作者は過去を振り返って以前も三月まで連絡がなかったことを思い出している。

④ 花の盛りになったら教えてほしいと言ったにもかかわらず連絡がないので、作者は三月なのに花が咲いていないことを知って憂いている。

問26　傍線部⑦「つげぬ」の主語として最も適当なものを選びなさい。

① 尼　② 春　③ 花　④ 作者

問27　本文の内容と合致するものとして最も適当なものを選びなさい。

① 八月二十日過ぎの夕方の月はとても趣深く、趣を理解している人にこの月を見せたいと、歌を詠んだ。

② 京に戻る際に田を見てみると、来るときには水が見えていた田はすっかり刈入れが済んでおり、長居したと歌を詠んだ。

③ 十月に再び訪れた際には茂っていた葉が散っていたが、川の水だけは後に残っており、そこに住んでいる人との再会の歌を詠んだ。

④ 月の美しい夜に風の音で目が覚めて寝られなくなったので、竹の葉が鳴るから目が覚めてしまい、共に過ごす友がいないことを悲しむ歌を詠んだ。

の方はこぐらく、滝の音も似るものなくのみながめられて、

思ひ知る人に見せばや《見せたい》山里の秋の夜ふかきありあけの月

京に帰り出づるに、わたりし《こちらに来た》時は、水ばかり見えし田どもも、皆かりはててけり。

苗代の水かげばかり見えし田のかりはつるまで長居しにけり

②十月③つごもりがたに、あからさまに《ちょっとだけ》来てみれば、④こぐらう茂れりし木の葉ども残りなく散りみだれて、いみじくあはれげに見えわたりて《一面に見えて》、ここちよげにささらぎ流れし水も、木の葉にうづもれて、あとばかり見ゆ。

水さへぞすみたえにける木の葉ちるあらしの山のこころぼそさに

そこなる《そこにいる》尼に、「春まで命あらばかならず⑤来む。花ざかりはまづつげよ」などいひて帰りにしを、年かへりて三月十余日になるまで⑥音もせねば、

契りおきし花のさかりを⑦つげぬかな春やまだ来ぬ花やにほはぬ《美しく咲かないのだろうか》

旅なる所《よその家》に来て、月のころ、竹のもと近くて、風の音に目のみさめて、うちとけて寝られぬころ、

竹の葉のそよぐよごとに寝ざめしてなにともなきにものぞ悲しき

秋ごろ、そこをたちて外へうつろひて、そのあるじに、

いづこも露のあはれはわかれじをあさぢがはらの秋ぞこひし《どこといって露の趣、主人の深い思いやりに区別はないけれど、浅茅が生えたお宅の秋が懐かしい》き

菅原孝標女『更級日記』

問20 傍線部①「八月」を表す月の異名は何ですか。最も適当なものを選びなさい。

① 文月　② 水無月　③ 葉月　④ 皐月

問21 傍線部②「十月」を表す月の異名は何ですか。最も適当なものを選びなさい。

① 神無月　② 長月　③ 睦月　④ 霜月

問22 傍線部③「つごもり」とありますが、この言葉の説明として最も適当なものを選びなさい。

① 「月が盛る(もる)」ということから満月、つまりは中旬の頃を表す。

② 「月が盛る(もる)」ということから月が綺麗、つまりは秋を表す。

③ 「月籠もる(こもる)」ということから雲に隠れる、つまりは雲の多い日を表す。

④ 「月籠もる(こもる)」ということから新月、つまりは月末の頃を表す。

問23 傍線部④「こぐらう茂れりし」の現代仮名遣いとして最も適当なものを選びなさい。

① こがろう茂れりし　② こぎろう茂れりし

③ こぐろう茂れりし　④ こごろう茂れりし

問24 傍線部⑤「来む」の主語として最も適当なものを選びなさい。

④ 「僕」を孤立させようとその仕草を真似たものの、「僕」から予想外の反撃をされ、反論も満足にできず、グループ全体がクラスから浮いている。

問14 傍線部③「なにがし」を漢字表記にした場合の説明として最も適当なものを選びなさい。

① 部首は木部で、画数は9画である。
② 部首は手部で、画数は11画である。
③ 部首は人部で、画数は7画である。
④ 部首は土部で、画数は8画である。

問15 「僕」自身は、自分の学校での立ち位置をどのようなものと捉えていますか。最も適当なものを選びなさい。

① 柴犬の群れに交じったナポリタン・マスティフ
② 柴犬の群れに交じったポメラニアン
③ 犬の群れに交じったアヒル
④ アヒルの群れに交じったアヒル

問16 傍線部④「ずんずん」という表現から、「僕」は高杉にどんな意思を見いだしていますか。最も適当なものを選びなさい。

① 深謀遠慮
② 泰然自若
③ 孤立無援
④ 堅忍不抜

問17 傍線部⑤「文字を入力する指がひどく震える」という場面での「僕」の気持ちとして最も適当なものを選びなさい。

① 刺繍に興味がある件について改めて説明したいが、昼休みのクラスの雰囲気から、自分が明日再び宮多のグループに戻ることが難しく、宮多も簡単には受け入れてくれるとは思えない。
② せっかく仲良くなりつつある宮多に対して、刺繍に興味がある男子高校生という自分の存在を受け入れてくれるか不安に思い、刺繍が趣味であることを隠しておくべきか迷う。
③ 昼食時に自分から宮多のグループを離れたにもかかわらず、連絡をしてくれた宮多に申し訳なく思いつつも、自分の信念に基づいて行動する高杉の生き方を見習うことを伝えたい。
④ 宮多たちの話題に無理をして合わせるのではなく、明日から自分が宮多のグループから離れることになるかもしれないが、刺繍に興味があることをきちんと告げるべきだ。

問18 空欄部 C に入る台詞として最も適当なものを選びなさい。

① 無理にゲームの話ばかりしてて、すまんかったな
② なんや、ほしたら明日にゃんこの攻略法教えたるわ
③ え、めっちゃうまいやん。松岡くんすごいな
④ へー、きれいな刺繍やなあ、今まで見たことなかったわ

問19 本文の内容と合致するものとして最も適当なものを選びなさい。

① 無理して友人と合わせて維持してきた関係ではなく、真の気持ちを伝えて友人関係を築こうとする「僕」の意志が、終盤で靴紐を結ぶ行為と重ね合わされている。
② 高杉くるみは、自分の趣味も「僕」の趣味も周囲から理解されにくいものであるが、自分とは違い、周囲に溶け込もうとしている「僕」に敬意を持っている。
③ 昼食の時に一人で食べていた高杉くるみは、友人の島から離れるにもかかわらず気をつかって話しかけてくれた「僕」の味方になろうとしている。
④ 刺繍に関心がある「僕」は、それが主に女子が好むような趣味であるため、それを極力クラスメートに悟られないようにしている。

三

次の文章を読んで、後の問いに答えなさい。（……の左側は口語訳です。）

①八月になりて、二十余日の暁がたの月、いみじくあはれに《たいそう趣深く》、山

「ちゃうねん。ほんまに本読みたかっただけ。刺繍の本」
ポケットからハンカチを取り出した。祖母にほめられた猫の刺繍を撮影して送った。
すぐに既読の通知がつく。
「こうやって刺繍するのが趣味で、ゲームとかほんまはぜんぜん興味なくて、自分の席に戻りたかった。ごめん」
ポケットにスマートフォンをつっこんだ。数歩歩いたところで、またスマートフォンが鳴った。
「 C 」
そのメッセージを、何度も繰り返し読んだ。
わかってもらえるわけがない。どうして勝手にそう思い込んでいたのだろう。
今まで出会ってきた人間が、みんなそうだったから。だとしても、宮多は彼らではないのに。
いつのまにか、また靴紐がほどけていた。しゃがんだ瞬間、川で魚がぱしゃんと跳ねた。波紋が幾重にも広がる。太陽の光を受けた川の水面《みなも》が風で波立つ。まぶしさに目の奥が痛くなって、じんわりと涙が滲《にじ》む。

〈中略〉

明日、学校に行ったら、宮多に例のにゃんこなんとかいうゲームのことを、教えてもらおう。好きじゃないものを好きなふりをする必要はない。でも僕はまだ宮多たちのことをよく知らない。知ろうともしていなかった。
靴紐をきつく締め直して、歩く速度をはやめる。

寺地はるな『水を縫う』（集英社文庫）

問10 空欄部 A に入る語句として最も適当なものを選びなさい。
① 見栄　② 意地　③ 虚勢　④ 論陣

問11 傍線部①「ぽかんと口を開ける宮多たちに背を向ける」について、「僕」がこのような行動をとった理由として最も適当なものを選びなさい。
① クラスの誰もがグループで昼食をともにしているのに、幼なじみの高杉くるみは、その中に入れずにいるのを見て、せめて自分だけでも同じ境遇になって彼女の気持ちを慰めようと考えたから。
② 高杉くるみは周囲の環境など気にせず、自分の意志のもと一人で食事をしているのを見て、宮多たちとの関心のない会話の中にいるよりも、今最も興味のある刺繍の本を読むことに時間を使おうと考えたから。
③ 独りぼっちで昼食時間を過ごすのは恥ずかしいという考えのもと、無理をして宮多たちのグループ内にいたものの、あまりにも関心のない話題についていけず、借りて来た刺繍の本を読む方が充実した時間であることを、高杉くるみの姿を見て感じたから。
④ 共通の話題がないグループの中で違和感を持って貴重な時間を過ごすよりも、自分なりの価値観に基づいて行動することが大切だと、高杉くるみが自らの行動で示唆しているように感じたから。

問12 空欄部 B に入る名前を選びなさい。
① 晋作　② 小五郎　③ 龍馬　④ 松陰

問13 傍線部②「山田くん」について説明した文として最も適当なものを選びなさい。
① 中学校の時から周囲と馴染んでいなかった「僕」を、高校に入っても物笑いの種にしようとしたものの、「僕」から反論されてしまい立場を失っている。
② 宮多のグループから自ら離れた「僕」を見て、どのグループにも所属しないと捉え孤立させようとしたものの、高杉くるみからはそれを見抜かれて面目を失っている。
③ 入学後間もないのに女子とグループを作る軽い性格で、「僕」を周囲に馴染めない弱者と捉えて、笑いものにしようとしたが、「僕」から反撃されて焦りを感じている。

個性は大事ということを人はよく言うが、学校以上に「個性を尊重すること、伸ばすこと」に向いていない場所は、たぶんない。柴犬《しばいぬ》の群れに交じったナポリタン・マスティフ。あるいはポメラニアン。集団の中でもてはやされる個性なんて、せいぜいその程度のものだ。犬の集団にアヒルが入ってきたら、あつかいに困る。

アヒルはアヒルの群れに交じれば見分けがつかなくなる。その程度のめずらしさであっても、学校ではもてあまされる。浮く。くすくす笑いながら仕草を真似される。

「だいじょうぶ。慣れてるし」

けど、お気遣いありがとう。そう言って隣を見たら、くるみはいなかった。数メートル後方でしゃがんでいる。灰色の石をつまみあげて、しげしげと観察しはじめた。

「なにしてんの？」

「うん、石」

うん、石。ぜんぜん答えになってない。入学式の日に「石が好き」だと言っていたことはもちろんちゃんと覚えていたが、まさか道端の石を拾っているとは思わなかった。

「いつも石拾ってんの？　帰る時に」

「いつもではないよ。だいたい土日にさがしにいく。河原とか、山に」

「土日に？　わざわざ？」

「やすりで磨くの。つるつるのぴかぴかになるまで」

放課後の時間はすべて石の研磨にあてているという。ほんまにきれいになんねんで、と言う顔がかすかに上気している。

ポケットから取り出して見せられた石は三角のおにぎりのような形状だった。たしかによく磨かれている。触ってもええよ、と言われて手を伸ばした。指先で、しばらくすべすべとした感触を楽しむ。

「さっき拾った石も磨くの？」

くるみはすこし考えて、これはたぶん磨かへん、と答えた。

「磨かれたくない石もあるから。つるつるのぴかぴかになりたくないってこの石が言うてる」

石には石の意思がある。駄洒落《だじゃれ》のようなことを真顔で言うが、意味がわからない。

「石の意思、わかんの？」

「わかりたい、といつも思ってる。それにぴかぴかしてないときれいやないってわけでもないやんか。ごつごつのざらざらの石のきれいさってあるから。そこは尊重してやらんとな」

じゃあね。その挨拶があまりに唐突でそっけなかったので、怒ったのかと一瞬焦った。

「キヨくん、まっすぐやろ。私、こっちやから」

川沿いの道を一歩踏み出してから振り返った。④ずんずんと前進していくくるみの後ろ姿は、巨大なリュックが移動しているように見えた。

石を磨くのが楽しいという話も、よくわからなかった。わからなくて、おもしろい。わからないことに触れるということ。似たもの同士で「わかるわかる」と言い合うより、そのほうが楽しい。

ポケットの中でスマートフォンが鳴って、宮多からメッセージが表示された。

「昼、なんか怒ってた？　もしや俺あかんこと言うた？」

違う。声に出して言いそうになる。宮多はなにも悪いことをしていない。ただ僕があの時、気づいてしまっただけだ。自分が楽しいふりをしていることに。

いつも、ひとりだった。

教科書を忘れた時に気軽に借りる相手がいないのは、心もとない。ひとりでぽつんと弁当を食べるのは、わびしい。でもさびしさをごまかすために、自分の好きなことを好きでないふりをするのは、好きではないことを好きなふりをするのは、もっともっとさびしい。

好きなものを追い求めることは、楽しいと同時にとても苦しい。その苦しさに耐える覚悟が、僕にはあるのか。

⑤文字を入力する指がひどく震える。

うのだという。ゲームをする習慣がないから、意味がよくわからない。さっきからぜんぜん会話に入れない。課金とかログインボーナスという単語が飛び交っている。もう相槌すら打てなくなってきた。

　祖母の顔を思い出して、懸命に話についていこうとした。だって友だちがいないのは、よくないことなのだ。家族に心配されるようなことなのだから。

「なあ、松岡くんは」

　宮多の話す声が、途中で聞こえなくなった。ふいに高杉くるみが視界に入ったから。

　世界地図なら、砂粒ほどのサイズで描かれる孤島。そこに彼女はいた。箸でつまんだたまごやきを口に運んでいる。唇の両端がきゅっと持ち上がった。[A]を張るわけでもなく、おどおどするでもなく、たまごやきを味わっている。その顔を見た瞬間「ごめん」と口走っていた。

「え」

「ごめん。俺、見たい本があるから席に戻るわ」

　①ぽかんと口を開ける宮多たちに背を向ける。

　図書館で借りた、世界各国の民族衣装に施された刺繍を集めた本を開く。宮多たちがこの本に興味を示すとは到底思えない。わかってもらえるわけがない。ほんとうは「明治の刺繍絵画名品集」という大きな図録がよかった。残念ながらそちらは貸出禁止になっていたのだ。どのように糸を重ねてあるか、食い入るように眺める。ここはこうなって、こうなってて。勝手に指が動く。

　ふと顔を上げると、近くにいた数名がこっちを見ていた。男女混合の四人グループのうちのひとりが僕の手つきを真似て、くすくす笑っている。

「なに？」

　自分で思っていたより、大きな声が出た。他の島の生徒たちが気づいて、こちらに注目しているのがわかった。宮多たちも。でももう、あとには引けない。

「なあ、なんか用？」

　まさか話しかけられるとは思っていなかったのか、ひとりがぎょっとしたように目を見開く。その隣の男子が「は？　なんなん」と頬をひきつらせた。

「いや、なんなん？　そっちこそ」

　べつに。なあ。うん。と彼らはもごもご言い合い、視線を逸らす。教室にざわめきが戻る。遠くで交わされるひそやかなささやきや笑い声が、耳たぶをちりっと掠《かす》めた。

　校門を出たところでキヨくん、と呼ばれた。振り返ったその瞬間に、強い風が吹く。

　キヨくん。小学校低学年の頃のままに、高杉くるみは僕の名を呼ぶ。当時は僕も彼女を「くるみちゃん」と親しげな感じで呼んでいたのだが、学年が上がるにつれて会話の機会が減り、今ではもうどう呼べばいいのかわからない。

「高杉さん。くるみさん。どっちで呼んだらええかな？」

「どっちでも」

　名字が高杉というだけで塾の子たちからは「[B]」と呼ばれていた時期があって嫌だった、なので[B]でなければ、なんと呼ばれても構わないらしい。

「高杉[B]、嫌いなん？」

「嫌いじゃないけど、もうちょい長生きしたいやん」

「なるほど。じゃあ……くるみさん、かな」

　歩いていると、グラウンドの野球部やサッカー部の声がどんどん遠くなっていく。今日は世界がうっすらと黄色くて、遠くの山がぼやけて見えた。春はいつもそうだ。すべての輪郭があいまいになる。

「あんまり気にせんほうがええよ。②山田くんたちのことは」

「山田って誰？」

　僕の手つきを真似て笑っていたのが山田③なにがしらしい。

「私らと同じ中学やったで」

「覚えてない」

という事情もあるのではないでしょうか。「ウミガメをストローから守りたい」といった心優しい理由だけで脱プラスチックを言い出したのではないと思います。

① 【1】　② 【2】　③ 【3】　④ 【4】

問5 傍線部③「新たなリサイクル市場が生まれるのを待っている」とは具体的にどういうことですか。最も適当なものを選びなさい。

① 廃プラスチックは新しいリサイクルの方法で処理されるその時まで保管されているということ。
② 中国に代わる国が廃プラスチックをリサイクルしてくれるのをあてにしているということ。
③ 中国以外のアジアの国々も廃プラスチックをリサイクルした方が安上がりだと気づいたということ。
④ 廃プラスチックがリサイクルされているおかげで、海洋流出のリスクが減ったということ。

問6 傍線部④「ハイ」と同じ漢字を使う語句として最も適当なものを選びなさい。

① 給食のハイゼンを行う。
② ハイスイの陣で挑んだ決勝戦。
③ ハイシャ復活戦にかける。
④ ハイスイコウの掃除をする。

問7 傍線部⑤「循環させる方法がないわけではありません」という表現から読み取れる筆者の主張として最も適当なものを選びなさい。

① プラスチックを分解し、循環させる研究に対して期待を持っている。
② プラスチックを分解しても、結局環境問題は解決しないと悲観している。
③ プラスチックを分解するよりも熱循環させた方が効率的だと主張している。
④ プラスチックを分解する研究がやっと実現可能なところまで来たと説明している。

問8 空欄部 E に入る語句として最も適当なものを選びなさい。

① O157　② フロン
③ アスベスト　④ ダイオキシン

問9 本文の内容と合致していないものはどれですか。最も適当なものを選びなさい。

① 今までに廃棄されたプラスチックのうち、約八割近くが埋め立て処理されている。
② 今までに生産されてきたプラスチックのうち、約四分の三が廃棄されている。
③ 中国は一九八〇年代から廃プラスチックを輸入し始めた。
④ プラスチックの海洋流出量はどの国においても人口と正比例する。

二

次の文章を読んで、後の問いに答えなさい。

> 主人公「松岡清澄(きよすみ)」は高校に入学したばかりの手芸好きな男子で、入学式後には、趣味が手芸だと自己紹介をしている。なお、「宮多」は彼が入学式後初めて話をしたクラスメートで、「高杉くるみ」は松岡と同じ小学校・中学校出身であり、石を磨くことを趣味にしている。

昼休みの教室には、机をくっつけたいくつもの島ができていた。大陸と呼びたいような大所帯もある。中学の給食の時間とは違う。めいめい仲の良い相手と昼食をともにすることができる。

入学式から半月以上過ぎた。僕は教卓近くの、机みっつぶんの島にいる。宮多を中心とする、五人組のグループだ。

宮多たちは、にゃんこなんとかという僕の知らないスマホゲームの話で盛り上がっている。猫のキャラクターがたくさん出てきて戦研究開発が行なわれています。微生物の働きによって分解されるような素材で作られるプラスチックのことです。

しかし、それを埋め立て処理した場合も、結果は焼却処理と変わりません。生分解されたプラスチックは、最終的には水と二酸化炭素になります。焼却と違うのは、二酸化炭素になるまでの時間が長いか短いかということだけ。長い目で見れば同じように循環するということを考えると、コストをかけて生分解性プラスチックを生産するメリットがどれだけあるのかわかりません。少なくとも、生分解性プラスチックを「サステナブルな取り組み」と評価するなら、プラスチックの焼却処理も同じようにサステナブルなやり方として評価すべきです。

D、プラゴミの焼却率が高い日本も、それについては十分にサステナブルなやり方をしていると言えるでしょう。しかも日本の焼却技術は世界でもトップレベル。一九八〇年代にはゴミ焼却炉から有毒物質の E が検出されて問題になりましたが、それを克服するために研究を進めたことで、有害なものを出さずにクリーンに焼却する技術が大きく進歩しました。

そういうすばらしい技術があるのですから、政府は補助金を使って地方自治体にプラゴミの分別収集をさせるより、自らの焼却技術を世界に広めることを考えた方がよいと思います。そうすれば、欧米も埋め立てずに焼却を選ぶようになり、世界の持続可能性が高まるかもしれません。

酒井　敏『カオスなＳＤＧｓ』（集英社新書）

問1　傍線部①「なぜ大量のプラスチックゴミが海洋に流出したのか」について、筆者はその原因をどのように説明していますか。最も適当なものを選びなさい。

①　中国が輸入した廃プラスチックをきちんと管理せずに、野積みにし、それがなにかのきっかけで川から海に流れ出したから。

②　埋め立てられる予定だった廃プラスチックが、ずさんな管理のせいで埋め立てられずに、海に流れ出したから。

③　廃プラスチックをリサイクルや埋め立てに回した国々からそれらが管理されずに、海に流れ出したから。

④　処理されなかった廃プラスチックの置き場がなく、積まれていたものが洪水などの影響で海まで流されたから。

問2　傍線部②「分別収集」について、筆者の意見として最も適当なものを選びなさい。

①　どの市町村でも分別回収をしているのだが、日本はごみの焼却処理の技術が非常に高いのでその技術を海外に輸出するべきである。

②　どの市町村でも分別回収をしているのだが、日本はごみの焼却処理の技術が非常に高いので分別するのは全く意味がない。

③　どの市町村でも分別回収をしているのだが、分別の方法が市町村によって異なっているので分かりやすいように統一した方が良い。

④　どの市町村でも分別回収をしているのだが、分別の方法が市町村によって異なっているのはそれぞれの焼却炉の性能が異なるからである。

問3　空欄部 A ～ D に入る語句の組み合わせとして最も適当なものを選びなさい。

①　A しかし　B たしかに　C 一方　D ですから

②　A たしかに　B 一方　C ですから　D しかし

③　A 一方　B ですから　C しかし　D たしかに

④　A ですから　B しかし　C たしかに　D 一方

問4　本文には次の一段落が抜けています。本文中の【1】～【4】のどこに入りますか。最も適当なものを選びなさい。

その背景には、もう中国にプラゴミを押し付けられなくなったを生産するより、輸入した廃プラスチックをリサイクルしたほうが生産コストを抑えられたからです。

ところが、それがうまく管理されずに流出してしまった。森の中の川をペットボトルなど大量のゴミが流れていく動画を見たことがありますが、あれはおそらく輸入した廃プラスチックを山積みにしていたのが崩れてしまったのでしょう。そうでもなければ、森の奥にあんなにたくさんのゴミがあるはずがありません。

【1】

いずれにしろ、海洋流出問題は、廃プラスチックを中国に輸出した国々にも責任があるでしょう。まずは中国がしっかり管理してしっかりリサイクルすべきだったのはもちろんですが、自分たちで処理しきれないゴミをよそに押し付けていた側にも、やはり問題はあります。

【2】

ちなみに中国は、経済成長によって余裕が生まれたこともあって、二〇一七年一二月から廃プラスチックをリサイクル原料として輸入するのをやめました。国連事務総長が「脱プラスチック」を提案し、欧州議会が使い捨てプラスチック製品を二〇二一年から禁止することを決めた前年のことです。

【3】

ここでヨーロッパ諸国が不思議なのは、中国に輸出できなくなった廃プラスチックを焼却しようとは考えないこと。二〇一八年五月には「欧州は、これまで中国に送っていたプラスチック廃棄物の半分強を、他のアジア諸国に送り出した」というロイターの報道がありました。その記事によると「行き場のない廃プラスチックの一部は、建設現場から港に至るまで、さまざまな場所に積み上げられ、③新たなリサイクル市場が生まれるのを待っているという」とのこと。そんな状態では、やがて海に流出するおそれもあります。

【4】

ならば、さっさと焼却して熱回収すればよいと思うのですが、欧米各国はそれにあまり積極的ではありません。以前から欧米では廃プラスチックの焼却率が低く、大半をリサイクルと埋め立てで処理していました。

〈中略〉

焼却に消極的な理由は、言うまでもなく、温室効果ガスの問題でしょう。[B]、廃プラスチックを焼却処理すれば、二酸化炭素が排出されます。焼却すれば海洋プラスチックはなくせるけれど、それによって地球温暖化を促したのでは、環境を持続可能にする上で何もプラスにならない。――そう考えて、埋め立て処理をしているのかもしれません。

でも、それが本当に「サステナブル」なやり方なのでしょうか。地球環境が持続するとは、簡単に言えば地球上の物質が時間をかけて「循環」するということです。たとえば水がそうでしょう。海から蒸発して雲になり、そこから雨になって地上に降り注いで、また海に戻っていく。そうやって形を変えながら循環しているかぎり、私たちが生きるのに必要な水分はサステナブルです。

しかし、地中に埋め立てられたプラスチックは、④フハイして土に還《かえ》ることはありません。そのまま形を変えずに残ります。そこで行き止まりになってしまい、「循環」しない。それのどこが「サステナブル」なのかよくわかりません。

[C]、焼却によって発生する二酸化炭素は植物に吸収されるなどして循環します。前にもお話ししたとおり、二酸化炭素そのものは毒ではなく、植物にとってはご馳走になる。その意味で、廃プラスチックの焼却は「サステナブル」な処分方法だと言えるでしょう。それによって排出される二酸化炭素の量は、人類社会の産業全体の排出量からみれば微々たるものにすぎません。それで海に流出するプラスチックを減らせるなら、環境にとってプラスの方が大きいのではないかと思います。

将来的にはプラスチックを自然界で⑤循環させる方法がないわけではありません。いまはそのために、「生分解性プラスチック」の

二〇二四年度 浦和麗明高等学校（推薦 併願 二回目）

【国　語】（四五分）〈満点：一〇〇点〉

一　次の文章を読んで、後の問いに答えなさい。

①なぜ大量のプラスチックゴミが海洋に流出したのか。米国ジョージア大学などの研究グループは、二〇一〇年の一年間に世界全体で八〇〇万トンものプラスチックゴミが海に流出したと推定しています。

そもそも私たち人類は、プラスチックを本格的に使い始めた時期である一九五〇年から二〇一五年までの六五年間に、世界でおよそ八三億トンのプラスチックを生産したそうです。一方、その間に廃棄されたプラスチックは六三億トン。プラスチックは商品のパッケージなどに使われることが多いので、生産量の大半はゴミになります。はじめから捨てられるとわかっていて生産しているのですから、生産量が増えれば増えるほど、プラゴミも大量に発生する。これは避けられません。

その六三億トンのプラゴミのうち、八億トンは焼却処理され、六億トンはリサイクルに回されました。残りの四九億トンは、大部分は埋め立てられていますが、きちんと管理せず野積みしている国もあります。そこから海に流出したものもあるでしょう。

また、リサイクルに回されたプラスチックも、きちんと管理されなければ、結果的に海洋流出するおそれがあります。海洋プラスチックをなくしたいなら、すべて焼却処理するのがもっとも合理的ということです。

ちなみに日本では、うるさいぐらいに「②分別収集をしろ」と言われているわりに、リサイクルに回されるプラスチックはそれほど多くありません。環境省によると、二〇一三年に発生した九四〇万トンの廃プラスチックのうち、リサイクルに回されたのは二五パーセント程度。六七パーセントが焼却され、八パーセントが埋め立て処理されています。

よく「日本は廃プラスチックの八割をリサイクルしている」と言われるので、この数字を意外に感じる人もいるでしょう。これは誰かがウソをついているわけではなく、「リサイクル」の定義の違いによるもの。焼却したときに出る熱を発電などに利用することを「熱回収」といいますが、それも広い意味の「リサイクル」としてカウントすると、日本は廃プラスチックの八割をリサイクルしている計算になるのです。

それはそれで、意味のある定義だと思います。 A 世界標準では、熱回収をリサイクルに含めません。ですから国際的に比較する場合は、日本のリサイクル率は二割から三割ということになるのです。

いずれにしろ、焼却率の高い日本からは、あまり海洋プラスチックが発生しません。世界平均では、プラゴミの二～三パーセント程度が海に流出しているといわれますが、もし日本のプラゴミがそんな割合で流出していたら、近海はゴミだらけになっているでしょう。

〈中略〉

では、どの国が世界平均の数字を押し上げているか。これはもう、明らかに中国です。世界全体で八〇〇万トンと推定される二〇一〇年の海洋流出量のうち、中国が占める量は一三二万～三五三万トン。二位のインドネシアが四八万～一二九万トンですから、圧倒的なワースト一位です。日本や米国とは、二桁違います。

中国は人口が多いので、ゴミの量も多くなるのはわからなくもありません。でも、二番目に人口の多いインドでも流出量は一〇万～二〇万トン程度。中国からの流出量は、人口の多さだけでは説明がつきません。これだけの廃プラスチックが流出したのは、中国がそれを外国から大量に輸入していたからです。

三〇年ほど前から、中国はヨーロッパ、米国、日本などから廃プラスチックを輸入していました。石油から自前でプラスチック製品

2024年度／浦和麗明高等学校(推薦　併願２回目)

英語解答

1 問１ ③　問２ ①　問３ ④
2 問４ ④　問５ ④　問６ ①
3 問７ ④　問８ ①　問９ ②
問10 ③　問11 ①　問12 ④
問13 ③　問14 ②　問15 ④
問16 ③
4 問17 ①　問18 ③　問19 ②
問20 ①　問21 ③
5 問22 ②　問23 ④　問24 ①
問25 ③　問26 ②
6 問27 ②　問28 ④　問29 ①
問30 ④　問31 ②　問32 ③
問33 ②
7 問34 ④　問35 ③　問36 ①
問37 ②　問38 ②　問39 ②
問40 ③

1〔単語の発音〕

問１．said[e]　① wait[ei]　② afraid[ei]　③ hair[e]　④ rain[ei]
問２．honest[黙字]　① hour[黙字]　② hike[h]　③ hook[h]　④ horse[h]
問３．Christmas[k]　① church[tʃ]　② chain[tʃ]　③ cheat[tʃ]　④ orchestra[k]

2〔単語のアクセント〕

問４．① ho-tél　② be-gín　③ with-óut　④ tíck-et
問５．① fór-eign-er　② fá-vor-ite　③ Ín-ter-net　④ an-óth-er
問６．① vol-un-téer　② póp-u-lar　③ éve-ry-thing　④ ín-sta-gram

3〔適語(句)選択〕

問７．動詞句 speak to ～「～に話しかける」の受け身形は，‘be動詞＋spoken to by …’「…に話しかけられる」となる。このように動詞句の受け身形は，過去分詞の後ろにその動詞句を構成する語(句)をそのままの順で置き，その後に「～によって」の by を置く。　「数日前，スズは外国人に話しかけられた」

問８．water「水」は‘数えられない名詞’。数えるときは，a glass of water「グラス１杯の水」，two glasses of water「グラス２杯の水」のように表す。　*cf.* a cup of milk「カップ１杯のミルク」　a piece of paper「１枚の紙」　「父は風呂上がりに，いつもグラス２杯の水を飲む」

問９．‘have/has been dead for＋期間’で「死んでから〈期間〉がたつ」という意味になる(現在完了の‘継続’用法)。本問の文は，It is〔has been〕about sixty years since Pablo Picasso died.／About sixty years have passed since Pablo Picasso died.／Pablo Picasso died about sixty years ago. という３つの文に書き換えられる。　「パブロ・ピカソが亡《な》くなって約60年になる」

問10．‘too ～ to …’「…するには～すぎる，～すぎて…できない」の構文。‘～’には形容詞，‘…’には動詞の原形が入る。　*cf.* ‘so ～ that＋主語＋cannot〔couldn't〕…’「とても～なので―は…できない〔できなかった〕」　「その先生は忙しすぎて，家族と一緒に海外旅行に行けなかった」

問11．適切な関係代名詞を選ぶ。先行詞が The fish で後ろに動詞が続いているので，‘人以外’を先行詞とする主格の関係代名詞が入る。　「先週，琵琶湖でとれた魚は大きかった」

問12．７番目の月は July「７月」。　May「５月」　June「６月」　August「８月」　「７月は，１年で７番目の月だ」

問13. be covered with ～「～に覆われている」　「富士山は毎年２月はたくさんの雪で覆われている」

問14. ‘have a/an＋形容詞＋influence〔impact/effect〕on ～’「～に…な影響を与える」　individual「個人(の)，個々(の)」　industry「工業，産業」　inspiration「ひらめき，着想」　「スマートフォンの使いすぎは，子どもに悪い影響を与える」

問15. ‘the difference between＋名詞の複数形’「～の違い」　assistance「支援」　experience「経験」　independence「独立」　「彼らはその双子の違いがわからない」

問16. how many times「何回」は現在完了の‘経験’用法の文で‘回数’を尋ねる疑問詞。once「１回」，twice「２回」，three times「３回」，never「一度もない」などで答える。　「マイクはこの大学に何回行ったことがありますか」

4〔誤文訂正〕

問17. 助動詞を２つ並べて使うことはできないので，will be able to とする。　「カオルとタクミはスピードと強さがあるので，ヨーロッパで活躍できるだろう」

問18. ‘時’や‘条件’を表す副詞節(if, when, before, as soon as などから始まる副詞のはたらきをする節)の中は，未来の内容でも現在形で表すので，snows とする。　「次の土曜日に大雪が降ったら，私たちはスクールコンサートを開催できないだろう」

問19. look forward to ～「～を楽しみに待つ」の to は前置詞なので，直後に動詞が続く場合は，動名詞(～ing)になる。　「ショウヘイは，チームメイトに会って，彼らと一緒に野球を楽しむことを楽しみにしている」

問20. be surprised at ～で「(人が)～に驚く」となる。surprising は「(物事などが人を)驚かせる」という意味。‘believe in＋人’「〈人(の人柄・能力)〉を信じる」　「シュンスケは上司を心の底から信頼しているので，その知らせに驚いた」

問21. what 以下は間接疑問なので，‘疑問詞＋主語＋動詞’の語順になる。よって，do は不要。「ロシア大統領と彼の周辺の人々が何を考えているのか，世界中の多くの人々が知りたがっている」

5〔長文読解総合─対話文〕

≪全訳≫❶グレースはマットをコンサートに誘っている。❷グレース(G)：私の好きなバンドが今夜，町に来るの。コンサートに行きましょうよ。❸マット(M)：えっ，ぜひ行きたいな。でも予算がきついんだ。ア<u>いくらかかるの？</u>❹G：心配しないで，私がおごるから。私と一緒に来てくれるだけでいいの。１人でコンサートに行くのには耐えられなくて。❺M：君がそう言うなら，わかったよ。イ<u>どんな音楽を演奏するの？</u>❻G：いわゆるロックだと思うわ。ロックは好き？❼M：うん，僕はかまわないよ。コンサートはいつ始まって，どこで開催されるの？❽G：夜９時開始で，ウ<u>シティホールで開催される予定よ。</u>コンサートの前に，バーで会って少し飲まない？❾M：いいね。友達を連れていってもいい？❿G：もちろん，友達を連れてきてもいいわよ。コンサートに飲み物を持ち込めるかしら。⓫M：エ<u>僕はそれはしないな。</u>普通は許可されないから。

問22＜適文選択＞直前で「予算がきつい」と言っていることから，コンサートの料金をきいたのだと考えられる。直後の I will treat you. は「私がおごる」という意味。　cost「(金額)がかかる」

問23＜整序結合＞what kind of ～で「どんな種類の～」という意味。これを文頭に置き，残りは疑問文の語順に並べる。they は My favorite band(のメンバー)を指す。　What kind of <u>music</u> do they play?

問24＜適文選択＞直前の疑問文に対する返答部分。When「いつ」に対しては空所の前で答えているので，where「どこ」に対する答えが入る。　hold「(行事など)を開催する」　hold－held－held

問25＜適文選択＞コンサート会場に飲み物が持ち込めるかという疑問に対するマットの意見。直後で「普通は許可されない」と言っていることから，否定的な意見が入ると考えられる。I wouldn't try that. の wouldn't は仮定法で，文全体として「僕ならそれはしない」という意味。　I wonder if ～「～かどうかと思う」

問26＜英問英答＞「グレースがマットを一緒にコンサートに行くように誘ったのはなぜか」―②「グレースはそこに１人で行きたくなかったから」　第４段落参照。can't stand ～ing で「～するのに耐えられない」という意味。　alone ≒ by ～self「１人で」

6〔長文読解総合―エッセー〕

≪全訳≫❶良いマナーは人生のあらゆる場面で大切だ。良いマナーがなければ，私たちの世界は住みにくい場所になってしまう。それなのに，多くの人は，ある状況で何をしたり言ったりするのが正しいか，ほとんどわかっていない。結局のところ，私たちはマナーやエチケットの正式な教育や訓練を受けていない。私たちの大半は，まだ子どもの間に，マナーを家族や友人から学んでいる。ほとんどの場合，私たちが子どものときに学ぶマナーが，その後の人生で私たちとともにある習慣になる。❷エチケットは特にビジネスで大切だ。ビジネスエチケットの「ルール」をマスターするのはそれほど難しくない。それらは，理解して，従うのが簡単だ。しかし，そのルールが何であるかを知らなければならない。例えば，あるビジネスマンが，重要な顧客のオフィスに座っている。顧客の電話が鳴り，電話に出なければならないと顧客は彼に言う。彼はどうするべきだろうか。彼は電話の間，そこで座っているべきか，それとも，部屋を出るべきか。正しい反応をしなければ，そのビジネスマンはその顧客を失うかもしれない。❸私には，ビルと呼んでいる友人がいる。彼はアメリカの会社の重役で，最近，仕事で日本に来た。一緒に夕食をとりながら，彼は自分の会社がどのようにしてトップレベルのマネージャーを見つけようとしたかを話してくれた。たくさんの調査と，専門家集団による面接の後，その仕事の応募者リストは３人に絞られた。最終テストとして，各候補者はニューヨークの有名レストランでの食事に招待された。最後の１人のトムは，能力と経験が最も優れていると思われたため，この仕事を得る大本命だった。しかし，彼は採用されなかった。夕食の間，彼はスープを食べる際に音を立てていた。食事中，彼は話し続けた。さらに，残った最後の野菜を指で押してフォークにのせた。ビルは「ああ，哀れなトム。なんて残念なんだ！」と言った。❹私はビルに，日本でよく起こるように，彼の会社はトムを雇ってから教育すべきだったと伝えた。彼は「年老いた馬に新しい芸は教えられない」と答えた。それから私は，世界，特にインドでは多くの人が，カレーライスでさえも指で食べると伝えた。「えっ，本当に？」と彼は答えた。私はまた，約10年前に起こった有名な事件についてビルに伝えようと考えていた。アメリカの大統領が東京での晩餐会で気分が悪くなり，隣に座っていた人の服に吐いてしまった。そんなマナーの悪い人がアメリカ大統領になれるなら，誰かが残った最後のグリーンピースを指で押してフォークにのせたとして，何が悪いのか，とビルにききたかった。しかし，私は黙っていることにした。理由は何かって？　これは，特に夕食のときには，親友とであっても，話すのに適切ではない話題であろうからだ。

問27＜適語句選択＞文頭の And yet は「それなのに，そのくせ」という意味。よって，前文と‘逆接’の関係になる言葉が入る。have little idea of ～で「～をほとんどわかっていない」という意味になる。 have a little idea of ～は「～が少しわかっている」となるので④は不適。

問28＜指示語＞They なので前に出ている複数名詞の中で，ここに当てはめて意味の通るものを探す。前文の主語の The “rules” of business etiquette が当てはまる。

問29＜要旨把握＞段落後半の内容より，トムはテーブルマナーが原因で不採用になったことがわかる。

問30＜要旨把握＞第３，４文参照。ビルは，筆者からインド人が指でカレーを食べることを聞いて驚いていることから，そのことを知らなかったと考えられる。

問31＜英問英答＞「本文によれば，大半の人々はマナーやエチケットは普通どこで学ぶか」—②「子ども時代に，家族や友人から」 第１段落終わりの２文参照。 while we are (still) children「子どもの間に」≒ during childhood「子ども時代に」

問32＜英問英答＞「本文で述べられているように，エチケットがビジネスで重要なのはなぜか」—③「ビジネスの関係の成功に影響する可能性がある」 第２段落参照。ビジネスマナーが，顧客との関係に影響を及ぼす可能性が言及されている。 affect「～に影響する」

問33＜英問英答＞「アメリカ大統領に関する出来事と夕食中のトムの行動について，筆者はどんな点を指摘したいのか」—②「どちらの出来事も，良いマナーの大切さを強調している」 本文のテーマは，マナーやエチケットの大切さであり，アメリカ大統領とトムの例は，その重要性を伝えるための具体例である。

7〔英文読解総合—手紙〕

≪全訳≫町長への手紙❶町長様へ／犬が吠《ほ》え，赤ちゃんが泣き，部屋全体が揺れています。何が起こっているのですか？ また地震ですか？ いいえ，毎朝６時に近所で鳴る，ただの音楽のチャイムです。その音楽は，役場(市役所)の屋上にある巨大なスピーカーから流れていることがわかりました。スピーカーから十分離れたところに住んでいれば，その音楽は心地よいBGMに思えるかもしれませんが，私は近くに住んでいるので，かなりうるさく，心を乱します。私の睡眠の邪魔をしますし，私をその日の残りの間，ずっと疲れた状態にします。❷私は最近アイルランドから日本に来て，役場がこの「サービス」を企画し，私たちの税金を使って，その代金を支払っていると知ってショックを受けました。早朝のそういった騒音は私の国では許されないだろうということを町長様にお伝えしなくてはなりません。人々はそれに抗議して，責任者は罰せられるでしょう。❸それで，この音楽のチャイムの目的は何なのでしょうか？ なぜ必要なのでしょうか？ もともとは，地元の米農家が田んぼの仕事に遅れないよう，朝起きる助けとなるように導入されたと聞いたことがあります。確かに，そうしたシステムは目覚まし時計が存在していなかった昔には必要だったのかもしれませんが，農家がこの現代にどうしてそのような目覚ましを必要とするのでしょうか？ 間違いなく，農家には自分専用の目覚まし時計を買う余裕があるでしょう。私は自分専用の目覚まし時計を持っているので，私に今何時かを知らせてくれる高価で迷惑な音楽のチャイムは必要ありません。人々のライフスタイルが大きく異なる現代社会では，私たち全員が朝６時に起きることを期待すべきではありません。この音楽のチャイムは新種の騒音公害です！❹このような時代遅れのサービスを撤廃して，私たちの税金をもっと賢明な方法で使うことを検討していただきたいと思っています。／敬具，モーガン・オブライエン

町長からの手紙／オブライエン様❶音楽のチャイムについてご自身の見解を説明するお手紙をありがとうございました。チャイムがとてもうるさく感じられ，心の安らぎを妨げていることを残念に思いま

す。❷しかしながら，音楽のチャイムには長い伝統があり，日本文化の一部であることを理解していただきたいのです。音楽のチャイムの起源は，新しい１日の始まりを告げるために地域のお寺で打ち鳴らされた鐘です。それで，今でも多くの日本人は，早朝に音楽のチャイムを聞くと，心が高まり，さわやかな気分になり，その日の課題に立ち向かう準備ができたと感じられると言っています。❸実際，地域の多くの人々が，音楽のチャイムを聞くのがいかに楽しいかを私たちに語っており，このサービスを続けることに大いに賛成しているようです。米農家だけでなく，町の中心部で働く人々も，音楽のチャイムに感謝しています。チャイムは朝起きるのに役立ち，より早く出勤するのを促していると言っています。その結果，朝のラッシュアワーを避けて，通勤中の渋滞にあうのを減らせています。そのため，車で通勤する際のストレスが減り，職場により多くの活力と熱意を持って到着しています。❹このようなサービスを古くさいとお考えになるのは残念ですが，お伝えしたとおりチャイムは日本社会で有用な目的を果たしています。❺２か国の間に存在している文化の違いを徐々に理解し，受け入れるようになって，日本での滞在を楽しんでいただくことを望んでいます。／敬具，オキタハヤト，町長

問34＜指示語＞このitは市役所が税金を使って代金を払っているものである。これは直前のthis“service”であり，this“service”とは，第１段落で述べられている「音楽のチャイムを鳴らすこと」である。　pay for ～「～の代金を払う」

問35＜適語(句)選択＞町長は最初の２文でオブライエンへの感謝や理解を示しているが，空所の後では，自分の主張を述べて相手に理解を求めているので，空所前後が‘逆接’の関係になっている。　however「しかしながら」　for example「例えば」　therefore「したがって」　in addition「加えて」

問36＜適語(句)選択＞空所前の「早起きして早く出勤する」と，空所後の「朝のラッシュアワーを避けて通勤中の渋滞にあうのを減らす」という内容が，‘原因’→‘結果’の関係になっている。　as a result「その結果」　by the way「ところで」　on the other hand「その一方で」

問37＜英問英答＞「音楽のチャイムはもともとなぜ導入されたのか」―②「朝，米農家を起こすため」　「町長への手紙」の第３段落第３文参照。　originally「もともとは，当初は」

問38＜英問英答＞「モーガン・オブライエンは，町長からの手紙で述べられた文化の違いについてどう感じているか」―②「文化の違いに不満を感じ，変化を望んでいる」　オブライエンは音楽のチャイムに対して一貫して否定的である。　frustrated「不満な，失望した」

問39＜内容一致＞「日本人の多くが，朝に音楽のチャイムを聞くと(　　)気分になる，と町長は言っている」―②「うれしく，さわやかな」　「町長からの手紙」の第２段落第３文参照。　feel refreshed「さわやかな気分になる，リフレッシュする」

問40＜内容真偽＞①…×　「町長への手紙」の第１段落第１～３文参照。チャイムの影響を地震にたとえている。　②…×　「町長への手紙」の第３段落第４，５文参照。目覚まし時計は農家自身で買えると言っている。　③…○　「町長からの手紙」の第３段落第２文に一致する。‘not only *A* but (also) *B*’「*A*だけでなく*B*も」　appreciate「～に感謝する」　④…×　「町長からの手紙」の第５段落参照。町長はモーガンさんに文化の違いを受け入れるように求めている。

2024年度／浦和麗明高等学校（推薦　併願２回目）

数学解答

1
(1) ア…6　イ…4　ウ…4
(2) エ…3　オ…2　カ…2
(3) キ…1　ク…3　ケ…－　コ…7
　サ…1　シ…8
(4) ス…2　セ…5　ソ…3　タ…6
(5) チ…2　ツ…1　テ…2　ト…5
(6) ナ…4　ニ…0

2
(1) ア…8　イ…0　ウ…9　エ…6
(2) オ…2　カ…2　キ…5　　(3) 3
(4) ②

3
(1) ア…1　イ…2
(2) ウ…－　エ…3　オ…2　カ…9
　キ…4　ク…2　ケ…4　コ…－
　サ…3　シ…2　ス…－　セ…9
　ソ…2　タ…1　チ…－　ツ…2
(3) テ…7　ト…7　ナ…8　ニ…5
　ヌ…4

4
ア…2　イ…0　ウ…1　エ…4
オ…0　カ…4　キ…8　ク…3
ケ…0　コ…2　サ…0　シ…8
ス…0

5
ア…3　イ…3　ウ…4　エ…1
オ…1　カ…3　キ…2　ク…2
ケ…3　コ…2　サ…6　シ…3
ス…2　セ…3　ソ…3　タ…8
チ…3　ツ…2　テ…7

1〔独立小問集合題〕

(1)＜式の計算＞与式$=-\dfrac{27x^3}{y^6}\div\dfrac{36}{x^2y^4}\times\dfrac{8y^6}{x}=-\dfrac{27x^3}{y^6}\times\dfrac{x^2y^4}{36}\times\dfrac{8y^6}{x}=-6x^4y^4$

(2)＜数の計算＞与式$=(\sqrt{2})^2+2\times\sqrt{2}\times3+3^2-12-4\sqrt{2}+4=2+6\sqrt{2}+9-12-4\sqrt{2}+4=3+2\sqrt{2}$
《別解》与式$=(\sqrt{2}+3)^2-4(\sqrt{2}+3)+4$より，$\sqrt{2}+3=A$とおくと，与式$=A^2-4A+4=(A-2)^2$となる。$A$をもとに戻して，与式$=(\sqrt{2}+3-2)^2=(\sqrt{2}+1)^2=(\sqrt{2})^2+2\times\sqrt{2}\times1+1^2=2+2\sqrt{2}+1=3+2\sqrt{2}$である。

(3)＜連立方程式＞$\dfrac{4}{3}x+\dfrac{2y-1}{4}=0$……①，$\dfrac{8x-5}{4}-\dfrac{3}{2}y=0$……②とする。①×12より，$16x+3(2y-1)=0$，$16x+6y-3=0$，$16x+6y=3$……①′　②×4より，$(8x-5)-6y=0$，$8x-6y=5$……②′　①′+②′より，$16x+8x=3+5$，$24x=8$　$\therefore x=\dfrac{1}{3}$　これを①′に代入して，$16\times\dfrac{1}{3}+6y=3$，$\dfrac{16}{3}+6y=3$，$6y=-\dfrac{7}{3}$　$\therefore y=-\dfrac{7}{18}$

(4)＜二次方程式＞$x^2-58x+841-31=3x-90$，$x^2-61x+900=0$，$(x-25)(x-36)=0$　$\therefore x=25,\ 36$
《別解》$(x-30+1)^2-31=3(x-30)$とし，$x-30=X$とおくと，$(X+1)^2-31=3X$，$X^2+2X+1-31=3X$，$X^2-X-30=0$，$(X+5)(X-6)=0$となる。Xをもとに戻して，$(x-30+5)(x-30-6)=0$，$(x-25)(x-36)=0$　$\therefore x=25,\ 36$

(5)＜確率―カード＞a，bの値はそれぞれ1～5の5通りあるから，$(a,\ b)$の組は全部で$5\times5=25$（通り）ある。このうち，abの値が15以下にならないものは，$(a,\ b)=(4,\ 4)$，$(4,\ 5)$，$(5,\ 4)$，$(5,\ 5)$の4通りだから，abの値が15以下となるものは$25-4=21$（通り）ある。よって，求める確率は$\dfrac{21}{25}$となる。

(6)＜平面図形―角度＞右図で，$\angle\mathrm{ADE}=x$とおくと，$\overset{\frown}{\mathrm{AB}}$に対する円周角より，$\angle\mathrm{BCE}=\angle\mathrm{ADE}=x$となる。$\triangle\mathrm{ACF}$の内角と外角の関係より，$\angle\mathrm{DAE}=\angle\mathrm{BCE}-\angle\mathrm{AFB}=x-25^\circ$となる。よって，$\triangle\mathrm{ADE}$の内角と外角の関係より，$\angle\mathrm{ADE}+\angle\mathrm{DAE}=\angle\mathrm{AEB}$となるから，$x+(x-25^\circ)=55^\circ$が成り立ち，$2x=80^\circ$，$x=40^\circ$となる。

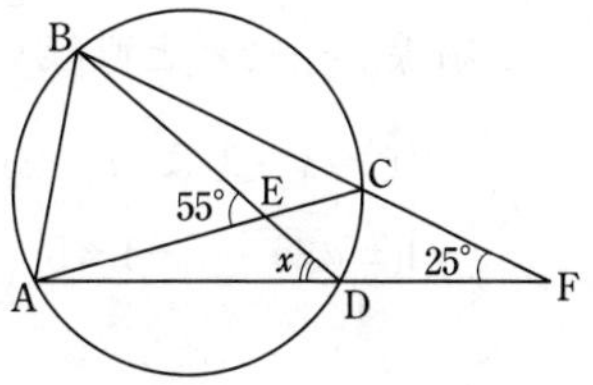

2〔独立小問集合題〕

(1)＜数の計算＞与式＝$(x+y)(x-y)$とし，$x=2025$，$y=2023$を代入すると，与式＝$(2025+2023)\times(2025-2023)=4048\times2=8096$となる。

(2)＜連立方程式の応用＞Aをxg，Bをyg混ぜるとすると，食塩水Cが360gできることから，$x+y=360$……①が成り立つ。また，6％のAxgに食塩が$x\times\frac{6}{100}=\frac{3}{50}x$(g)，14％のB$y$gに食塩が$y\times\frac{14}{100}=\frac{7}{50}y$(g)含まれる。これらを混ぜてできる9％のC 360gに食塩が$360\times\frac{9}{100}=\frac{162}{5}$(g)含まれるので，$\frac{3}{50}x+\frac{7}{50}y=\frac{162}{5}$……②が成り立つ。②×50より，$3x+7y=1620$……②′　②′−①×3より，$7y-3y=1620-1080$，$4y=540$　∴$y=135$　これを①に代入して，$x+135=360$　∴$x=225$　よって，Aを225g混ぜればよい。

(3)＜場合の数＞等式$4x+3y=45$をxについて解くと，$4x=45-3y$，$4x=3(15-y)$　∴$x=\frac{3(15-y)}{4}$　xは自然数だから，$15-y$は4の倍数で，$15-y>0$である。よって，$y=3$，7，11であり，$x=\frac{3(15-3)}{4}=9$，$x=\frac{3(15-7)}{4}=6$，$x=\frac{3(15-11)}{4}=3$となるので，$4x+3y=45$を満たす自然数x，yの値の組は，$(x,\ y)=(3,\ 11)$，$(6,\ 7)$，$(9,\ 3)$の3組ある。

(4)＜データの活用—平均値，中央値，最頻値，範囲，四分位範囲＞10個のデータを値の小さい順に並べると，30，40，40，50，50，60，70，70，70，80となる。平均値は，$(30+40\times2+50\times2+60+70\times3+80)\div10=560\div10=56$(点)である。中央値は小さい方から5番目と6番目の値の平均だから，$(50+60)\div2=55$(点)である。最頻値は10個のデータの中で最も個数が多い70点である。また，範囲は，最大値から最小値をひいたものだから，$80-30=50$(点)である。さらに，第1四分位数は小さい方から5個のデータの中央値だから，小さい方から3番目の値で40点，第3四分位数は大きい方から5個のデータの中央値だから，大きい方から3番目の値で70点となる。よって，四分位範囲は$70-40=30$(点)である。以上より，〔四分位範囲〕＜〔範囲〕＜〔中央値〕＜〔平均値〕＜〔最頻値〕となる。

3〔関数—関数$y=ax^2$と一次関数のグラフ〕

(1)＜比例定数＞放物線$y=ax^2$は点$(3,\ 9)$を通るので，$9=a\times3^2$より，$a=1$となる。また，放物線$y=bx^2$は点$(2,\ -8)$を通るので，$-8=b\times2^2$より，$b=-2$となる。

(2)＜座標＞右図で，2点A，Bは放物線$y=x^2$と直線$y=\frac{1}{2}x+3$の交点だから，2式からyを消去して，$x^2=\frac{1}{2}x+3$より，$2x^2=x+6$，$2x^2-x-6=0$，解の公式を利用すると，$x=\frac{-(-1)\pm\sqrt{(-1)^2-4\times2\times(-6)}}{2\times2}=\frac{1\pm\sqrt{49}}{4}=\frac{1\pm7}{4}$となる。よって，$x=\frac{1-7}{4}=-\frac{3}{2}$，$x=\frac{1+7}{4}=2$より，点Aの$x$座標は$-\frac{3}{2}$，点Bの$x$座標は2だから，$y=\left(-\frac{3}{2}\right)^2=\frac{9}{4}$，$y=2^2=4$より，$A\left(-\frac{3}{2},\ \frac{9}{4}\right)$，$B(2,\ 4)$である。次に，2点C，Dは放物線$y=-2x^2$と直線$y=x-3$の交点だから，2式から$y$を消去して，$-2x^2=x-3$より，$2x^2+x-3=0$，$x=\frac{-1\pm\sqrt{1^2-4\times2\times(-3)}}{2\times2}=\frac{-1\pm\sqrt{25}}{4}=\frac{-1\pm5}{4}$となる。よって，$x=\frac{-1-5}{4}=-\frac{3}{2}$，$x=\frac{-1+5}{4}=1$より，点Cの$x$座標は

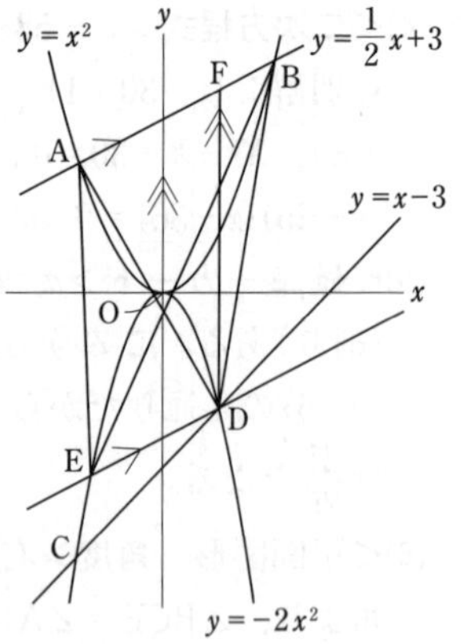

$-\frac{3}{2}$，点Dのx座標は1だから，$y=-\frac{3}{2}-3=-\frac{9}{2}$，$y=1-3=-2$より，C$\left(-\frac{3}{2},\ -\frac{9}{2}\right)$，D(1, -2)である。

(3)＜面積，x座標＞点Dを通りy軸に平行な直線を引き直線ABとの交点をFとすると，△ABD＝△ADF＋△BDFとなる。点Fは直線$y=\frac{1}{2}x+3$上にありx座標は点Dと同じ1だから，$y=\frac{1}{2}\times1+3=\frac{7}{2}$より，F$\left(1,\ \frac{7}{2}\right)$である。これとD(1, -2)より，DF$=\frac{7}{2}-(-2)=\frac{11}{2}$となる。また，底辺をDFと見たときの△ADFの高さは，2点A，Dのx座標の差より$1-\left(-\frac{3}{2}\right)=\frac{5}{2}$，△BDFの高さは，2点B，Dの$x$座標の差より$2-1=1$である。よって，△ADF$=\frac{1}{2}\times\frac{11}{2}\times\frac{5}{2}=\frac{55}{8}$，△BDF$=\frac{1}{2}\times\frac{11}{2}\times1=\frac{11}{4}$より，△ABD$=\frac{55}{8}+\frac{11}{4}=\frac{77}{8}$となる。次に，△ABD＝△ABEとなるとき，△ABDと△ABEは底辺をABと見たときの高さが等しく，2点D，Eは直線ABについて同じ側にあるから，AB∥EDとなる。よって，直線DEの傾きは直線ABの傾きと等しく$\frac{1}{2}$だから，直線DEの式を$y=\frac{1}{2}x+c$とおくと，D(1, -2)を通るので，$-2=\frac{1}{2}\times1+c$，$c=-\frac{5}{2}$より，直線DEの式は$y=\frac{1}{2}x-\frac{5}{2}$となる。したがって，点Eは放物線$y=-2x^2$と直線$y=\frac{1}{2}x-\frac{5}{2}$の交点であるから，2式から$y$を消去すると，$-2x^2=\frac{1}{2}x-\frac{5}{2}$より，$-4x^2=x-5$，$4x^2+x-5=0$，$x=\frac{-1\pm\sqrt{1^2-4\times4\times(-5)}}{2\times4}=\frac{-1\pm\sqrt{81}}{8}=\frac{-1\pm9}{8}$となる。よって，$x=\frac{-1-9}{8}=-\frac{5}{4}$，$x=\frac{-1+9}{8}=1$となり，$x=1$は点Dの$x$座標だから，点Eの$x$座標は$-\frac{5}{4}$である。

4 〔特殊・新傾向問題〕

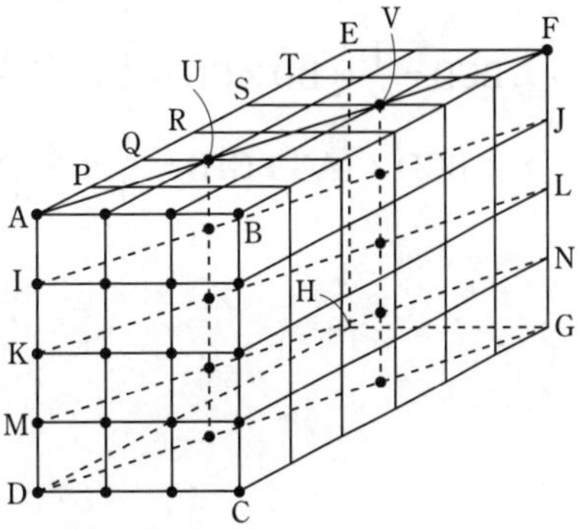

右図で，面ABCD上の黒点は，縦1列に5個ずつ4列分あるから，5×4＝20(個)ある。同様に，右図の頂点P，Q，R，S，T，Eを通り面ABCDに平行な平面上にも黒点は20個ずつあるから，直方体ABCD-EFGHに含まれる黒点は，全部で20×7＝140(個)ある。また，直方体の辺上の黒点のうち，直方体の頂点であるものは8個ある。それらを除くと，辺AB，DC，EF，HG上に2個ずつ，辺AD，BC，EH，FG上に3個ずつ，辺AE，BF，CG，DH上に5個ずつあるから，直方体の辺上の黒点は8＋2×4＋3×4＋5×4＝48(個)ある。さらに，直方体の面上の黒点のうち，直方体の辺上にないものは，面ABCD，EFGH上に6個ずつ，面ABFE，DCGH上に10個ずつ，面BCGF，ADHE上に15個ずつあるから，6×2＋10×2＋15×2＝62(個)ある。よって，直方体の面上の黒点は48＋62＝110(個)あるから，直方体の面上以外の黒点は140－110＝30(個)ある。次に，図の直方体を平面ADGFで切り離したとき，AB：BF＝3：6＝1：2だから，線分AF上の黒点は，頂点A，F以外に点U，点Vの2個あるから，4個ある。同様に，線分IJ，KL，MN，DG上にも黒点は4個ずつあるから，面ADGF上に黒点は4×5＝20(個)ある。直方体は平面ADGFで2等分されるので，頂点Bを含む方の立体と頂点Bを含まない方の立体で黒点の数は等しくなる。直方体の全ての黒点のうち，面ADGF上にないものは140－20＝120(個)あり，面ADGF上にない黒点は頂点Bを含む方の立体と頂点Bを含まない方の立体で同じ数ずつあるから，頂点Bを含む方の立体で面ADGF上にない黒点は120÷2＝60(個)ある。よって，頂点Bを含む方の立体に黒点は20＋60＝80(個)ある。

5〔空間図形―正四面体と球〕

三角形の頂点とその向かい合う辺の中点を結んだ3本の線分は1点で交わる。その点を三角形の重心といい，正三角形の重心は，3つの頂点から等しい距離にある。まず，正四面体の底面の正三角形が半径1の球の中心を通るとき，右図1のように，球の中心をO，底面の正三角形の頂点をP，Q，Rとすると，OP＝OQ＝OR＝1となる。また，直線POと辺QRの交点をMとすると，点Mは辺QRの中点で，OM⊥QRである。さらに，$\angle OQM=\frac{1}{2}\angle PQR=\frac{1}{2}\times 60^\circ=30^\circ$ より，△OQMはOM：OQ：QM＝1：2：$\sqrt{3}$ の直角三角形である。よって，$OM=\frac{1}{2}OQ=\frac{1}{2}\times 1=\frac{1}{2}$ より，$PM=PO+OM=1+\frac{1}{2}=\frac{3}{2}$ であり，$QM=\sqrt{3}OM=\sqrt{3}\times\frac{1}{2}=\frac{\sqrt{3}}{2}$ より，$QR=2QM=2\times\frac{\sqrt{3}}{2}=\sqrt{3}$ である，よって，正三角形PQRの面積は，$\frac{1}{2}\times QR\times PM=\frac{1}{2}\times\sqrt{3}\times\frac{3}{2}=\frac{3\sqrt{3}}{4}$ である。次に，右図2の点Gは球の中心と一致するので，AG，BGの長さは球の半径と等しく，AG＝BG＝1となる。また，AG：GH＝3：1より，$GH=\frac{1}{3}AG=\frac{1}{3}\times 1=\frac{1}{3}$ となるから，△BGHで三平方の定理より，$BH=\sqrt{BG^2-GH^2}=\sqrt{1^2-\left(\frac{1}{3}\right)^2}=\sqrt{\frac{8}{9}}=\frac{2\sqrt{2}}{3}$ である。さらに，直線CHと辺BDの交点をNとすると，図1と同様にして，$HN=\frac{1}{2}BH=\frac{1}{2}\times\frac{2\sqrt{2}}{3}=\frac{\sqrt{2}}{3}$，$BN=\sqrt{3}HN=\sqrt{3}\times\frac{\sqrt{2}}{3}=\frac{\sqrt{6}}{3}$，$BD=2BN=2\times\frac{\sqrt{6}}{3}=\frac{2\sqrt{6}}{3}$ となるから，正四面体の1辺の長さは $\frac{2\sqrt{6}}{3}$ であり，$CN=CH+HN=BH+HN=\frac{2\sqrt{2}}{3}+\frac{\sqrt{2}}{3}=\sqrt{2}$ より，底面積は，$\triangle BCD=\frac{1}{2}\times BD\times CN=\frac{1}{2}\times\frac{2\sqrt{6}}{3}\times\sqrt{2}=\frac{2\sqrt{3}}{3}$ となる。したがって，正四面体ABCDの体積は，$\frac{1}{3}\times\triangle BCD\times(AG+GH)=\frac{1}{3}\times\frac{2\sqrt{3}}{3}\times\left(1+\frac{1}{3}\right)=\frac{8\sqrt{3}}{27}$ である。

図1

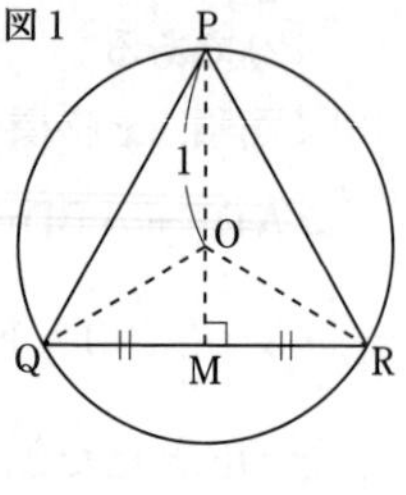

図2

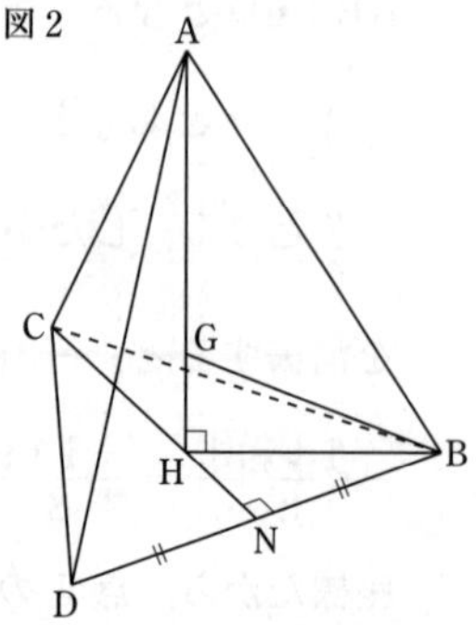

2024年度／浦和麗明高等学校（推薦　併願２回目）

国語解答

一　問１　③　問２　①　問３　①
　問４　③　問５　②　問６　③
　問７　③　問８　④　問９　④

二　問10　③　問11　②　問12　①
　問13　③　問14　①　問15　③
　問16　②　問17　④　問18　③
　問19　①

三　問20　③　問21　①　問22　④
　問23　③　問24　④　問25　①
　問26　①　問27　②

一〔論説文の読解―自然科学的分野―環境〕出典：酒井敏『カオスなSDGs　グルっと回せばうんこ色』。

≪本文の概要≫なぜ大量のプラスチックゴミが，海洋流出したのか。プラスチックゴミの大部分は，埋め立て処理されるが，きちんと管理していない国もあるため，そこから流出したとも考えられる。また，リサイクルに回されたプラスチックも，きちんと管理されなければ海洋流出する場合がある。海洋プラスチックをなくすには，全て焼却処理するのが最も合理的である。例えば，日本では，廃プラスチックを焼却処理し，その際に発生した熱を発電などに利用して「リサイクル」していて，あまり海洋プラスチックが発生していない。一方，欧米諸国では，地球温暖化の原因である二酸化炭素を排出するという理由で焼却に消極的で，大半を埋め立てとリサイクルで廃プラスチックを処理している。だが，埋め立てられたプラスチックは土にかえることはなく循環しないので，サステナブルではない。そのため，埋め立てても微生物のはたらきによって分解される生分解性プラスチックの開発が，行われている。しかし，それを埋め立てても長期的に見れば，二酸化炭素が出る。そうであれば，より効率的な焼却処理が望ましいのではないか。特に，日本は，クリーンに焼却できる高い技術があるのだから，政府は，その技術を世界に広めるべきである。

問１＜文章内容＞六三億トンのプラゴミのうち「大部分は埋め立てられて」いるが，「野積みしている国も」あり，「そこから海に流出したものもある」と考えられている。また，「リサイクルに回されたプラスチック」も，きちんと管理されないと「海洋流出する」可能性がある。

問２＜文章内容＞日本では，プラスチックゴミを分別回収していても，リサイクルする割合が低く，焼却率が高い。日本には「有害なものを出さずにクリーンに焼却する技術」があるので，分別回収に力を入れるよりも，「自らの焼却技術を世界に広める」方が現実的である。

問３＜接続語＞A．「熱回収」を「広い意味の『リサイクル』」ととらえることも，「意味のある定義」ではあるが，「世界標準では，熱回収をリサイクルに」含めない。　B．焼却処理に消極的なのは「温暖効果ガスの問題」と考えられ，間違いなく，「廃プラスチックを焼却処理すれば，二酸化炭素が排出」される。　C．「地中に埋め立てられたプラスチック」は，「そのまま形を変えずに」残るのに対し，「焼却によって発生する二酸化炭素は植物に吸収されるなどして循環」する。　D．「生分解性プラスチックを『サステナブルな取り組み』と評価するなら，プラスチックの焼却処理も同じようにサステナブルなやり方として評価」すべきものなので，「プラゴミの焼却率が高い日本」は，「十分にサステナブルなやり方をしている」といえる。

問４＜文脈＞欧州議会で使い捨てプラスチック製品を「禁止することを決めた」背景には，ウミガメを守りたいという理由だけでなく，「中国にプラゴミを押し付けられなくなったという事情」もあるのではないか。

問５＜文章内容＞報道によると，ヨーロッパ諸国は「これまで中国に送っていたプラスチック廃棄物の半分強を，他のアジア諸国に」送り出している。行き場がなく積み上げられた廃プラスチックも，同じようにどこかの国で処理されるのを待っている状態なのである。

問6＜漢字＞「腐敗」と書く。①は「配膳」，②は「背水」，③は「敗者」，④は「排水溝」。

問7＜表現＞「プラスチックを自然界で循環させる方法がないわけでは」なく，その方法として「生分解性プラスチック」があるが，最終的には「二酸化炭素」を排出するので，コストをかけて「生分解性プラスチック」を生産するよりも，焼却処理の方が望ましいことが示されている。

問8＜語句＞「ダイオキシン」は，ポリ袋などのプラスチック製品を燃やすと発生する有毒ガス。「O157」は，重篤な食中毒を引き起こす細菌。「フロン」は，塩素，フッ素と炭素の化合物の総称で，オゾン層の破壊や大きな温室効果を持つことから，使用が規制・禁止されている。「アスベスト」は，石綿のことで，以前は建築資材の一つとして使用されてきたが，人体に悪影響を及ぼすことから，現在は使用が禁止されている。

問9＜要旨＞二〇一〇年のプラスチックの海洋流出量のうち，一位は中国で，一三二万～三五三万トン，二位はインドネシアで，四八万～一二九万トンである。しかし，「二番目に人口の多いインド」は一〇万～二〇万トン程度であり，流出量は「人口の多さだけ」では説明がつかない(④…×)。

二〔小説の読解〕出典：寺地はるな『水を縫う』。

問10＜慣用句＞「虚勢を張る」は，強がった様子で振る舞う，という意味。高杉くるみは，一緒にいる友人がいなくても，強がった態度を見せるわけでもなく，「おどおどする」わけでもなく，何ごともないかのように昼食をとっていた。

問11＜文章内容＞無理に友達に合わせようとしていた「僕」とは違い，一人でも堂々として昼食をとっている高杉くるみの姿を見て，「僕」は，自分も思いきって，読みたい「刺繍を集めた本」を読もうと思った。

問12. 高杉晋作は，幕末の長州藩士で，奇兵隊を創設するなど活躍したが，二十七歳という若さで没した。なお，同じく幕末の志士に桂小五郎，坂本龍馬，吉田松陰がいる。

問13＜文章内容＞山田くんは，「僕の手つきを真似て笑っていた」人物で，「男女混合の四人グループ」のうちの一人である。山田くんは，仲間からはずれて一人でいる「僕」をからかうように「僕」の物まねをしたが，予想外に「僕」に「なんか用？」と話しかけられて動揺し，視線をそらした。

問14＜漢字の知識＞「なにがし」は「某」と書き，書き順は，「一」→「廿」→「甘」→「苹」→「茉」→「某」。部首は木部で，画数は九画。

問15＜文章内容＞犬どうしなら，犬種が多少違っても同じ犬として受け入れられるが，「犬の集団にアヒルが入ってきたら，あつかいに困る」ように，「僕」は，自分を，学校ではもてあまされ浮いた存在だと考えている。

問16＜四字熟語＞「泰然自若」は，落ち着いて少しも動じないさま。「僕」は，「ずんずん」とためらわずに前進していく高杉くるみの姿を見て，周りに少しも動じずに自分の道を進んでいく意思を感じた。「深謀遠慮」は，遠い先のことまで考えて策略をめぐらすこと。「孤立無援」は，一人ぼっちで仲間や助ける人がいないさま。「堅忍不抜」は，どんな困難にも耐えしのぶこと。

問17＜心情＞「僕」は，一人でいることの寂しさをごまかすために，「自分の好きなことを好きでないふりをするのは，好きではないことを好きなふりをするのは，もっともっとさびしい」と気づいた。そのため「僕」は，宮多からどんな反応が返ってくるかわからなくても，自分の好きなことを正直に伝えようと決意し，緊張しながらメールを打った。

問18＜文章内容＞「僕」は，自分のことを「わかってもらえるわけがない」と決めつけていたが，宮多から思いがけず自分を褒める素直な感想が届いたので，「何度も繰り返し」メッセージを読んだ。

問19＜要旨＞「僕」は，無理に周りに合わせてきたが，「好きじゃないものを好きなふりをする必要はない」し，また「宮多たちのことをよく知らない」ことにも気づいた。彼らと新たな関係を築いていこうとする「僕」の姿が，ほどけた靴紐を結び直す行為に象徴されている。

三〔古文の読解―日記〕出典：菅原孝標女『更級日記』。

≪現代語訳≫八月になって，二十日が過ぎた夜明け前の月は，たいそう趣深く，山の方は木が茂っていて暗く，滝の音も(ほかに)似るものがないとばかりにしみじみと思われて，

情趣を解する人に見せたい，山里の秋の夜深く照る有明の月を。

京に帰るときに(道すがら見ると)，こちらに来たときは，水だけが(青々と)見えた田んぼも，すっかり(稲の)刈り入れが終わっていた。

苗代に一面水だけが見えていた田んぼが(いつの間にか)刈り入れもすんでしまうまで(この里に)長く滞在してしまった。

十月の末日ぐらいに，ちょっとだけ(この場所に)来てみると，暗く茂っていた木々の葉もすっかり散り乱れて，とても寂しげな様子で一面に見えて，(夏の頃は)いかにもさわやかに流れていた水も，木の葉に埋もれて，(流れの)跡だけが見える。

水までもが住み諦め，枯れてしまったなあ。嵐によって木の葉が散り乱れた，この山里の心細さに。

そこにいる尼に，「春まで命が長らえたら必ず(この場所に)来ましょう。花の盛りになったら，教えてほしい」などと言って帰ったのに，年が明けて三月十日を過ぎる頃になっても知らせがないので，

約束を交わした花の盛りを知らせてはくれないですね。春がまだきていないのだろうか，花が美しく咲かないのだろうか。

よその家に来て，月の(美しい)頃，(部屋が)竹林の近くで，風の音に目ばかり覚めて，くつろいで眠れない頃，

竹の葉がそよぐ夜ごとに目を覚まして，何というわけではないが，もの悲しく感じるのだ。

秋頃，そこをたってほかの場所へ移動して，その(家の)主人に，

どこといって露の趣，主人の深い思いやりに区別はないけれど，浅茅が生えたお宅の秋が懐かしい。

問20＜古典の知識＞「葉月(はづき)」は八月，「文月(ふみづき)」は七月，「水無月(みなづき)」は六月，「皐月(さつき)」は五月を指す。

問21＜古典の知識＞「神無月」は十月，「長月」は九月，「睦月」は一月，「霜月」は十一月を指す。

問22＜古典の知識＞「つごもり」は，「晦日」と書き，月末の頃のこと。月はおよそ29日半で地球を一周し，月末の頃に月が見えなくなる，つまり「月籠もる」ことに由来する。

問23＜歴史的仮名遣い＞歴史的仮名遣いの「au」は，原則として現代仮名遣いでは「ou」になる。

問24＜古文の内容理解＞尼に，春まで命が長らえたら必ずこの場所に来ますと言って，作者は帰った。

問25＜古文の内容理解＞三月十日を過ぎても，花の盛りについて連絡がこないので，作者は，春がまだきていないからか，もしくは花が美しく咲いていないからかと歌によんだ。

問26＜古文の内容理解＞「つげぬ」の「ぬ」は，打ち消しを表す助動詞。花の盛りになったら教えてほしいと尼に言ったのに，尼が連絡をしてこないことを，作者は歌によんだ。

問27＜古文の内容理解＞作者は，八月二十日過ぎの夜明け前の月を，情趣を解する人にも見てほしいと考えている(①…×)。来たときには水を張っていた田んぼも，今ではすっかり稲が刈りつくされているのを見て，作者は，この場所への滞在の長さを実感した(②…○)。十月の末日頃に再び訪れた際，茂っていた葉は散り，川の水も枯れていた(③…×)。作者は，月の美しい夜に風の音で目が覚めて眠れなく，なんとなくもの悲しい気持ちになったことを歌によんだ(④…×)。

2023年度 浦和麗明高等学校（推薦 単願・併願1回目）

【英　語】（45分）〈満点：100点〉

1 次の語の下線部と同じ発音を持つ語を1つずつ選びなさい。

問1　chimney　①　school　②　church　③　stomach　④　scholar
問2　wood　①　foot　②　moon　③　blood　④　tooth
問3　watched　①　wanted　②　excited　③　visited　④　wished

2 最も強いアクセントを含む音節の位置が，他の語と異なるものを1つずつ選びなさい。

問4　①　separate　②　passenger　③　important　④　recently
問5　①　challenge　②　guitar　③　include　④　delay
問6　①　mathematics　②　economic　③　particular　④　generation

3 次の各文の空所に入れるのに，最も適切なものを1つずつ選びなさい。

問7　I have a lot of things to do, (　　) I can't go out.
①　or　②　but　③　so　④　because

問8　Please remember (　　) a present for your father tomorrow.
①　buy　②　buying　③　bought　④　to buy

問9　Our town has a park (　　) attracts people of all ages.
①　when　②　where　③　which　④　what

問10　(　　) I make coffee for you ? — Yes, thanks.
①　Will　②　Shall　③　How　④　Do

問11　Fred planted this oak tree five years (　　).
①　later　②　before　③　ago　④　after

問12　Tom and Jim have known each other (　　) childhood.
①　from　②　since　③　for　④　as

問13　The government (　　) taxes in a few years.
①　will raise　②　raised　③　will rise　④　rose

問14　The castle was built (　　) the 15th century.
①　on　②　in　③　at　④　for

問15　Ken has (　　　　).
①　as much as John has books　②　as much books as John has
③　as many as John has books　④　as many books as John has

問16　What (　　　　)!
①　fast a swimmer he is　②　fast a swimmer is he
③　a fast swimmer he is　④　a fast swimmer is he

4 次の各文にはそれぞれ文法的・語法的に誤っている箇所が含まれている。その箇所を1つずつ選びなさい。

問17　①There ②was ③many young people ④at the rock concert.

問18　I ①want to read ②these your books.　③All of them ④are Japanese literature.

問19　①Be ②quiet.　I'm ③listening music ④now.

問20　My grandfather ①usually take ②this medicine ③after ④each meal.

問21　I ①felt ②my shoulder ③touching ④by someone.

5　次の会話文を読み，後の問い（問22～問26）に答えなさい。

Matt is looking for his seat.

Matt　:　Excuse me, could you help me find my seat ?

Flight Attendant :　Certainly.（　ア　）

Matt　:　Here it is.

Flight Attendant : Thank you !　Let me see. . .　Your seat number is 13D.　It's the aisle seat on the right side.

Matt　:　Thank you !

Someone is sitting in 13D.

Matt　:　Excuse me.　(イ)I [seat / sitting / in / afraid / my / am / you're].

Nicole　:　Oh, really ?

Nicole looks at her boarding pass.

Nicole　:　Yes, you are right.（　ウ　）I'm so sorry !

Matt　:　No problem.

A flight attendant approaches Matt.

Flight Attendant :　Would you like something to drink ?

Matt　:（　エ　）

Flight Attendant :　Sure.　Here it is.

Matt　:　Thank you.　May I recline my seat ?

Flight Attendant :　Yes, of course.

Matt　:　And, can I have a blanket, please ?

Flight Attendant :（　オ　）

Matt　:　Thank you so much !

問22　会話の流れに合うように空所（ア）に入れる文として最も適切なものを１つ選びなさい。

①　How are you today ?
②　May I have your boarding pass ?
③　It is really easy.
④　Could you find your seat by yourself ?

問23　会話の流れに合うように下線部(イ)の[　]内を並べ替えたとき，[　]内で４番目にくるものとして最も適切なものを１つ選びなさい。

①　sitting　②　afraid　③　in　④　my

問24　会話の流れに合うように空所（ウ）に入れる文として最も適切なものを１つ選びなさい。

①　I am sitting on the right seat.
②　It was nice talking with you.
③　I don't know where your seat is.
④　I got the wrong seat.

問25　会話の流れに合うように空所(エ)に入れる文として最も適切なものを１つ選びなさい。

① No, thank you.
② Yes, I'd like to have an orange juice.
③ What kind of drinks do you have？
④ Yes, I would like to.

問26　会話の流れに合うように空所(オ)に入れる文として最も適切なものを１つ選びなさい。

① Sure, I will bring you one right away.
② Of course, I have another one.
③ Certainly not.
④ It would be ten dollars.

6　次の文章を読み，後の問い(問27〜問32)に答えなさい。

Love is in the air this month！ February 14 is St. Valentine's Day, and millions of people around the world will send messages and give presents to their sweethearts. Millions of nervous men and women will also ask "Will you marry me？" on this romantic day. It looks like a modern tradition but St. Valentine's Day started in Italy more than 2,000 years ago.

People had difficult lives in Rome at that time. They needed food, and they wanted strong children and big families. Every year they prayed for (ア)these things during the February festival of Lupercalia. On February 14, the young men killed an animal and put its blood on their fields and on the young women. (　　イ　　), but the women loved it！ They believed that the blood made it (　ウ　) for them to have babies.

Soon afterwards, the church changed "Lupercalia" to "St. Valentine's Day." People stopped killing animals and learned about the life of St. Valentine. When this brave man was alive, Rome was at war. Marriage was not allowed because all the young men had to fight in the war. But St. Valentine was a good man. He wanted people to love, not fight, and he helped married people stay together. He had to go to prison, and when he was there he fell in love. Before he died he wrote a romantic letter to his lover, ending it with the words "From your Valentine." We still use these words in Valentine's cards today.

Until the nineteenth century people made their own Valentine's cards. Some people spent hours making small holes in the shape of their lover's face on these cards. Often they wrote their own poems or word games inside the cards. The first commercial Valentine's cards came to Europe in about 1800. They were often made of fine paper and covered with expensive lace and flowers. They were beautiful and expensive — but they were less personal than the handmade cards.

St. Valentine's Day is the most romantic day of the year in many ways. As well as sending Valentine's cards people give flowers, chocolates, and other presents. Lots of people take their loved one for a romantic meal, or to the theatre — or even on a special Valentine holiday！ But until recently message writing was always the most important St. Valentine's tradition. From the days of blood to the days of sending messages by mobile phone, good love is always about good communication.

Some people say that St. Valentine's Day is too easy and too commercial today. Card shops in the United States sell 1 billion Valentine cards every year, and people spend $600 million on Valentine chocolates and sweets. Sending a text message by mobile phone or an e-mail is even (　エ　). But today's easy shopping and computer communication only makes lazy people more lazy. Really romantic people can always find unusual and personal ways to say "I love you."

問27 下線部(ア)these thingsが指すものとして適切なものを1つ選びなさい。

① 動物の血が飲みたいということ　② お金が欲しいということ
③ ローマに住みたいということ　④ 強い子供が欲しいということ

問28 文脈から判断して，空所(イ)に入れるのに最も適切な文を1つ選びなさい。

① It's more romantic than St. Valentine's Day today
② It's as romantic as St. Valentine's Day today
③ It's most romantic of all special days
④ It's not as romantic as St. Valentine's Day today

問29 空所(ウ)(エ)に入る語の組み合わせとして最も適切なものを1つ選びなさい。

① (ウ) easier　(エ) more difficult
② (ウ) easier　(エ) easier
③ (ウ) more difficult　(エ) easier
④ (ウ) more difficult　(エ) more difficult

問30 次の質問の答えとして最も適切なものを1つ選びなさい。

Why did Rome not allow people to marry ?

① Because men had to stay with his lovers.
② Because the church changed Lupercalia to St. Valentine's Day.
③ Because Rome wanted men to fight in a war.
④ Because St. Valentine was a good man.

問31 本文の内容に合うように，次の英文の空所に入れるのに最も適切なものを1つ選びなさい。

The oldest tradition of St. Valentine's Day was (　　　　).

① writing messages
② giving flowers
③ writing poems
④ sending messages by mobile phone

問32 本文のタイトルとして最も適切なものを1つ選びなさい。

① The Beginning of Valentine's Cards
② The Most Romantic Day
③ The Festival in Rome
④ The Death of St. Valentine

7 次の文章を読み，後の問い(問33～問40)に答えなさい。

As a young bride in the summer of 1972, Faith Peterson came to the cottage for a visit with her husband Kevin. It was the cottage of Kevin's parents'. The newly married couple went boating at a beautiful lake. In the boat, Faith put her fingers in the cool water. She enjoyed the refreshing feel of the wet cold against her warm hand.

Faith was sitting in a corner of the boat and was feeling sleepy. She continued putting her hand in the water. Suddenly she noticed that her diamond ring was not on her finger. "Oh my God !" she shouted to her husband. "My ring's gone ! I'm sure it has fallen into the water !"

"That's impossible," Kevin said. "You probably left it in a drawer at the cottage."

"No," she said in a strong voice, "I never take it off, never. And. . . just as we were climbing into the boat, a woman at the lakeside said what a beautiful ring it was. So I know I had it on."

"But how was it possible for the ring to fall off your finger, Faith ?"

"My hand was in the water, Kevin, and the ring was a little loose from the beginning. I'm sure it has just slipped off. . . "

"Okay, don't worry, I'll find it," Kevin cheered her up, and jumped into the lake to begin searching the bottom.

All day long, he jumped again and again into the waters of the lake. He was sure that he would be able to find the missing ring. But when his head came up to the surface, the story was always the same. "Not yet ?" he would shout bravely to Faith, as she sat sadly in the boat. "I'll find it this time for sure !" he would smile and go down into the water for another search.

Finally, when night was falling, Kevin gave up. "I'm so sorry, honey," he said to Faith, and put an arm around her shoulder. "I tried my best."

"I know you did Kevin."

"And I'm sure the ring is *insured. We'll get you another one."

"Kevin, you're kind and I know you say that because it will be good for me. But another ring just won't be the same. This is the diamond you gave me when you asked me to marry you, when we promised to love each other forever. I took good care of it as a symbol of your love. Any other diamond will just be an expensive rock. No, the only thing I want is the original ring," Faith said clearly. "If I can't have the one I lost, then I don't want another. Let's use the *insurance money for something useful to two of us, like chairs, tables or beds."

"Okay, honey," Kevin agreed. So Faith never got a ring — not even when they were rich enough to buy one easily.

Years later, when Kevin's parents died one after the other, he received their cottage. Faith and Kevin never went to the cottage because they preferred to rent it out. But, in 1992, when Faith and Kevin were a middle-aged couple with teenage children of their own, they were thinking of taking their family to the cottage. This summer their children wanted to go to the cottage very much. "Come on, Dad," they said, "let's go to the grandfather's cottage." So the Peterson family decided to go there.

When they arrived at the cottage, Kevin was excited. "I'll take you out to the lake," he said to his kids as his wife was taking everything out of the bag. "You don't mind, do you, honey ?"

"No, go ahead, enjoy yourselves ! It's actually much easier for me to finish (ア)doing this when you're all out," Faith said and laughed.

"Hey, Dad, can I fish on the lake ?" asked the youngest.

"Sure, I hear the fish are really biting today."

When they returned home a few hours later, Kevin and the kids proudly held up their great catch of the day : a huge *trout that was seven pounds in weight. "Guess what's for dinner ?" Kevin winked at Faith, as she smiled at her youngest. The boy was very proud of his catch. "(イ)I never caught such a big one before," he said.

"It sure is a great catch," Faith agreed, as she placed the trout on a cutting board and cut it open with a knife.

"It sure is a great catch," she repeated, as she looked in shock at the inside of the fish. With a quick movement of her hand, she waved her husband to come to her side.

Inside the middle part of the trout was her long-lost treasure.

注　＊insured：保険がかけてある　　＊insurance money：保険金

　　＊trout：マス（サケ科の淡水魚）

問33　下線部(ア)doing thisの具体的内容として最も適切なものを１つ選びなさい。

① enjoying myself

② taking my kids out to the lake

③ cooking dinner

④ taking everything out of the bag

問34　下線部(イ)I never caught such a big one beforeとほぼ同じ内容を表すものとして最も適切なものを１つ選びなさい。

① No one has ever caught a bigger fish than this

② This is the biggest fish that I have ever caught

③ This fish is not so big as the one I caught before

④ I have caught a bigger fish than this before

問35　本文の内容に合うように，次の英文の空所に入れるのに最も適切なものを１つ選びなさい。

When Faith said her ring was gone, (　　　　).

① Kevin wondered why she would not get it back

② Kevin thought he had to hurry to the cottage

③ Kevin decided to jump into the lake right away

④ Kevin doubted the truth of her story about it

問36　本文の内容に合うように，次の英文の空所に入れるのに最も適切なものを１つ選びなさい。

In Faith's opinion, her ring fell off into the water because (　　　　).

① the ring was not tight enough

② she lifted her hand suddenly

③ the water was flowing quickly

④ she kept moving her hand in the water

問37　本文の内容に合うように，次の英文の空所に入れるのに最も適切なものを１つ選びなさい。

Faith did not agree to Kevin's plan to get her another ring because (　　　　).

① she wanted to buy a lot of things to use in the cottage

② she had a special feeling for the original ring

③ she did not want to use the insurance money so soon

④ she thought the plan would not make his love stronger

問38　本文の内容に合うように，次の英文の空所に入れるのに最も適切なものを１つ選びなさい。

Before his family visited the cottage in 1992, (　　　　).

① Kevin sometimes used it by himself

② Kevin used it as a rental house

③ Kevin sold it to buy an expensive ring

④ Kevin gave it to his teenage boys

問39　本文の内容に合うように，次の英文の空所に入れるのに最も適切なものを１つ選びなさい。

Faith repeated, "It sure is a great catch" because (　　　　).

① she was really impressed by the fish her youngest child caught

② she found that the fish was too big to cook in any way

③ she was surprised to find her missing ring inside the fish

④ she wanted to show how proud she was of her son

問40 本文の内容に当てはまるものを１つ選びなさい。

① The newly married couple visited the cottage with the wife's family.

② When Kevin started to jump into the water, he knew it would be a waste of time.

③ Kevin did not get Faith a new diamond ring until they became richer.

④ Kevin took their children to the lake and left Faith alone in the cottage.

【数　学】（45分）〈満点：100点〉

（注意）1　問題の文中の $\boxed{\text{ア}}$，$\boxed{\text{イウ}}$ などには，特に指示がない限り，符合(－)または数字(０ ～ ９)が入ります。ア，イ，ウ，…の一つ一つは，これらのいずれか一つに対応します。それらを解答用紙のア，イ，ウ，…で示された解答欄にマークして答えなさい。

2　分数形式で解答する場合，分数の符号は分子につけ，分母につけてはいけません。例えば，$\dfrac{\boxed{\text{エオ}}}{\boxed{\text{カ}}}$ に $-\dfrac{2}{3}$ と答えたいときには，$\dfrac{-2}{3}$ として答えなさい。

また，それ以上約分できない形で答えなさい。例えば，$\dfrac{3}{2}$ と答えるところを $\dfrac{6}{4}$ のように答えてはいけません。

3　根号を含む形で解答する場合，根号の中に現れる自然数が最小となる形で答えなさい。例えば，$\boxed{\text{キ}}\sqrt{\boxed{\text{ク}}}$ に $6\sqrt{2}$ と答えるところを，$3\sqrt{8}$ のように答えてはいけません。

4　根号を含む分数形式で解答する場合，例えば，$\dfrac{\boxed{\text{ケ}}+\boxed{\text{コ}}\sqrt{\boxed{\text{サ}}}}{\boxed{\text{シ}}}$ に $\dfrac{3+2\sqrt{2}}{3}$ と答えるところを，$\dfrac{6+4\sqrt{2}}{6}$ や $\dfrac{6+2\sqrt{8}}{6}$ のように答えてはいけません。

1　次の空欄に当てはまる符号，数字を答えなさい。

(1)　$4^3\times2^5\div8=2^{\boxed{\text{ア}}}$ である。

(2)　連立方程式 $\begin{cases}0.5x-1.5y=1\\0.3x-y=0.2\end{cases}$ を解くと $x=\boxed{\text{イウ}}$，$y=\boxed{\text{エ}}$ である。

(3)　$2030\times2014-2022^2$ を計算した値は $\boxed{\text{オカキ}}$ である。

(4)　$\dfrac{1+\dfrac{a-5}{3}}{a-1+\dfrac{a-3}{2}}=1$ を解くと $a=\dfrac{\boxed{\text{クケ}}}{\boxed{\text{コ}}}$ である。ただし，$a\neq\dfrac{5}{3}$ とする。

(5)　１個のさいころを３回続けて投げるとき，出た目の和が１桁の素数となる確率は $\dfrac{\boxed{\text{サシ}}}{\boxed{\text{スセソ}}}$ である。

2　次の空欄に当てはまる符号，数字を答えなさい。

(1)　$(x-\sqrt{2})^2-5(x-\sqrt{2})-6=0$ を解くと $x=\sqrt{\boxed{\text{ア}}}-\boxed{\text{イ}}$，$\sqrt{\boxed{\text{ウ}}}+\boxed{\text{エ}}$ である。

(2)　$x+y=2$，$xy=1$ のとき，x^2+y^2 の値は $\boxed{\text{オ}}$ である。

(3)　図のようなＡ，Ｂ，Ｃ，Ｄに分かれた区画について，赤，青，緑，黄の４色のいくつかを用いて塗り分ける方法を考える。ただし，同じ色を何度使ってもよいが，隣り合う色は同じ色であってはいけない。

４色すべてを使う塗り分け方は，$\boxed{\text{カキ}}$ 通りであり，３色だけを使った塗り分け方は，$\boxed{\text{クケ}}$ 通りである。

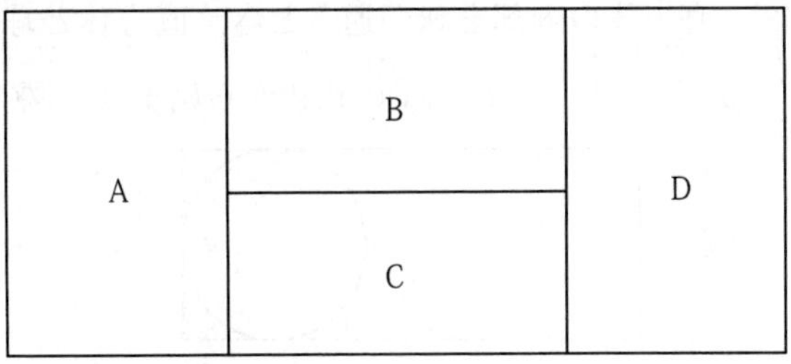

(4)　$\sqrt{13}$ の整数部分を a，小数部分を b とするとき，$a=\boxed{\text{コ}}$，$b^2+6b=\boxed{\text{サ}}$ である。

(5)　１個120円のイチゴケーキと１個160円のチーズケーキを1000円でおつりが出ないように購入する。イチゴケーキを多く買えるのは最大で $\boxed{\text{シ}}$ 個であり，チーズケーキを多く買えるのは最大で $\boxed{\text{ス}}$ 個である。

3　１辺の長さが４の正三角形ABCが関数$y=ax^2$…①のグラフと図のように交わっている。点Aはy軸上に，点B，Cはx軸上にあるとする。また，線分ABと線分ACと放物線との交点をそれぞれD，Eとし，点Eの座標は$(1,\ \sqrt{3})$とする。このとき，以下の問に答えなさい。ただし，$a>0$とする。

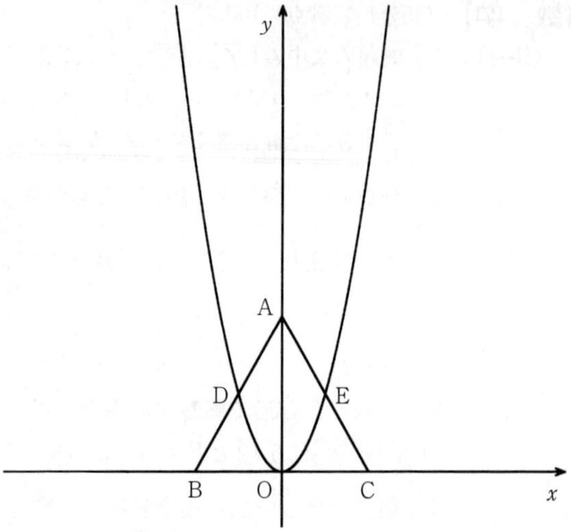

⑴　aの値は$\sqrt{\boxed{\text{ア}}}$である。

⑵　直線ABの式は，$y=\sqrt{\boxed{\text{イ}}}\,x+\boxed{\text{ウ}}\sqrt{\boxed{\text{エ}}}$である。

⑶　直線ABと放物線①との交点のうち，点DではないMを点Pとする。

点Pのy座標は$\boxed{\text{オ}}\sqrt{\boxed{\text{カ}}}$であり，線分PCをPQ：QC＝３：１に分ける点をQとする。

このとき，直線BQの式は$y=\dfrac{\sqrt{\boxed{\text{キ}}}}{\boxed{\text{ク}}}x+\dfrac{\sqrt{\boxed{\text{ケ}}}}{\boxed{\text{コ}}}$となる。

直線BQと放物線①との交点のうち，x座標が小さい点をRとするとき，Rのx座標は$x=\dfrac{\boxed{\text{サ}}-\sqrt{\boxed{\text{シス}}}}{\boxed{\text{セ}}}$であり，Rの$y$座標は$y=\dfrac{\boxed{\text{ソタ}}\sqrt{\boxed{\text{チ}}}-\boxed{\text{ツ}}\sqrt{\boxed{\text{テト}}}}{\boxed{\text{ナニ}}}$である。

4　縦の長さが４，横の長さが４，奥行きが10の直方体がある。その中を半径２の球が通るものとする。

図①と図②は上から見た図であるとき，以下の問に答えなさい。ただし，円周率はπとする。

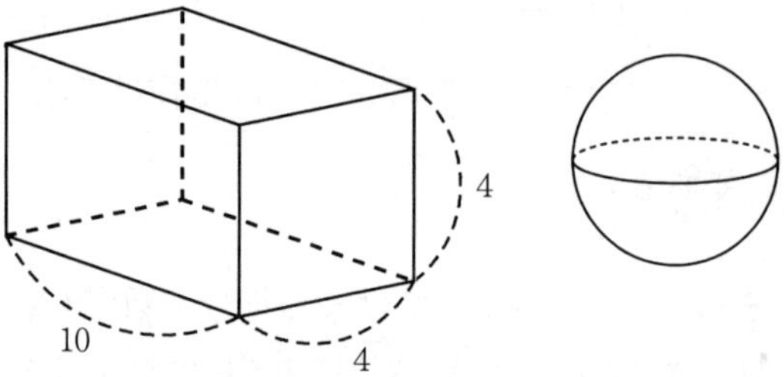

⑴　球の体積は$\dfrac{\boxed{\text{アイ}}}{\boxed{\text{ウ}}}\pi$である。

⑵　直方体の内部を球が通るとき，直方体と球が重なる部分の体積を求めると$\dfrac{\boxed{\text{エオカ}}}{\boxed{\text{キ}}}\pi$である。ただし，球は図①の状態から始まり，図②の状態で終わるものとする。

図①

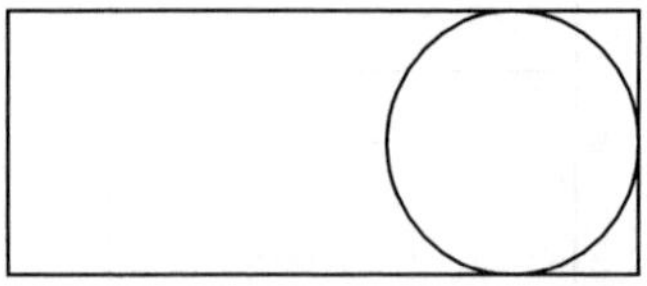

図②

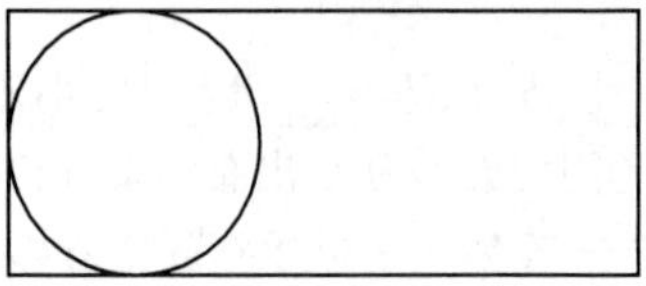

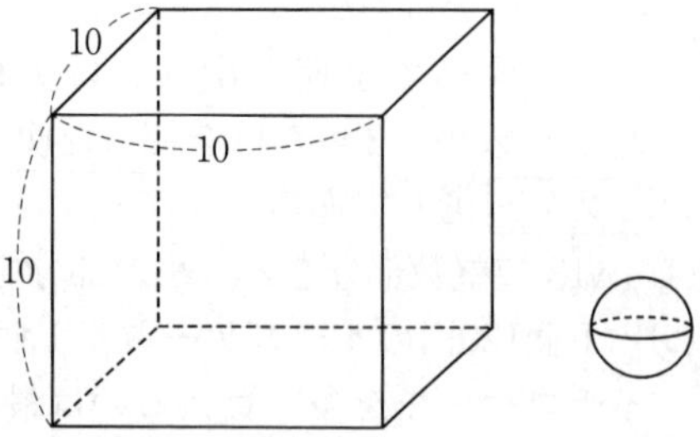

(3)　1辺が10の立方体がある。この内部を半径2の球が動くことのできる部分の体積は $\boxed{\text{クケコ}}$ $+\dfrac{\boxed{\text{サシス}}}{\boxed{\text{セ}}}\pi$ である。

5　以下の会話文の空欄にあてはまる数値を埋めよ。

太郎：$\sqrt{2}=1.\boxed{\text{ア}}1421356\cdots$ って無限に続いていくんだよね。そんな数字って実際，身の回りに存在するの？

花子：例えばさ，8 mのひもで正方形を作ったとしたら対角線の長さは $\boxed{\text{イ}}\sqrt{\boxed{\text{ウ}}}$ mになるよね。

太郎：本当だ。定規とかでは測れないけど，実在する長さなんだね。

花子：無限に続く小数は円周率 $\pi=3.141592\cdots$ とかもあるよ。

太郎：たしかに。ペットボトルとかも上からみると円だし，実際に触れるものでも無限に続く小数はあるんだね。

先生：$\sqrt{2}$ や π は無理数と呼ばれるものです。みんながよく使っているプリントも実は無理数が関係しています。

花子：縦，横の長さが無理数ってことですか？

先生：長さではなくて比率です。この図をみてください。

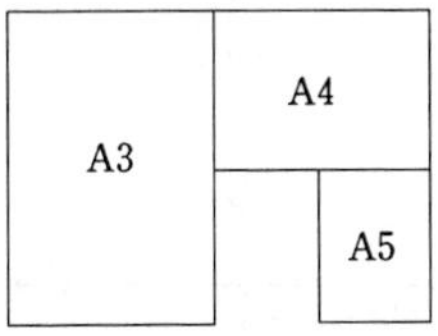

先生：A3判の紙を半分に折るとA4判の紙になります。
A4判の紙をさらに半分に折るとA5判の紙になります。
プリントの縦と横の比は常に一定となります。ここで問題です。
A3判の紙の縦の長さを3とするとき，横の長さはいくつになる？

花子：比を使って計算すると，横の長さは $\dfrac{\boxed{\text{エ}}\sqrt{\boxed{\text{オ}}}}{\boxed{\text{カ}}}$ になります。

太郎：ということはプリントってどのサイズでも縦と横の比が $\sqrt{\boxed{\text{キ}}}:\boxed{\text{ク}}$ なんですね。

先生：この比のことを白銀比と呼びます。

花子：A3判の縦の長さを測ってみたら42cmだったわ。

太郎：ならA5判の短い辺は $\dfrac{\boxed{\text{ケコ}}\sqrt{\boxed{\text{サ}}}}{\boxed{\text{シ}}}$ cmになるのか。

花子：小数で表すと無限に続いちゃうから，小数第3位を四捨五入すると $\boxed{\text{スセ}}.\boxed{\text{ソタ}}$ cmだね。

① 「霞」よりも「霧」の方が濃い。
② 「霧」よりも「霞」の方が濃い。
③ 「霞」は春のもので、「霧」は秋のもの。
④ 「霧」は春のもので、「霞」は春のもの。

問24 傍線部③「をかしう見ゆ」の現代仮名遣いとして適当なものを選びなさい。

① おかしゅうみゆ　② をかしゅうみる
③ おかしうみゆ　④ おかしゅうみる

問25 傍線部④「その日」が指し示すものとして適当なものを選びなさい。

① 三月三日　② 木々が青々と茂る日
③ 郭公が鳴く日　④ 祭の日

問26 傍線部⑤「率てありく」の主語として適当なものを選びなさい。

① 童べ　② 法師
③ 親、をばの女、姉など　④ 作者

問27 作者が褒めている四月の祭の頃の様子について説明したものとして、適当なものを選びなさい。

① 木の葉が青々と茂っている時に、澄み切った空に少し曇った夕方に郭公の鳴き声がよく聞こえる。
② 木の葉はたいして茂っていないが全体として青みがかっている時に、澄み切った空に雲が少し出ている夕方に郭公が遠くでかすかに鳴いている。
③ 木の葉は青々と茂っている時に、澄み切った空に雲が少し出ている夕方に郭公が遠くでかすかに鳴いている。
④ 木の葉はたいして茂っていないが全体として青みがかっている時に、澄み切った空に少し曇った夕方に郭公の鳴き声がよく聞こえる。

しさをいっそう強く感じさせてしまうから。

③ 自分と伊都子は親子であるが伊都子と慎一は他人であるため、自分がいない空間で二人が豪華な食事をともにすると、ぎこちない雰囲気になると感じられたから。

④ 伊都子は自分が来ることを楽しみにして豪華なおせち料理を用意していたのに、思ったよりも多くの量が残ってしまい、それを慎一と食べるのは寂しさを感じるから。

三 次の文を読んで、後の問いに答えなさい。（┆┆┆の左側は口語訳です。）

①三月三日、うらうらとのどかに照りたる。A の花の今咲きはじむる。柳などいとをかしきこそさらなれ（言うまでもない）、それもまだまゆにこもりたるはをかし。ひろごりたるはうたて（不愉快）ぞ見ゆる。

おもしろく咲きたる桜を長く折りて、大きなる瓶《かめ》にさしたるこそをかしけれ。桜の直衣《なほし》に出袿《いだしうちぎ》（服の着方の一つ）して、まらうど（客）にもあれ、御せうと（兄弟）の君達《きんだち》にても、そこ近くゐて物などうち言ひたる、いとをかし。

四月、祭のころいとをかし。上達部《かんだちめ》・殿上人も、うへのきぬのこきうすきばかりのけぢめにて（濃淡の区別があるだけで）、白襲《しらがさね》どもおなじさまに、すずしげにをかし。木々の木の葉、まだいとしげうはあらで、わかやかに青みわたりたるに、②霞も霧もへだてぬ空のけしきの、何となくそぞろに（無性に）をかしきに、すこし曇りたる夕つかた、夜など、しのびたる郭公《ほととぎす》の、遠くそらねかとおぼゆばかり、たどたどしきを聞きつけたらむは、なに心地かせむ。

祭近くなりて、青朽葉《あをくちば》・二藍《ふたあゐ》の物ども押し巻きて、紙などにけしきばかりおし包みて、行きちがひ持てありくこそをかしけれ。すそ濃《ご》・むら濃《ご》なども、常よりは③をかしう見ゆ。童べの、頭ばかりを洗ひつくろひて、なりはみなほころび絶え、乱れかかりたるもあるが、屐子・履（今の足駄・ぞうりのようなもの）などに、「緒すげさせ。裏をさせ」などもてさわぎて、いつしか④その日にならなむ（なってほしい）と、いそぎおしありくも、いとをかしや。あやしくをどりてありく者どもの、装束《さうぞ》きしたてつれば、いみじく定者《ざうざ》などいふ法師のやうに練りさまよふ。いかに心もとなからむ、ほどほどにつけて、親、をばの女、姉などの、供し、つくろひて、⑤率《ゐ》てありくもをかし。

清少納言『枕草子』

問21 傍線部①「三月」を表す月の異名は何ですか。適当なものを選びなさい。

① 卯月　② 文月　③ 弥生　④ 睦月

問22 空欄部 A に入る語は、三月三日に関わりの深い植物の名前です。適当なものを選びなさい。

① 桜　② 梅　③ 桃　④ 椿

問23 傍線部②「霞も霧も」とありますが、「霞」と「霧」の説明として適当なものを選びなさい。

① 小さなことに心をとらわれて、あくせくするさま。
② 思っていることと表情に出ることとに差が生じるさま。
③ 早く結論を出そうと焦ってしまうさま。
④ 思うようにならず、イライラしてしまうさま。

問13 空欄部 A に入る漢字を選びなさい。
① 感　② 関　③ 歓　④ 寒

問14 空欄部 B には、「伝統ある家柄の後継ぎに対する特別教育」を意味する語句が入ります。適当なものを次から選びなさい。
① 盟王学　② 皇帝学　③ 覇王学　④ 帝王学

問15 傍線部③「遠慮がちに通知表を覗いた」慎一の心情として適当なものを選びなさい。
① 高校を中退した自分にとって勉強はひたすら苦手なものであったため、怜の優秀な成績を見ることがはばかられた。
② 怜が出すのを忘れていたということは、見せたいという気持ちが希薄だったことを察し、あえて見ないようにした。
③ 怜は自分にとって赤の他人であるため、個人的な情報である成績を積極的に見ることには抵抗があった。
④ 怜は自分がつかえている伊都子の息子であるため、プライベートな面には積極的に接近しないようにした。

問16 空欄部 C に入る語句を選びなさい。
① お題　② お盆　③ お鉢　④ お椀

問17 空欄部 D に入る四字熟語を選びなさい。
① 適材適所　② 臨機応変
③ 当意即妙　④ 泰然自若

問18 傍線部④「居心地悪そうにした」伊都子の心情として適当なものを選びなさい。
① 伊都子としては自然なことをしただけだったのに、自分の会社を継がなくてもすむことに安堵した怜の表情から、少しだけ残念な感情を抱いた。
② 伊都子は親として当然なことをしたのに、怜がその関係にはそぐわない他人行儀な態度を取ったのを見て、少し寂しい気持ちになった。
③ 怜の丁寧なお礼の言葉を受けた伊都子は、寿絵と自分との間に挟まれた怜に悩ましい問題を与えてしまったような気持ちになった。
④ 経済的な援助の提案に対して怜が想像以上に感謝してくれたため、自分の知らない怜の家の暮らしぶりを知ってしまい、わびしい気持ちになった。

問19 傍線部⑤「寿絵は伊都子に気をつかって」の説明として適当なものを選びなさい。
① 寿絵は経済面で怜の援助をしてくれている伊都子に感謝の気持ちがあるため、あえて捺印をしない通知表を見せることで、その気持ちを示した。
② 寿絵が捺印をすると怜が自分の正式な母親が寿絵だと認識してしまい、今後の伊都子との関係がぎこちなくなってしまうと考えた。
③ 伊都子こそが怜の第一の保護者であることを暗に伝えるために捺印をせず、不確定な両者の母親の地位について明確にしようとした。
④ 寿絵は三人の複雑な関係を配慮し、先に捺印することは自身が怜の真の母親であると暗に主張することになり、それは失礼だと考えた。

問20 傍線部⑥「ある種の地獄のようにも感じられて切なくなった」について、怜がそのように感じる理由として適当なものを選びなさい。
① 豪華なおせち料理を用意してくれたのは自分を迎えるためであったため、自分が帰ってしまうとおせち料理の意義が乏しくなり、それを二人が実感してしまうから。
② 自分が来ることで二人だけの住まいとは異なる華やかな空間になっていたのに、自分が帰ることで広い家や豪華な料理が虚

二人の母親への気兼ねもあって、強いて志望の大学や学部を考えないようにしていた。やっぱり進学は無理だなとなったとき、がっかりしたくなかったから。
受験しても合格するかどうかは別問題だが、希望が見えてきたのは事実だ。
「ありがとうございます」
怜が湯飲みを置いて頭を下げると、
「やめてよ、お礼なんていらない」
と伊都子は④居心地悪そうにした。「ただし、寿絵さんにもちゃんと相談してちょうだい。私とあなただけで決めるのはよくないから」
「ええっ」
怜は思わず大きな声を出してしまった。
「なんでそんなに驚くの」
「いや、お母さんとおふくろって全然交流がないし、仲悪いのかって思ってた」
「しょっちゅう会っていれば仲がいいってものでもないでしょ」
と言って、伊都子は笑った。「そうか、あなた落ちついてるところがあるから、うっかり忘れそうになるけど、まだ高校生だものね。学校で毎日のように顔を合わせる友だち以外にも、いろんな人間関係があることを知らなくたって当然か」
「……おふくろと友だちなの？」
「友だちとはちょっとちがう気もするわね」
じゃあなんなんだ。慎一もそうだが、伊都子の人間関係とやらは怜にとっては謎ばかりだ。
「おふくろ、俺の進路にまるで興味なさそうなんだけど」
「そう？　それでもちゃんと話しておいて」
と、伊都子は通知表を返してきた。ちらりとなかを見ると、ハンコは押されていなかった。忘れたのではなく、⑤寿絵は伊都子に気をつかって、捺印をあとまわしにしたのかもしれないと思った。
門のところで慎一が見送ってくれた。
「怜くん、よかったね」
慎一は微笑み、「これ、おうちで食べて。もちろん、ここも怜くんの家だけど」
と、唐揚げとホタテフライが入ったタッパーを差しだした。ありがたく受け取って、エコバッグに収める。伊都子は翌日まで休みらしいが、無駄に広い部屋で、二人きりであの豪華なおせち料理を食べるのかと思うと、⑥ある種の地獄のようにも感じられて切なくなった。

（三浦しをん『エレジーは流れない』）

問11　傍線部①「それぞれ比べることなどできない独立した存在なのだ」には怜のどのような心情が表れていますか。最も適当なものを選びなさい。

①　会社を経営していて経済的に余裕のある伊都子が豪華な料理を用意できるのは当然のことであり、小さな土産物店をやりくりしている寿絵との生活をそれと比べるのは無意味であると考えている。

②　伊都子が用意したおせちの内容が自分の慣れ親しんだ餅湯のそれとは違うことに戸惑いはしたものの、自分にとって寿絵も伊都子も大切な人物であるため、それぞれの比較をするのは意味がないと考えている。

③　伊都子の別荘に来た時には、そこで出される豪華なもてなしを楽しみにしているため、寿絵との生活は一時的にではあっても思い出さないことが自分にとっても伊都子にとっても好ましいと考えている。

④　自分に二人の「母親」がいることは不自然ではあっても、その境遇を受け入れることが寿絵にとっても伊都子にとっても良いことで、その場その場で自分を演じることが必要だと考えている。

問12　傍線部②「汲々と(する)」の意味を選びなさい。

自身が会社の後継ぎとして「金は自分で稼げ」という［B］のもとで育てられでもしたのか、理由はわからない。怜の誕生日とクリスマスにくれる図書カード一万円ぶんが、伊都子からのプレゼントのすべてだった。もちろん、充分すぎるぐらいだと怜は思っている。

　だから今年も、食後のお茶を飲んですぐ、「じゃあまた三週目に」と辞去しようとしたのだが、

「ちょっと」

　と伊都子から呼び止められた。「成績はどうだったの」

　きらめくおせちをお重から胃袋に移動させるのに夢中で、すっかり忘れていた。怜はエコバッグから通知表を出した。帰りがけに商店街で食材を買おうと思って、エコバッグを持ってきたのである。

　伊都子は通知表を眺め、

「優等生な息子ってのも、歯ごたえがないもんね」

　と寿絵と似たような感想を漏らした。じゃあどうしろっていうんだよ。コンビニのまえでしゃがんで煙草吸えばいいのか。いまどきいないだろ、そんなわかりやすい不良。と怜は思ったが、黙ってまばたきするにとどめた。伊都子の爪を飾る石が窓からの日差しを反射してまぶしかったためだ。

「ねえ、慎一はどう思う」

　③遠慮がちに通知表を覗いた慎一は、

「すごいと思う」

　と怜に向かってうなずきかけた。「俺は家庭科と保健体育以外は赤点だった気がする」

「それでどうやって高校卒業したのよ」

「いや、だから中退なんだって」

「あら、そうだっけ」

　伊都子と慎一のやりとりを聞きながら、「慎一さん、心平と同じようなこと言ってる」とか「それにしてもこの二人、ほんとにつきあってんのかな」などとぼんやり思っていた怜に、［C］がまわって来た。

「それで、進路は。もう冬だけど決めたの？」

　ようやく怜の考える「母親っぽい質問」が発せられた。そうだよ、ふつうはそこを聞くと思うんだよ。おふくろの呑気《のんき》さが謎だ。

　けれど、いざ問われると答えにくい。怜はからになった湯飲みをいじりながら、

「担任の先生には、大学進学を勧められた」

　と言った。「たしかに俺は勉強すんのきらいではないし……」

「えっ」

　慎一が声を上げる。「ごめん、そんなひといるんだ、って驚いて。つづけて」

「受験してみんのもいいかもとは思うけど、でも……」

「なんなの、まどろっこしい。もしかして学費のこと？　それなら払うわよ」

　伊都子は難なく言ってのけた。

「いいの⁉」

「いいも悪いも、子どもが進学しようかなと思ってたら、金銭的に可能ならたいがいの親は払うでしょ」

「けどあの、俺はファミレス経営とかにはたぶん向いてなくて」

「でしょうね」

　あっさりとうなずいた伊都子は数瞬の間を置いて、

「まさか、会社を継がされると思っていたの？」

　と驚いたように言った。「そこは倒産しないように、［D］で行くに決まってるでしょう」

　怜は心臓がうるさいほど鳴り始めたのを感じた。「怜の後継就任、すなわち倒産である」と伊都子が認識しているらしいのは、「なんでだよ」と少々引っかかるが、うれしかったのだ。金の心配をしなくていいのなら、大学でなにを学びたいかを真剣に検討できる。そう思って、自分が本当はもうちょっと勉強したいと願っていたことに気づかされた。いままでは進学できるか金銭面で確信が持てず、

こそうとする動きがあるということ。

②　今まで許容範囲だった貧困が限界を超え、日本でも資本主義に対する反乱が起こりうるということ。

③　国家体制や政府に対して不満を持つ人々が、共通のイデオロギーから脱却し、逆のイデオロギーに傾倒するということ。

④　日本でも社会主義政治思想を信奉する人々が増え、政権を覆すべく運動を起こそうとしているということ。

問10　本文の内容と合致しているものとして最も適当なものを選びなさい。

①　「野心」も「嫉妬心」も人間の心理において特に重要なものであり、これがないと生きる活力を失って無色透明な人間となってしまう。

②　劣等感も持つこと自体は悪いことではなく、劣等感からくる「嫉妬心」によって資産や権益を奪おうとすることが成敗されるべき悪である。

③　社会主義革命自体は容認されていた時代があったが、暴力を伴う革命はいかなる時代においても容認されてはならない。

④　人々が信奉するイデオロギーはその時代や情勢、国家によってさまざまに変化しうるものである。

二

次の文を読んで、後の問いに答えなさい。

> 穂積怜《ほづみれい》は餅湯《もちゆ》温泉の温泉街に住む高校二年生である。彼には二人の「母親」がおり、通常は小さな土産物店を経営する寿絵《としえ》(怜は〃おふくろ〃と呼んでいる)と暮らしているが、月の三週目の一週間は、多くの飲食店を経営する会社社長伊都子《いとこ》(怜は〃お母さん〃と呼んでいる)が通ってくる桜台の別荘に行く。次の文は、怜が正月、伊都子の別荘に挨拶に行った際の場面である。なお、慎一は伊都子の身の回りの世話をする者で、心平は怜の高校の友人である。

二日に桜台の家へ新年の挨拶に行くのは、長年の習慣だ。晴れているぶん冷え込みが厳しかったが、青い空を飛行機雲が斜めによぎるのを眺めながら坂を上っていると、正月らしいすがすがしい気分になった。

桜台の家の門には本年も、怜の背丈ほどもある巨大な門松が据えられていた。クリスマスツリーもすごかったけど、こんなにでかい門松も、デパートのエントランスでしかお目にかかれないような代物だよなと、怜は口を開けて眺めるほかなかった。季節の行事を積極的に取り入れつつ、怜を歓迎してくれようとする伊都子と慎一の気持ちはありがたいが、なんというか過剰だ。気合いが入りすぎていて、「学芸会の舞台に本職の演技派俳優が突如乱入してきて、ついていけない小学生」みたいにたじろいでしまう。一言で言えば、受け止めかねる。

むろん、正月仕様の食卓も豪華だった。重箱は塗りの五段重ねで、蓋の隙間から伊勢エビのヒゲが飛びだしている。黒豆はつやつやだし、彩り鮮やかなテリーヌやピータンなど、和洋中の料理が詰まっていた。まさかピータンは手作りではないと思いたいが、慎一がこのおせちのためにかけた時間と手間を考えると気が遠くなる。五段目はさすがにネタがつきたのか、唐揚げとホタテフライがみっしりと並んでいて、それを見た怜はようやく息を吐くことができた。

新年の挨拶を交わし、昼食とあいなった。慎一も伊都子も餅湯で生まれ育ったのではないからか、お雑煮はすまし汁だったが、餅は焼いてあったし青海苔と鰹節は載っていなかった。ものたりなさを感じた自分を怜は戒めた。眼前にひとやものが複数現れると、比較してどれぐらい差があるのかつい測ろうとしてしまう心性はなんなのだろう。桜台の伊都子と商店街の寿絵は、①それぞれ比べることなどできない独立した存在なのだ。

伊都子はお年玉やこづかいを怜に渡さない。比較すまいと②汲々としてしまう怜の小ささを見抜いているためなのか、たまに会う息子の A 心を金で買うことはしたくないという潔癖さの表れなのか、

② 戦いはシレツを極めた。
③ 戦いではレッセイに立たされた。
④ 文字のラレツに過ぎない。

問３ 傍線部②「見極める必要がある」のはなぜですか。その説明として最も適当なものを選びなさい。

① 人間の心理において重要な特質である「野心」と「嫉妬心」は表裏一体のものであり、それぞれがどのような状況下で起こるか予測がつかないから。
② 人間の心理において「野心」と「嫉妬心」はなくてはならない重要な特質であり、これらがないと無色透明の人間になってしまうから。
③ 人間の心理において決定的に重要な特質は、重要であるがゆえに人間が何かをするきっかけとなるが、その行為の善悪はその都度判断しなければならないから。
④ 人間の「野心」と「嫉妬心」はそれぞれが存在しうるものだが、これらは格差社会では社会不安の根源となってしまうので、表れないようにするべきだから。

問４ 傍線部③～⑥の「それ」が指し示す内容の組み合わせとして最も適当なものを選びなさい。

① 3 格差是正　4 心理学
　 5 格差　6 社会支配理論
② 3 格差是正　4 格差を容認する人びと
　 5 格差　6 権威主義
③ 3 平等　4 格差是正
　 5 格差是正　6 支配被支配関係
④ 3 平等　4 平等を願う声
　 5 支配被支配関係　6 人間の本能

問５ 傍線部⑦「これが階層を固定化するのに役立つ」のはなぜですか。その説明として最も適当なものを選びなさい。

① これまでに信じられてきた規範や伝統を信じることによって、お互いに有意な関係が維持できるから。
② 共通のイデオロギーによって強者も弱者もイデオロギーによって、己が守られているという安心感を得られるから。
③ 一つのイデオロギーを共有することで、そこからはみ出した者をいち早く見つけることができるから。
④ 争い合って共倒れするよりは不平等な状態を許すことによって、むしろ現状維持ができるから。

問６ 傍線部⑧「双方」が表すものとして適当でないものを選びなさい。

① 支配集団と被支配集団
② 強者と弱者
③ 資本家と労働者
④ 野心のある人と嫉妬心のある人

問７ 空欄部[5]～[7]に入る語の組み合わせとして適当なものを選びなさい。

① [5] 是　[6] 社会的支配理論
　 [7] 社会的支配打倒理論
② [5] 非　[6] 社会的支配打倒理論
　 [7] 社会的支配理論
③ [5] 否　[6] 社会的支配打倒理論
　 [7] 社会的支配理論
④ [5] 可　[6] 社会的支配理論
　 [7] 社会的支配打倒理論

問８ 傍線部⑨「社会的支配打倒理論」と同義で使われている語句として最も適当なものを選びなさい。

① イデオロギー　② 被支配集団
③ 資本主義　④ 社会主義革命

問９ 傍線部⑩「その臨界点に近づいている」とは具体的にどういうことですか。最も適当なものを選びなさい。

① 私欲を貪る資本家に対して市民が勃興し、社会主義革命を起

この「社会的支配理論」は、時折人びとのイデオロギーとして認識されている。このイデオロギーは人びとの発言・行動の起源となる傾向があり、⑦これが階層を固定化するのに役立つ。すなわち共通のイデオロギーが支配集団と被支配集団の双方に共有されるので、階層構造の維持に役立つのである。このことは、世の中に存在する格差を消極的にせよ⑧双方が是認することを意味し、社会の秩序・安定に貢献すると考えられている。

わかりやすく言えば、世の中には強者(高所得者)と弱者(低所得者)が存在するのは事実でありかつ避けられないことであるが、あえてこの両者の格差を是正しようとすれば、人びと、あるいは第三者なり政府は強硬なことをしなければならない。それをすればお互いが破滅に至ることもあるので、ここは静かに格差の存在を容認しておいたほうが無難である、との人間の心理構造が働くと考える。

もっともここでの解釈には、一つの問題点が残る。それは格差の程度によっては、たとえば昔の王制や帝制、封建時代のように、ごく一部の支配階級が巨額の資産・所得や権力を保持する一方で、大多数の被支配階級が貧困に苦しんでいるのなら、被支配階級は体制を崩そうとして反乱を起こすこともありえる。それが現実に市民革命として、庶民が国王や貴族、大地主に抵抗して市民を中心とする社会を作り上げたことは歴史が物語っている。

現代は王制や帝制ではないので、ここで述べたことは重要ではないかもしれないが、格差が大きすぎるのであれば、たとえ民主主義の国であっても政府を打倒する運動は発生しうる。

もう一つ、イデオロギーに関しては、資本主義が発展してから資本家と労働者の階級対立が激しくなり、資本家が労働者を搾取《さくしゅ》している事実を覆さねばならないとするマルクス経済学思想、あるいは社会主義政治思想が十九世紀と二〇世紀を中心にして強くなった。これは大きな格差を是正するためのイデオロギーと理解してよい。このイデオロギーは暴力革命の容認論にまで発展して、ロシア革命をはじめとして各地での社会主義革命が成功し、政治体制の変わった国がいくつかあったことも歴史の知るところである。これらの歴史的事実は、格差の容認を[5]とするイデオロギーと逆のイデオロギーなので、「[6]」があれば、たとえば社会主義・共産主義のように「[7]」という逆の理論も存在するのではないか、という説を提言しておきたい。

いまの日本は、かつて市民革命や社会主義革命が起きたときの時代のように、支配階級と被支配階級の間に極端に大きな格差があるわけではない。とはいえ、変革を望むかどうかの岐点は、人びとが日本の所得や資産の格差をどの程度の深刻さと理解しているかによる。

いわば格差の大きさの程度、あるいは深刻さが、「社会的支配理論」か「⑨社会的支配打倒理論」を支持するかの分岐点でもある。私は日本では革命は起こりえないと考えているが、貧しい人が多くなってきていることにより、⑩その臨界点に近づいているのではと考えている。

橘木俊詔『新しい幸福論』

問1 空欄部[1]～[4]にはどのような効果がある接続詞を入れるのが適当ですか。その組み合わせとして最も適当なものを選びなさい。

① [1] 例示　[2] 逆接
② [3] 対比　[4] 言い換え
③ [1] 順接　[2] 例示
④ [3] 逆接　[4] 比較条件
⑤ [1] 言い換え　[2] 順接
⑥ [3] 転換　[4] 逆接
⑦ [1] 譲歩　[2] 言い換え
⑧ [3] 例示　[4] 順接

問2 傍線部①「レッ」と同じ漢字を使う熟語として適当なものを選びなさい。

① シレツを矯正する。

二〇二三年度　浦和麗明高等学校（推薦　単願・併願一回目）

【国　語】（四五分）〈満点：一〇〇点〉

一　次の文を読んで、後の問いに答えなさい。

人間の心理において、決定的に重要な特質は「野心」と「嫉妬心」であると私は考えている。人間はまわりにいる人のなかで生きているのであり、それらまわりにいる他人との比較をして自分の位置を自覚して、何がしかの心理的な感情を持つものである。これらの野心と嫉妬心という感情が、人びとの行動を規定する効果大なのである。（中略）

［１］、消費ないし所得という経済変数を考えてみよう。人びとは他人よりもぜいたくな消費なり高い所得を示すことが出来れば、優越感を持つことが出来る。優越感を得るために、人びとは野心を持って勤労に励むとか、いろいろなことで努力をするであろう。このことが経済の活性化に貢献することは間違いない。一方で他人よりも少ない消費なり低い所得しかない人は、劣等感にさいなまれるかもしれないし、他人に嫉妬心を抱く可能性が高い。この嫉妬心がよい方向に働いて、なんとか自分の①レツイを挽回しようと何ごとにも努力することは称賛されてよいが、それが逆に悪い方向に働いて、たとえば優位にいる人を落とし入れる行動に出ることは当然のことながら好ましくない。ここで述べたかったことは、もとより野心も嫉妬心も感じない無色透明の人もいるが、人間は多くの場合、野心か嫉妬心を抱くもので、それらが人間に何がしらの行動をうながす動機になるのである。

平等ないし格差との関係で嫉妬心を考えると、平等社会ないし格差のない社会であれば、人びとが嫉妬心を抱く可能性はかなり低くなる。［２］一部の野心のある人は自分だけ上に立とうとする行動を起こす可能性はある。一方で不平等性が高い、すなわち格差のある社会であれば、レツイにいる人は嫉妬心からよからぬ行動を取るかもしれない。よからぬ行動とは、たとえば優位にいる人の持つ資産や権益を奪おうとするかもしれない。それが犯罪行為につながれば、社会不安の元凶ともなりうる。

以上をまとめると、人間が大なり小なり保有している野心や嫉妬心は人間の行動の動機になりうるが、それぞれがよい行動をうながすこともあれば、逆に悪い行動をうながすこともありうる。このことは格差社会のなかにおいても該当することなので、野心や嫉妬心がどういうときにまた、どういう方向に作用するかを②見極める必要がある。

ここでは人間の心理そのものから、格差をどう考えたらよいかを議論しておこう。格差を容認するかしないのか、あるいは格差の存在が人の行動に影響するのであれば、背後に人の心理が作用しているに違いないからである。

池上知子（二〇一二）は人間社会に格差が存在することを前提にして、格差是正や平等を願う声は相当あるにもかかわらず、遅々として③それが進まないことに注目している。格差を容認する人びとがかなり存在することの理由を、主として心理学に立脚して解説しているので、④それに準拠しながら、格差を発生させ、かつ⑤それを維持させている理由を探究する。

一つの理論として「社会的支配理論」というのがある。これは人間社会には人びとの心底の思いとして、不平等な支配・被支配関係を願う気持ちがある、とする。⑥それは権威主義と呼んでもよく、弱い自分を強い他人によって守ってもらいたいという希望を、人間が本能としてもっているものとして理解する。［３］強くて権威を持っている人も規範や伝統を信奉して、それらが弱い人を服従させる効果があると考えている。［４］、弱い人も強い人も支配・被支配の関係を容認する、という心理が人間にはあると考える。私の言う野心と嫉妬心に関連づければ、弱者が強者を嫉妬する感情は弱く、強者は野心のまま動いてよいのである。

2023年度／浦和麗明高等学校（推薦　単願・併願１回目）

英語解答

1　問１　②　問２　①　問３　④
2　問４　③　問５　①　問６　③
3　問７　③　問８　④　問９　③
問10　②　問11　③　問12　②
問13　①　問14　②　問15　④
問16　③
4　問17　②　問18　②　問19　③
問20　①　問21　③

5　問22　②　問23　①　問24　④
問25　②　問26　①
6　問27　④　問28　④　問29　②
問30　③　問31　①　問32　②
7　問33　④　問34　②　問35　④
問36　①　問37　②　問38　②
問39　③　問40　④

1〔単語の発音〕

問１．chimney[tʃ]　①　school[k]　②　church[tʃ]　③　stomach[k]　④　scholar[k]
問２．wood[u]　①　foot[u]　②　moon[uː]　③　blood[ʌ]　④　tooth[uː]
問３．watched[t]　①　wanted[id]　②　excited[id]　③　visited[id]　④　wished[t]

2〔単語のアクセント〕

問４．①　sép-a-rate　②　pás-sen-ger　③　im-pór-tant　④　ré-cent-ly
問５．①　chál-lenge　②　gui-tár　③　in-clúde　④　de-láy
問６．①　math-e-mát-ics　②　ec-o-nóm-ic　③　par-tíc-u-lar　④　gen-er-á-tion

3〔適語（句）選択〕

問７．文前半の「私はすべきことがたくさんある」と後半の「外出できない」は‘原因’と‘結果’の関係になっている。接続詞 so「だから」の前後にはこの関係が成り立つ。　「私はすべきことがたくさんあるので，外出できない」

問８．remember to ～で「忘れずに～する〔～することを覚えている〕」。*cf.* remember ～ing「～したことを覚えている」　「明日，忘れずにお父さんへのプレゼントを買ってね」

問９．直後に attracts という３人称単数現在形の動詞があるので，主格の関係代名詞 which を選ぶ。「私たちの町には，あらゆる年齢の人々を引きつける公園がある」

問10．Shall I ～？で「～しましょうか」という‘申し出’を表せる。　「コーヒーをいれましょうか？―うん，ありがとう」

問11．過去形の文で「～年前」は～ years ago で表す。　「フレッドは５年前にこの樫《かし》の木を植えた」

問12．since childhood で「幼い頃から」という意味。現在完了の‘継続’用法の文において，since「～以来」の後には‘行為の起点’，for「～の間」の後には‘期間’がくる。　「トムとジムは幼少期からの知り合いだ」

問13．in a few years「数年後に」とあるので，未来を表す文にする。「～を上げる」の意味を表すのは raise。rise は「上がる」という意味の自動詞。　「政府は数年後に税金を上げる予定だ」

問14．century「世紀」につく前置詞は in。　「その城は15世紀に建てられた」

問15．Ken has many books. という文に‘as ～ as …’「…と同じくらい～だ」の表現を合わせると，Ken has as many books as ... という語順になる。なお，book は‘数えられる名詞’なので，‘数えられない名詞’とともに用いる much は不可。　「ケンはジョンと同じくらいたくさんの本を持っている」

問16. ‘What (a/an)＋形容詞＋名詞＋主語＋動詞…!’という感嘆文の語順にする。なお，感嘆文には‘How＋形容詞〔副詞〕＋主語＋動詞…!’という形もある。　「彼はなんて速く泳ぐんだ！」

4〔誤文訂正〕

問17. ‘There＋be動詞＋～’「～がいる〔ある〕」の構文では，be動詞の後に主語がくる。ここでは主語となる many young people が複数なので，was ではなく were が正しい。　「そのロックコンサートには多くの若者がいた」

問18. a/an, some, this, that などは代名詞の所有格(my, your など)と一緒に用いることはできない。「あなたのこれらの本」は these your books ではなく these books of yours と名詞の後ろに‘of＋所有代名詞’をつけて表す。　「私はあなたのこれらの本を読みたい。全て日本文学だ」

問19. listen to ～で「～を聞く〔聴く〕」という意味なので，listening music ではなく listening to music が正しい。　「静かにして。私は今，音楽を聴いているの」

問20. 主語の My grandfather は３人称単数なので，usually take ではなく，usually takes が正しい。「私の祖父はふだん，食後にこの薬を飲んでいる」

問21. 直後に by someone という語句があるので，「誰かによって触られた」という意味になると判断できる。「～される〔された〕」という受け身の意味を表すのは過去分詞なので，touching を touched にする。　‘feel＋目的語＋過去分詞’「～が…されるのを感じる」　「私は肩を誰かに触られるのを感じた」

5〔長文読解総合―会話文〕

≪全訳≫❶マットは自分の席を探している。❷マット(M)：すみません，席を探すのを手伝っていただけますか？❸客室乗務員(F)：かしこまりました。ア搭乗券を見てよろしいですか？❹M：はい，これです。❺F：ありがとうございます！　ええと…座席番号は13Dです。右側の通路側の席です。❻M：ありがとうございます！❼誰かが13Dに座っている。❽M：失礼します。イすみませんが，あなたは私の席に座っています。❾ニコル(N)：えっ，本当に？❿ニコルは搭乗券を見る。⓫N：あっ，そうですね。ウ座席を間違えました。本当にごめんなさい！⓬M：いえいえ。⓭客室乗務員がマットに近づいてくる。⓮F：何かお飲み物はいかがですか？⓯M：エはい，オレンジジュースをいただきます。⓰F：かしこまりました。こちらになります。⓱M：ありがとうございます。座席を倒していいですか？⓲F：はい，もちろんです。⓳M：それから，毛布をもらえますか？⓴F：オもちろんです，すぐに１枚お持ちします。㉑M：どうもありがとうございます！

問22＜適文選択＞飛行機内で座席を探すのを手伝ってほしいと頼まれたときの客室乗務員の発言。次のマットの発言から，搭乗券を見せてほしいと頼んだと判断できる。May I have ～?で「～をお願いできますか」という意味。　boarding pass「搭乗券」

問23＜整序結合＞座席が間違っていることを相手に伝えるセリフ。I am afraid (that) ～「残念ながら～だと思う」の形をつくり，that節の中を you're sitting in my seat とまとめる。　I am afraid you're sitting in my seat.

問24＜適文選択＞席を間違えていたことに気づいたニコルの発言としてふさわしいものを選ぶ。get the wrong seat「席を間違っている」

問25＜適文選択＞直後の Here it is.「こちらになります」という客室乗務員のセリフから，マットは何かを注文したとわかる。

問26＜適文選択＞直前でマットは a blanket「毛布」を頼み，直後でお礼を言っているので，すぐに持ってくると答えたと判断できる。①の one は a blanket を指している。　‘bring＋人＋物’「〈人〉に〈物〉を持ってくる」　right away「すぐに」

6〔長文読解総合―説明文〕

≪全訳≫❶今月は愛が漂っている！　2月14日はバレンタインデーで，世界中の無数の人々が恋人にメッセージを送ったり，プレゼントを贈ったりするだろう。さらに，無数の緊張した男女が，このロマンチックな日に「結婚してくれますか？」と尋ねるだろう。これは現代の伝統のように見えるが，バレンタインデーは2000年以上前にイタリアで始まった。❷当時のローマでは，人々は苦しい生活を送っていた。食べ物を必要とし，丈夫な子どもと大家族を望んだ。毎年，人々は2月のルペルカリア祭でこれらのことを祈った。2月14日，若い男たちは動物を殺し，その血を自分たちの畑や若い女たちにつけた。イそれは今日の聖バレンタインデーほどロマンチックではないが，女性たちはそれが大好きだった。女性たちは，その血が子どもをよりつくりやすくすると信じていた。❸その後まもなく，教会は「ルペルカリア祭」を「バレンタインデー」に変更した。人々は動物を殺すのをやめ，聖バレンタインの生涯を学んだ。この勇敢な男が生きていたとき，ローマは戦争をしていた。若い男たちはみなその戦争で戦わねばならなかったので，結婚は許されなかった。しかし，聖バレンタインは善良な人だった。彼は人々が戦うのではなく愛することを望み，結婚している者たちが一緒にいられるように手助けした。彼は監獄行きにならなければならなかったが，そこで恋に落ちた。彼は死ぬ前に，ロマンチックな手紙を恋人に書き，「あなたのバレンタインより」という言葉で締めくくった。私たちはこの言葉を今日のバレンタインカードでいまだに使っている。❹19世紀まで，人々はバレンタインカードを手づくりしていた。何時間もかけて，カードに恋人の顔の形に小さな穴を開ける人もいた。自作の詩や言葉遊びをカードの中に書き込むことも多かった。1800年頃，初めて商業用のバレンタインカードがヨーロッパに登場した。カードは上質な紙でつくられ，高価なレースや花で覆われていることが多かった。美しく高価だったが，手づくりのカードよりも個人的なものではなかった。❺バレンタインデーは，多くの点で1年で最もロマンチックな日だ。バレンタインカードを送るだけでなく，人々は花やチョコレートやその他のプレゼントを贈る。多くの人々が愛する人をロマンチックな食事，劇場，さらには，特別なバレンタイン休暇へと連れていく。しかし最近まで，メッセージを書くことが常にバレンタインデーの最も重要な習慣であった。血の時代から，携帯電話でメッセージを送る時代に至るまで，すてきな愛とは常にすてきなコミュニケーションのことなのだ。❻バレンタインデーは今日，あまりにも簡単で，商業的すぎると言う人もいる。アメリカのカードショップは，毎年10億枚のバレンタインカードを販売しており，人々は6億ドルをバレンタインのチョコレートやお菓子に費やしている。携帯電話や電子メールでメールを送るのはもっと簡単だ。しかし，今日の簡単な買い物やコンピューターによるやり取りは，怠惰な人をさらに怠惰にするだけだ。本当にロマンチックな人たちは，「愛している」と伝えるためのありふれていない個人的な方法をいつでも見つけることができる。

問27＜指示語＞these things なので，この前にある複数の物を指している。人々はお祭りでこれらのために祈っていることから，下線部が指すのは直前の文で人々が欲している food と strong children and big families だとわかる。　pray for ～「～のために祈る」

問28＜適文選択＞直後の but「しかし」に注目し，この後に続く「女性たちはそれが大好きだった」と‘逆接’の関係になるものを選ぶ。「それ」が指すのは前文で説明される，ルペルカリア祭で2月14日に行われる行事の内容であることから，その行事はロマンチックなものではないが，女性たちは好んでいたという流れになると判断できる。　‘not as〔so〕＋形容詞〔副詞〕＋as ～’「～ほど…ではない」

問29＜適語(句)選択＞ウ．直前の内容から，女性たちは動物の血が子どもを授かりやすくすると信じていたとわかる。‘make it＋形容詞(＋for＋人)＋to ～’は「(〈人〉が)～することを…にする」という意味の形式目的語構文。　エ．空所を含む文の内容は直前の文と合わせて，直後の文で easy shopping and computer communication とまとめられている。even は「さらに一層」という意味で比較級を強調する語。

問30＜英問英答＞「なぜローマは人々に結婚を許さなかったのか」―③「ローマは男性を戦争で戦わせたかったから」 第３段落第４文参照。

問31＜内容一致＞「バレンタインデーの最も古い習慣は(　　)だ」―①「メッセージを書くこと」 第５段落第４文参照。常にバレンタインデーの最も重要な習慣であったということは，古来より伝統的に続いてきたことだと判断できる。

問32＜表題選択＞本文では，バレンタインデーをテーマにその歴史から今日の習慣までを幅広く紹介している。よって，この内容を最もよく表しているのは「バレンタインデー」を言い換えた②「最もロマンチックな日」。

7〔長文読解総合―物語〕

≪全訳≫❶1972年の夏，フェイス・ピーターソンは若い花嫁として夫のケビンと一緒に山小屋を来訪した。それはケビンの両親のものだった。新婚の２人は美しい湖にボートに乗りに行った。ボートの中で，フェイスは指を冷たい水の中に入れた。彼女はぬれた冷たさが温かい手に触れるさわやかな感触を楽しんだ。❷フェイスはボートの隅に座っており，眠くなってきた。彼女は手を水の中に入れ続けていた。突然，彼女はダイヤモンドの指輪が指から外れていることに気づいた。「大変！」と彼女は夫に叫んだ。「指輪がないわ！　きっと水の中に落ちたのよ！」❸「それはありえないよ」とケビンは言った。「山小屋の引き出しの中にきっと置いてきたんだよ」❹「いいえ」と彼女は強い声で言った。「私は指輪を一度も外していないの，一度も。それに，私たちがボートに乗り込もうとしたとき，湖のほとりにいた女性が，なんて美しい指輪でしょう，って言ったの。だから，指輪をつけていたってわかるのよ」❺「でも，指輪が指から落ちたなんてことが，どうしてありえるんだい，フェイス？」❻「手を水につけていたし，指輪は初めから少しゆるかったのよ，ケビン。きっと，滑り落ちたんだわ…」❼「大丈夫，心配しないで。僕が見つけるよ」　ケビンは彼女を励まし，湖の中に飛び込んで，底を探し始めた。❽一日中，彼は何度も何度も湖の中に飛び込んだ。彼はなくなった指輪を見つけられる自信があった。しかし，彼の頭が水面に出てくるとき，結果はいつも同じだった。「まだかな？」と彼はボートの中で悲しげに座っているフェイスに勇ましく叫びかけた。「今度こそ必ず見つけるぞ！」と彼は笑い，もう１回探しに水の中に潜った。❾ついに，夜が更けて，ケビンは諦めた。「本当にすまない，ハニー」と彼はフェイスに言い，彼女の肩に腕を回した。「できるだけのことをやったんだけど」❿「わかってるわ，ケビン」⓫「それに，指輪にはたしか保険がかけてあるだろ。君に別の指輪を買おう」⓬「ケビン，あなたは優しいし，私のためを思ってそう言ってくれるのはわかるわ。でも，別の指輪は全く同じではないわ。これは，あなたが私にプロポーズしたとき，私たちが永遠に愛し合うと約束したときに，あなたが私にくれたダイヤモンドなのよ。私は指輪をあなたの愛の象徴として大切にしてきたの。他のどのダイヤモンドも，ただの高価な石でしかない。私が欲しいのはもとの指輪だけなのよ」とフェイスははっきり言った。「もし私がなくしたものが手に入らないなら，他のはいらないわ。保険金は私たち２人に役立つものに使いましょう。椅子とか，テーブルとか，ベッドとか」⓭「わかったよ，ハニー」とケビンは同意した。そんなわけで，２人が指輪を簡単に買えるほど裕福になっても，フェイスは決して指輪を買わなかった。⓮数年後，ケビンの両親が相次いでなくなり，彼は山小屋を受け取った。フェイスもケビンも，山小屋を貸し出したかったので，山小屋には一度も行かなかった。しかし，1992年，フェイスとケビンが10代の子どもたちを持つ中年夫婦になったとき，家族を山小屋に連れていこうと考えていた。その夏，子どもたちは山小屋にとても行きたがった。「ねえ，パパ，おじいちゃんの山小屋に行こう」と子どもたちは言った。そこで，ピーターソン一家は山小屋へ行くことにした。⓯山小屋に着くと，ケビンはわくわくした。「君たちを湖に連れていこう」と，妻がバッグから中身を全部取り出しているとき，彼は子どもたちに言った。「かまわないだろ，ハニー？」16「ええ，どうぞ，楽しんできて！　あなたたちがみんな出かけているときに，これを終わらせる方が実はずっと楽なのよ」とフェイスは言って，笑った。17「ねえパパ，湖で釣りをしていい？」と末っ子がきいた。18「もちろん，今日は魚の食いつきがいいらしいぞ」19数時間後，ケビンと子どもたちは帰宅すると，その日釣れた大物を誇らしげに掲げた。重さ７ポンドの巨大なマスである。「夕食は何だと思う？」　ケビンはフェイスにウィンクし，フェイスは末っ子にほほ笑んだ。少年は自分が釣ったものをとても誇りに思った。「こんな大きいのを釣ったことは一度もないよ」と彼は言った。20「たしかに大物ね」とフェイスは同意し，マスをまな板の上に置き，ナイフで切り開いた。21「たしかに大物だわ」と，彼女はマスの中を見て驚きながら繰り返した。彼女は手をすばやく動かし，夫にそばに来るように合図した。22マスの体内の中央部に，彼女がずっとなくしていた宝物があったのだ。

問33＜指示語＞finish doing this で「これをするのを終える」という意味。下線を含む文は‘It is ～ for … to ―’「…が〔…にとって〕―することは～だ」の構文で，意味上の主語は me(＝Faith)である。フェイスがこのときしていたことは前段落で as his wife was ... と描写されている。

問34＜英文解釈＞下線部は‘I have never＋過去分詞＋such (a/an)＋形容詞＋名詞(＋as this)’「こんなに…な―を私は今まで～したことがない」の現在完了の部分が過去形で代用された形。これは‘this is the＋最上級＋名詞＋(that) I have ever＋過去分詞’「これは私が今まで～した中で最も…な―」の形に書き換えられる。よって，この内容に一致するのは②「これは，僕が今まで釣った中で最も大きな魚だ」。

問35＜内容一致＞「フェイスが指輪をなくしたと言ったとき(　　)」―④「ケビンはその話の正しさを疑った」　第３段落冒頭で，ケビンはフェイスが指輪を湖に落としたと言ったのを impossible「ありえない」と言って否定している。なお，ケビンが湖に飛び込んで指輪を探し出すのは，しばらく時間がたってからの行動なので，③「ケビンはすぐに湖に飛び込むことを決めた」は正しくない。

問36＜内容一致＞「フェイスの意見では，彼女の指輪が湖の中に落ちた理由は(　　)」―①「指輪が十分にきつくなかったから」　第６段落第１文参照。本文の a little loose「少しゆるい」という表現を not tight enough「十分にきつくない」と言い換えている。

問37＜内容一致＞「フェイスが，彼女に別の指輪を買うというケビンの計画に同意しなかったのは(　　)からだ」―②「もとの指輪に特別な感情を抱いていたから」　第12段落参照。

問38＜内容一致＞「家族で1992年に山小屋を訪れる前，(　　)」―②「ケビンはそれを賃貸住宅として使っていた」　第14段落第２文参照。 rent ～ out〔rent out ～〕「～を(有料で)貸し出す」

問39＜内容一致＞「フェイスが『確かに大物だわ』と繰り返したのは(　　)からだ」―③「なくした指輪が魚の中にあるのを見つけて驚いた」　第21，22段落参照。her long-lost treasure「彼女がずっとなくしていた宝物」とは，婚約指輪のことである。

問40＜内容真偽＞①「新婚夫婦は妻の家族と一緒に山小屋を訪れた」…×　第１段落第１文参照。夫婦だけで訪れた。　②「ケビンは水に飛び込もうとしたとき，それが時間の無駄になるとわかっていた」…×　第７段落および第８段落第１，２文参照。見つけられる自信があった。　③「ケビンは２人が裕福になるまで，フェイスに新しいダイヤモンドの指輪を買わなかった」…×　第13段落第２文参照。裕福になっても買わなかった。　④「ケビンは子どもたちを湖に連れていき，フェイスを山小屋に１人残していった」…○　第15，16段落の内容に一致する。

2023年度／浦和麗明高等学校（推薦　単願・併願１回目）

数学解答

1 (1)　8　(2)　イ…1　ウ…4　エ…4
(3)　オ…－　カ…6　キ…4
(4)　ク…1　ケ…1　コ…7
(5)　サ…1　シ…1　ス…1　セ…0
ソ…8

2 (1)　ア…2　イ…1　ウ…2　エ…6
(2)　2
(3)　カ…2　キ…4　ク…2　ケ…4
(4)　コ…3　サ…4
(5)　シ…7　ス…4

3 (1)　3　(2)　イ…3　ウ…2　エ…3
(3)　オ…4　カ…3　キ…3　ク…4
ケ…3　コ…2　サ…1　シ…3
ス…3　セ…8　ソ…1　タ…7
チ…3　ツ…3　テ…1　ト…1
ナ…3　ニ…2

4 (1)　ア…3　イ…2　ウ…3
(2)　エ…1　オ…0　カ…4　キ…3
(3)　ク…6　ケ…4　コ…8　サ…2
シ…4　ス…8　セ…3

5 ア…4　イ…2　ウ…2　エ…3
オ…2　カ…2　キ…2　ク…1
ケ…2　コ…1　サ…2　シ…2
ス…1　セ…4　ソ…8　タ…5

1〔独立小問集合題〕

(1)＜数の計算＞$4^3=(2^2)^3=2^6$，$8=2^3$ より，与式$=2^6\times2^5\div2^3=\frac{2^6\times2^5}{2^3}=2^8$ である。

(2)＜連立方程式＞$0.5x-1.5y=1$……①，$0.3x-y=0.2$……②とする。①×2 より，$x-3y=2$……①′　②×10 より，$3x-10y=2$……②′　①′×3－②′より，$-9y-(-10y)=6-2$　$\therefore y=4$　これを①′に代入して，$x-3\times4=2$，$x-12=2$　$\therefore x=14$

(3)＜数の計算＞与式$=(2022+8)(2022-8)-2022^2=2022^2-8^2-2022^2=-64$ となる。

(4)＜一次方程式＞与式の両辺に左辺の分母の $a-1+\frac{a-3}{2}$ をかけると，$1+\frac{a-5}{3}=a-1+\frac{a-3}{2}$ となる。両辺に6をかけて，これを解くと，$6+2(a-5)=6a-6+3(a-3)$，$6+2a-10=6a-6+3a-9$，$-7a=-11$ より，$a=\frac{11}{7}$ となる。

(5)＜確率―さいころ＞1個のさいころを3回続けて投げるとき，それぞれ6通りの目の出方があるから，目の出方は全部で $6\times6\times6=216$（通り）ある。1けたの素数は2，3，5，7で，出た目の数の和の最小値は，$1+1+1=3$ だから，出た目の数の和が3，5，7になる場合を考える。和が3になるのは，(1，1，1)の1通りである。和が5になる目の組み合わせは，(1，1，3)，(1，2，2)で，出る目の順番を考えると，(1，1，3)の場合は，3の目が1回目，2回目，3回目のどこに出るかで3通りの出方がある。(1，2，2)も同様に考えて3通りの目の出方があるから，和が5になる目の出方は，$3+3=6$（通り）ある。次に，和が7になる目の組み合わせは，(1，1，5)，(1，2，4)，(1，3，3)，(2，2，3)で，(1，2，4)の場合は，1回目に出る目が3通り，3通りそれぞれにおいて2回目に出る目が2通り，3回目に出る目が1通りあるから，$3\times2\times1=6$（通り）の目の出方がある。また，(1，1，5)，(1，3，3)，(2，2，3)はそれぞれ3通りの目の出方があるから，和が7になる目の出方は，$6+3\times3=15$（通り）ある。よって，出た目の数の和が1けたの素数となる場合は，$1+6+15=22$（通り）あるから，求める確率は $\frac{22}{216}=\frac{11}{108}$ となる。

2〔独立小問集合題〕

(1)<二次方程式>$x-\sqrt{2}=X$とすると，$X^2-5X-6=0$，$(X+1)(X-6)=0$　$\therefore X=-1,\ 6$　よって，$x-\sqrt{2}=-1$より$x=\sqrt{2}-1$，$x-\sqrt{2}=6$より$x=\sqrt{2}+6$となる。

(2)<数の計算>$x^2+y^2=x^2+2xy+y^2-2xy=(x+y)^2-2xy$として，$x+y=2$，$xy=1$を代入すると，$x^2+y^2=2^2-2\times1=2$である。

《別解》$x+y=2$の両辺を２乗すると，$(x+y)^2=2^2$，$x^2+2xy+y^2=4$となり，これに$xy=1$を代入して，$x^2+2\times1+y^2=4$，$x^2+y^2=2$である。

(3)<場合の数—塗り分け方>4色全てを使う塗り分け方は，Aに塗る色が４通り，Bに塗る色が３通り，Cに塗る色が２通り，Dに塗る色が１通りだから，$4\times3\times2\times1=24$(通り)ある。また，３色だけを使った塗り分け方は，隣り合う色は同じ色であってはいけないので，AとDに同じ色を塗ることになる。よって，AとDに塗る色が４通り，Bに塗る色が３通り，Cに塗る色が２通りだから，$4\times3\times2=24$(通り)ある。

(4)<数の計算>$\sqrt{9}<\sqrt{13}<\sqrt{16}$より，$3<\sqrt{13}<4$となり，$\sqrt{13}$の整数部分は３なので，$a=3$，小数部分は$b=\sqrt{13}-a=\sqrt{13}-3$となる。よって，$b^2+6b=b(b+6)=(\sqrt{13}-3)(\sqrt{13}-3+6)=(\sqrt{13}-3)(\sqrt{13}+3)=(\sqrt{13})^2-3^2=13-9=4$である。

(5)<一次方程式の応用>イチゴケーキをx個，チーズケーキをy個買ったとすると，$120x+160y=1000$より，$3x+4y=25$が成り立つ。イチゴケーキをより多く買うとき，$3x=25-4y$，$x=\dfrac{25-4y}{3}$で，xが自然数となる最小のyを考えると，$y=0$のとき，$x=\dfrac{25-4\times0}{3}=\dfrac{25}{3}$となり，適さない。$y=1$のとき，$x=\dfrac{25-4\times1}{3}=7$となるから，イチゴケーキは最大で７個買える。また，チーズケーキをより多く買うとき，$4y=25-3x$，$y=\dfrac{25-3x}{4}$で，yが自然数となる最小のxを考えると，$x=0$のとき，$y=\dfrac{25-3\times0}{4}=\dfrac{25}{4}$となり，適さない。$x=1$のとき，$y=\dfrac{25-3\times1}{4}=\dfrac{11}{2}$となり，適さない。$x=2$のとき，$y=\dfrac{25-3\times2}{4}=\dfrac{19}{4}$となり，適さない。$x=3$のとき，$y=\dfrac{25-3\times3}{4}=4$となるから，チーズケーキは最大で４個買える。

3〔関数—関数$\boldsymbol{y=ax^2}$と一次関数のグラフ〕

《基本方針の決定》(2)　△ABCが正三角形であることを使って，点Aと点Bの座標を求める。

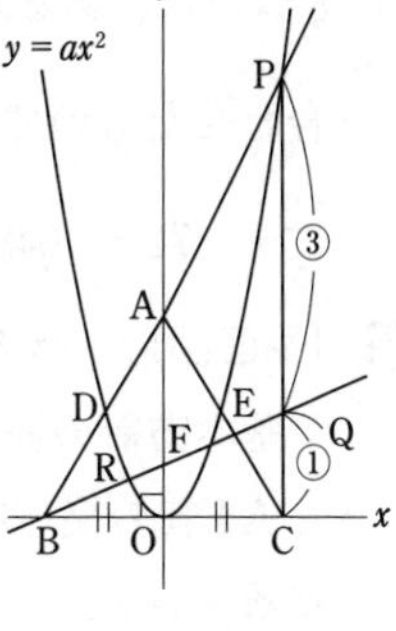

(1)<比例定数>右図で，E$(1,\ \sqrt{3})$は関数$y=ax^2$上の点だから，$x=1$，$y=\sqrt{3}$を代入して，$\sqrt{3}=a\times1^2$より，$a=\sqrt{3}$である。

(2)<直線の式>右図で，△ABCは正三角形で点Aがy軸上，点B，Cがx軸上にあるから，AO⊥BCより原点Oは辺BCの中点で，$\mathrm{OB}=\dfrac{1}{2}\mathrm{BC}=\dfrac{1}{2}\times4=2$なので，B$(-2,\ 0)$となる。また，△ABOは３辺の比が$1:2:\sqrt{3}$の直角三角形で，$\mathrm{OA}=\sqrt{3}\mathrm{OB}=\sqrt{3}\times2=2\sqrt{3}$なので，直線ABの式は$y=mx+2\sqrt{3}$とおける。点Bの座標より，$x=-2$，$y=0$を代入して，$0=m\times(-2)+2\sqrt{3}$，$m=\sqrt{3}$となる。よって，直線ABの式は$y=\sqrt{3}x+2\sqrt{3}$となる。

(3)<$\boldsymbol{y}$座標，直線の式，$\boldsymbol{x}$座標>関数$y=\sqrt{3}x^2$と直線$y=\sqrt{3}x+2\sqrt{3}$の交点Pのx座標は，２式からyを消去して，$\sqrt{3}x^2=\sqrt{3}x+2\sqrt{3}$，$\sqrt{3}x^2-\sqrt{3}x-2\sqrt{3}=0$，$x^2-x-2=0$，$(x+1)(x-2)=0$　$\therefore x=-1,\ 2$　よって，点Dのx座標が-1，点Pのx座標が２となる。上図で，点Pは関数$y=$

$\sqrt{3}x^2$ 上の点だから，y 座標は，$y=\sqrt{3}\times2^2=4\sqrt{3}$ である。ここで，OC＝OB＝2 より C(2, 0)だから，点 P と点 C は x 座標が等しいので，線分 PC は y 軸と平行となり，PC＝$4\sqrt{3}$ となる。また，PQ：QC＝3：1 より，QC＝$\frac{1}{3+1}$PC＝$\frac{1}{4}\times4\sqrt{3}=\sqrt{3}$ である。直線 BQ と y 軸との交点を F とすると，y 軸と線分 PC は平行なので，△BFO∽△BQC となり，FO：QC＝BO：BC より，FO：$\sqrt{3}$＝1：2 が成り立つ。これより，FO×2＝$\sqrt{3}$×1，FO＝$\frac{\sqrt{3}}{2}$だから，直線 BQ の式は $y=nx+\frac{\sqrt{3}}{2}$ とおける。この式に点 B の座標を代入して，$0=n\times(-2)+\frac{\sqrt{3}}{2}$，$n=\frac{\sqrt{3}}{4}$ となる。したがって，直線 BQ の式は $y=\frac{\sqrt{3}}{4}x+\frac{\sqrt{3}}{2}$ となる。関数 $y=\sqrt{3}x^2$ と直線 $y=\frac{\sqrt{3}}{4}x+\frac{\sqrt{3}}{2}$ の交点 R の x 座標は，2 式から y を消去して，$\sqrt{3}x^2=\frac{\sqrt{3}}{4}x+\frac{\sqrt{3}}{2}$ より，$\sqrt{3}x^2-\frac{\sqrt{3}}{4}x-\frac{\sqrt{3}}{2}=0$，$4x^2-x-2=0$ とし，解の公式を用いると，$x=\frac{-(-1)\pm\sqrt{(-1)^2-4\times4\times(-2)}}{2\times4}=\frac{1\pm\sqrt{33}}{8}$ となる。x 座標が小さい方の点が R だから，点 R の x 座標は $x=\frac{1-\sqrt{33}}{8}$ で，y 座標は $y=\frac{\sqrt{3}}{4}x+\frac{\sqrt{3}}{2}$ に $x=\frac{1-\sqrt{33}}{8}$ を代入して，$y=\frac{\sqrt{3}}{4}\times\frac{1-\sqrt{33}}{8}+\frac{\sqrt{3}}{2}=\frac{\sqrt{3}-3\times\sqrt{11}}{32}+\frac{16\sqrt{3}}{32}=\frac{17\sqrt{3}-3\sqrt{11}}{32}$ となる。

4〔空間図形―直方体〕

≪基本方針の決定≫(3)　立方体の辺の周辺では，立方体と球が重ならない部分がある。

(1)＜体積＞半径 2 の球の体積は，$\frac{4}{3}\pi\times2^3=\frac{32}{3}\pi$ である。

(2)＜体積＞右図のように，直方体の各頂点を定める。また，辺 AE 上に AO＝2，ES＝2 となる 2 点 O，S をとり，2 点 O，S を通り面 ABCD と平行な面を面 OPQR，面 STUV と定めると，直方体 ABCD-OPQR，直方体 STUV-EFGH と球が重なる部分はどちらも半球で，合わせると球になる。また，直方体 OPQR-STUV と球が重なる部分は，底面の円の半径が 2，高さが 10－2×2＝6 の円柱となる。したがって，求める体積は，$\frac{32}{3}\pi+\pi\times2^2\times6=\frac{32}{3}\pi+24\pi=\frac{104}{3}\pi$ である。

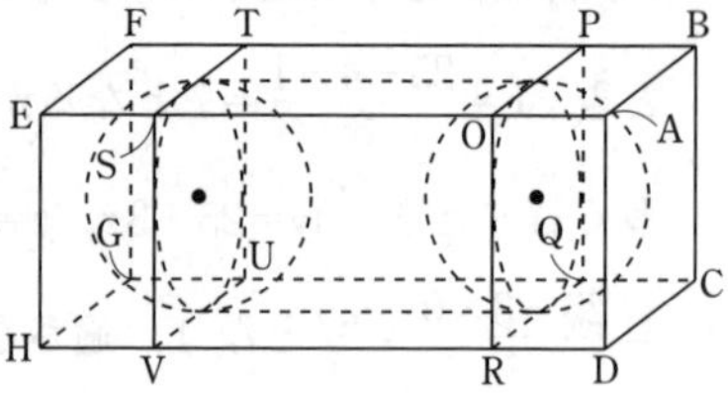

(3)＜体積＞1 辺が 10 の立方体の内部を半径 2 の球が動くことのできる部分は，立方体の内部にある 1 辺が 10－2×2＝6 の立方体と，各面上の 1 辺 6 の正方形を底面とする高さが 2 の直方体を 6 個と，8 つの角にある球の $\frac{1}{8}$ を 8 個，つまり球 1 個分と，底面が半径 2 の円で高さが 6 の円柱の $\frac{1}{4}$ を 12 個合わせたものである。よって，その体積は，$6^3+6^2\times2\times6+\frac{32}{3}\pi+\pi\times2^2\times6\times\frac{1}{4}\times12=216+432+\frac{32}{3}\pi+72\pi=648+\frac{248}{3}\pi$ である。

5〔平面図形―長方形〕

≪基本方針の決定≫ A3 判の紙を半分に折ると A4 判の紙になることから，A3 版の横(短い辺)の長さと A4 判の縦(長い辺)の長さが等しいことがわかる。

＜解説＞$\sqrt{2}$＝1.41421356…である。8m のひもで正方形をつくると，1 辺の長さは 8÷4＝2 となる。よって，対角線の長さは，等しい辺の長さが 2 の直角二等辺三角形の斜辺の長さだから，$\sqrt{2}\times2=2\sqrt{2}$(m)になる。次に，右図のように，A3 版の紙の縦の長さを 3，横の長さを x とするとき，

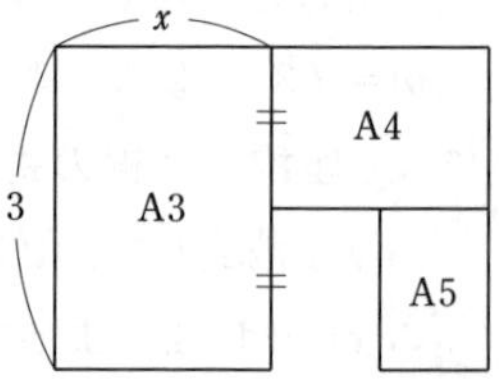

A3判の紙を半分に折るとA4判の紙になることから，A4判の紙の長い辺の長さはx，短い辺の長さは$3\div2=\frac{3}{2}$となる。プリントの縦と横の比は常に一定だから，$3:x=x:\frac{3}{2}$より，$x\times x=3\times\frac{3}{2}$，$x^2=\frac{9}{2}$，$x=\pm\sqrt{\frac{9}{2}}=\pm\frac{3}{\sqrt{2}}=\pm\frac{3\sqrt{2}}{2}$，$x>0$より$x=\frac{3\sqrt{2}}{2}$となるので，A3版の横の長さは$\frac{3\sqrt{2}}{2}$である。よって，プリントの縦と横の比は$3:\frac{3\sqrt{2}}{2}=\sqrt{2}:1$になる。さらに，A3版の縦の長さが42cmだから，横の長さを$y$cmとすると，$42:y=\sqrt{2}:1$が成り立ち，$y\times\sqrt{2}=42\times1$，$y=\frac{42}{\sqrt{2}}=21\sqrt{2}$となる。よって，A4判の長い辺の長さは$21\sqrt{2}$となり，A4判の紙を半分に折るとA5判の紙になることから，A5判の短い辺の長さは$21\sqrt{2}\div2=\frac{21\sqrt{2}}{2}$(cm)である。$\sqrt{2}=1.414$として，これを小数で表すと，$\frac{21\sqrt{2}}{2}=21\times\sqrt{2}\div2=21\times1.414\div2=14.847$より，小数第3位を四捨五入して，14.85cmとなる。

═読者へのメッセージ═

三平方の定理を証明したピタゴラス学派は，「全ての数は整数の比で表せる」という考えを信じていました。しかし，三平方の定理では$\sqrt{2}$のような整数の比で表せない数，無理数も出てきます。この無理数の存在はピタゴラス学派にとって重大な問題だったため，アロゴン(口に出してはいけないもの)と名づけてその存在を隠蔽したそうです。

国語解答

一　問１　①　問２　③　問３　③
問４　①　問５　④　問６　④
問７　①　問８　④　問９　②
問10　④

二　問11　②　問12　①　問13　③
問14　④　問15　③　問16　③
問17　①　問18　②　問19　④
問20　②

三　問21　③　問22　③　問23　③
問24　①　問25　④　問26　③
問27　②

一〔論説文の読解―政治・経済学的分野―社会〕出典；橘木俊詔『新しい幸福論』。

≪本文の概要≫人間の心理において決定的に重要な特質は，野心と嫉妬心である。野心と嫉妬心とが，人々の行動を促す動機になるのである。平等で格差のない社会であれば，人々は嫉妬心を抱く可能性は低いが，不平等で格差のある社会では，嫉妬心からよからぬ行動を取る人も出てくる。格差是正や平等を願う声があるにもかかわらず，是正は遅々として進まない。なぜ格差は維持されるのか。一つの理論として，社会的支配理論がある。それは，人間は本能的に弱い自分を強い他人に守ってもらいたいという希望を持っており，弱者も強者も支配・被支配の関係を容認する心理があるという考えである。消極的にせよ，支配集団・被支配集団の双方が格差を是認することによって，社会の秩序，安定が守られると人間の心理構造がはたらくと考えるのである。もう一つ逆のイデオロギーとして，資本家と労働者の格差是正から生まれた社会主義政治思想がある。現在の日本では，支配・被支配階級の間に極端な格差があるわけではない。社会的支配を変革するかどうかの分岐点は，人々が格差をどの程度の深刻さで受け止めるかによるが，格差の大きさは臨界点に近づいていると思われる。

問１＜接続語＞１．「野心と嫉妬心という感情が，人びとの行動を規定する効果大」であることを「消費ないし所得」という面を例にして考えてみたい。　２．もし平等な格差のない社会であれば，「人びとが嫉妬心を抱く可能性はかなり低くなる」だろうが，「一部の野心のある人は自分だけ上に立とうとする」可能性はある。　３．弱い人は「強い他人によって守ってもらいたい」という希望を本能として持っており，それに対して，「強くて権威を持っている人も規範や伝統を信奉して，それらが弱い人を服従させる効果がある」と考えている。　４．弱い人には本能として強い人に守ってもらいたいという感情があり，強い人も弱い人を服従させたいと考えているということは，つまり，「弱い人も強い人も支配・被支配の関係を容認する」心理を持っているということになる。

問２＜漢字＞「劣位」と書く。①は「歯列」，②は「熾烈」，③は「劣勢」，④は「羅列」。

問３＜文章内容＞「野心や嫉妬心は人間の行動の動機になりうる」が，よい行動を促すこともあれば悪い行動を促すこともある。野心や嫉妬心がどちらの方向に作用するかは，わからないのである。

問４＜指示語＞③池上氏は，格差是正や平等を願う声はあるにもかかわらず，「格差是正や平等」が遅々として進まないことに注目する。　④なぜ格差を容認する人が存在するのかが，心理学に立脚して解説されているので，「心理学」に準拠して探究していく。　⑤人間社会が格差を発生させ，その「格差」を維持させている理由を，探究していく。　⑥人々の心には「不平等な支配・被支配関係を願う気持ちがある」とする「社会的支配理論」があるが，その「社会的支配理論」は，人間が本能として弱い自分を強い他人に守ってもらいたいという希望を持っていると理解できる。

問５＜文章内容＞格差の是正のために強硬な手段を取ると「お互いが破滅に至る」こともある。社会の秩序・安定を守るために，「格差の存在を容認しておいたほうが無難」だと人々は考え，支配集団と被支配集団双方が格差を消極的にせよ「是認」し，階層構造が維持されるのである。

問６＜文章内容＞世の中には，「強者(高所得者)と弱者(低所得者)」，「支配集団と被支配集団」，「資本家と労働者」というように，階級の対立が存在する(④…×)。

問７＜文章内容＞５．「資本家が労働者を搾取している事実を覆さねばならないとする」イデオロギーは，格差を是認しているイデオロギーとは「逆のイデオロギー」である。　６，７．社会に存在する格差を支配集団と被支配集団の双方が是認し，結果的に社会の秩序と安定が維持されるとする「社会的支配理論」というイデオロギーがあれば(…６)，逆の，格差を是正するための「社会的支配打倒理論」というイデオロギーも存在するのである(…７)。

問８＜文章内容＞「大きな格差を是正する」ためのイデオロギーは「暴力革命」をも引き起こした。ロシア革命をはじめとして社会主義革命が成功し，社会的支配が打倒され，政治体制が変わった国がいくつもあった。

問９＜文章内容＞「臨界」は，物質がある状態から別の状態へと変化する境のこと。変革を望むかどうかの分岐点は，人々が所得や格差をどの程度の深刻さで理解しているかによって決まる。現代の日本は貧しい人が増え，格差が深刻な問題になっており，社会的支配を許すか，社会的支配を打倒するかの分岐点に近づいているのではないかと考えられる。

問10＜要旨＞野心も嫉妬心もない無色透明の人間もいるが，多くの場合，人間は野心か嫉妬心を抱く(①…×)。その嫉妬心によってよからぬ行動を取るかもしれないが，「それが犯罪行為」となれば社会不安のもとになる(②…×)。歴史を見れば，「社会的支配理論」がイデオロギーとして認識されたり，社会的支配を打倒するべきだというイデオロギーが信奉されたりというように，イデオロギーは，時代や情勢によって変化する(③…×，④…○)。

二〔小説の読解〕出典；三浦しをん『エレジーは流れない』。

問11＜心情＞伊都子の家で出されたお雑煮に，怜は違和感を覚えたが，伊都子と寿絵はどちらも自分にとって「母親」であり，二人を比較するのは意味のないことだと思っている。

問12＜語句＞「汲々と」は，一つのことに心を奪われ，他を顧みるゆとりがない様子。

問13＜慣用句＞「歓心を買う」は，機嫌を取って気に入られようとする，という意味。

問14＜語句＞「帝王学」は，帝王となる者が帝王として必要な見識や能度などを身につけるための修養のこと。

問15＜心情＞慎一は，怜の母親である伊都子の身の回りの世話をする立場にあるだけなので，怜の成績表を見るという家族であるかのような振る舞いをすることには遠慮があったのである。

問16＜慣用句＞「お鉢が回る」は，順番が回ってくる，という意味。

問17＜四字熟語＞伊都子は，「倒産しない」ように，適性や能力を考慮してふさわしい人物を会社の跡継ぎにしようと思っているのである。「適材適所」は，人をその才能に適した地位，任務につけること。「臨機応変」は，その場その場で適切な手段を講じること。「当意即妙」は，その場に応じて素早く機転をきかすこと。「泰然自若」は，ゆったりと落ち着き払っていること。

問18＜心情＞伊都子は，「子どもが進学しようかなと思ってたら，金銭的に可能ならたいがいの親は払う」ものであり，怜の学費を払うのは親として当然のことだと考えているが，怜は，他人行儀に頭を下げて感謝した。伊都子は，自分の立場が微妙であることに寂しさを感じたのである。

問19＜文章内容＞怜には二人の母親がいる。寿絵は，一緒に暮らす自分が捺印《なついん》すれば，自分が怜の公式の母親であると主張しているかのように伊都子が感じるかもしれないと気を遣って，伊都子が寂しく感じないように「捺印をあとまわしにした」のだと考えられる。

問20＜文章内容＞伊都子と慎一は，怜を「歓迎」しようと，巨大な門松や豪華なおせち料理を準備していた。自分の訪問というイベントが終われば，門松もおせち料理も何となく色あせるに違いなく，「無駄に広い部屋」に残る伊都子の寂しさを，怜は感じ取ったのである。

三〔古文の読解―随筆〕出典；清少納言『枕草子』。

≪現代語訳≫三月三日は，うららかとのどかに(日が)照らしている。〈桃〉の花がちょうど咲き始める。柳などの風情は言うまでもないが，まだ繭に籠っている(ように見える)姿はすてきだ。(葉が)開ききってしまったものは不愉快に見える。

美しく咲いた桜の枝を長めに折って，大きな花瓶にさしたのはとてもすてきだ。桜襲《さくらがさね》の直衣に出袿姿で，客であれ，兄弟の君達であっても，その(花瓶の)そばに座っておしゃべりをしている光景は，とてもすてきだ。

四月，葵祭の頃は本当にすばらしい。上達部や殿上人も，着ている上着の色の濃淡の区別があるだけで，白襲もみな同じ様子で，涼しげですばらしい。木々の木の葉は，まだそんなに茂っておらず，若々しく青みがかっていて，霞や霧も隔てない(澄んだ)空の様子は，何となく無性にすてきで，少し曇った夕方，夜などに，そっとホトトギスが，遠くで空耳かと思われるくらいに，たどたどしく鳴いている声を聞きつけたときは，どんな心地がするだろうか。

祭りの日が近くなって，青朽葉や二藍色の反物をくるくる巻いて，紙などに軽く包んで，行き来して持ち歩いている様子はおもしろい。すそ濃・むら濃(に染めた染め物)も，ふだんより趣があるように見える。少女で，頭だけは洗って整えていて，服装は綻びてしまって，めちゃくちゃになりかけている子もいるが，足駄や草履などに，「鼻緒をつけて。裏打ちをして」などと大騒ぎして，早くその日になってほしいと，はしゃいで歩き回っているのも，とてもかわいらしい。妙な格好をして踊って歩き回っている子たちも，(祭りの日になって)装束をつけて正装すると，ひどく定者などというお坊さんのように練り歩く。どんなに心配なのだろうか，身分身分に応じて，親，おば，姉などが，(その子に)つき添って，(服装を)整えながら，連れて歩く様子もおもしろい。

問21＜古典の知識＞月の異名は，一月から順に，睦月，如月，弥生，卯月，皐月〔五月〕，水無月，文月，葉月，長月，神無月，霜月，師走。

問22＜古典の知識＞三月三日は，桃の節句。五節句の一つで上巳の節句ともいう。

問23＜古典の知識＞霞は春の季語，霧は秋の季語。霞と霧は同じ現象であるが，平安時代頃から，春のものを霞，秋のものを霧と区別した。

問24＜歴史的仮名遣い＞歴史的仮名遣いの「を」は，助詞を除いて現代仮名遣いでは原則として「お」になる。また，歴史的仮名遣いの「iu」は，現代仮名遣いでは「yu」になる。

問25＜古文の内容理解＞「いつしか」は，早く，という意味。子どもたちは，早く祭りの当日になってほしいと気もそぞろなのである。

問26＜古文の内容理解＞祭りの装束を着ている子どもの様子が心配で，「親，をばの女，姉など」が，子どもにつき添って，服装を整えながら一緒に歩くのである。

問27＜古文の内容理解＞「まだいとしげうはあらで」は，まだそんなに茂っていない，という意味。「霞も霧もへだてぬ」の「ぬ」は，打ち消しの助動詞「ず」の連体形。木々の木の葉は，まだそんなに茂っていないが青みがかっていて，霞も霧も隔てない澄んだ空はすてきで，少し曇っている夕方や夜などに，ホトトギスが遠くでたどたどしく鳴いているのを聞きつけたときは，どんな心地がするだろう，きっとすばらしいに違いないと，作者は褒めているのである。

2023年度 浦和麗明高等学校(推薦 併願 2回目)

【英　語】(45分)〈満点：100点〉

1 次の語の下線部と同じ発音を持つ語を1つずつ選びなさい。

問1　weapon　① feature　② weak　③ create　④ breakfast
問2　service　① rice　② twice　③ practice　④ price
問3　summer　① rule　② button　③ pull　④ January

2 最も強いアクセントを含む音節の位置が，他の語と異なるものを1つずつ選びなさい。

問4　① husband　② career　③ decide　④ prepare
問5　① above　② police　③ secret　④ discuss
問6　① manager　② however　③ vacation　④ continue

3 次の各文の空所に入れるのに，最も適切なものを1つずつ選びなさい。

問7　A lot of islands in Hiroshima is worth (　　).
① to visit　② visiting　③ visited　④ visit
問8　According to the book, the earth (　　) around the sun.
① turn　② was turning　③ turns　④ turned
問9　Who was this temple built (　　)?
① in　② from　③ of　④ by
問10　This is the book (　　) want you to read.
① that　② I　③ which　④ me
問11　Your story (　　) be true.　Nobody will believe you.
① must　② can't　③ may　④ should
問12　Do you know how (　　) the meeting will be over?
① much　② soon　③ long　④ many
問13　Please give us (　　) hot to drink.
① any　② something　③ nothing　④ another
問14　My mother wants to have a large cat.　She doesn't want a small (　　).
① it　② another　③ other　④ one
問15　The top of the mountain was covered (　　) snow.
① at　② in　③ with　④ from
問16　In the picture, my grandmother sat (　　) by her grandchildren.
① surrounded　② surround　③ to surround　④ surrounding

4 次の各文にはそれぞれ文法的・語法的に誤っている箇所が含まれている。その箇所を1つずつ選びなさい。

問17　I ①was leaving my chopsticks ②at home, so now I don't have ③anything to eat my lunch ④with.
問18　It is ①almost impossible ②on us to finish ③these jobs ④by next week.

問19　Masato ①swim ②faster than ③any other student ④in his class.
問20　I ①saw many baseball ②fans ③exciting at the baseball game ④in Tokyo Dome.
問21　①Do you think what is ②the best for her ③60th birthday ④present ?

5　次の会話文を読み，後の問い（問22〜問26）に答えなさい。

Mr. Adachi is looking for a bank.

Akio Adachi　：　Excuse me, could you help me, please ?
David　：　I can try.（　ア　）
Akio Adachi　：　I'm from out of town and I'm trying to find my way around this place.　Can you tell me where I can find a bank ?
David　：　Well, the closest one is in the Woodpecker's department store.
Akio Adachi　：（　イ　）
David　：　Of course.　Let's see. . .　You go down this street, then turn left and walk straight.　The department store will be on your right.
Akio Adachi　：　I'm so sorry, but it's a bit confusing.　(ウ)Can [me / you / on / the way / show / the map], please ?

Mr. Adachi takes out a map.

Akio Adachi　：　Here !
David　：　Let me see.

David points his finger at a place on the map.

David　：　You are here now.　The department store is right here, so you turn left here and go straight.
Akio Adachi　：　I see.　Thank you very much !
David　：　You're welcome !

A few hours later, Mr. Adachi is out walking.　He seems to be lost.　He asks a police officer to help him.

Akio Adachi　：　Excuse me, officer, could you help me, please ?
Police Officer：（　エ　）
Akio Adachi　：　I think I might be lost.　I'm searching for Grand Duffel hotel.
Police Officer：　Oh, I see.　Don't worry.　It's close !　Go down this street, take the first right turn and（　オ　）
Akio Adachi　：　Oh, wonderful !　Thank you !
Police Officer：　Good luck !

問22　会話の流れに合うように空所（ア）に入れる文として最も適切なものを１つ選びなさい。
①　It was nice talking with you.
②　What do you need ?
③　It is really difficult.
④　How have you been ?

問23　会話の流れに合うように空所（イ）に入れる文として最も適切なものを１つ選びなさい。
①　What do you usually do every day ?
②　Could you take me there ?
③　When is it convenient for you ?

④ Could you please tell me how to get there?

問24 会話の流れに合うように下線部(ウ)の[ ]内を並べ替えたとき，[ ]内で４番目にくるものとして最も適切なものを１つ選びなさい。

① the map ② the way ③ you ④ me

問25 会話の流れに合うように空所(エ)に入れる文として最も適切なものを１つ選びなさい。

① What seems to be the problem, sir?
② I'm sorry, but I can't.
③ The department store is on your left.
④ Can I ask you to help me?

問26 会話の流れに合うように空所(オ)に入れる文として最も適切なものを１つ選びなさい。

① then you can see the police office on your right.
② the hotel may be closed.
③ the hotel will be next to the tourist agency.
④ you will get home.

6 次の文章を読み，後の問い(問27〜問32)に答えなさい。

People spend about one-third of their lives asleep. We can survive longer without (ア) than without (イ). Sleeping is very important, so the bed is important. Scientists say that the first bed was probably some leaves. Now, of course, beds are much better than that, and we have lots of choices. An average bed today lasts about fifteen years, and most people change beds about five times in their life. [①] Even with all the beds in the world, people still invent new ones. And some people are still searching for the perfect bed.

For most of human history, people slept on layers of cloth, palm leaves, or furs. They laid these on the floor. In ancient Egypt, over three thousand years ago, the *pharaohs were the first to raise their beds off the floor. They slept on light beds made of wood. You could fold the bed and carry (ウ)it. *Archaeologists found beds like this in *Tutankhamen's tomb. People back then did not think soft (エ)pillows were necessary. The Egyptians put their heads on headrests made of wood and the Chinese had ceramic headrests.

Two thousand years ago, only the rich had beds. [②] Poor people still slept on the floor. The bed became a symbol of wealth. One emperor of Rome had a silver bed. Beds were also a person's most valuable possession.

When Shakespeare died, he gave his second best bed to his wife. Beds were so special that in England, when a rich person traveled to another person's home, he took his bed with him. When a person stayed at a hotel for the night, he had to share a bed with strangers. If a rich person came to the hotel, the manager threw a poor traveler out of a bed to make room. All this sharing meant that beds were not very clean, and insects lived in them. (オ)Some people, especially rich women, slept on a chair when they traveled.

After 1750, beds became beautiful pieces of furniture. They were made of carved wood. A beautiful bed at that time could cost $1 million in today's money. [③] The beds had four posts, one on each corner. People used these to hang curtains around the bed. The curtains helped to keep the bed warm. Also, because you passed through one room to get to another, the curtains were good for privacy.

After 1820, people slept on cotton mattresses. They usually had straw on the inside for poor people, or feathers for the rich. ④ Queen Victoria slept on a bed with seven mattresses on top of each other. She had steps beside the bed to reach the top.

Then, beds made of metal became popular. The best beds were made of a yellow metal called brass. Metal beds were better for your health than beds made of wood, because they had fewer insects in them. That's why hospital beds are metal today.

注 ＊pharaoh：ファラオ　＊archaeologists：考古学者
＊Tutankhamen's tomb：ツタンカーメンの墓

問27 空所(ア)(イ)に入る語の組み合わせとして最も適切なものを１つ選びなさい。

① (ア) money (イ) life
② (ア) food (イ) sleep
③ (ア) life (イ) money
④ (ア) sleep (イ) food

問28 以下の英文を，空所 ① ～ ④ のどこかに入れるとき，最も適切な箇所を１つ選びなさい。

Beds also became higher and higher.

問29 下線部(ウ)itが指す内容として，最も近いものを１つ選びなさい。

① the bed　② wood　③ light　④ the floor

問30 下線部(エ)pillow(s)の意味として最も近いものを１つ選びなさい。

① a piece of furniture for sleep or rest, typically a framework with a mattress
② a bag or case made of cloth that is filled with feathers, down, or other soft material, and is used to cushion the head during sleep or rest
③ a large stone structure or underground room where someone, especially an important person, is buried
④ a tall vertical structure of stone, wood, or metal used as a support for a building, or as an ornament or monument

問31 下線部(オ)Some people, especially rich women, slept on a chair when they traveled.の理由として最も適切なものを１つ選びなさい。

① Because they didn't like to share beds with strangers.
② Because beds were very dirty.
③ Because they had little money to stay at a hotel.
④ Because it was popular to sleep on a chair among them.

問32 本文の内容に当てはまらないものを１つ選びなさい。

① After the middle of the eighteenth century, beautiful beds could cost as much as $1 million in today's money.
② Today, most people no longer need new beds because they can keep their beds forever.
③ Queen Victoria had to go up the steps beside her bed if she wanted to sleep.
④ An emperor of the Roman Empire slept on a silver bed.

7 次の文章を読み，後の問い(問33～問37)に答えなさい。

In the 1860s, a creative engineer named John Roebling had the surprising idea of building an enormous bridge across the East River connecting New York with Brooklyn. Nothing like it had ever been tried before, and many bridge-building experts claimed that it was an impossible task.

They told Roebling to forget the idea. The engineering was too difficult, and the river was much too wide.

Roebling did not listen. He thought about the bridge all the time. He could see in his head how it had to be built, and he wanted to try. But first he needed help. Roebling began talking about the project with his son Washington. Washington was an *up-and-coming engineer as well, and after some discussion he decided to join his father.

Working together, the father and son developed several new ways that such a long bridge could be made strong enough to carry so much weight. Full of excitement for the challenge ahead of them, the two Roeblings hired a crew. Then they began to measure the land and choose the exact place where the bridge would stand.

Unfortunately, early in the project, John Roebling was injured in an accident. At first, his injury seemed minor, but soon, it caused an *infection which became worse and worse. The infection (ア)<u>took John Roebling's life</u>, but before he died, he put Washington in charge of the Brooklyn Bridge project.

Sadly, Washington's luck was not much better. Only three years after his father's death, (　イ　) and, as a result, was forced to stay in bed. Unable to leave the house, Washington was only able to watch the bridge being built through a telescope at his window. And the project wasn't even close to being finished.

Washington's wife, Emily Roebling, became both his nurse and his assistant. Emily fought for her husband's right to continue as chief engineer for the bridge project. She helped to *convince everyone that Washington was still able to do the engineering work that the bridge needed. With Washington's help, (　ウ　) until she too had become an expert. She traveled back and forth from the bridge, giving Washington's instructions to the workers, and returning to Washington with information about the bridge's progress.

For the next 11 years, (　エ　). Emily spoke to workers, politicians and engineers, and earned the respect of many people. When the bridge was finally opened in 1883, (　オ　). However, he watched with pride as his wife became the very first person to cross the bridge.

Today the beautiful Brooklyn Bridge stands as a symbol of patience and perseverance. It started only as John Roebling's dream. (　カ　), despite the accidents and *setbacks, the bridge was finally built through hard work, the understanding and drive of a family, and the love that held them together even in difficult times.

Perhaps this is one of the best examples of (キ)<u>a never-say-die attitude</u>, an attitude that allowed Washington and Emily Roebling to succeed despite a series of terrible events. Together they built what was then the world's longest suspension bridge.

Often, when we face problems in our everyday life, they are much smaller than the problems that other people have to face. The Brooklyn Bridge is one example of a project that seemed impossible at first, but was finished because of the persistence and determination of people who worked hard and supported one another, no matter what the *odds were.

注　* up-and-coming：将来有望な　　* infection：感染症　　* convince：～を説得する
　　* setback(s)：つまずき　　* odd(s)：可能性，見込み

問33　下線部(ア)took John Roebling's lifeが表す意味として，最も近いものを１つ選びなさい。
マークシート番号33
① killed John Roebling
② caused John Roebling to build the bridge
③ became the leader of the Brooklyn Bridge project
④ earned the respect of many people

問34　本文中の空所(イ)～(オ)には以下の①～④のいずれかが入る。各空所に最も適切なものを補いなさい。ただし，同じものを２つ以上の空所に入れた場合は解答を無効とする。
① Washington also became ill
② Washington and Emily worked together to finish the Brooklyn Bridge
③ Washington wasn't able to go to the opening ceremony
④ Emily studied engineering and mathematics

空所(イ)：マークシート番号34
空所(ウ)：マークシート番号35
空所(エ)：マークシート番号36
空所(オ)：マークシート番号37

問35　空所(カ)に入れるものとして，最も適切なものを１つ選びなさい。
マークシート番号38
① In conclusion　② As a result　③ For example　④ Also

問36　下線部(キ)a never-say-die attitudeの意味として，最も近いものを１つ選びなさい。
マークシート番号39
① the respect of many people
② the understanding and drive of a family
③ perseverance
④ a series of terrible events

問37　本文の内容に当てはまるものを１つ選びなさい。
マークシート番号40
① The Brooklyn Bridge was finally built because of the hard work.
② John Roebling's dream of building an enormous bridge ended up in failure.
③ Emily Roebling became chief engineer for the bridge project after her husband's death.
④ The Brooklyn Bridge is now one of the best place for driving a family car.

【数　学】 (45分)〈満点：100点〉

(注意)　1　問題の文中の $\boxed{\text{ア}}$，$\boxed{\text{イウ}}$ などには，特に指示がない限り，符合(－)または数字(0～9)が入ります。ア，イ，ウ，…の一つ一つは，これらのいずれか一つに対応します。それらを解答用紙のア，イ，ウ，…で示された解答欄にマークして答えなさい。

2　分数形式で解答する場合，分数の符号は分子につけ，分母につけてはいけません。例えば，$\dfrac{\boxed{\text{エオ}}}{\boxed{\text{カ}}}$ に $-\dfrac{2}{3}$ と答えたいときには，$\dfrac{-2}{3}$ として答えなさい。

また，それ以上約分できない形で答えなさい。例えば，$\dfrac{3}{2}$ と答えるところを $\dfrac{6}{4}$ のように答えてはいけません。

3　根号を含む形で解答する場合，根号の中に現れる自然数が最小となる形で答えなさい。例えば，$\boxed{\text{キ}}\sqrt{\boxed{\text{ク}}}$ に $6\sqrt{2}$ と答えるところを，$3\sqrt{8}$ のように答えてはいけません。

4　根号を含む分数形式で解答する場合，例えば，$\dfrac{\boxed{\text{ケ}}+\boxed{\text{コ}}\sqrt{\boxed{\text{サ}}}}{\boxed{\text{シ}}}$ に $\dfrac{3+2\sqrt{2}}{3}$ と答えるところを，$\dfrac{6+4\sqrt{2}}{6}$ や $\dfrac{6+2\sqrt{8}}{6}$ のように答えてはいけません。

1　次の空欄に当てはまる符号，数字を答えなさい。

(1)　$(0.5)\times(0.2)^3\div(1.2)^2=\dfrac{1}{\boxed{\text{アイウ}}}$ である。

(2)　$\dfrac{1+\dfrac{1-a}{1+a}}{1-\dfrac{a+1}{a-1}}=2$ を解くと $a=-\dfrac{\boxed{\text{エ}}}{\boxed{\text{オ}}}$ である。ただし $a\neq1$ とする。

(3)　$\begin{cases}\dfrac{1-x}{3}+y=2\\ \dfrac{1}{2}x+\dfrac{1+y}{3}=-\dfrac{1}{3}\end{cases}$ を解くと $x=\boxed{\text{カキ}}$，$y=\boxed{\text{ク}}$ である。

(4)　x の2次方程式 $x^2-4ax+9a=0$ が $x=1$ を解にもつとき，$a=\dfrac{\boxed{\text{ケコ}}}{\boxed{\text{サ}}}$ であり，もう一方の解は $x=\dfrac{\boxed{\text{シス}}}{\boxed{\text{セ}}}$ である。

(5)　4本のうち1本だけ当たりが入っているくじがある。1本ずつ引いていき，3回以内に当たる確率は $\dfrac{\boxed{\text{ソ}}}{\boxed{\text{タ}}}$ である。ただし，一度引いたくじはもとに戻さないものとする。

2　次の空欄に当てはまる符号，数字を答えなさい。

(1)　$x^2+2xy+y^2+x+y-12$ を因数分解すると $(x+y-\boxed{\text{ア}})(x+y+\boxed{\text{イ}})$ である。

(2)　$x^2-5x-1=0$ のとき，$x-\dfrac{1}{x}=\boxed{\text{ウ}}$ である。ただし，$x\neq0$ とする。

(3)　1から90までの整数のうち，3で割り切れるものは $\boxed{\text{エオ}}$ 個あり，3と4のどちらかで割り切れるものは $\boxed{\text{カキ}}$ 個ある。

(4)　200gの食塩水を熱して，水を完全に蒸発させたら12gの食塩が残った。もともとの食塩水の濃度は $\boxed{\text{ク}}$ %であった。

(5)　AとBの２人で先に２勝した方が優勝とするゲームをする。１試合での勝率はAが$\frac{1}{3}$，Bが$\frac{2}{3}$である。このときAが優勝する確率は$\frac{\boxed{\text{ケ}}}{\boxed{\text{コサ}}}$である。

3　１辺の長さが４の正三角形OABと正三角形ACBが関数$y=ax^2$…①のグラフと図のように交わっている。点A，Bは関数$y=ax^2$上，点Cはy軸上にあるとする。このとき，以下の問に答えなさい。ただし，円周率はπとし，$a>0$とする。

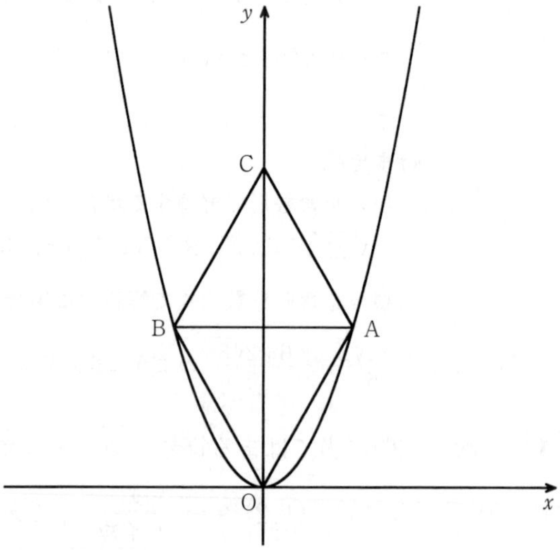

(1)　aの値は$\frac{\sqrt{\boxed{\text{ア}}}}{\boxed{\text{イ}}}$である。

(2)　線分ACの中点をDとする。
直線BDの式は，
$y=\frac{\sqrt{\boxed{\text{ウ}}}}{\boxed{\text{エ}}}x+\frac{\boxed{\text{オ}}\sqrt{\boxed{\text{カ}}}}{\boxed{\text{キ}}}$である。

(3)　直線BDと放物線①との交点のうち，点B以外の点をPとする。

このとき，点Pのx座標は$\frac{\boxed{\text{ク}}}{\boxed{\text{ケ}}}$であり，

四角形OAPBの面積は$\frac{\boxed{\text{コサ}}\sqrt{\boxed{\text{シ}}}}{\boxed{\text{ス}}}$である。

△APBを線分ABを軸として垂直に折る。このとき，四面体OPABの体積は$\frac{\boxed{\text{セソ}}}{\boxed{\text{タ}}}$である。

4　半径１の円を考える。図のように，半径１の円を壁に接するように隙間なく敷き詰めていくものとする。縦軸を列，横軸を行として図のように番号を１から振るものとする。以下の問に答えよ。ただし，円周率はπとする。

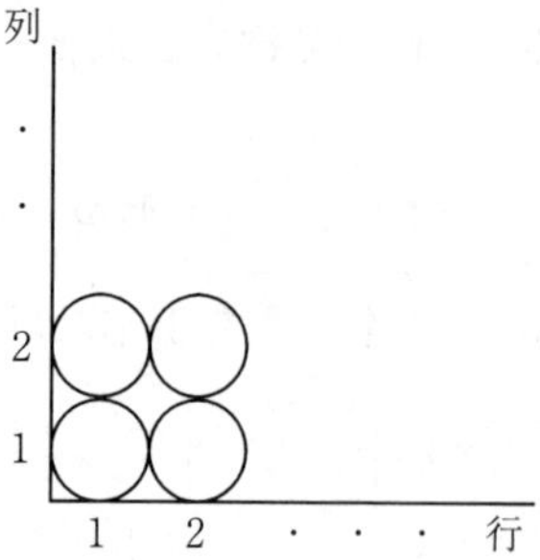

(1)　10行10列目まで円を敷き詰めるとき，円は$\boxed{\text{アイウ}}$個必要である。

(2)　円を４つ取りだし円の中心を図のように結んでできた正方形において斜線部分の面積を求めると$\boxed{\text{エ}}$である。$\boxed{\text{エ}}$に当てはまるものを選択肢①の中から選びなさい。

選択肢①

⓪　$4-\frac{\pi}{2}$

①　$4-\frac{\pi}{3}$

②　$4-\pi$

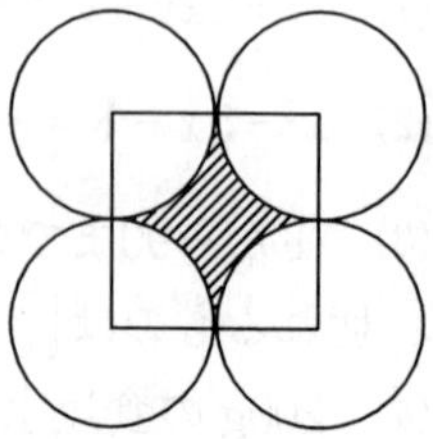

③　$\dfrac{\pi}{2}-4$

④　$\dfrac{\pi}{3}-4$

⑤　$\pi-4$

(3)　n行n列目まで円を敷き詰めたとき，(2)の円と円の隙間の面積を足し合わせると面積はnを用いて［　オ　］と表せる。ただし，壁と円の隙間は合計しないものとする。［オ］に当てはまるものを選択肢②の中から選びなさい。

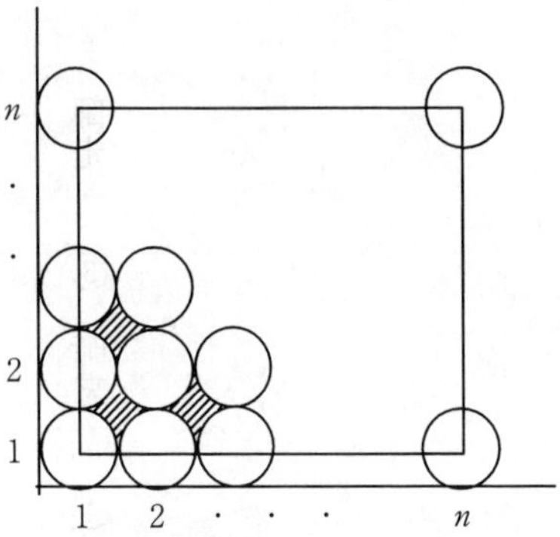

選択肢②

⓪　$(2-\pi)(n-2)^2$

①　$(3-\pi)(n-2)^2$

②　$(4-\pi)(n-2)^2$

③　$(2-\pi)(n-1)^2$

④　$(3-\pi)(n-1)^2$

⑤　$(4-\pi)(n-1)^2$

5　図1のように，円の模型と三角形の模型および棒がたくさんある。円には上下左右対称になるように4つの穴が開いており，三角形には1つ穴が開いている。図2のように穴が全てふさがっている状態を作り，そのときの三角形や棒の個数について着目してみる。以下の問に答えよ。ただし，円は一直線上に並ぶものとする。

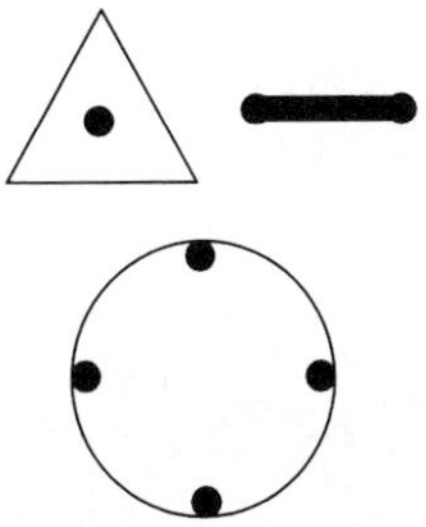

図1

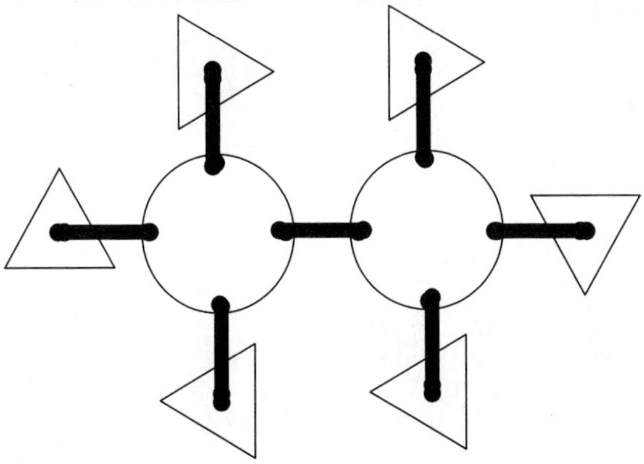

図2

図2では，円の模型2個を使って穴がふさがっている状態を作ったもので，三角形の個数は6個，棒の本数は7本必要である。

(1)　円の模型3個を使ってすべての穴がふさがっている状態を作ると，三角形は［　ア　］個必要であり，棒の本数は［　イウ　］本必要である。

(2)　円の模型10個を使ってすべての穴がふさがっている状態を作ると，三角形は［　エオ　］個必要であり，棒の本数は［　カキ　］本必要である。

(3)　円の模型n個を使って穴がふさがっている状態を作ると，三角形は［　ク　］n＋［　ケ　］個必要であり，棒の本数は［　コ　］n＋［　サ　］本必要である。

① 他の人を出仕させて、自分は出仕しないということ。
② 本当は出仕したいのだが、体調が悪く出仕できないということ。
③ 出仕する気がないので、誰も出仕させないということ。
④ 出仕したくないが、我慢して出仕するということ。

問26 傍線部④「結ひまゐらせらるる」の現代仮名遣いとして適当なものを選びなさい。

① ゆいまえらせらるる　② ゆいまいらせらるる
③ ゆいまえらせられる　④ ゆいまいらせられる

問27 傍線部⑤「見れ」の主語として適当なものを選びなさい。

① 院　② 堀河天皇　③ 内の大臣殿　④ 筆者

問28 傍線部⑥「思ひしにしるく」とありますが、これは具体的には本文中のどこを指しますか。適当なものを選びなさい。

① かはらぬ九重のうちの有様を見んに、はじめたる御わたりに、え念ずまじきここちのすれば
② さぞおぼしめすべきことにてぞあんなれど、おほせらるるに参らせたまはざらんも、ひがひがしきやうなり
③ 思ひ念じて、なほ参らせたまふべき
④ かはらぬ顔して見えさせたまふも、あはれなり

問29 傍線部⑦「十二月」を表す月の異名は何ですか。適当なものを選びなさい。

① 師和　② 師走　③ 師忘　④ 師蓮

問21　空欄部 B でここの小説は終わりますが、ここに入る文として最も適当なものを選びなさい。

①　地平線に夕日が沈みかけていた。
②　青い空に凧《たこ》がひとつ浮んでいた。
③　遠くの空に入道雲がわき上がっていた。
④　渡り鳥が列を作って飛んで行った。

三

次の文は、堀河天皇が亡くなり、白河院から鳥羽天皇に出仕せよとの命を筆者が受けた後の場面です。次の文を読んで、後の問いに答えなさい。（┈┈の左側は口語訳です。）

かくて、①八月になりぬれば、二十一日御わたり（内裏(宮中)にお移り）と定まりぬ。人々、いとなみあひたり（その支度にいそがしい）。されば、われは、かはらぬ九重《ここのへ》（内裏）のうちの有様を見んに、はじめたる御わたり（天皇のはじめてのお渡り）に、え念ずまじきここち（涙をこらえることができそうにない）のすれば、参らんとも思はぬに、「院より、さるべき（しかるべき）人々、みな参るべきよし。参らせたまへ」と、三位殿《さんみどの》よりあれば、「そのさたあらば、さてあてたらん火取り、水取り（前もって役にあててある火取り・水取りだけ）ばかり参らせて、われは参らじとなん思ふ」と②いへば、「げに、さぞおぼしめすべきことにてぞあんなれど、おほせらるるに参らせたまはざらんも、ひがひがしきやうなり（よくないようです）。思ひ念じて（がまんして）、なほ参らせたまふべき」とて、いだしたてらるれば、③かばかりのことだに心にまかせぬことと、思ひながら、いでたつ。

その日になりて、内《うち》の大臣殿《おほいどの》、御びんづらに参らせたまひて（天皇の御びんずらを結いに参上なさって）、朝餉《あさがれひ》（部屋の名前）の御簾《みす》まきあげて、御びんづら④結ひまゐらせらるる、⑤見れば、かはらぬ顔して見えさせたまふも（拝されるにつけても）、あはれなり。

暮れはてぬれば、行幸（天皇が外出すること）なりぬ。御ともに、やがてひきつづけて参りぬ。中御門《なかみかど》の門いるより、⑥思ひしにしるく（思っていたとおり悲しみで胸がいっぱいになる）かきくらさる。香隆寺《かうりうじ》に参るとて見いれしに、「わがあけくれ（朝夕）いでいりし門ぞかし。をとしの⑦十二月の二十日あまりにこそ、堀河院にうつろはせたまひしか。それにいでけんままにこそはありけめ（私もその時この門を出たままになってしまったことだ）。かぎりの日とも思はでぞいでけんかし。今は、何事にてかは、この世にてまたいらんずる」と思ひしを、わが身もおなじ身ながら、またたちかへりいるぞ、心うく（つらく）、かなしくもおぼゆる。

藤原長子『讃岐典侍日記』

問22　傍線部①「八月」を表す月の異名は何ですか。適当なものを選びなさい。

①　文月　②　皐月　③　葉月　④　水無月

問23　傍線部①「八月」とありますが、では「九月」の読み方として適当なものを選びなさい。

①　むつき　②　さつき　③　しもつき　④　ながつき

問24　傍線部②「いへ」の主語として適当なものを選びなさい。

①　院　②　堀河天皇　③　三位殿　④　筆者

問25　傍線部③「かばかりのことだに心にまかせぬこと」とありますが、「かばかり」の内容として適当なものを選びなさい。

んが既に亡くなっていたため、謝罪自体が叶わなくなって取り返しがつかなくなった。

② 自分が犯した万引きという行為が、ミツザワ書店を閉店させる要因の一つになってしまったような気がして、自分の行為の愚かさを改めて痛感し、それを償うことができなくなってお詫びのしようがない。

③ ミツザワ書店にはまだあのおばあさんが店番をしていて、直接謝罪をすることができるという勝手な思い込みをしていたことを恥じるとともに、それがもはやできなくなったことを知り、申し訳なくかつ情けない。

④ おばあさんが亡くなった今となっては、高校生の時に〝ぼく〟がミツザワ書店でした万引きについて〝孫〟の女性に謝罪しても自分の罪悪感が薄れることはないことは分かっているが、話さなくてはいられない。

問14 傍線部④「つたな」を漢字に直した場合の部首名を選びなさい。

① てへん　② にんべん　③ るまた　④ おおがい

問15 傍線部⑤「笑っていた」とありますが、ここから伺える〝女の人〟の心情として適当なものを選びなさい。

① 肝心のおばあさんが亡くなっているのに、昔万引きをした本の代金を今さら持ってこられても、自分でもどうしたら良いかわからないという戸惑い。

② 過去の万引きを後悔してその代金を払いに来る人が他にも少なからずいたため、〝ぼく〟の行為にも非難する気はないというおおらかさ。

③ 自分にとっては既に何度も経験している万引きした本の代金を持ってくるという行為を、真剣なまなざしでする〝ぼく〟に対する憐み。

④ 万引きをされて当然な店の環境だったのに、それを後になって後悔し、代金を持ってきてくれる〝ぼく〟を含む複数の客への感謝と喜び。

問16 空欄部 A に入る語として最も適当なものを選びなさい。

① お代は見てのお帰り　② 家書万金にあたる
③ 持ってけ泥棒　④ 罪を憎んで人を憎まず

問17 傍線部⑥「のっぺりした」が象徴するのはどのようなものですか。適当なものを選びなさい。

① 昔懐かしい温もりがある　② 嫌な記憶をよみがえらせる
③ 感情のない無機質な　④ 実用的で意義のある

問18 傍線部⑦「そっと撫《な》でさすりながら」という行為には、この女の人のどのような心情が表れていますか。最も適当なものを選びなさい。

① 祖母が道楽まじりに本を仕入れることをかつては理解できなかったが、今になって同感できるようにもなっている。

② 〝ぼく〟の訪問により久しぶりに書店内に足を踏み入れたことをきっかけに、祖母が残した本と向き合おうと思っている。

③ 祖母が亡くなってからはホコリまみれになっている本を目の前にして、祖母の供養の意味も込めて直接触れ合おうと思っている。

④ 今はもう誰も読まなくなった、祖母の残した店内の本に触れることで、祖母との懐かしい記憶をよみがえらせている。

問19 傍線部⑧「カイ」を漢字にした場合、正しいものを選びなさい。

① 解　② 開　③ 介　④ 快

問20 傍線部⑨「そう」とはどのようなことを指していますか。最も適当なものを選びなさい。

① 〝ぼく〟が犯した万引き行為に関する謝罪をしたこと。
② 〝ぼく〟がおばあさんとの記憶をよみがえらせるきっかけを作ってくれたこと。
③ 〝ぼく〟の謝罪を女性が受け入れてくれたこと。
④ 〝ぼく〟がおばあさんを忘れずに訪問したこと。

「私、子どものころおばあちゃんに訊《き》いたことがあるの。本のどこがそんなにおもしろいの、って。おばあちゃん、何を訊いてるんだって顔で私を見て、『だってあんた、開くだけでどこへでも連れてってくれるものなんか、本しかないだろう』って言うんです。この町で生まれて、東京へも外国へもいったことがない、そんな祖母にとって、本っていうのは、世界への扉だったのかもしれないですよね」

それを言うなら子どものころのぼくにとって、ミツザワ書店こそ世界への扉だったとぼくは思ったけれど、口には出さなかった。そのかわり、棚を見るふりをして通路を歩き、茶封筒から自分の単行本をすばやく抜き取り、塔になった本の一番上にそっと置いた。

「おばあちゃんは本屋じゃなくって図書館で働くべきだったわね」

「でも、それじゃ、すぐクビになっちゃいますよ。仕事を放り出して本を読み耽《ふけ》っちゃうんだから」思わず言うと、女の人はまた楽しそうに笑った。

本で満たされた店内をぼくはもう一度眺めまわす。埃をかぶった本は、すべて呼吸をしているように思えた。ひっそりと、時間を吸いこみ、吐き出し、だれかに読まれるのをじっと待っているかのように。そのなかに混じったぼくの本は、いかにも新参者という風情《ふぜい》で、居心地悪そうだった。しかし幸福そうでもあった。作家という不釣り合いな仕事をはじめたばかりのぼくのように。

礼を言って玄関を出た。門まで見送りにきた女の人は、恥ずかしそうにうつむいて

「いつかあそこを⑧カイ放したいと思っているんです」とちいさな声で言った。「図書館なんておこがましいけれど、この町の人が読みたい本を好き勝手に持っていって、気が向いたら返してくれるような、そういう場所を作れたらいいなって思っているんですよ」

「そうなってほしいと、じつはさっき思っていたんです。楽しみにしています」ぼくは言った。

「今日はどうもありがとうございました」女の人は頭を下げる。

「いえ、こちらこそありがとうございました」

「⑨そうじゃなくて、本、お買いあげいただいて」

女の人はおかしそうに笑った。ついさっき僕が出した本の代金のことを言っているのだと、わかるのに数秒かかった。すみませんと頭を下げて、ぼくも笑った。

シャッターの閉まったミツザワ書店の前を過ぎる。高く晴れた空の下、ひっそりとした商店街を歩く。数十メートル歩いてふりむくと、記憶のなかのミツザワ書店が鮮やかに思い浮かんだ。店の前に並べられた週刊誌や漫画、埃で曇った窓ガラス。それはそのまま、未来の光景でもあるんだろう。世界に通じるちいさな扉は、近々きっと開くのだろうから。

不釣り合いでも、煮詰まっても、自分の言葉に絶望しても、それでもぼくは小説を書こう、ミツザワ書店の棚の一部を占めるくらいの小説を書こうと、書き初めに向かう子どものような気分で思う。

顔を上げると、［　B　］。

角田光代『さがしもの』

問11 傍線部①「怪訝」の読み方の説明として、適当なものを選びなさい。

① 読み仮名は三字で、濁音はない。
② 読み仮名は三字で、濁音を含む。
③ 読み仮名は四字で、濁音はない。
④ 読み仮名は四字で、濁音を含む。

問12 傍線部②「他界(する)」と同じ意味を持つ、次の言い方の空欄に入る語として適当なものを選びなさい。

（　）に入る

① 鬼門　② 鬼界　③ 鬼代　④ 鬼籍

問13 傍線部③「とてつもない失敗をしでかしたような気になった」の〝ぼく〟の心情として最も適当なものを選びなさい。

① 過去の自分がした万引きという犯罪を後悔し、その謝罪のためにミツザワ書店を訪れたのに、当時店番をしていたおばあさ

う者がだれもいなくて。もともと儲《もう》かるような店じゃなかったし、祖母の道楽みたいなものでしたしね。今は駅の向こうに大型書店もできて、うちが店じまいしてもみなさん困ることもないでしょう」

何か、③とてつもない失敗をしでかしたような気になった。自分は凶悪事件の加害者で、警察にいかず被害者の家に自首しにきたような。柱時計の秒針が、やけに大きく耳に響いた。

「じつはお詫《わ》びしなきゃならないことがあって今日はここまできたんです」

ぼくはうつむいたまま一気にしゃべった。十六歳の夏の日。秋のはじめの決行。はじめて本読みで夜を明かしたこと。④つたない感想。三年前書きはじめた原稿。幾度も書き直した言葉。とんでもないことになったと思った授賞式。夜襲いかかってくる不安。単行本と、それを手にして思い出したおばあさんのこと。

「本当にすみませんでした」

ぼくは財布から本の代金を取り出してソファテーブルに置き、深く頭を下げた。呆《あき》れられるか、ののしられるか、帰れと言われるか、じっと待っていると、子どものような笑い声が聞こえてきた。驚いて顔を上げると、女の人は腰をおりまげて⑤笑っていた。ひとしきり笑ったあとで、話し出した。

「じつはね、あなただけじゃないの。この町に住んでいた子どもの何人かは、うちから本を持ってってると思うわよ。祖母の具合が悪くなって、それで私たち、同居するために引っ越してきたんだけれど、はじめてあの店を見て、私だって驚いちゃった。[A]って言っているような本屋じゃない。しかも祖母はずうっと本を読んでるし。私も幾度か店番をしたことがあって、何人か、つかまえたのよ、本泥棒」女の人はまた笑い出した。「それだけじゃないの。返しにくる人も見つけたことあるの。持っていったものの、読み終えて気がとがめて、返しにきたんでしょうね。まったく、図書館じゃあるまいし。こうしてお金を持って訪ねてきてくれた人も、あなただけじゃないの。祖母が生きているあいだも、何人かいたわ。じつは数年前、これこれこういう本を盗んでしまった、って。もちろん、そんな人ばかりじゃないだろうけどね、そんな人がいたのもたしかよ。あなたみたいにね」それから女の人はふとぼくを見て、

「作家になった人というのははじめてだけれど」

「本当にすみません」もう一度頭を下げると、

「見ますか、ミツザワ書店」

玄関から続く廊下の突き当たりが、店と続いているらしかった。女の人は塗装の剥《は》げた木製のドアを開け、明かりをつける。

本の持つ独特のにおい、紙とインクの埃っぽいような、甘い菓子のようなにおいがぼくを包みこみ、目の前に、あのなつかしいミツザワ書店がそのまま立ちあらわれる。

「店は閉めているけれど、そのままにしているんです。片づけるのも処分するのも面倒だというのが本音ですけど。ほとんど倉庫ですね」

女の人とともに、店内に足を踏み入れた。床から積み上げられた本、平台に無造作に積まれた本、レジ台で壁を作る本、棚にぎゅうぎゅうに押しこまれた本——。記憶と異なるのは光だけだった。ガラス戸から黄色っぽい光がさしこんでいた薄暗いミツザワ書店は、今、蛍光灯の⑥のっぺりした明かりに照らし出されている。

「祖母は本当に本を読むのが好きな人でね。お正月なんかに集まっても、ひとりで本を読んでましたよ、子どもみたいに。読む本のジャンルもばらばら。ミステリーのこともあれば、時代小説のこともあったし。あるときのぞきこんだら、UFOは本当に存在するか、なんて本を読んでいたこともあった。祖母が祖父と結婚した理由っていうのも、祖父が本屋の跡取り息子だったからなんですって。祖父が亡《な》くなってからは、自分の読みたい本ばかり注文して、片っ端から読んで。売り物なのにね」

女の人は積み上げられた本の表紙を、⑦そっと撫《な》でさすりながら言葉をつなぐ。

問10　本文の構成として最も適当なものを選びなさい。

① 筆者は労働管理の歴史を様々な研究者の先行研究を紹介することによって、通史的に客観的な視点から眺めようとしている。

② 筆者は労働の歴史を、労働者の権利を重視するまでに至った過程を各国の先行研究から引用し、労働者の権利闘争を重点的に説明している。

③ 筆者は十九世紀から二十世紀にかけての労働環境の変化について先行研究や調査を提示し、その契機を辿ろうとしている。

④ 筆者は労働管理の歴史を時系列にさかのぼりながら、労働者が相対的に地位をあげていった過程を提示している。

二

次の文を読んで、後の問いに答えなさい。

> 二十七歳の〝ぼく〟は、文芸雑誌の新人賞を受賞し作家としてデビューする。〝ぼく〟の地元にはミツザワ書店という、常に本を読みふけっているおばあさんが一人で店番をする小さな書店があった。そして〝ぼく〟には高校生の時に、おばあさんに見つからなかったものの、その書店で一万円の本を万引きした過去があった。正月に帰省した〝ぼく〟は本の代金と自分の本を手に、十一年ぶりにミツザワ書店を訪れる。しかし店はシャッターが閉まっていたため、裏側にある住居のインターホンを鳴らす。以下はそれに続く文である。

ドアがゆっくりと開き、ぼくはあわてて視線を戻す。てっきりあのおばあさんがあらわれると思っていたのだが、ドアから顔をのぞかせているのはずいぶん若い女の人だった。①怪訝そうな目で僕を見ている。

「あ、あの、以前こちらでよく買いものをしていた者なんですが」ぼくは急いで自己紹介をした。「ひさしぶりに帰ってきたので寄ってみたんですが、閉まっていたので」

それを聞くと女の人は、口元にゆったりとした笑みを浮かべ、ドアから出てきて門を開いた。どうぞ、と手招きする。

「いえ、あの、すみません、新年にご迷惑かと思ったんですけど、明日帰ってしまうもので」

「どうぞ、おあがりになって」

女の人はぼくに笑いかけた。背を丸めて本を読んでいたおばあさんが笑ったところは見たことがないけれど、笑いかけられ、この人がおばあさんの娘か孫だということがすぐにわかった。どこかなつかしいその笑顔に誘われるように、ぼくは玄関へ続く庭へと足を踏み出していた。

こぢんまりとした居間に通され、ぼくはソファに腰掛けた。ミツザワ書店とは違い、こざっぱりした部屋だった。陽のさしこむ窓に目をやると、埃《ほこり》がゆっくり舞うのがやけにはっきり見えた。女の人は盆に紅茶をのせて、ぼくは向かいに腰掛ける。

「突然すみません」

もごもごとぼくは言った。女の人はぼくの前に紅茶を置く。香ばしいにおいがたちのぼる。

「あの、えーと、おばあさんはお元気ですか」

女の人は口元に笑みを浮かべたままぼくを見て、

「②他界しました。去年の春です」静かな口調で言った。頬をはられたような気持ちでぼくは女の人を見た。そういえば、玄関になんの飾りもなかったことを今さらながら思い出す。

「家の者は友人の家にいっていて、ちょうど今日は留守で、私もひまだったんですよ」

「えーと、あなたは、おばあさんの」

「孫です。三年前にここに引っ越してきて、この家で両親と暮らしています」

「それであの、ミツザワ書店は」

「祖母が伏せってから、ずっと閉めています。あとを継ぎたいといって職場を移ることがあるということ。

④ 労働者は雇用者が気に入らなければその職場から別のより条件の良い職場へと移る選択肢を持っていたということ。

問3 傍線部③「マックス・ヴェーバー」の考えとして最も適当なものを選びなさい。

① マックス・ヴェーバーは東西ドイツ労働管理を調査することによってそれが資本主義国の手本になると考えていた。

② マックス・ヴェーバーはドイツにおける労働管理の調査を行った結果、貴族たちの労働者に対する行為は整合性があったと考えた。

③ マックス・ヴェーバーは、ドイツは統一されたが、西側と東側の産業格差を是正するため、その違いについて調査に乗り出した。

④ マックス・ヴェーバーはドイツにおける既存の労働管理の仕組みが崩れた要因は外国人労働者の雇用によるものだと考えた。

問4 空欄部 1 ～ 4 の接続詞のうち一つだけ用法の異なるものがあります。その番号とその用法の組み合わせとして最も適当なものを選びなさい。

① 1 逆接　② 2 対比
③ 3 言い換え　④ 4 順接

問5 傍線部④「保護貿易」について説明したものとして最も適当なものを選びなさい。

① 国家や王族と直接つながりのある貿易会社がその一社のみで他国との貿易を独占的に支配することを政権も認めているということ。

② 国家が貿易取引に対して、関税や非関税障壁によって制限を加えることで、国内の産業の保護、育成などを実行しようとすること。

③ それぞれの産業が国家や王政・帝政による介入によらず、また、限られた一社もしくは数社による貿易の独占から貿易を保護すること。

④ それぞれの産業を支配する独占的な権益のある会社が国や王制によって保護され、新たな会社はその分野に参入することさえできないということ。

問6 傍線部⑤「ヘンドリク・ドマン」の研究によってその後の労働についての考え方はどのように変わりましたか。最も適当なものを選びなさい。

① 自らの仕事に誇りを見出していた労働者が雇用者によって働く意義を与えられるようになった。

② 雇用者によって仕事を与えられるだけだった労働者だったが、自らの仕事に働き甲斐を見つけられるようになった。

③ 雇用者によって奴隷のように扱われていた労働者が人としての尊厳を認められ、ようやく己の権利を主張できるようになった。

④ 貴族や大地主によって支配されていた労働者が自ら仕事を見つけ、ある程度自由に働く場所を変えられるようになった。

問7 傍線部⑥「エキ」と同じ漢字を用いるものとして適当なものを選びなさい。

① エキシャを建て替える。
② エキビョウにかかる。
③ 動物をシエキする。
④ ムエキな殺生はやめなさい。

問8 傍線部⑦「意識が変化する」ことをカタカナ語で何と言いますか。最も適当なものを選びなさい。

① パラリーガル　② パラレリズム
③ パラダイムシフト　④ パラドックス

問9 傍線部⑧「労働者の生来の強い欲求」として、適当でないものを選びなさい。

① 労働環境への期待　② 精神的な苦痛の除去
③ 他者からの承認　④ 生産効率の向上

の承認を得られるかどうかだった。

一九世紀には、労働は、服従や自制を求められるク⑥エキに近いものと考えられていた。[3]、二〇世紀に入ると、働くことは「喜ばしいもの」であり、労働は自分の利益の拡大につながると思われるようになった。ヴェーバーやドマンが調査を行ったのはちょうど、労働に関する⑦意識が変化する時期だったともいえるだろう。

こうした発見は、事実として「そうである」ということから、方法によって「そうさせる」ことへ変換をもたらした。労働者が、自分たちで労働の中に「喜び」を見出していた時代から、経営者が環境を操作し、労働者を「喜ばせる」時代になったと言い換えてもいい。ドマンが調査を行った二〇世紀初頭、労働者は工場の中で「生きた機械」と見なされていた。工場内の照明や機器配置の改善が労働者を疲れにくくし、人間という生理的な機械の消耗を少なくすれば生産性が向上するという考えだ。

だが、このころ（一九二〇年代）、イギリスでは、労働者が仲間意識を持つことが生産性を向上させることが明らかになり、すでに、どうしたら、感情的なつながりが生みだせるかということが考えられるようになっていた。

イギリスの国立産業心理研究所（the National Institute of Industrial Psychology）を創設した心理学者のチャールズ・マイヤーズは一九二七年に、次のように述べている。

> 給与支給の方法、労働者の運動、労働時間の長さについて調査するだけでなく、労働者の精神構造を改良しようと試みること、労働者の家庭の状況を研究すること、[4]、⑧労働者の生来の強い欲求を満たすことも、それらが現代の産業の条件下で満足できるのである限り、産業心理学者の役割となる。

マイヤーズは、物理的な環境を整えるだけでは十分でないと知っていた。彼は、これを「ヒューマン・ファクター」（「人間らしい要素」）と名づけた。それまで労働者は経営者と同じ人間だと理解されていなかったのに対し、彼は、労働者は、動物でも機械でもなく、彼らに特有の、恐れ、心配、不安といった「心」を持った人間＝「個人」だと考えた。生産性をあげたければ、労働者が仕事をしやすいように精神的な障害や困難を取り除く必要がある。マイヤーズたちはこれを「精神衛生」と呼んだ。

「精神衛生」を保つためには、労働者の精神生活に関する正しい知識を持って、正しい習慣をうながし、精神的な不安を取り除かなければならない。彼らが職場や仕事に適応しているか、何時間働いたらどれだけ休息をとるべきか、一人ひとりに向いた仕事は何か、工場自体を組織するため、生産効率の向上を心理学や生理学に基づいて科学的に考えるようになった。

堀内進之介『感情で釣られる人々』

問1 傍線部①「労働」は十九世紀の労働者にとってどのようなものでしたか。最も適当なものを選びなさい。

① 喜びが得られるようなものであるどころか、むしろ自尊心を傷つけられ、忍耐を必要とするような過酷な環境であった。

② 労働環境への期待ができるはずもなく、唯一の救いは職場に自分を承認してくれる仲間がいるということだけだった。

③ 「生きた機械」として扱われ、労働時間をはじめ、人間らしい扱いはしてもらえないような劣悪な労働環境であった。

④ 労働者を人間として承認することと引き換えに金銭や労働環境、労働時間への期待はできないような環境であった。

問2 傍線部②「理性以外のものによって動かされる」とは具体的にどういうことですか。最も適当なものを選びなさい。

① 労働者は労働環境がより良い職場へと自己の利益を最大化するために、流動的に動いていくということ。

② 労働者は労働時間が短い職場よりも人間関係が良い職場をより魅力的に感じるということ。

③ 労働者は時に不利益を被ってでも己の信念の従うところによ

二〇二三年度　浦和麗明高等学校（推薦 併願 二回目）

【国　語】（四五分）〈満点：一〇〇点〉

一　次の文を読んで、後の問いに答えなさい。

①労働管理の歴史では、労働者は、むしろ、②理性以外のものに動かされると思われてきた。ドイツの社会学者③マックス・ヴェーバーに「東エルベ・ドイツにおける農業労働者の状態」（一八九二）という有名な調査がある。

十九世紀末、それまで領邦国家の集まりだったドイツはようやく統一された。この国の経済基盤は東部の農業地帯（エルベ川東岸域）にあった。[1]、そこで生産された穀物はアメリカやロシアとの価格競争で価値を下げ、農村部は打撃を受ける。一方、ドイツ西部の工業地帯は産業革命によって安価な労働力を必要としたので、多くの労働者が東部から西部へと移り、農業地帯は深刻な労働者不足に陥った。

ドイツ東部で農業経営をしていたユンカーと呼ばれる在地貴族は農民を農奴として使い利益を上げていたが、この時代には農地改革のために農奴制が廃止され、農民には賃金を支払っていた。彼らは、穀物の価格を維持するために④保護貿易を主張し、西部の産業資本と対立した。

ヴェーバーによれば、東部から西部へと移住する農民の多くはインストロイテという富裕な者たちだった。彼らは、ユンカーの農地で耕作をするだけでなく、自分たちも農地を持ち、収穫はユンカーと分け合っていた。インストロイテはユンカーに従うだけでなく利害を共有していたのだ。だが、経営合理化のために、ユンカーたちはロシアやポーランドからの移民を雇って人件費を節約しようとしたのである。外国人労働者の受け入れはインストロイテのプライドを傷つけ、両者の信頼関係は失われた。

インストロイテは、西部に移住するより、ドイツ東部にいる方が確実な利益を得ることができた。工場労働は不安定で東部に残るより経済的にも低くなる可能性があったからだ。それでも、彼らは「いかなる犠牲を払ってでもユンカーによる支配から自由になりたい」と考えた。ヴェーバー自身は、ユンカーたちが資本主義に適応するためとはいえ安い外国人労働者を受け入れ、ドイツという国が持っていた仕組みを壊したことに否定的だった。

こうした事例からも分かるように、人間は労働する場合でも必ずしも理性的なモデルに従って動くわけではない。利益の大小について合理的な選択をするだけでなく、他人からどう思われているかという感情的な承認によっても動いてきた。これは、労働者だけでなく、消費者についても同じことがいえる。

ヴェーバーは社会的な事実を研究しただけに過ぎない。[2]、労働者が理性だけでなく人として承認されることによって動くことを利用して管理しようという考え方は、かなり早い段階から生まれていた。しかし、そのような考えが現実のものとなるには、もう少し時間がかかることになる。

二〇世紀前半には、労働者の意識を理解して、生産効率の向上に結び付けようという考え方が生まれる。ドイツの社会学者⑤ヘンドリク・ドマンは『労働の喜び』（一九三〇）で、一九二〇年代のドイツの労働経験調査を分析した。この本は、労働心理学や産業心理学の先がけになったと考えられている。ドマン自身、自分の研究を労働心理学だと考えていた。彼は、労働者が主観的にどう判断しているか、上司や同僚との関係などに注目した。労働の喜びは労働そのものにあり、「労働の喜びへの欲求は、最初から、正常な人間の自然な状態である」と、彼は考えた。この場合の「喜び」は金銭よりも労働環境への期待だ。ドマンが行った聞き取りでも「労働は退屈だし上司の締めつけは厳しいが、仲間との付き合いがあるときは苦痛が軽減する」という意見が多い。彼の調査では労働者の働く喜びの多くの部分は、社会的義務感や共同体に貢献するなど、他人から

2023年度／浦和麗明高等学校（推薦　併願２回目）

英語解答

1	問1　④	問2　③	問3　②	5	問22　②	問23　④	問24　②
2	問4　①	問5　③	問6　①		問25　①	問26　③	
3	問7　②	問8　③	問9　④	6	問27　②	問28　④	問29　①
	問10　②	問11　②	問12　②		問30　②	問31　②	問32　②
	問13　②	問14　④	問15　③	7	問33　①		
	問16　①				問34　イ…①　ウ…④	エ…②　オ…③	
4	問17　①	問18　②	問19　①		問35　②	問36　③	問37　①
	問20　③	問21　①					

1〔単語の発音〕

問1．weapon[e]　①　feature[iː]　②　weak[iː]　③　create[iei]　④　breakfast[e]

問2．service[is]　①　rice[ɑis]　②　twice[ɑis]　③　practice[is]　④　price[ɑis]

問3．summer[ʌ]　①　rule[uː]　②　button[ʌ]　③　pull[u]　④　January[ju]

2〔単語のアクセント〕

問4．①　hús-band　②　ca-réer　③　de-cíde　④　pre-páre

問5．①　a-bóve　②　po-líce　③　sé-cret　④　dis-cúss

問6．①　mán-ag-er　②　how-év-er　③　va-cá-tion　④　con-tín-ue

3〔適語（句）選択・語形変化〕

問7．be worth ～ing で「～する価値がある」という意味。　「広島の多くの島は訪れる価値がある」

問8．天体現象などの‘不変の真理’は現在形で表す。　turn (a)round ～「～の周りを回る」　「その本によると，地球は太陽の周りを回っている」

問9．This temple was built by ～.「この寺は～によって建てられた」という受け身の文を，‘～’を尋ねる疑問文にした形。　「この寺は誰によって建てられましたか」

問10．This is the book., I want you to read it. という２文を関係代名詞節を用いて１文にした形。the book と I の間には目的格の関係代名詞が省略されている。　‘want＋人＋to ～’「〈人〉に～してほしい」　「これは，私があなたに読んでほしい本です」

問11．can't〔cannot〕be ～ で「～であるはずがない」という意味。　*cf.* must be ～「～であるに違いない」　「あなたの話は本当であるはずがない。誰もあなたの話を信じないだろう」

問12．会議が終わる時間を尋ねていると考え，how soon「どれだけすぐに」とする。How soon will the meeting be over? ときかれたら，In ten minutes.「10分後」などと答える。なお，how long は‘時間’や‘期間’がどのくらい継続するかを尋ねる表現。　「会議があとどれくらいで終わるかわかりますか」

問13．‘something（＋形容詞）＋to不定詞’で「～する（…な）もの」という意味（to不定詞の形容詞的用法）。　「何か熱い飲み物を私たちにください」

問14．前に出た名詞の代用となり，不特定のものを指すのは one。ここでは前文の a large cat に対し，a small cat＝a small one となる。前に出た名詞そのものを指す it との区別に注意。　「母は大きな猫を飼いたい。彼女は小さな猫は欲しくない」

問15. be covered with ～「～で覆われている」　「その山の頂上は雪に覆われていた」

問16. 「孫たちに囲まれて座っていた」という意味になればよい。「～される」の意味を表すのは過去分詞。　「その写真の中で，私の祖母は孫たちに囲まれて座っていた」

4〔誤文訂正〕

問17. 文の前半は‘過去の事実’を表しているので，過去進行形の was leaving ではなく，過去形の left が正しい。　「箸を家に置いてきたので，今，僕は昼ご飯を食べるのに使えるものが何もない」

問18. ‘It is ～ for … to ―’「…が〔…にとって〕―することは～だ」の形式主語構文なので，on ではなく for が正しい。　「私たちが来週までにこれらの仕事を終わらせるのは，ほとんど不可能だ」

問19. 主語の Masato は 3 人称単数で，現在時制の文なので，swim ではなく，swims が正しい。‘比較級＋than any other＋単数名詞’「他のどの～より…」　「マサトはクラスのどの生徒よりも速く泳ぐ」

問20. 動詞 excite は「〈人〉を興奮させる」という意味。ここから「〈人〉が興奮している」という場合は「興奮させられる」と考え，過去分詞 excited で表す。　「私は東京ドームの野球の試合に興奮している多くの野球ファンを見た」

問21. Do you で始まる疑問文には Yes, I do./No, I don't. で答えるが，ここではその返答は不適切。このような Yes/No で答えられない疑問文は疑問詞から始め，‘疑問詞＋do you think＋(主語＋)動詞’という語順になる。Do you think what ではなく What do you think が正しい。「彼女の還暦祝いのプレゼントに最適なのは何だと思いますか」

5〔長文読解総合―会話文〕

≪全訳≫❶アダチさんが銀行を探している。❷アダチアキオ（A）：すみません，手伝っていただけますか？❸デイビッド（D）：できることでしたら。ア何が必要ですか？❹A：私は町の外から来て，この辺の道を探しています。銀行がどこにあるか教えてくれますか？❺D：ええと，一番近いのはウッドペッカー・デパートの中です。❻A：イそこへの行き方を教えていただけますか？❼D：もちろんです。ええと…この通りを進んで，左に曲がって直進します。デパートは右側にありますよ。❽A：すみません，ちょっとわかりにくくて。ウ地図上で道を教えてくれませんか？❾アダチさんが地図を取り出す。❿A：ここです！⓫D：どれどれ。⓬デイビッドが地図上のある場所を指さす。⓭D：今，ここにいます。デパートはちょうどここなので，ここを左折して直進します。⓮A：わかりました。どうもありがとうございます！⓯D：どういたしまして！⓰数時間後，アダチさんは外を歩いている。道に迷っているようだ。彼は警察官に助けを求める。⓱A：すみません，お巡りさん，手伝っていただけませんか？⓲警察官（P）：エ何にお困りのようですか？⓳A：道に迷ったかもしれません。グランドダッフルホテルを探しています。⓴P：はい，わかりました。心配無用です。近くにありますよ！　この通りを進んで，最初を右に曲がると，オホテルは旅行代理店の隣にあります。㉑A：ああ，すばらしい！　ありがとうございます！㉒P：がんばってください！

問22＜適文選択＞手伝ってほしいと言われているので，何を手伝えばいいかを尋ねる文が入る。

問23＜適文選択＞直後でデイビッドが具体的な道順を説明していることから判断できる。　how to

～「～の仕方」

問24＜整序結合＞Can you ～?「～してくれませんか」という‘依頼’を表す文をつくる。youの後は‘show＋人＋物事’「〈人〉に〈物事〉を見せる」の形でまとめる。　Can you show me the way on the map, please?

問25＜適文選択＞手伝ってほしいと言われたときの警察官の発言として適切なものを選ぶ。

問26＜適文選択＞アダチさんにホテルへの道順を説明している部分なので，ホテルの場所を示すものを選ぶ。　next to ～「～の隣」

6〔長文読解総合―説明文〕

≪全訳≫❶人々は人生の約3分の1を眠った状態で過ごしている。私たちは睡眠がないよりも，食べ物がない方が長く生きられる。睡眠はとても重要なので，ベッドは重要である。科学者によれば，最初のベッドはおそらく葉っぱだった。もちろん今は，ベッドはそれよりもずっと良く，私たちにはたくさんの選択肢がある。今日の平均的なベッドは約15年もち，ほとんどの人が人生で約5回ベッドを変えている。世界中にあらゆるベッドがあるにもかかわらず，人々はいまだに新しいベッドをつくり出している。そして，いまだに完璧なベッドを探している人もいる。❷人類の歴史のほとんどの間，人々は布やヤシの葉や毛皮を積み重ねた上で寝ていた。こうした素材を床に敷いていたのだ。3000年以上前の古代エジプトで，ファラオが初めてベッドを床の高さから引き上げた。彼らは木製の軽いベッドの上で寝ていた。ベッドを折りたたんで，持ち運ぶこともできた。考古学者たちはツタンカーメンの墓でこのようなベッドを発見した。当時の人々は，柔らかい枕が必要だとは思っていなかった。エジプト人は頭を木製のヘッドレストの上に乗せていたし，中国人には陶器のヘッドレストがあった。❸2000年前には，金持ちだけがベッドを持っていた。貧しい人々はいまだに床で寝ていた。ベッドは富の象徴となった。あるローマ皇帝は銀のベッドを持っていた。ベッドは，人の最も高価な所有物でもあった。❹シェイクスピアは死ぬとき，自分の2番目に良いベッドを妻に与えた。ベッドはとても特別だったので，イギリスでは金持ちは他人の家に行くときに，ベッドを一緒に持っていった。ホテルに一晩泊まるときは，ベッドを見知らぬ人と共有しなければならなかった。金持ちがホテルに来ると，支配人は貧しい旅行者をベッドから追い出して，スペースをつくった。このような共有は，ベッドはあまり清潔ではないことを意味し，虫がベッドの中に住んでいた。一部の人々，特に金持ちの女性は，旅行中は椅子の上で眠った。❺1750年以降，ベッドは美しい家具になった。木製で彫刻が施されていた。当時の美しいベッドは，現在のお金だと100万ドルすることもあった。ベッドには4本の柱が，それぞれの角に1本ずつあった。人々はその柱を使って，ベッドの周りにカーテンをつるした。カーテンはベッドを暖かく保つのに役立った。また，部屋を通って別の部屋に行くので，カーテンはプライバシーにも役立った。❻1820年以降，人々は綿のマットレスの上で眠った。普通，マットレスの中身は，貧しい人々はわら，金持ちは羽毛だった。④さらに，ベッドの高さもどんどん増していった。ビクトリア女王は7つのマットレスを積み重ねたベッドの上で眠っていた。ベッドの横には，一番上まで行くための階段があった。❼そして，金属製のベッドが人気になった。最も良いベッドは，真ちゅうと呼ばれる黄色い金属でできていた。金属製のベッドは，木製のベッドよりも健康に良かった，というのも内部に虫が少なかったからだ。そういうわけで，病院のベッドは今日，金属製なのだ。

問27＜適語選択＞空所を含む文は「私たちは(　)がないよりも(　)がない方が長く生きられる」という意味。前後の文では睡眠の重要性について述べられているので，この文も睡眠がないと長く生きることはできない，という内容になると判断できる。

問28＜適所選択＞脱落文は「ベッドはまた，どんどん高くなった」という意味。ベッドの高さに関連する記述は，空所④の直後の2文にある。

問29＜指示語＞it は前に出た名詞そのもの(特定のもの)を指す。この文では fold と carry の目的語が共通して the bed になっている。

問30＜単語の意味＞pillow(s)は「枕」という意味。この意味を知らなくても，直後に headrest「ヘッドレスト」についての説明が続くことから推測できる。よって，この意味を表すのは②「羽毛や鳥の綿毛やその他の柔らかい素材で満たされ，睡眠や休息時に頭の衝撃を和らげるために使われる布製の袋やケース」。

問31＜文脈把握＞直前の文から，共有ベッドには虫がいてあまり清潔ではなかったことがわかる。よって，旅行時に椅子で眠った理由として適切なのは②「ベッドがとても汚かったから」。

問32＜内容真偽＞①「18世紀半ば以降，美しいベッドは現在のお金で100万ドルすることもあった」…○　第5段落第1文および第3文の内容に一致する。　②「今日，ほとんどの人はベッドを永久に使い続けられるので，もはや新しいベッドを必要としていない」…×　第1段落後半参照。今日の平均的なベッドの寿命は約15年である。　no longer ～「もはや～ない」　forever「永久に」　③「ビクトリア女王は眠りたいとき，ベッドの横の階段を上らなければならなかった」…○　第6段落最後の2文の内容に一致する。　④「ローマ帝国のある皇帝は，銀のベッドで眠っていた」…○　第3段落第4文の内容に一致する。

7〔長文読解総合—ノンフィクション〕

≪全訳≫❶1860年代，ジョン・ローブリングという名の独創的な技師が，イースト川にかかる，ニューヨークとブルックリンをつなぐ巨大な橋を建設するという驚くべき考えを思いついた。そういったことはそれまでに一度も試みられたことはなく，橋をつくる専門家の多くは，それは不可能な作業だと主張した。彼らはローブリングにその考えを忘れるように言った。その工事はあまりにも難しく，川はあまりにも幅広かった。❷ローブリングは耳を貸さなかった。彼はいつもその橋について考えていた。彼はどのように橋が建設されるべきかが頭の中でわかっていて，試してみたかった。しかし，まずは助けが必要だった。ローブリングはこの事業について息子のワシントンと話し始めた。ワシントンも将来有望な技師であり，何度か話し合いをした後，父に加わることに決めた。❸父と息子は協力して，そのような長い橋を非常に重い重量に耐えられるほど頑丈にするような新しい方法をいくつか開発した。自分たちの前にある難題に大興奮しながら，ローブリング親子は作業員の一団を雇った。そして，土地の計測と，橋が建つ正確な場所の選定を始めた。❹残念なことに，事業の初期にジョン・ローブリングは事故でけがをした。最初，彼のけがは大したことのないように見えたが，まもなく，けがは感染症を引き起こし，どんどん悪化した。この感染症はジョン・ローブリングの命を奪ったが，彼は死ぬ前に，ワシントンにブルックリン橋の事業を任せた。❺悲しいことに，ワシントンの運はあまり良くなかった。父の死のわずか3年後，イワシントンもまた病気になり，その結果，寝たきりになってしまった。家を出られなかったので，ワシントンは窓で望遠鏡越しに橋が建設されているのを見ることしかできなかった。さらに，事業は完成とはほど遠かった。❻ワシントンの妻，エミリー・ローブリングは，彼を看護すると同時に助手にもなった。エミリーは，夫が橋の事業の主任技師としてとどまる権利のために闘った。彼女は，ワシントンはまだ橋が必要とする土木作業が可能であると，みんなを説得するのを手伝った。

ワシントンに手伝ってもらい，ウエミリーは工学と数学の勉強をして，ついには彼女も専門家になった。彼女は橋を行ったり来たりして，ワシントンの指示を作業員に伝え，橋の進み具合に関する情報を持ってワシントンのところに戻った。❼次の11年間，エワシントンとエミリーはブルックリン橋を完成させるためにともに働いた。エミリーは作業員や政治家や技師に話しかけ，多くの人たちの尊敬を得た。橋が1883年についに開通したとき，オワシントンは開通式に行けなかった。しかし彼は，自分の妻が橋を渡る最初の人になったとき，誇らしげに見ていた。❽今日，美しいブルックリン橋は，我慢と忍耐の象徴として存在している。この橋はジョン・ローブリングの単なる夢として始まった。結果的に，事故やつまずきにもかかわらず，この橋は，懸命な働き，家族の理解とやる気，困難な時期さえも家族を１つにした愛を通じて，ようやく建設されたのだ。❾もしかするとこれは，決して諦めないという姿勢の最も良い例の１つであり，この姿勢が一連のつらい出来事にもかかわらずローブリング夫妻を成功させたのかもしれない。彼らは協力して，当時の世界最長のつり橋を建設したのだ。❿私たちが日常生活で問題に直面するとき，そうした問題は，他の人たちが直面せざるをえない問題よりもはるかに小さなことが多い。ブルックリン橋は，最初は不可能と思われたが，可能性がどうであろうと懸命に働き，お互いに支え合った人々の粘り強さと決意によって完成した事業の一例である。

問33<語句解釈>take ～'s life で「～を殺す」という意味。直後に before he died ... とあることから判断できる。

問34<適文選択>イ．直前の文にあまり運がよくなかったとあり，空所の後には寝たきりになったという内容が続くことから判断できる。①の also は前段落の父親の感染症の話を受けたもの。

ウ．空所の後に until she ... と続くことから，エミリーについての記述が入る。　エ．空所前後の文で，エミリーが夫の手足となって懸命に働く様子が描写されていることから判断できる。

オ．However「しかし」で始まる直後の文とのつながりから考える。

問35<適語句選択>最初はただの夢だったが「結果的に」橋が建った，という流れ。なお，in conclusion は「結論として，要するに」という意味で，今までの内容をふまえて結論や意見を述べるときに用いられる。

問36<語句解釈>下線部を直訳すると「決して死ぬと言うなという姿勢」。これは直後で「一連のつらい出来事にもかかわらずローブリング夫妻を成功させた」姿勢と言い換えられている。この内容に最も近いのは③ perseverance「(困難に負けない)忍耐」。第８段落第１文で橋について a symbol of patience and perseverance「我慢と忍耐の象徴」と表現していることがヒントになる。never say die は「くじけるな，弱音を吐くな」という意味のことわざ。

問37<内容真偽>①「ブルックリン橋は，懸命な働きによって，ついに建てられた」…○　第８段落最終文の内容に一致する。　②「ジョン・ローブリングの巨大な橋を建設する夢は，失敗に終わった」…×　end up in ～「ついには～(の状態)になる」　failure「失敗」　③「夫の死後，エミリー・ローブリングは橋の事業の主任技師となった」…×　第７段落最終文参照。夫のワシントンは橋の完成を生きて見届けている。　④「ブルックリン橋は現在，家族向けの車を走らせるのに最も適した場所の１つである」…×　このような記述はない。第８段落最終文の drive of a family は「家族のやる気」という意味。

数学解答

1 (1) ア…3　イ…6　ウ…0
(2) エ…1　オ…3
(3) カ…－　キ…2　ク…1
(4) ケ…－　コ…1　サ…5　シ…－
ス…9　セ…5
(5) ソ…3　タ…4

2 (1) ア…3　イ…4　(2) 5
(3) エ…3　オ…0　カ…4　キ…5
(4) 6　(5) ケ…7　コ…2　サ…7

3 (1) ア…3　イ…2
(2) ウ…3　エ…3　オ…8　カ…3
キ…3
(3) ク…8　ケ…3　コ…6　サ…4
シ…3　ス…9　セ…5　ソ…6
タ…9

4 (1) ア…1　イ…0　ウ…0　(2) ②
(3) ⑤

5 (1) ア…8　イ…1　ウ…0
(2) エ…2　オ…2　カ…3　キ…1
(3) ク…2　ケ…2　コ…3　サ…1

1〔独立小問集合題〕

(1)＜数の計算＞与式$=\frac{1}{2}\times\left(\frac{1}{5}\right)^3\div\left(\frac{6}{5}\right)^2=\frac{1}{2}\times\frac{1}{5^3}\div\frac{6^2}{5^2}=\frac{1}{2}\times\frac{1}{5^3}\times\frac{5^2}{6^2}=\frac{1}{360}$

(2)＜一次方程式＞与式の両辺に左辺の分母の$1-\frac{a+1}{a-1}$をかけると，$1+\frac{1-a}{1+a}=2\left(1-\frac{a+1}{a-1}\right)$となる。左辺は，$1+\frac{1-a}{1+a}=\frac{1+a+1-a}{1+a}=\frac{2}{a+1}$，右辺は，$2\left(1-\frac{a+1}{a-1}\right)=\frac{2\{a-1-(a+1)\}}{a-1}=\frac{2(a-1-a-1)}{a-1}$$=\frac{2\times(-2)}{a-1}=-\frac{4}{a-1}$となるから，$\frac{2}{a+1}=-\frac{4}{a-1}$となり，これを解くと，$2(a-1)=-4(a+1)$，$2a-2=-4a-4$，$6a=-2$より，$a=-\frac{1}{3}$となる。

(3)＜連立方程式＞$\frac{1-x}{3}+y=2$……①，$\frac{1}{2}x+\frac{1+y}{3}=-\frac{1}{3}$……②とする。①×3より，$1-x+3y=6$，$-x+3y=5$……①′　②×6より，$3x+2(1+y)=-2$，$3x+2+2y=-2$，$3x+2y=-4$……②′　①′×3+②′より，$9y+2y=15+(-4)$，$11y=11$　$\therefore y=1$　これを①′に代入して，$-x+3\times1=5$，$-x=2$　$\therefore x=-2$

(4)＜二次方程式—解の利用＞二次方程式$x^2-4ax+9a=0$に解の$x=1$を代入すると，$1^2-4a\times1+9a=0$より，$5a=-1$，$a=-\frac{1}{5}$となる。よって，二次方程式は，$x^2-4\times\left(-\frac{1}{5}\right)\times x+9\times\left(-\frac{1}{5}\right)=0$より，$x^2+\frac{4}{5}x-\frac{9}{5}=0$となる。両辺を5倍して解くと，$5x^2+4x-9=0$，解の公式より，$x=\frac{-4\pm\sqrt{4^2-4\times5\times(-9)}}{2\times5}=\frac{-4\pm\sqrt{196}}{10}=\frac{-4\pm14}{10}$より，$x=\frac{-4+14}{10}=1$，$x=\frac{-4-14}{10}=-\frac{9}{5}$となるから，もう一方の解は$x=-\frac{9}{5}$である。

(5)＜確率—くじ＞4本のくじを引くとき，1回目は4通り，2回目は1回目に引いたくじ以外の3通り，3回目は1回目，2回目に引いたくじ以外の2通り，4回目は残りの1通りの引き方があるから，4本のくじを引く引き方は，全部で$4\times3\times2\times1=24$(通り)ある。このうち，3回以内に当たりくじを引かない場合，つまり4回目に当たりくじを引く引き方は，はずれくじの3本を1回目，2回目，3回目に引く場合で，1回目は3通り，2回目は1回目以外の2通り，3回目は残りの1通りより，$3\times2\times1=6$(通り)ある。よって，3回以内に当たりくじを引く場合は，$24-6=18$(通り)あるから，求める確率は$\frac{18}{24}=\frac{3}{4}$である。

2 〔独立小問集合題〕

(1)<式の計算—因数分解>与式 $=(x+y)^2+(x+y)-12$ とし，$x+y=A$ とおくと，与式 $=A^2+A-12=(A-3)(A+4)$ となるので，A をもとに戻すと，与式 $=(x+y-3)(x+y+4)$ となる。

(2)<数の計算>$x-\dfrac{1}{x}=\dfrac{x^2-1}{x}$ となる。ここで，$x^2-5x-1=0$ より，$x^2-1=5x$ だから，$\dfrac{x^2-1}{x}=\dfrac{5x}{x}=5$ である。

(3)<数の性質>1から90までの整数のうち，3でわりきれるものは，$90\div3=30$ より，30個ある。また，4でわりきれるものは，$90\div4=22$ あまり2より22個あり，3と4の最小公倍数の12でわりきれるものは，$90\div12=7$ あまり6より7個ある。よって，3と4のどちらかでわりきれるものは，$30+22-7=45$(個)ある。

(4)<数量の計算>水を完全に蒸発させると12gの食塩が残ったことから，熱する前の200gの食塩水には食塩が12g含まれていたことになる。よって，食塩水の濃度は，$12\div200\times100=6$(%)である。

(5)<確率—ゲーム>Aが優勝するのは，㋐Aが1試合目，2試合目に勝つ場合，㋑Aが1試合目に勝ち，2試合目に負け，3試合目に勝つ場合，㋒Aが1試合目に負け，2試合目，3試合目に勝つ場合がある。㋐の場合，Aの1試合での勝率が$\dfrac{1}{3}$より，1試合目に勝ったときの$\dfrac{1}{3}$の確率で2試合目に勝つから，Aが優勝する確率は$\dfrac{1}{3}\times\dfrac{1}{3}=\dfrac{1}{9}$である。㋑の場合，Aが負けるときはBが勝ち，その勝率が$\dfrac{2}{3}$より，1試合目にAが勝ったときの$\dfrac{2}{3}$の確率でBが勝ち，3試合目はその$\dfrac{1}{3}$の確率でAが勝つから，Aが優勝する確率は$\dfrac{1}{3}\times\dfrac{2}{3}\times\dfrac{1}{3}=\dfrac{2}{27}$である。㋒の場合，㋑と同様に考えると，Aが優勝する確率は$\dfrac{2}{3}\times\dfrac{1}{3}\times\dfrac{1}{3}=\dfrac{2}{27}$である。以上より，Aが優勝する確率は$\dfrac{1}{9}+\dfrac{2}{27}+\dfrac{2}{27}=\dfrac{7}{27}$である。

3 〔関数—関数 $\boldsymbol{y=ax^2}$ と一次関数のグラフ〕

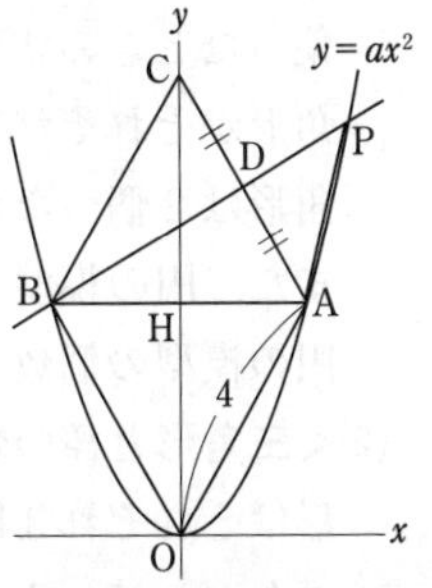

(1)<比例定数>右図で，△OAB，△ACBが正三角形より，四角形OACBはひし形なので，ABとOCの交点をHとすると，OC⊥AB，AH＝BHとなる。よって，AH$=\dfrac{1}{2}$AB$=\dfrac{1}{2}\times4=2$ より，点Aの x 座標は2である。また，∠OAH＝60°より，△OAHは3辺の比が $1:2:\sqrt{3}$ の直角三角形だから，OH$=\sqrt{3}$AH$=\sqrt{3}\times2=2\sqrt{3}$ より，点Aの y 座標は $2\sqrt{3}$ である。よって，A$(2,\ 2\sqrt{3})$となり，点Aは放物線 $y=ax^2$ 上にあるので，$2\sqrt{3}=a\times2^2$ より，$a=\dfrac{\sqrt{3}}{2}$ となる。

(2)<直線の式>AB∥〔x 軸〕より，点Bは点Aと y 軸について対称だから，B$(-2,\ 2\sqrt{3})$となる。また，OC＝2OH$=2\times2\sqrt{3}=4\sqrt{3}$ より，C$(0,\ 4\sqrt{3})$である。これより，線分ACの中点Dの x 座標は$\dfrac{2+0}{2}=1$，y 座標は$\dfrac{2\sqrt{3}+4\sqrt{3}}{2}=3\sqrt{3}$ だから，D$(1,\ 3\sqrt{3})$となる。よって，直線BDの傾きは$\dfrac{3\sqrt{3}-2\sqrt{3}}{1-(-2)}=\dfrac{\sqrt{3}}{3}$なので，その式を $y=\dfrac{\sqrt{3}}{3}x+b$ とおくと，D$(1,\ 3\sqrt{3})$を通るから，$3\sqrt{3}=\dfrac{\sqrt{3}}{3}\times1+b$，$b=\dfrac{8\sqrt{3}}{3}$となり，直線BDの式は $y=\dfrac{\sqrt{3}}{3}x+\dfrac{8\sqrt{3}}{3}$ である。

(3)<$\boldsymbol{x}$ 座標，面積，体積>点Pは放物線 $y=\dfrac{\sqrt{3}}{2}x^2$ と直線 $y=\dfrac{\sqrt{3}}{3}x+\dfrac{8\sqrt{3}}{3}$ の交点なので，2式から y を消去して，$\dfrac{\sqrt{3}}{2}x^2=\dfrac{\sqrt{3}}{3}x+\dfrac{8\sqrt{3}}{3}$，$3x^2=2x+16$，$3x^2-2x-16=0$，解の公式を利用して，$x=\dfrac{-(-2)\pm\sqrt{(-2)^2-4\times3\times(-16)}}{2\times3}=\dfrac{2\pm\sqrt{196}}{6}=\dfrac{2\pm14}{6}$ より，$x=\dfrac{2+14}{6}=\dfrac{8}{3}$，$x=\dfrac{2-14}{6}=-2$ とな

り，点Pのx座標は$\frac{8}{3}$である。次に，$x=\frac{8}{3}$を$y=\frac{\sqrt{3}}{2}x^2$に代入して，$y=\frac{\sqrt{3}}{2}\times\left(\frac{8}{3}\right)^2=\frac{32\sqrt{3}}{9}$より，P$\left(\frac{8}{3},\ \frac{32\sqrt{3}}{9}\right)$である。ここで，〔四角形OAPB〕＝△OAB＋△ABPであり，△OAB＝$\frac{1}{2}$×AB×OH＝$\frac{1}{2}\times4\times2\sqrt{3}=4\sqrt{3}$である。また，△ABPは，底辺をABと見ると，高さは点A，Pのy座標より，$\frac{32\sqrt{3}}{9}-2\sqrt{3}=\frac{14\sqrt{3}}{9}$だから，△ABP＝$\frac{1}{2}\times4\times\frac{14\sqrt{3}}{9}=\frac{28\sqrt{3}}{9}$となる。よって，〔四角形OAPB〕＝$4\sqrt{3}+\frac{28\sqrt{3}}{9}=\frac{64\sqrt{3}}{9}$である。さらに，△APBを，線分ABを軸として垂直に折ると，△APBと△OABが垂直になるので，四面体OPABにおいて，△APBを底面と見たときの高さは，OH＝$2\sqrt{3}$となる。したがって，〔四面体OPAB〕＝$\frac{1}{3}\times\frac{28\sqrt{3}}{9}\times2\sqrt{3}=\frac{56}{9}$となる。

4〔平面図形―円〕

(1)<円の個数>10行10列目まで円を敷き詰めるとき，円は縦，横に10個ずつ並ぶから，10×10＝100(個)必要である。

(2)<面積>右図で，斜線部分の面積は，1辺の長さが，1×2＝2の正方形の面積から，半径が1，中心角が90°のおうぎ形4個の面積をひいたものになる。よって，$2\times2-\pi\times1^2\times\frac{90°}{360°}\times4=4-\pi$となる。

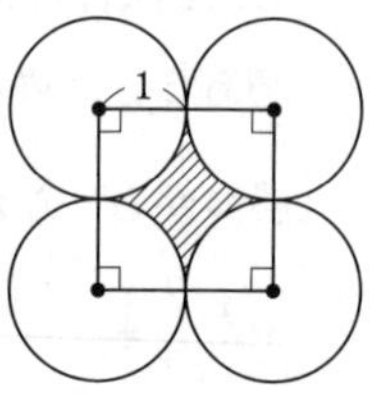

(3)<面積>n行n列目まで円を敷き詰めたとき，円は縦，横にn個ずつ並ぶので，円と円のすき間は縦，横に$n-1$個ずつできる。よって，円と円のすき間は全部で$(n-1)^2$個でき，すき間1か所当たりの面積は，(2)より$4-\pi$だから，面積の合計は$(4-\pi)\times(n-1)^2=(4-\pi)(n-1)^2$と表せる。

5〔特殊・新傾向問題―規則性〕

(1)<三角形と棒の数>円の模型は一直線上に並ぶので，円の模型3個を使ったときの状態は右図のようになる。両端の2個の円の模型には三角形がそれぞれ3個つながっていて，両端以外の1個の円の模型に三角形は2個つながっているから，三角形は3×2＋2＝8(個)必要である。

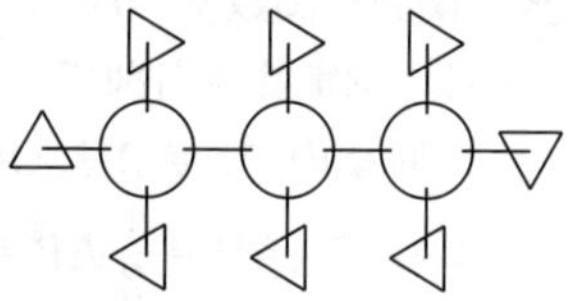

また，円の模型と三角形をつなぐ棒は，三角形の個数と同じ8本で，円の模型どうしをつなぐ棒は円の模型の個数より1本少なく，2本だから，棒は8＋2＝10(本)必要である。

(2)<三角形と棒の数>(2)と同様に考えると，円の模型10個を使うとき，両端の2個の円の模型に三角形はそれぞれ3個つながっていて，両端以外の，10－2＝8(個)の円の模型に三角形はそれぞれ2個つながっているから，三角形は3×2＋2×8＝22(個)必要である。また，円の模型と三角形をつなぐ棒は，三角形の個数と同じ22本で，円の模型どうしをつなぐ棒は円の模型の個数より1本少なく，10－1＝9(本)だから，棒は22＋9＝31(本)必要である。

(3)<三角形と棒の数>円の模型n個を使うとき，両端の2個の円の模型に三角形はそれぞれ3個つながっていて，両端以外の$n-2$個の円の模型に三角形はそれぞれ2個つながっているから，三角形は$3\times2+2\times(n-2)=6+2n-4=2n+2$(個)必要である。また，円の模型と三角形をつなぐ棒は，三角形の個数と同じ$2n+2$本で，円の模型どうしをつなぐ棒は円の模型の個数より1本少なく，$n-1$本だから，棒は$(2n+2)+(n-1)=3n+1$(本)必要である。

2023年度／浦和麗明高等学校（推薦　併願２回目）

国語解答

一	問１　①	問２　③	問３　④		問17　③	問18　④	問19　②
	問４　④	問５　②	問６　①		問20　①	問21　②	
	問７　③	問８　③	問９　④	三	問22　③	問23　④	問24　④
	問10　①				問25　①	問26　②	問27　④
二	問11　②	問12　④	問13　①		問28　①	問29　②	
	問14　①	問15　②	問16　③				

一〔論説文の読解―政治・経済学的分野―社会〕出典；堀内進之介『感情で釣られる人々』。

≪本文の概要≫人間は，利益の大小について合理的な選択をするだけでなく，他人からどう思われているかという感情的な承認によっても動く。人間が人として承認されることによって動くことを利用して労働者を管理しようという考えは，かなり早い段階から生まれていた。二〇世紀前半には，労働者の意識を理解して，生産効率の向上に結びつけようとしたのである。労働の喜びの多くの部分は，社会的義務感や共同体に貢献するなど，他人からの承認を得られるかどうかにかかっている。この発見は，経営者が環境を操作し，労働者を喜ばせる時代への変換をもたらした。さらに，労働者の精神構造を改良しようと試みること，労働者の家庭の状況を研究すること，労働者の生来の強い欲求を満たすことが，産業心理学の役割となった。物理的な環境を整えるだけでは，十分ではない。生産性を上げたければ，労働者が仕事をしやすいように，労働者の精神生活に関する正しい知識を持って，精神的な不安を取り除かなければならない。生産効率の向上が，心理学や生理学に基づいて科学的に考えられるようになったのである。

問１＜文章内容＞「一九世紀には，労働は，服従や自制を求められる」ような苦しいもので，労働者は，「人として承認される」ということがなかった。

問２＜文章内容＞マックス・ヴェーバーの調査によれば，一九世紀末にドイツ東部から西部に移住した農民の多くは，東部に残った方が確実な利益を得ることができた。しかし彼らは，いかなる犠牲を払っても在地貴族の支配から自由になりたいと考え，不安定な工場労働を選択した。労働者は，自分の利益にならなくても，自由や信念を守る選択をすることがある。

問３＜文章内容＞マックス・ヴェーバーは，在地貴族であるユンカーたちが「安い外国人労働者を受け入れ，ドイツという国が持っていた仕組みを壊した」ことに否定的であった。

問４＜接続語＞１．ドイツの経済基盤は東部の農業地帯にあったが，そこで生産された穀物が外国との価格競争で価値を下げ，農村部は打撃を受けた（…逆接）。　２．ヴェーバーはドイツにおける農業労働者の状態を調査しただけにすぎないが，ヴェーバーが調査するよりかなり早い段階から，労働者が人として承認されることによって動くことを利用して，彼らを管理しようという考え方は生まれていた（…逆接）。　３．一九世紀には，労働は服従や自制を求められるものと考えられていたが，二〇世紀に入ると，労働は喜ばしいものと思われるようになった（…逆接）。　４．労働者の精神構造を改良しようと試みること，労働者の家庭の状況を研究すること，そして，労働者の生来の強い欲求を満たすことなどが，産業心理学者の役割である（…順接）。

問５＜語句＞「保護貿易」は，自国の特定の産業を保護・育成するため，国家が対外貿易に干渉し，輸入制限を課したり保護関税を設けたりすること。ドイツの経済基盤だった農業が外国との価格競争に敗れ打撃を受けたため，農業を保護して穀物の価格を維持しようと，ユンカーたちは保護貿易を主張した。

問6＜文章内容＞ヘンドリク・ドマンは聞き取り調査を行い,「労働者の働く喜びの多くの部分は,社会的義務感や共同体に貢献するなど,他人からの承認を得られるかどうか」によっていることを発見した。この発見は,労働者たちが自分で喜びを見出していた時代から,「経営者が環境を操作し,労働者を『喜ばせる』時代」への変換をもたらした。

問7＜漢字＞「苦役」と書く。苦しい労働のこと。①は「駅舎」,②は「疫病」,③は「使役」,④は「無益」。

問8＜語句＞「パラダイムシフト」は,その時代の規範となるものの見方が変化,転換すること。「パラリーガル」は,弁護士資格は有しない法律事務所スタッフのこと。「パラレリズム」は,対句法のこと。「パラドックス」は,逆説のこと。

問9＜文章内容＞経営者が生産性を向上させたければ,労働者の生来の強い欲求を満たす必要がある。具体的には,仲間とのつき合いのような喜びを見出せる労働環境を構築し(①…○),労働者が仕事をしやすいように精神的な障害や困難を取り除き(②…○),さらに,社会的義務感や共同体への貢献によって他人からの承認を得ているという誇りを持てるようにする必要があるのである(③…○)。

問10＜要旨＞筆者は,ヴェーバー,ドマン,マイヤーズなどの研究や調査を通して,労働者は利益だけでなく他人からの承認の有無によっても動くことが経営者に理解され,産業心理学が大きな役割を持つようになったという,一九世紀からの労働管理の歴史を客観的に紹介している。

二〔小説の読解〕出典;角田光代『さがしもの』。

問11＜漢字＞「けげん」と読む。理由や事情がわからなくて不思議に思うこと。

問12＜語句＞「鬼籍」は,寺が死者の名や死亡した日付などを記しておく帳簿のこと。「鬼籍に入る」は,なくなる,という意味。

問13＜心情＞十六歳のときに一万円の本を万引きした「ぼく」は,店番をしていたおばあさんにわび,代金を払うつもりで,十一年ぶりにミツザワ書店を訪れた。ところが,おばあさんが他界したことで,「ぼく」は永久に謝罪することができなくなってしまった。

問14＜漢字の知識＞「拙い」と書く。能力が劣っているさま。部首は「扌(てへん)」。

問15＜心情＞ミツザワ書店から黙って本を持っていったものの,気がとがめて返しに来た人,お金を払いに来た人は,実は何人もいた。店番をしていたおばあさんが「ずうっと本を読んでる」店だったからだろうと女の人は思っていて,非難する気もなかったのである。

問16＜慣用句＞「持ってけ泥棒」は,売り手が損をするほど値段が安いことを強調して言う言葉。店番をしているおばあさんが「ずうっと本を読んでる」店であるから,お金を支払わずに持っていくことを推奨しているわけではないが,簡単に本を持っていけるような状態だった。

問17＜表現＞「のっぺり」は,起伏がなく,平らで変化に乏しい様子。懐かしいミツザワ書店は,おばあさんが他界した今,何の感情も湧かないような光に照らされていたのである。

問18＜心情＞女の人は,おばあさんの残した本に手を触れながら,「本っていうのは,世界への扉」だということを教えてくれた祖母を思い出し,懐かしんでいた。

問19＜漢字＞「開放」は,制限をなくして,誰でも自由に出入りできるようにすること。女の人は,祖母の残した書店を,「この町の人が読みたい本を好き勝手に持っていって,気が向いたら返してくれるような,そういう場所」として,「開放」したいと思っていた。

問20＜文章内容＞女の人は,本の代金を支払ったことに対してお礼を言ったが,「ぼく」は,自分が十六歳のときに犯してしまった万引きの謝罪をしたことに対してお礼を言われたのかと思った。

問21＜文章内容＞「ぼく」は,子どもの頃の「ぼく」にとっての「世界への扉」であったミツザワ書店が,再び「世界に通じるちいさな扉」として町の人たちに向けて開かれることを知り,作家として，「世界への扉」に置くにふさわしい本を書いていこうと決心した。青く澄んだ空にまるで目標のように楽しげに凧が浮かんでいる光景で，小説は閉じられるのである。

三〔古文の読解―日記〕出典；藤原長子『讃岐典侍日記』。

≪現代語訳≫こうして，八月になったので，二十一日が(鳥羽天皇が)内裏にお移りになる日と決まった。人々は，その支度に忙しい。そこで，私は，変わらない内裏のありさまを見たとしたら，天皇の初めてのお渡りに，涙をこらえることができそうにない心地がするので，参上しようとは思わなかったところ，「院からのお言葉で，しかるべき人々は，皆参上するようにということです。参上なさいませ」と，三位殿から(お知らせが)あったので，「そういうご命令があるのなら，前もって役に充ててある火取り，水取りだけを参上させて，私は伺うまいと思います」と言ったところ，「本当に，そうお思いになるのももっともですが，(院がこのように)仰せになるものを参上なさらないというのも，よくないようです。我慢して，やはりおいでになる方がよろしいでしょう」と，出仕させられたので，こんなことでさえ思うとおりにならないと，思いながら，(内裏に)向かった。

その日になって，内大臣殿が，天皇の御びんずらを結いに参上なさって，朝餉の間の御簾を巻き上げて，御びんずらを結い奉る様子を，見ると，変わらない顔をして拝されるにつけても，しみじみと感慨深い。

すっかり暮れてしまったので，(天皇は)ご出発になった。お供して，そのまま続いて参内した。中御門の門を入るときから，思っていたとおり悲しみで胸がいっぱいになる。香隆寺にお参りしたとき(この門から中を)のぞき込んだことがあったが，「私が朝夕出入りした門だ。おととしの十二月の二十日過ぎに，(堀河天皇は)堀河院にお移りになったのだった。私もそのときこの門を出たままになってしまったことだ。それが最後の日だとは思わず出たことだった。今は，どうしたわけで，この世でこの門の中にまた入ろうとするのか」と思ったのだが，自分は同じ身のままで，また戻ってきたことが，つらくも，悲しくも思われる。

問22＜古典の知識＞八月の異名は，「葉月」。「文月」は七月，「皐月」は五月，「水無月」は六月の異名。

問23＜古典の知識＞九月の異名は，「ながつき(長月)」。「むつき(睦月)」は一月，「しもつき(霜月)」は十一月の異名。

問24＜古文の内容理解＞当然参上するべき人は皆参上するようにという院からのご命令が伝えられたが，作者は，自分は参上しないつもりだと答えたのである。

問25＜古文の内容理解＞作者は，他の者だけ参上させて自分は参上しないつもりだったが，ご命令があったのに参上しないのはよくないと説得されて，結局内裏へ参上することになった。作者は，参上するかしないかということも思うとおりにならないとつらく思った。

問26＜歴史的仮名遣い＞歴史的仮名遣いの語頭以外のハ行は，現代仮名遣いでは原則として「わいうえお」になる。また，歴史的仮名遣いの「ゐ」は，現代仮名遣いでは「い」になる。

問27＜古文の内容理解＞作者が久しぶりに天皇のもとに参上してみると，昔と変わらぬ様子でお見えになるので，作者は感慨深く思った。

問28＜古文の内容理解＞「え念ずまじき」は，我慢できそうもない，という意味。作者は，内裏の様子を見れば涙をこらえることができそうもないからと，参上しようとは思わなかった。内裏に参上して中御門の門を入ると，やはり思っていたとおり悲しみで胸がいっぱいになったのである。

問29＜古典の知識＞十二月の異名は，「師走」である。

2022年度 浦和麗明高等学校（推薦 単願・併願1回目）

【英　語】（45分）〈満点：100点〉

1 次の語の下線部と同じ発音を持つ語を１つずつ選びなさい。

問１ floor　① food　② foot　③ blood　④ door

問２ out　① count　② couple　③ group　④ should

問３ human　① put　② usual　③ umbrella　④ busy

2 最も強いアクセントを含む音節の位置が，他の語と異なるものを１つずつ選びなさい。

問４ ① pollution　② yesterday　③ wonderful　④ difficult

問５ ① famous　② ready　③ belong　④ island

問６ ① future　② planet　③ forget　④ effort

3 次の各文の空所に入れるのに，最も適切なものを１つずつ選びなさい。

問７ If you keep studying, your English will become much (　　).

① good　② better　③ many　④ more

問８ If you need a bicycle, I will lend you (　　).

① it　② one　③ some　④ that

問９ Can you guess (　　　　)?

① how heavy is this bag　② how is this bag heavy

③ how heavy this bag is　④ how this bag is heavy

問10 Hurry up and finish the work.　It (　　　　) as soon as possible.

① must do　② must be done

③ mustn't do　④ mustn't be done

問11 She is looking forward to (　　) Ken soon.

① see　② seen　③ seeing　④ have seen

問12 The teacher always tells us that it is very important to grasp the meaning from the (　　).

① complex　② expression　③ context　④ statement

問13 Since time is limited, let me (　　) explain our new products.

① briefly　② entirely　③ thoroughly　④ essentially

問14 My grandmother often falls (　　) while watching TV.

① sleeping　② sleepy　③ asleep　④ slept

問15 The naughty kid wore me (　　) with his screaming and crying.

① of　② for　③ on　④ out

問16 I learned in history class that the French (　　) occurred in 1789.

① Evolution　② Revolution　③ Institution　④ Resolution

4 次の文にはそれぞれ文法的・語法的に誤っている箇所が含まれている。その箇所を①～④から１つ選びなさい。

問17 Since ①it was a ②warm day, the dog ③lie under the tree without ④barking.

問18　We ①reached to the top ②of the mountain ③early ④in the morning.
問19　Because ①of the rain, we ②are going to ③having a good harvest ④this year.
問20　The teacher ①told us ②finishing ③the paper ④by Thursday.
問21　We were ①very surprising ②at the news and talked ③about it ④with our teacher.

5　次の会話文を読み，後の問い(問22～26)に答えなさい。

Marie and her mom talk about the heat wave.

Ellen : Marie, can you please help me fold these clothes?
(Places a basket full of unfolded clothes on the table.)
Marie : (Lying on the sofa.) (　ア　)
Ellen : Why not? Are you feeling OK?
Marie : I'm so hot. I've never been this hot in my life.
Ellen : I know it's (イ), but the heat wave should be over in a few days.
Marie : Why don't we have air conditioning?
Ellen : Because we've never had a summer as hot as this one. It's not a normal summer.
Marie : I hate climate change. *Oregon should never be this hot. (　ウ　)
Ellen : Dad ordered one, but it won't arrive until September. We'll be nice and cool next summer.
Marie : Next summer? But I'm suffering now!
Ellen : Don't be so dramatic, Marie. Sit here near the fan and help me fold these clothes.
Marie : I don't have any energy.
Ellen : (　エ　)
Marie : Not hungry.
Ellen : Do you (　オ　)? That will help cool you off.
Marie : Lemonade, please, with lots of ice. Would you bring it to me?
Ellen : Yes. While I'm fixing it for you, fold these clothes.

注　*Oregon：オレゴン州(アメリカ)

問22　会話文の流れに合うように空所(ア)に入れる文として最も適切なものを1つ選びなさい。
① That's fine.　② I can't move.
③ I want to fold them!　④ Let me think about it.

問23　会話文の流れに合うように空所(イ)に入れる語として最も適切なものを1つ選びなさい。
① comfortable　② beautiful　③ uncomfortable　④ clean

問24　会話文の流れに合うように空所(ウ)に入れる文として最も適切なものを1つ選びなさい。
① Let's move to a cooler place.
② Could you call Dad?
③ I love Oregon
④ Can't we buy an air conditioner?

問25　会話文の流れに合うように空所(エ)に入れる文として最も適切なものを1つ選びなさい。
① Did you eat lunch?
② Would you make dinner for us?
③ Why is energy important?
④ Why not?

問26　会話文の流れに合うように空所(オ)に入れるのに最も適切なものを１つ選びなさい。

① want some iced tea or lemonade

② always like to take milk or sugar

③ want to eat any food

④ have another cup of coffee

6　次の文章を読み，後の問い(問27～33)に答えなさい。

One day a *miller, who *owned a very strong *donkey, decided to sell it. He and his son *set off to the town together, letting the animal walk in front of them. As they went they met a group of girls playing along the road. When they saw the old man and little boy walking behind the donkey (1)they began to laugh.

"See those two foolish people!" they said to each other. "They've got a fine donkey, but *instead of riding on it, they walk behind it! Who ever heard of such a thing?"

The old miller, when he heard this, was very surprised. Quickly he made his son get on the donkey and sit on its back. He himself *continued to walk behind.

Soon they met another party, not of young girls but of old men. They were shaking their gray heads and talking of the bad manners of the young.

"Look at that!" said one when he saw the miller's son on the donkey. "Isn't that what we were just saying? The young today don't care about the old! That strong young boy riding easily on that donkey while his poor old father follows on foot. (ア), boy, so that your father may (イ)!"

The miller was quite *upset by this new talk. He quickly made his son get off the donkey. Then he himself got on the donkey's back while his little boy walked alongside. The child's legs were shorter than the donkey's and he had to run to keep up. Then some women washing clothes near the road called to the miller.

"If that was my child," shouted one of them, "he wouldn't be running himself to death behind your donkey! You call yourself a father! You're not worthy of having a son at all!"

"Oh, dear! Oh, dear!" said the poor miller. "It seems that I've been wrong again! Get up here son, and ride behind me! Then perhaps nobody will say anything!"

So the boy got up and rode with his father. But in a short time they met a farmer who looked closely at them.

"Tell me, sir," he said to the miller, "is that poor unhappy little donkey your own?"

"Of course it is my own," replied the miller. "Why do you ask?"

"Because only a fool would put so much weight on his animal!" answered the farmer. "You and that boy are better able to carry that donkey than the donkey is to carry you! Why don't you both get down and try carrying the animal!?"

Of course, (2)he did not really mean what he said. But the foolish miller once again believed that the last speaker made the most sense. So he and his son got down. Then, with much difficulty, they tied the poor donkey's legs together; and with a long stick which they bought, they were ready to carry the donkey.

"Now," said the already tired miller, "you pick up one end of the stick, my boy, and I'll pick up the other. Then (3)we will carry the donkey across the bridge and into the town on the other side of the river."

By this time a crowd had gathered to watch them. They stood and laughed as the miller and his little boy tried to pick up the crying donkey, hanging upside down. But the effort was too great for them. They suddenly dropped the stick and the donkey very hard. The poor animal then rolled into the river and disappeared under the water. It never came up again!

The miller began to realize that he had made a fool of himself. Too bad he didn't realize it a little earlier!

"I have tried to please everyone!" he said loudly, "but I have pleased nobody — especially not myself! This is the result of following the opinions of others! The next time I want to do a thing, I will do it my own way."

注　*miller：粉屋　*own：～を所有する　*donkey：ロバ
*set off：出発する　*instead of：～の代わりに　*continue：続ける
*upset：うろたえて

問27　下線部(1)they began to laughの理由として最も適切なものを①～④の中から1つ選びなさい。

① Because the miller's son got on the donkey.
② Because the miller and his son walked behind the donkey.
③ Because the miller was very surprised.
④ Because the miller got a fine donkey.

問28　空所(ア)(イ)に入れるものの組み合わせとして最も適切なものを次の①～④の中から1つ選びなさい。

① (ア) Get up　(イ) walk
② (ア) Get down　(イ) get up
③ (ア) Get up　(イ) get down
④ (ア) Walk　(イ) get down

問29　本文の内容に合うように，次の英語に続けるのに最も適切なものを下の①～④の中から1つ選びなさい。

One of the women told the miller that

① he should ride on the donkey.
② his son should run to death behind the donkey.
③ his son should ride on the donkey.
④ he should carry the donkey.

問30　本文の内容に合うように，次の英語に続けるのに最も適切なものを下の①～④の中から1つ選びなさい。

After the miller met a farmer, he decided to

① carry his son.
② ride the donkey with his son.
③ carry the donkey with his son.
④ buy a long stick.

問31　下線部(2)he did not really mean what he saidが表す内容として最も適切なものを次の①～④の中から1つ選びなさい。

① 彼が言ったことは，本当に意味がなかった。
② 彼は自分が言ったことを，本気で言ったわけではなかった。

③ 彼は自分が何を言ったのか，本当に分からなかった。

④ 彼は自分が言ったことに何の意味も感じていなかった。

問32 下線部(3)we will carry the donkeyとありますが，具体的にどのようにロバを運ぼうとしたのか，最も適切なものを次の①～④の中から１つ選びなさい。

① 二人で腕に抱えて運ぼうとした。

② ロバの足をしばり，棒を通し，二人で担ごうとした。

③ 棒の上にロバを乗せて，二人で運ぼうとした。

④ 二人でロバを転がして運ぼうとした。

問33 本文の内容から読み取れるメッセージとして最も適切なものを次の①～④の中から１つ選びなさい。

① You should be kind to your parents.

② You should listen to what others say.

③ You should take care of animals.

④ You should think for yourself and then act.

7 次の文章を読み，後の問い(問34～40)に答えなさい。

※ 1～7は段落番号を表す。

1 A water carrier in India had two large pots, each hung on the end of a pole which he carried across his shoulders. One of the pots was perfectly made with no *cracks or holes. The other pot had a crack in it, so that by the time the water carrier reached his master's house it was only half full.

2 This situation went on daily for two years, with the carrier delivering only one and a half pots of water to his master's house. Of course, the perfect pot was (ア) that it was doing such a good job. But the poor cracked pot was ashamed of its fault, and (イ) that it was only able to manage half of what it was supposed to (1)do.

3 After two years of this bitter failure, the cracked pot spoke to the water carrier one day by the stream. "I am ashamed of myself, and I want to say sorry to you." "Why?" asked the carrier. "What are you ashamed of?" "I have been able, for these past two years, to deliver only half my load, because this crack in my side lets the water *drip out all the way back to your master's house. Because I'm not perfect, you have to do all of this work, without getting full value for your efforts," the pot said.

4 The water carrier was surprised that the old cracked pot felt this way, and said, "As we return to the master's house, I want you to notice the beautiful flowers along the path."

5 So, as they went up the hill, the old cracked pot took notice of the sun warming the beautiful wild flowers at the side of the path, and this cheered (2)it a little. But at the end of the journey, it still felt bad for having let half of its water drip away, and so again the pot said sorry to the carrier for its failure.

6 The carrier said to the pot, "Didn't you notice that the flowers were only on your side of the path, and not on the other pot's side? That's because I have always known about the crack in your side, and I took advantage of it. I planted flower seeds on your side of the path, and every day while we walked back from the stream, you've watered them. For two years I have been able to enjoy watching these beautiful flowers grow. I've also picked them to display on my

master's table. Without you being just the way you are, he would not have had this beauty to *grace his house."

[7] From that day forward, the cracked pot knew that what it had thought of as a weakness was actually a strength. Now on their daily journey along the path, the cracked pot was proud of the water dripping from the crack in its side.

注 *crack(s)：ひび割れ　*drip (out/away)：(水などが)滴り落ちる
*grace：～を美しく飾る

問34 本文のタイトルとして最もふさわしいものを次の①～④の中から１つ選びなさい。

① Just be yourself
② Practice makes perfect
③ Bitter failure
④ A large pot and a small pot

問35 空所(ア)(イ)に入る語の組み合わせとして最も適切なものを次の①～④の中から１つ選びなさい。

① (ア) aware (イ) worried
② (ア) worried (イ) surprised
③ (ア) proud (イ) disappointed
④ (ア) afraid (イ) proud

問36 下線部(1)do の意味として，最も近いものを次の①～④の中から１つ選びなさい。

① be ② deliver ③ reach ④ crack

問37 下線部(2)it が指す内容として，最も近いものを次の①～④の中から１つ選びなさい。

① the beautiful wild flower ② the old cracked pot
③ the carrier ④ the sun

問38 次の質問の答えとして最も適切なものを下の①～④の中から１つ選びなさい。

According to paragraph [1] and [2], which of the following is true?

① The water carrier carried two pots to his master's house every day for two years.
② The water carrier was ashamed of the poor cracked pot because it was not perfect.
③ One of the pots was large and the other pot was small.
④ One of the pots was perfect and the other had cracks and holes.

問39 次の質問の答えとして最も適切なものを下の①～④の中から１つ選びなさい。

According to paragraph [3] to [5], why was the cracked pot ashamed of itself?

① Because it couldn't say sorry to the water carrier for its fault.
② Because it didn't notice the beautiful flowers along the path.
③ Because all the water of the old cracked pot dripped away.
④ Because it could deliver only half water for the past two years.

問40 次の質問の答えとして最も適切なものを下の①～④の中から１つ選びなさい。

According to paragraph [6] and [7], what did the cracked pot notice?

① It noticed that a weakness could become a strength.
② It noticed that the water carrier planted flower seeds for it.
③ It noticed that it took advantage of the way.
④ It noticed that the flowers were picked to display.

【数　学】（45分）〈満点：100点〉

（注意）　1　問題の文中の $\boxed{\text{ア}}$，$\boxed{\text{イウ}}$ などには，特に指示がない限り，符号(－)または数字(0～9)が入ります。ア，イ，ウ，…の一つ一つは，これらのいずれか一つに対応します。それらを解答用紙のア，イ，ウ，…で示された解答欄にマークして答えなさい。

2　分数形式で解答する場合，分数の符号は分子につけ，分母につけてはいけません。例えば，$\dfrac{\boxed{\text{エオ}}}{\boxed{\text{カ}}}$ に $-\dfrac{2}{3}$ と答えたいときには，$\dfrac{-2}{3}$ として答えなさい。

また，それ以上約分できない形で答えなさい。例えば，$\dfrac{3}{2}$ と答えるところを $\dfrac{6}{4}$ のように答えてはいけません。

3　根号を含む形で解答する場合，根号の中に現れる自然数が最小となる形で答えなさい。例えば，$\boxed{\text{キ}}\sqrt{\boxed{\text{ク}}}$ に $6\sqrt{2}$ と答えるところを，$3\sqrt{8}$ のように答えてはいけません。

4　根号を含む分数形式で解答する場合，例えば，$\dfrac{\boxed{\text{ケ}}+\boxed{\text{コ}}\sqrt{\boxed{\text{サ}}}}{\boxed{\text{シ}}}$ に $\dfrac{3+2\sqrt{2}}{3}$ と答えるところを，$\dfrac{6+4\sqrt{2}}{6}$ や $\dfrac{6+2\sqrt{8}}{6}$ のように答えてはいけません。

1　次の空欄に当てはまる符号，数字を答えなさい。

(1)　$4-(-3)^2+6\times2+(-2^2)$ を計算した値は $\boxed{\text{ア}}$

(2)　$(a^3b)^3\times a^4b^3\div(a^5b^2)^2$ を計算した値は $a^{\boxed{\text{イ}}}b^{\boxed{\text{ウ}}}$

(3)　2次方程式 $0.2x^2+\dfrac{1}{3}x-3=\dfrac{17}{15}x+1.2$ を解くと，$x=\boxed{\text{エオ}}$，$\boxed{\text{カ}}$

(4)　$(\sqrt{18}-\sqrt{45})(\sqrt{2}+\sqrt{5})$ を計算した値は $\boxed{\text{キク}}$

2　次の空欄に当てはまる符号，数字を答えなさい。

(1)　正十二角形の1つの内角の大きさは $\boxed{\text{アイウ}}$°である。

(2)　$\sqrt{\dfrac{4n+65}{n}}$ が整数となる最小の自然数 n を求めると，$n=\boxed{\text{エオ}}$

(3)　ジョーカーを除く1組52枚のトランプの中から無作為に1枚選ぶとき，絵札または奇数が選ばれる確率は $\dfrac{\boxed{\text{カ}}}{\boxed{\text{キク}}}$ である。

(4)　兄は1500円，弟は1200円持っています。2人が同じ金額の品物を買ったところ，残りの金額の比は8：5となりました。買った品物の値段は $\boxed{\text{ケコサ}}$ 円である。

3　右の図のように，関数

$y=ax^2$…①

のグラフ上に，2点A，Bがあり，点Aの座標は $\left(-4,\ \dfrac{32}{3}\right)$，点Bの x 座標は2である。原点Oを通る直線OB上に点Cをとり，関数①のグラフ上に点Dをとる。四角形ABCDが平行四辺形であるとき，次の各問いに答えなさい。

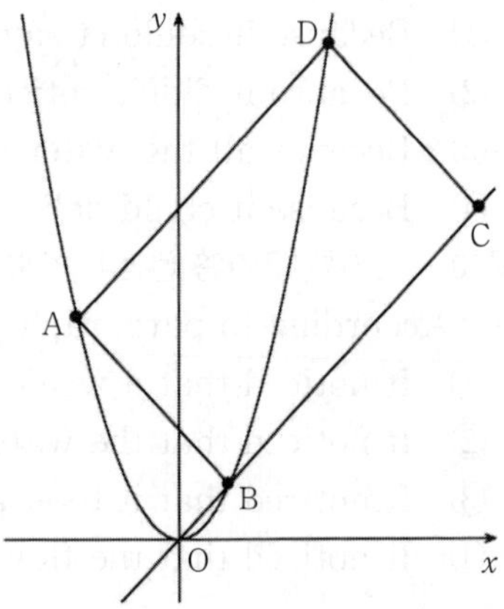

(1)　a の値は $\dfrac{\boxed{\text{ア}}}{\boxed{\text{イ}}}$ である。

(2)　直線ABの式は，$y=-\dfrac{\boxed{ウ}}{\boxed{エ}}x+\dfrac{\boxed{オカ}}{\boxed{キ}}$ である。

(3)　点Cの座標を次のように求める。当てはまる値を答えなさい。

点Dの x 座標を t とおく。点Dは関数①のグラフ上にあるので，$\mathrm{D}\left(t,\ \dfrac{\boxed{ア}}{\boxed{イ}}t^2\right)$ とおける。平行四辺形の性質により，AからBおよびDからCへの平行移動の距離は等しいので，点Dを x 軸方向へ [ク]，y 軸方向へ $-$[ケ] 移動すると点Cに重なる。

よって，点Cの座標は $\left(t+\boxed{ク},\ \dfrac{\boxed{ア}}{\boxed{イ}}t^2-\boxed{ケ}\right)$ と表すことができる。

ここで，直線OBの式は $y=\dfrac{\boxed{コ}}{\boxed{サ}}x$ なので，点Cの座標を代入して t の値を計算する。問題文の図より，点Dの x 座標は正だから，$t=\boxed{シ}$ である。よって，点Cの座標は（[スセ]，[ソタ]）とわかる。

4　次の各問いに答えなさい。

(1)　図1のような正三角形ABCがあり，各頂点から対辺の中点へ線分を引くとそれらは1点で交わる。

交わった点をGとするとき，三角形ABCと三角形BGCの面積比は [ア]：[イ] である。

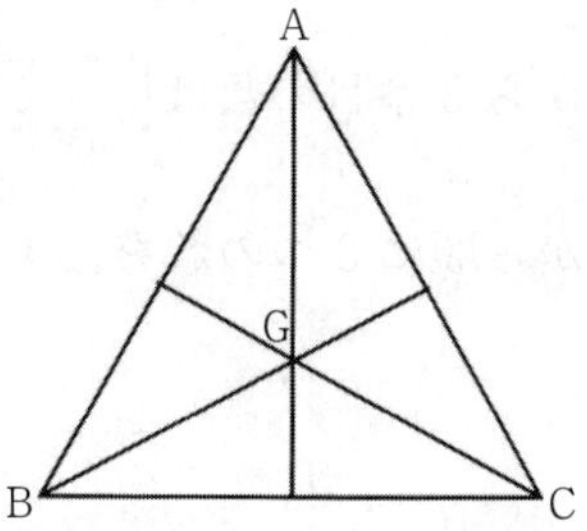

【図1】

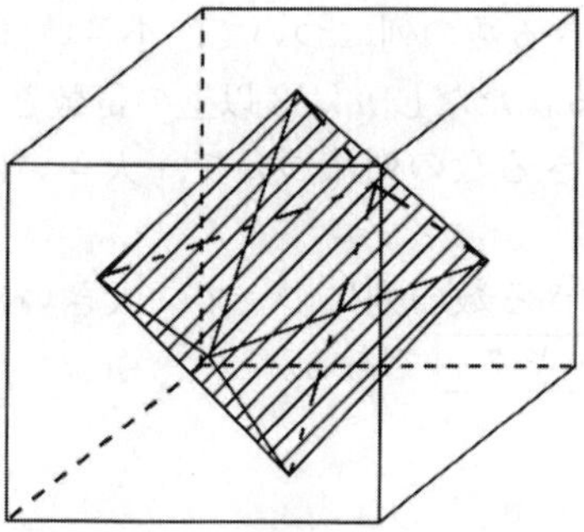

【図2】

(2)　1辺の長さが1である立方体があり，各面の中心を結ぶと図2のような正八面体がかける。この正八面体の1辺の長さは $\dfrac{1}{\sqrt{\boxed{ウ}}}$ であり，正八面体の体積は $\dfrac{\boxed{エ}}{\boxed{オ}}$ である。

(3)　(2)の正八面体の各面は正三角形となっていて，各面の重心を線分で結ぶと正八面体の内部に立方体をかくことができる。その立方体の体積は $\dfrac{\boxed{カ}}{\boxed{キク}}$ である。

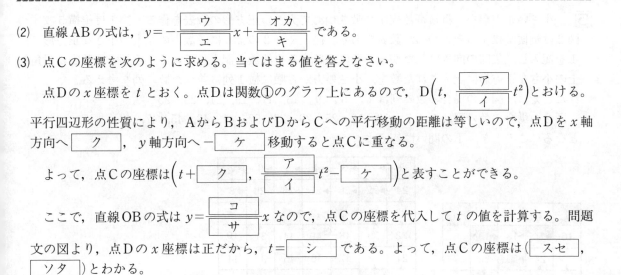

5 小さい正方形を，縦横奇数枚ずつ敷きつめて大きい正方形の数表を作る。図１は縦横５枚ずつ，図２は縦横７枚ずつ敷きつめた数表である。図１や図２のように，数表の左上の小さな正方形には１を記入し，矢印の向きにしたがって順に連続する自然数を記入していく。そして，数表の対角線上の小さな正方形に記入された数を，小さい方から順に横１列に並べた数の列を考える。

たとえば，図１の場合の数の列は１，５，９，13，17，19，21，23，25

図２の場合の数の列は１，７，13，19，25，29，33，37，41，43，45，47，49

となる。このとき，下の問いに答えよ。

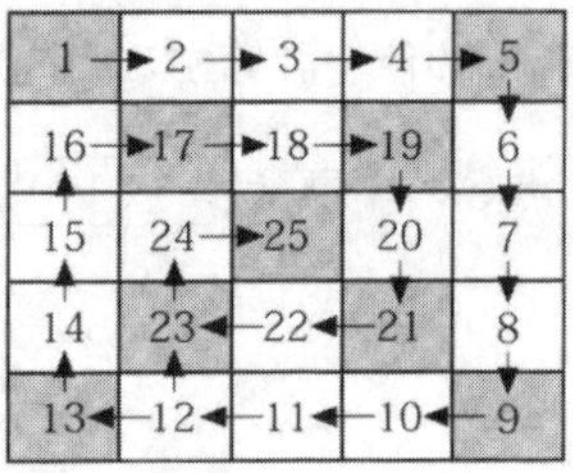

【図１】 縦横５枚の場合

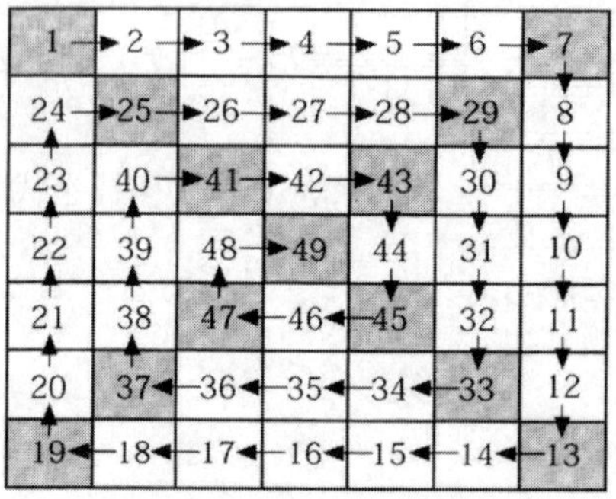

【図２】 縦横７枚の場合

(1) 縦横９枚ずつ敷きつめたときにできる数の列について，小さいほうから４番目の数は [アイ] である。

(2) 縦横 n 枚ずつ敷きつめたときにできる数の列について，小さいほうから４番目の数を n を用いて表すと，[ウ] n − [エ] である。ただし n は３以上の奇数とする。

(3) 縦横９枚ずつ敷きつめたときにできる数の列について，大きいほうから３番目の数は [オカ] である。

(4) 縦横 n 枚ずつ敷きつめたときにできる数の列について，大きいほうから順に３つの数をたすと669になった。このとき，n の値は [キク] である。

なるを《るということだから》、⑤さりともあるやうあらむとて、せめて見れば《強いて目を凝らしてみると》、花びらの端《はし》にをかしきにほひ《色艶》こそ、こころもとなくつきためれ《ほんのちょっぴりついているようだ》。楊貴妃《やうきひ》、御《み》門《かど》の御使《つかい》に会ひて、泣きける顔に似せて、「梨花一枝《りくわいっし》春雨《はるさめ》を帯《お》びたり」など言ひたるは、おぼろけならじ《並一通りではあるまい》と思ふに、なほいみじうめでたき事は、たぐひあらじとおぼえたり。

清少納言『枕草子』

問22　傍線部①「いと白う咲きたる」とありますが、何が咲いているのですか。適当なものを選びなさい。

①　藤の花　②　卯の花　③　郭公　④　紫野

問23　傍線部②「四月」の読み方として適当なものを選びなさい。

①　さつき　②　きさらぎ　③　はづき　④　うづき

問24　傍線部③「つごもり」が表すものとして適当なものを選びなさい。

①　月のはじめ　②　月の中旬
③　月のおわり　④　いつ頃だかわからない

問25　傍線部④「唐土」が表すものとして適当なものを選びなさい。

①　北海道　②　中国　③　韓国　④　インド

問26　傍線部⑤「さりともあるやうあらむ」の現代仮名遣いとして適当なものを選びなさい。

①　さりともあるようあらん　②　そうともあるようあらん
③　さりともあるやうあらん　④　そうともあるやうあらん

問27　生徒たちが本文の内容について会話しています。間違った内容を話しているものを選びなさい。

①　たけふみ「この作品って『春はあけぼの』で始まるやつだよね。今回の話も色々な花のいいところを挙げていて面白い。」

②　あきら「そうですね、一般的には評価されないような花も作者は独自の目線でほめていますね。」

③　なおき「確かに。梨なんて食べるばかりで花に着目したことなんてなかったけど、唐土ではこの上もないものとしているんだもんな。」

④　りゅう「卯の花はウツギという名前の方が有名ですかね。この花に対しても品の高さに着目するあたりが、清少納言のすごさです。」

問28　生徒たちが本文の内容について会話しています。間違った内容を話しているものを選びなさい。

①　なおき「卯の花の部分が少しわかりにくかったんだけど、郭公と関わりの深い花なんだよね。」

②　りゅう「途中にある橘の葉の青さと橘の花の白さとの対比もきれいな表現ですよね。卯の花の白さとの共通点から挿入されているのでわかりにくかったかもしれません。」

③　あきら「卯の花といえば、雨が降っている早朝の様子もほめたたえています。」

④　たけふみ「桜と比べて遜色《そんしょく》ないと言うのだから相当だね。」

①　ゆび　②　あし　③　むね　④　そで

問19　傍線部⑧「はたして」のここでの意味として適当なものを選びなさい。

①　予想通り　②　なぜか

③　不意に　④　驚くことに

問20　傍線部⑨「薄笑い」について、なぜ「私」は薄笑いを浮かべたのですか。その理由として適当なものを選びなさい。

①　私はお礼のお金などいらないと思っているのに、それを強引にでも渡そうとしている男の意思を迷惑に感じているから。

②　酔っていながらも感謝の気持ちを伝えようとしている男の行動を、微笑ましく受け止めている反面一種の恐怖も感じているから。

③　銅貨をしまい、新たなお金を出そうとしている男の姿に、少しでも多い金額をもらえそうだと期待しているから。

④　お礼など期待していない自分に対して、酔っていても少しでも多い金額を渡そうとしている男の心情を理解したから。

問21　傍線部⑩「そいつは思いつきだ！」には男のどのような気持ちが込められていますか。適当なものを選びなさい。

①　「私」の提案が、自分の気持ちが反映されたとても良いものであることに感心している。

②　「私」の提案が、自分の好意をごまかそうとしたものであることに反発している。

③　「私」の提案が、深く考えられていない安易なものだったので興奮が冷めてしまっている。

④　「私」の提案が、自分が与えたお金が有効に使われる方法だったため満足している。

三　次の文章を読んで、後の問いに答えなさい。（-----の左側は口語訳です。）

木の花は　梅の、濃くも薄くも、紅梅。桜の、花びら大きに、色よきが、枝はほそうかれ（乾いた感じ）はれに咲きたる。

藤の花、しなひ（房）長く、色よく咲きたる、いとめでたし。

卯《う》の花は、品《しな》おとりて、何となけれど、咲くころのをかしう、郭公《ほととぎす》の陰に隠《かく》るらむ思ふに、いとをかし。祭りのかへさ（帰りがけ）に、紫野《むらさきの》のわたり近きあやしの（みすぼらしい）家ども、おどろなる（乱れ茂っている）垣根などに、①いと白う咲きたるこそをかしけれ。青色の上に、白き単襲《ひとへがさね》かづきたる、青《あを》朽葉《くちば》などにかよひて（黄ばんだ萌黄色の上着に白い単襲を引き被っているのや　青朽葉色の衣などに似通っていて）、なほいとをかし。②四月の③つごもり、五月のついたちなどのころほひ、橘《たちばな》の濃く青きに、花のいと白く咲きたるに、雨の降りたるつとめてなどは、世になく心あるさまにをかし。花の中より黄金《こがね》の玉かと見えて、いみじくきはやかに（たいへんくっきりと）見えたるなどは、朝露に濡《ぬ》れたる桜におとらず。郭公の寄るとさへ思へばにや（思うからであろうか）、なほさらに言ふべきにもあらず。梨の花、世にすさまじく（興ざめで）あやしきもの（変なもの）にして、目に近く、はかなき文《ふみ》つけ（ちょっとした手紙を結びつけることなど）さへ）などだにせず。愛《あい》敬《ぎやう》おくれたる（かわいげのない）人の顔などを見ては、たとひに言ふも、げにその色よりしてあいなく（どうにもならない感じに）見ゆるを、④唐土《もろこし》には限りなき物にて、文《ふみ》にも作る（漢詩などにも作）

「明日の朝、受取りに行こう」

「そんなことを言うな！　またこれだぞ」

「それは乱暴だよ、受取るから放せ」

彼は地面に落ちている紙幣を拾うと、私のポケットに入れ、私から跳び退いて、近寄ればなぐりかねない姿勢をとった。

「では、斯《こ》ういうことにしよう。明日の朝、僕はこれで菓子折りか何かを買って、きみのところへお見舞いに行こう。そして主人にも会って、これは粗末なものですがお店の人のお見舞いですと言おう。そのついでに電車のこともうまく言うよ」

「⑩そいつは思いつきだ！」

彼は反抗的な姿勢を崩して、酔っぱらいの姿勢にかえった。

井伏鱒二『夜ふけと梅の花』

※去年…本作品が刊行されたのは昭和五年である。

※似気なく…「にげなく」。似つかわしくなく。

※五円…現代の感覚では約三千円

問11　傍線部①「くったく」の意味として適当なものを選びなさい。

①　それまでの悩みが解決して、すがすがしい様子。

②　寂しさに我慢できなくなり、人恋しくなる様子。

③　何かが気になり、落ちつかずくよくよする様子。

④　夢見心地で、自分が何をしているか分からない様子。

問12　傍線部②「アオ」を漢字で表記した場合、その画数を選びなさい。

①　五画　②　六画　③　七画　④　八画

問13　傍線部③「律」のここでの意味として適当なものを選びなさい。

①　リズム　②　筋　③　色　④　痛み

問14　傍線部④「二三歩退いて」について、私がそのような行動をとった理由として適当なものを選びなさい。

①　この男の血液が、自分のマントに付着するのを防ごうと考えたため。

②　この男が自分に乱暴を振るうかもしれない、という恐怖を感じたため。

③　この男が予想外の依頼をしてきそうなことを感じ、そこから逃げるため。

④　喧嘩をしたらしい男のそばにいると、自分も巻き込まれそうに感じたため。

問15　傍線部⑤「理性を働かした」とありますが、その説明として適当なものを選びなさい。

①　自分に乱暴をした消防の男達を憎いとは思いつつも、自分が酔っていて記憶があいまいでは交番で事情を話しても、警官も真剣には受け止めてくれないと考えた。

②　証言をお願いした「私」は現場にいたわけではなく、自分が有利になるような証言をしてくれる可能性がないため、交番に行くのを諦めようと考えた。

③　たとえ自分に非がなかったとしても、喧嘩をしたことが公になり職場に知られると大きな支障が出そうだから、交番に行くのを止めようと考えた。

④　仮に喧嘩の原因が自分になかったとしても、交番に行くことで今後警察に付きまとわれることや近所で悪い噂が立つことを避けようと考えた。

問16　傍線部⑥「懐手」の読み方の説明として適当なものを選びなさい。

①　読み仮名は四字で、濁音を含む。

②　読み仮名は五字で、拗音を含む。

③　読み仮名は四字で、拗音を含む。

④　読み仮名は五字で、濁音を含む。

問17　空欄部□に入る語句として適当なものを選びなさい。

①　賢明　②　律儀　③　ご苦労　④　冷淡

問18　傍線部⑦「銭」のここでの読み方として適当なものを選びなさい。

この傷では、何うしたってなぐりあいをしたことがわかるからね」

「それもそうだね。では、も一度傷を見せたまえ。何とかごまかしがつくかもしれないぜ」

「何うだ、ひどいだろう？」

そう言って目近く顔を寄せて来る彼の傷を、私は代診みたいに強《し》いて落ちつきを示しながら、薄暗い光で診察してやった。

「ああ、これは少しひどすぎる」

私は左手をマントのポケットに入れ、右手で彼の血の流れている顎を上下左右に動かしながら、

「なる程ね。ちょっと、も少し上を向いてごらん。ひどいことをする奴だな。何か棒の尖《さき》ででも突かれたね。頬のところは？」

「酔っていたからちっともわからない」

「唇のところも、引き裂いたような傷だね。歯はゆらがないかね？」

彼は舌先を歯並に触ってみた。

「歯は何ともない」

「それは結構だ……それで、帰ったら旦那に斯《こ》う言いたまえ。酔っぱらって電車に乗って帰って来る途中、昇降台に立って⑥懐手をしたまま風に吹かれていると、急に電車がカアブして、真逆様《まっさかさま》にふり落されたんだと言いたまえ。そして運悪く掘り返された敷石の角に、頬のところがぶっ突かったんだと言いたまえ」

「そうか、僕はきっとそう言うよ」

「何うも、それにしても、傷がひどすぎるので弱ったものだが、一生懸命に言えばごまかされるかもわからないだろう」

私は漸《ようや》く彼の顎から手を離して、それからつけ加えた。

「顎を下にして落ちたということと、何しろ酔っているんだということは、きっと繰り返して言わなければ駄目だぜ」

「そうか有難う、きみは、えらい」

彼は頬をふくらませて息を吐き、それからよろめいて、唾を吐いた。

「それでは失敬」

私が帰ろうとすると、

「きみ、もう帰るのか、［　　　］だね」

彼は私に追いすがるので、この男は私に散歩をつきあわせようとするのではないかと思っていると、彼は右手をさし出した。

「……」

いつもの酔っぱらいの癖である握手であろうと思いながら、こちらからも手をさし出すと、彼のは握手ではなく、私の掌の中に何かお⑦銭を握らせようとしたのである。反射的に引込めた私の手からは、⑧はたしてお銭が一箇落ちて音がした。彼は片手で私のマントを捕え、片手で暗がりの地面から落ちたものを拾いあげて、それを灯明りにかざして見た。

「こいつはいけない、銅貨だ！」

彼は周章《あわ》てて銅貨をマントのポケットに納めて、他のをとり出した。

私は⑨薄笑いが顔に浮んで来るのを意識しながら、逃げだそうとして彼の手をねじ上げると、彼はいきなり私のマントのポケットに手に持ったものを入れた。とり出してみると※五円札であった。

「きみは、これを僕にくれようとするんだね。そいつはいけないぜ、これは……」

私はそれを彼の冠っているソフトの鍔《つば》に載っけて、逃げ出した。しかし彼は私のマントの翼をしっかり摑《つか》んでいた。彼は不意打ちに私の胸ぐらをこづきかかって来た。

「止せ、止せ、何をするんだ！」

「きみが受取らないからだ。生意気だよ。受取らなければ、きみがこの傷を負わせたことにするぞ！」

彼は腕前に自信があるらしく私の喉《のど》を締めはじめた。

「待ちたまえ！」

私は彼を冷静にさす必要があった。

「受取るから待ってくれ」

「では受取れ！　恥をかかすと承知しないぞ」

ＨＯの英断を無視しているのではないか、と疑問を呈している。

問10　本文の内容と合致するものとして適当なものを選びなさい。

①　レイチェル・カーソンは自身の著作でＤＤＴの危険性を環境ホルモン作用や、ヒトへの発がん性があるとして警鐘を鳴らしたが、新たな研究によってヒトへの発がん性が必ずしもあるとは言えないとの結果が出た。

②　一度はその生物蓄積性から危険視され、世界で販売中止となったＤＤＴではあるが、そのリスクとベネフィットから考えてベネフィットの方が大きいということが分かり、二〇〇六年に再販されるようになった。

③　ＤＤＴは殺虫剤であるため、アフリカの国々ではマラリア予防として蚊に対して使われていたが、熱帯ではない日本では戦後、日本占領地から戻ってきた人に対しての消毒、殺虫としてもっぱら使われた。

④　マラリア予防に使われたＤＤＴが、レイチェル・カーソンによるその危険性が警告されてからは、使用禁止になったが、そのせいでスリランカでのマラリア感染者数は使用可能だった時の一〇〇〇倍にもなった。

二

次の文章を読んで、後の問いに答えなさい。

或る夜更けのこと、正確にいえば※去年の三月二十日午前二時頃、私はひどく空腹で且《か》つ①くったくした気持で、何処かおでん屋でもないかと牛込弁天町の通りを歩いていた。邸宅の高い塀《へい》の内側から白く梅の花が咲いていて、その時マントの襟《えり》を立てようとして、ちょっと空を②アオいだ私の目をよろこばせた。しかしこの時それと同時に――全く突然、暗がりの電信柱のかげから一人の男がよろめき出た。彼は私の前に立ちふさがり、顎《あご》をこちらにつき出して言った。

「もしもし、きみ！　僕の顔は、血だらけになってやしませんか！」

この男の言うことは私をひどく驚かせた。軒燈の光にすかしてみると、なるほど彼の顔には、右の頬に可成《かな》り思いきった擲《なぐ》りかたをされたと見える打撲傷を受け、唇の横と鼻の下に二箇所の裂傷があった。血は傷口から③律をつくって湧き出て襟をうるおし、彼はそれを絶えず掌で拭っていた。彼は私と同じようにマントを着てソフトを冠《かぶ》っていた。そして彼は少からず酒臭かったのである。

「これはひどい傷ですね。喧嘩に敗けましたか？」

私は④二三歩退いてから訊ねた。何となれば彼の私に対する態度には、まだ酒席における喧嘩の場のかもしれない興奮を十分残しているところがあったからである。

だが彼は、私のマントの翼をちぎれるほど引張って放さなかった。

「きみ、放したまえ」

「いや放さん。僕は訴えようと思うんだ。消防の奴が四五人で、僕を袋叩きにしやがったんだ。僕は訴えてやるんだ。きみ、証人になって下さい」

「僕は現場を見ないのだから、駄目だよ。しかし君の方から消防に、何か乱暴なことを言うかするかしたんじゃないのですか」

「いや、僕は酔っていて、ちっとも覚えていない。とにかく消防ともあろうものが、人を袋叩きにしやがるなんて、実にけしからん。きみ、証人になりたまえ」

「駄目だよ。けれど、君がひどく負傷をしているということの証人にはなってもいい。警察はあそこだよ」

そこから榎《えのき》町交番の灯が見えていた。しかし彼は言った。

「実はきみ、僕は直ぐ近くの者なんだから、おおっぴらにはしたくないんだ。そうなると、勤め先をしくじるからな。くやしいけれど勘弁してやろうか」

酔っぱらいで、しかも敵持《かたき》ちに※似気なく、彼は⑤理性を働かしたらしかった。そこで私が彼を残して行きかけると、彼は再び私のマントの翼を捕えて放さなかった。

「きみ、そんなに急いで行ってしまうのかい。しかし、ね、きみ、僕はお店へ帰ってから、旦那の手前を何《ど》う言ったらいいだろう？

選びなさい。
① 基本的人権をシンガイする
② 自分のシンロを決める
③ 日本をシンカンさせた凶悪事件
④ 床上までシンスイした

問5 空欄部 [B] ～ [D] に入る語句の組み合わせとして適当なものを選びなさい。
① [B] しかし [C] ただし [D] そして
② [B] しかし [C] そして [D] ただし
③ [B] そして [C] ただし [D] しかし
④ [B] そして [C] しかし [D] ただし

問6 傍線部③「そのリスク」とは具体的にどのようなリスクですか。適当なものを選びなさい。
① DDTを農産物に転用してしまう人が出てくるというリスク。
② マラリアで大量のアフリカの人、とくに子どもが死ぬというリスク。
③ DDTが多くの生物の体内に溜まってしまうというリスク。
④ マラリアがアフリカだけでなく、世界に広まってしまうというリスク。

問7 傍線部④「レイチェル・カーソンの大虐殺」について、なぜ「レイチェル・カーソンの大虐殺」と言えるのですか。その根拠について説明したものとして適当なものを選びなさい。
① レイチェル・カーソンのDDTに関する研究結果の発表によってDDTの人体に対する危険性が認められたものの、その危険性よりもマラリアで死ぬ危険性のほうが高確率で死亡に至るから。
② レイチェル・カーソンがDDTの危険性を自著の中で発表したことによって、その発がん性のリスクが注目され、DDTの使用が世界で禁止されたことから、マラリアで死ぬ人々が禁止される前よりも増えたから。
③ レイチェル・カーソンがDDTの危険性を発表した六〇年代から四〇年以上経ち、その自著の中で発表したものの中に誤った情報が入っていることが分かったため、その発表のせいで多くの人々が化学薬品で死んでしまったから。
④ レイチェル・カーソンのDDTに関する研究結果の発表を受けて、全世界的に多くの化学薬品が発売禁止の流れになり、それに伴い他の薬品も治療薬として使えなくなったことが原因で多くの人々が死に至ったから。

問8 傍線部⑤「実に厳しい道」とは具体的にどのような道を指しますか。適当なものを選びなさい。
① アフリカで実際にDDTを農産物に転用し、すでに使用している人を国家を超えて厳しく取り締まらなければならないという道。
② DDTは発がん性物質を含んでいるという見解も持つ研究者や研究機関に対して、DDTの使用許可を説得しなければならないという道。
③ 世界中でDDTが使えるようにするために、DDTについて広まった誤った情報を覆さなければならないという道。
④ DDTの欠点を理解した上でその欠点を極力小さくし、DDTによってもたらされる利益を最大化しようとする道。

問9 傍線部⑥「研究者に聞いた話」について、筆者がこの話を引用した理由を説明したものとして適当なものを選びなさい。
① 日本のマスメディアでのDDTの取り扱われ方を紹介し、読者に客観的な視点を提示しようとしている。
② 日本におけるDDTの報道のされ方を示し、化学物質の危険性をより読者に知ってもらおうとしている。
③ 日本におけるDDTの報道のされ方には視聴者に対してよりセンセーショナルな情報を届けようとする作為がみられるとしている。
④ 日本のマスメディアでのDDTの取り扱われ方に対して、W

が、現在では「ヒトへの発がん性を分類できない」というグループに落としています。また、環境ホルモン作用については、魚類では認められましたが、ヒトへの作用はまだ科学者の間で見解がまとまっていません。

［D］、環境や野生動物への蓄積性はやっぱり否定できない事実です。DDTは揮発しやすく、アフリカで使用すれば世界中に広がり、さまざまな生物に吸収され蓄積します。

WHOはさまざまな学術論文、研究成果を集めて議論した結果、「家の内壁にスプレーする方法であれば使用量は少なく、ヒトや野生生物に危害を与えることはない。③そのリスクをはるかに上回るマラリア予防という大きなベネフィットがある」と判断しました。

このDDTを巡る判断は、決してわかりやすいものではありません。科学的な議論や考察、総合的な決断が必要です。欧米では、この問題が数年前から新聞などで何度も取り上げられてきました。冷静に論じた新聞もありましたし、マラリアで死ぬ大勢の子どもをクローズアップし、「④レイチェル・カーソンの大虐殺」と扇情的に取り上げた新聞もありました。

学術誌は発がん性の判断など、科学的な検討を行い、英国の著名な医学誌「ランセット」は、「リスクとベネフィットを十分に検討して判断を」という総説を二〇〇五年に掲載しています。

EUでは、DDTが使われる国からの食料輸入を認めるかどうかで、人権団体が輸入を認めない国に抗議する事態も起きました。さまざまなレベルで論争が繰り広げられたあげく、WHOは声明を出したのです。

今後、DDTが家屋で広く使用されるようになったら、もしかすると農産物に転用してしまう人も出てくるかもしれません。そういった〝間違った〟使用方法をとらせないための指導と監視も、WHOは講じていかなければならないでしょう。WHOは⑤実に厳しい道を選んだのです。

ところが、日本ではこのような重大事がマスメディアであまり報じられておらず、大多数の人びとが知りません。取り上げたのは、データベースで調べる限り、読売新聞、毎日新聞、共同通信社の三社のみ。しかも、毎日新聞二〇〇六年一〇月一九日付夕刊はWHOの声明を紹介したうえで、⑥研究者に聞いた話として「最近の欧州などでの研究で、DDTと男児の生殖器異常との関連性を示す報告がいくつか出ており、DDTのホルモンに似た作用による影響と考えられる。動物実験の結果では、発がん性も完全には否定されていないという」と書きました。

でも、WHOはDDTのリスクを認識したうえで、そのリスクを極力小さくし、ベネフィットを最大にする使い方を提示したのです。リスクがあるのは十分承知で、亡くなってしまう子どもたちを救う「大人の決断」です。

松永和紀『メディア・バイアス　あやしい健康情報とニセ科学』光文社新書

問1　空欄部［A］にはWHOの日本語の正式名称が入ります。適当なものを選びなさい。

①　世界食糧農業機関　②　国際通貨基金

③　国際教育科学文化機構　④　世界保健機関

問2　傍線部①「お墨付き」と同じ意味を持つ語句として適当なものを選びなさい。

①　太鼓判を押す　②　墨をつく

③　筆硯を新たにする　④　机上の空論

問3　次の文は本文のどこに入れるのが適当ですか。本文中の記号【1】～【4】から選びなさい。

WHOの調べでは、現在衛生状態が悪いアフリカの国々を中心に毎年三億人がマラリアにかかり、一〇〇万人を超える人々が死亡しています。その多くが抵抗力の弱い子どもです。

①　【1】　②　【2】

③　【3】　④　【4】

問4　傍線部②「シン」と同じ漢字を使う熟語として適当なものを

二〇二二年度　浦和麗明高等学校（推薦 単願・併願 一回目）

【国　語】（四五分）〈満点：一〇〇点〉

一　次の文章を読んで、後の問いに答えなさい。なお、問題の関係上、本文中に省略した箇所があります。

　DDTは有機塩素系農薬で、環境団体などからは目の敵にされています。ところがDDTは最近その長所が見直され、[A]（WHO）が使い方に十分注意しながら利用しましょうという①お墨付きを与え、復活を遂げつつあるのです。そのことが、日本のマスメディアでは詳しく伝えられていません。

　DDTは正式名称がジクロロジフェニルトリクロロエタン。一九三八年に殺虫活性が見出された化合物で、四三年から農薬として大量生産が始まりました。第二次世界大戦後に中国や朝鮮半島から日本に着の身着のまま、やっとの思いで引き揚げてきた人たちは、ノミやシラミが大量についており、発疹チフスなどの感染症を媒介する危険があったため、殺虫剤DDTを振りかけられました。甘い香りのする粉だったそうです。安価で生産でき、ノミやシラミを殺し、伝染病を防ぐ「奇跡の粉」。日本だけでなく世界で使われました。

　[B]、六〇年代にレイチェル・カーソンの著書『沈黙の春』でその環境蓄積性や発がん性が指摘され、一転「悪い化学物質」の烙印を押されてしまいました。カーソンはDDTが難分解性で環境中に長く残留することから、生物濃縮によってDDTが鳥に蓄積し、卵が孵らなくなったり、殻が薄くなっていると告発しました。また、DDTを使った人ががんになったり肝臓を冒されたりしていると批判しました。このことがきっかけで、DDTは世界中で販売中止となり、日本でも七一～七二年に農薬登録が失効しました。【1】

　ところが二〇〇六年、そのDDTを見直す姿勢をWHOが明確にしたのです。理由はマラリア予防効果です。【2】

　マラリアは、マラリア原虫を持つ蚊が媒介する感染症で、高熱が出て意識障害、腎不全などを引き起こします。昔は世界各国で患者が発生していましたが、DDTが蚊の駆除に使われるようになって患者数は激減しました。しかし、DDTが販売中止になった直後から患者が急増してしまったのです。スリランカでは、DDTが使われた結果、六三年には患者が年間一一〇人にまで減ったのに、使用禁止になった直後の六八年には患者が年間一〇〇万人を超えたとされています。【3】

　WHOはマラリアを防ぐために、別の農薬を使ったり蚊帳の普及を図ったりしています。しかし、別の農薬は蚊がすぐに耐性を獲得して効かなくなってしまいましたし、蚊帳はアフリカなどの人々にはなじみが薄く、なかなか使ってもらえません。【4】

　このため、一部の国ではDDTが使われるようになりました。家の内壁にDDTをスプレーしておくのです。蚊は夜間に活動が活発になり家の中に②シン入しますが、壁にとまるとDDTの効果で死にます。夜間に家の中で蚊に刺されないようにすれば、マラリア感染をかなりの割合で予防できるのです。

　[C]、WHOは二〇〇六年九月、マラリアに感染しやすいアフリカを中心とする地域で、DDTを家の壁の内側にスプレーして蚊を防ぐことを推奨する、という声明を発表しました。

　ものごとには必ず長所と欠点があるというのは、人間社会の常識でしょう。そのことを、科学の世界ではリスクとベネフィットと呼びます。リスクは危害を与える可能性であり、ベネフィットはそれによって得られる便益のことです。DDTの場合、ベネフィットはマラリア感染予防です。

　WHOはDDTのリスクもしっかりと検討しました。例えば、ヒトに対する発がん性については、DDTを「ヒトへの発がん性があるかもしれない」というグループに分類していた国際がん研究機構

2022年度／浦和麗明高等学校（推薦　単願・併願１回目）

英語解答

1	問１　④	問２　①	問３　②	**5**	問22　②	問23　③	問24　④
2	問４　①	問５　③	問６　③		問25　①	問26　①	
3	問７　②	問８　②	問９　③	**6**	問27　②	問28　②	問29　③
	問10　②	問11　③	問12　③		問30　③	問31　②	問32　②
	問13　①	問14　③	問15　④		問33　④		
	問16　②			**7**	問34　①	問35　③	問36　②
4	問17　③	問18　①	問19　③		問37　②	問38　①	問39　④
	問20　②	問21　①			問40　①		

1〔単語の発音〕

問１．floor[ɔː]　①　food[uː]　②　foot[u]　③　blood[ʌ]　④　door[ɔː]

問２．out[au]　①　count[au]　②　couple[ʌ]　③　group[uː]　④　should[u]

問３．human[juː]　①　put[u]　②　usual[juː]　③　umbrella[ʌ]　④　busy[i]

2〔単語のアクセント〕

問４．①　pol-lú-tion　②　yés-ter-day　③　wón-der-ful　④　díf-fi-cult

問５．①　fá-mous　②　réad-y　③　be-lóng　④　ís-land

問６．①　fú-ture　②　plán-et　③　for-gét　④　éf-fort

3〔適語（句）選択・語形変化〕

問７．直前の much に着目。これは比較級の前で用いられ「ずっと」の意味で比較級を強調する用法。「もし勉強し続ければ，君の英語はずっと良くなるだろう」

問８．前に出た名詞の代用となり，不特定のものを指すのは one。it や that は前に出た名詞そのもの(特定のもの)を指す。　「もし自転車が必要なら，１台貸しますよ」

問９．間接疑問文。間接疑問は‘疑問詞＋主語＋動詞...’の語順。how heavy でひとまとまりなので，これを１つの疑問詞と見なす。このように，「どれほど，どのくらい」の意味で‘程度’を表す how「どの」は後ろに形容詞を伴い‘how＋形容詞’で１つの疑問詞をつくる。（類例）how old「(どのくらい年をとって→)何歳」　how long「どのくらい(長く)」　「この靴がどれくらい重いかわかりますか」

問10．主語 It は前文の the work を受けるので，「終えられなくてはならない」という受け身の表現になる。助動詞を含む受け身は‘助動詞＋be＋過去分詞’の形。　「急いでその仕事を終えなさい。それはできるだけ早く終えられなくてはならない」

問11．‘look forward to＋(動)名詞’「～(すること)を楽しみにする」　「彼女はもうすぐケンに会うことを楽しみにしている」

問12．context「文脈」　complex「複合体」　expression「表現」　statement「声明」　「先生はいつも私たちに，文脈から意味をつかむことがとても重要だと言う」

問13．briefly「手短に」　entirely「全く」　thoroughly「徹底的に」　essentially「本質的に」

「時間が限られているので，私たちの新プロジェクトを短く説明させてください」

問14. fall asleep「眠りに落ちる」　「祖母はよくテレビを見ている間に眠りに落ちる」

問15. wear ～ out で「～を疲れ果てさせる」という意味を表す。　naughty「やんちゃな，言うことを聞かない」　wear－wore－worn　「その言うことを聞かない子どもは，叫び声と泣き声で私を疲れ果てさせた」

問16. revolution「革命」　evolution「進化」　institution「設立」　resolution「決意」　「私は歴史の授業で，フランス革命が1789年に起きたと学んだ」

4 〔誤文訂正〕

問17. ここでのlieは「横たわる」という意味の動詞。過去の文なので，lieも過去形にする必要がある。　lie－lay－lain　「暖かい日だったので，その犬はほえることなく木の下で横になっていた」

問18. reach「～に着く」は他動詞なのでtoは不要。　reach ～≒ get to ～≒ arrive at ～　「私たちは朝早くその山の頂上に着いた」

問19. be going toの後には動詞の原形が続くので，havingではなくhaveが正しい。　「雨のおかげで，今年は十分な収穫ができるだろう」

問20. ‘tell＋人＋to ～’で「〈人〉に～するように言う」という意味を表すので，finishingではなくto finishが正しい。　「先生は私たちに，木曜日までにレポートを(書き)終えるように言った」

問21. be surprised at ～で「(人が)～に驚く」となるので，very surprisingではなくvery surprisedが正しい。surprisingは「(人を)驚かせるような」という意味。　「私たちはその知らせにとても驚き，先生とそれについて話した」

5 〔対話文完成―適文・適語(句)選択〕

≪全訳≫❶マリーとママが猛暑について話す。❷エレン(E)：マリー，服を畳むのを手伝ってくれる？❸(テーブルの上に，畳んでいない服でいっぱいの籠を置く)❹マリー(M)：(ソファーに横たわっている)ア動けない。❺E：どうして？　大丈夫？❻M：すごく暑い。人生でこんなに暑かったことはないよ。❼E：イ不快なのはわかるけど，猛暑は数日で収まるわよ。❽M：どうしてうちにはエアコンがないの？❾E：これくらい暑い夏が一度もなかったからよ。尋常な夏じゃないわね。❿M：気候変動が憎いよ。オレゴン州は絶対にこんなに暑くちゃいけない。ウエアコン，買えないの？⓫E：パパが発注したけど，9月まで届かないわよ。来年の夏はとても涼しくなるわ。⓬M：来年の夏？　でも今苦しんでいるんだよ！⓭E：そんなに大げさにしないの，マリー。扇風機に近いこっちに座って，服を畳むのを手伝って。⓮M：力が出ないよ。⓯E：エ昼食は食べた？⓰M：おなかはすいてないの。⓱E：オアイスティーかレモネードが欲しい？　涼しくなるのを助けてくれるわよ。⓲M：レモネードをちょうだい，氷をたくさん入れて。持ってきてくれる？⓳E：いいわよ。あなたのためにつくってあげている間に，服を畳んでね。

<解説>問22. 直後で，母親がWhy not？と言っていることに着目。このWhy not？は相手の否定文を受けて「どうして(～でないの)」という意味なので，この前には否定文が入る。　問23. 直後のbutに着目。心地良くないのはわかるが，猛暑はもうすぐ終わる，という‘逆接’の文脈である。

問24. 直後で母親はDad ordered oneと言っている。このoneが何を指すか考える。　order「～を注文する」　問25. 直前の「力が出ない」理由として「昼食を食べたか」と確認する母に対し，

マリーは「おなかはすいてない」と答えたという流れである。　問26．直後のThatが受ける内容が入る。また，その後でマリーはLemonade, pleaseと言っている。

6〔長文読解総合―物語〕

≪全訳≫❶ある粉屋がとても丈夫なロバを所有していたのだが，ある日それを売ることに決めた。彼と息子は，その動物に自分たちの前を歩かせ，一緒に町に向かって出発した。進んでいくと，道端で遊んでいる一団の少女たちに出会った。老人と小さな少年がロバの後ろを歩いているのを見ると，彼女たちは笑い出した。❷「あの２人の愚かな人たちを見て！」と彼女たちは互いに言い合った。「立派なロバがいるのに，乗りもしないで，その後ろを歩いている！　こんなこと，誰か聞いたことある？」❸年老いた粉屋は，これを聞いてとても驚いた。彼はすぐに息子をロバに乗せ，その背中に座らせた。彼自身は後ろを歩き続けた。❹やがて彼らはまた別の，若い娘たちではなく老人たちの一団に会った。彼らは白髪頭を振りながら若者の礼儀知らずについて話していた。❺「あれを見ろ！」　１人がロバに乗っている粉屋の息子を見て言った。「あれこそ，わしたちがたった今言っていたことじゃないかね？　今どきの若者は年寄りのことを気にかけない！　あの体力のある若い少年がロバの背中にのうのうと乗って，かわいそうな年寄りの父親が歩いてついていっているんだ。下りなさい，君，お父さんが乗れるように！」❻粉屋はこの新しい話にとてもうろたえた。彼は急いで息子をロバから下ろした。それから自分がロバの背中に乗り，小さな息子は横を歩いた。子どもの脚はロバのよりも短く，彼はついていくために走らなくてはならなかった。すると，道のそばで洗濯をしていた女性たちが粉屋に呼びかけた。❼「もしあれが私の子なら」と彼女たちの１人が叫んだ。「あんたのロバの後ろで死ぬまで走り続けることはないでしょうよ！　あんたは父親を名乗っているんだね！　あんたに息子を持つ資格は全くないよ！」❽「ああ！　ああ！」と哀れな粉屋は言った。「また間違えているようだ！　ここに上がっておいで，息子よ，そしてわしの後ろに乗りなさい！　そうすればたぶん，誰も何も言わないだろう」❾そこで，少年はよじ登って父親と一緒に乗った。しかしすぐに，彼らは彼らをまじまじと見つめる農家の人に出会った。❿「教えてくださいよ，だんな」と彼は粉屋に言った。「そのかわいそうで不幸な小さなロバはあなたのですか？」⓫「もちろんわしのだよ」と粉屋は答えた。「どうして(そんなことを)きくのかね？」⓬「自分の動物にそんな重さを背負わせるのは，愚か者だけだからですよ！」と農家の人は答えた。「あなたとその男の子は，ロバがあなたたちを運ぶよりもうまくロバを運べるでしょう。２人とも下りて，その動物を運んでやろうとしたらどうです？」⓭もちろん，彼は自分が言ったことを，本気で言ったわけではなかった。しかし愚かな粉屋はまたも，最後に発言した者が最も理にかなっていると信じた。そこで彼と息子は下りた。そして，大変な苦労をしてかわいそうなロバの脚をまとめてくくり，買ってきた長い棒を使ってロバを運ぶ用意ができた。⓮「さて」と，すでに疲れている粉屋は言った。「お前が棒の一方の端を持ちなさい，そしてわしがもう一方を持とう。そしてロバを担いで橋を渡って，川の向こう岸の町に入っていこう」⓯このときまでに，彼らを見物するために群衆が集まっていた。粉屋と小さな息子が逆さまにつるされて鳴いているロバを持ち上げようとすると，彼らは突っ立って笑った。しかしその努力は彼らには大変すぎた。彼らは突然棒とロバをとても激しく落としてしまった。するとそのかわいそうな動物は川に転げ落ち，水の中に消えた。二度と上がってくることはなかった。⓰粉屋は，ばかなことをしてしまったと気づき始めた。もう少し早く気づかなかったのは実に残念だった。⓱「みんなの気に入るようにしたんだ！」と彼は大声で言った。「でも誰も満足させられなかった，特にわし自身に！　これは他人の意見に従った結果だ！　次に何かをしたいと思ったときには，自分のやり方でしよう」

問27＜文脈把握＞彼女たちが笑った理由は，次の段落にある彼女たちの発言から読み取れる。彼女たちは老人と少年がロバに乗らずにその後ろを歩いているのを見て笑ったのである。この内容に一致するのは，②「粉屋と息子がロバの後ろを歩いていたから」。

問28＜適語(句)選択＞粉屋の息子がロバに乗り，その後ろを年老いた粉屋が歩いているのを見て言った老人の発言である。この老人は若者の礼儀知らずについて話しており，目の前の光景を見て，Isn't that what we were just saying？と言っている。空所を含む文にある so that ～は「～するように」という意味。

問29＜内容一致＞「女性の１人が粉屋に(　　)と言った」―③「息子がロバに乗るべきだ」　第６段落最終文～第７段落参照。この女性が言っているのは，「幼い子どもをロバの後ろで死ぬほど走らせるなんて，それでも父親か」→「父親なら息子を乗せてやりなさい」ということ。

問30＜内容一致＞「粉屋は農家の人に会った後，(　　)ことに決めた」―③「息子と一緒にロバを運ぶ」　第12，13段落参照。農家の人の Why don't you both(＝the miller and his son) get down and try carrying the animal(＝donkey)？という言葉を真に受けて，そのとおりにしている。

問31＜英文解釈＞この mean は，「～を本気で言う」の意味。また，ここでの what は「(～する)こと」の意味を表す関係代名詞で，what he said で「彼が言ったこと」となる。ここではロバに乗るのをやめて，代わりにロバを運んでやったらどうだと言ったことを指す。

問32＜要旨把握＞第13段落後半および第15段落第２文参照。ロバの脚をまとめてくくり，長い棒を買ってきて，ロバを逆さまにつるして２人で担ごうとした。

問33＜主題＞第17段落参照。自分で考えず他人の意見に振り回された結果，粉屋はロバを失ってしまった。ここから読み取れるメッセージは，④「自分で考えて行動すべきだ」。

7〔長文読解総合―物語〕

≪全訳≫❶インドの水運び人は２つの大きな水がめを持っており，それぞれ肩に担ぐ棒の端につるされていた。かめの１つはひび割れも穴もなく完璧にできていた。もう１つのかめにはひび割れがあったため，水運び人が主人の家に着くまでに(水は)半分しか入っていなかった。❷この状況は２年間毎日続き，水運び人は主人の家にかめ１杯半の水しか運べなかった。もちろん，完璧な方のかめはとてもいい仕事をしていることを誇りに思っていた。しかし，かわいそうなひび割れたかめは自分の欠陥を恥じ，運ぶことになっている量の半分しか運べていないことにがっかりしていた。❸この苦い失敗の２年間が過ぎ，ひび割れたかめはある日，小川のそばで水運び人に話しかけた。「僕は自分が恥ずかしくて，あなたに謝りたいのです」「なぜ？」と運び人は尋ねた。「何が恥ずかしいんだい？」「僕はここ２年間，容量の半分しか運べていません。横にあるこのひび割れが，あなたのご主人の家に戻る道中ずっと水を滴り落ちさせるからです。僕が完璧でないせいで，あなたは労力が完全に報われることなくこの(大変な)仕事をしなくてはなりません」とかめは言った。❹古いひび割れたかめがこんなふうに感じていることに水運び人は驚き，こう言った。「ご主人様の家に戻るとき，お前に道沿いのきれいな花に気づいてほしいんだ」❺そこで，丘を登っているとき，古いひび割れたかめは太陽が道沿いのきれいな野の花に暖かくさしていることに気づき，このことはかめを少し元気づけた。しかしその移動の終わりには，水の半分を滴り落ちさせてしまったことをやはり心苦しく感じたので，かめはまた自らの失敗を運び人に謝った。❻運び人はかめに言った。「花が道のお前の側にだけあって，もう１つのかめの側にはないことに気づかなかったかい？　それは，僕がいつもお前の横にあるひびのことを知っていて，それをうまく利用したからだよ。僕は道のお前の側に花の種をまいたんだ。毎日小川から戻ってくる間，お前が花に水をやってきたんだよ。２年間，僕はそのきれいな花が育つのを見て楽しむことができている。それに，花を摘んでご主人様のテーブルに飾ったりもしているんだよ。お前がもしありのままのお前でなかったら，ご主人様は家を飾るこの美しいものを持っていなかっただろうね」❼その日以来，ひび割れたかめは弱点だと思っていたことが実は強みだったと知った。今や毎日道を通って移動しているとき，ひび割れたかめは横のひびから水が滴り落ちるのを誇らしく思っていた。

問34＜表題選択＞水運び人は，ひびから水が滴り落ちてしまうのを申し訳なく思うひび割れたかめに対して，そのひびがあったおかげで道沿いに花が咲いたことを伝えた。それはひび割れたかめがそのままでいたからこその結果だった。よって，タイトルとしてふさわしいのは，①「ありのままの君でいなさい」。

問35＜適語選択＞完璧なかめとひび割れたかめを対比した部分であることを読み取る。　be proud that ～「～であることを誇りに思う」　be disappointed that ～「～であることに失望する」

問36＜語句解釈＞what it was supposed to do の it は the cracked pot のこと。be supposed to ～ は「～することになっている」という意味。かめがすることになっているのは水を「運ぶ」ことである。なお，ここにある what は「(～する)もの，こと」の意味を表す関係代名詞である。

問37＜指示語＞主語の this は，前にある the sun warming the beautiful wild flowers at the side of the path「太陽が道沿いのきれいな野の花に暖かくさしていること」を受けている。次の文の But に着目すれば，「このことはそれ(＝ひび割れたかめ)を元気づけたが，それ(＝ひび割れたかめ)は水の半分をこぼしていることを申し訳なく思っていた」という文脈が読み取れる。

問38＜英問英答＞「第１，２段落によると，次のうち正しいものはどれか」―①「水運び人は，２年間毎日主人の家まで２つのかめを運んだ」　第１段落第１文および第２段落第１文参照。

問39＜英問英答＞「第３～５段落によると，なぜひび割れたかめは自分を恥ずかしく思っていたか」―④「ここ２年間，半分の水しか運べなかったから」　第３段落参照。half my load とは「私の分担量の半分」，つまりかめ１杯分の半量のこと。　be ashamed of ～「～を恥ずかしく思う」

問40＜英問英答＞「第６，７段落によると，ひび割れたかめは何に気づいたか」―①「弱点は強みになりうると気づいた」　第７段落第１文参照。what it had thought of as a weakness の what は関係代名詞。これは‘think of *A* as *B*’「*A* を *B* と見なす」の‘*A*’が関係代名詞 what になって前に出た形。　weakness「弱み，弱点」⇔ strength「強み」

2022年度／浦和麗明高等学校（推薦　単願・併願１回目）

数学解答

1 (1)　3　(2)　イ…3　ウ…2
(3)　エ…－　オ…3　カ…7
(4)　キ…－　ク…9

2 (1)　ア…1　イ…5　ウ…0
(2)　エ…1　オ…3
(3)　カ…8　キ…1　ク…3
(4)　ケ…7　コ…0　サ…0

3 (1)　ア…2　イ…3
(2)　ウ…4　エ…3　オ…1　カ…6
キ…3
(3)　ク…6　ケ…8　コ…4　サ…3
シ…6　ス…1　セ…2　ソ…1
タ…6

4 (1)　ア…3　イ…1
(2)　ウ…2　エ…1　オ…6
(3)　カ…1　キ…2　ク…7

5 (1)　ア…2　イ…5
(2)　ウ…3　エ…2
(3)　オ…7　カ…7
(4)　キ…1　ク…5

1〔独立小問集合題〕

(1)＜数の計算＞与式$=4-9+12+(-4)=4-9+12-4=3$

(2)＜式の計算＞与式$=a^9b^3\times a^4b^3\div a^{10}b^4=\dfrac{a^9b^3\times a^4b^3}{a^{10}b^4}=a^3b^2$

(3)＜二次方程式＞両辺を15倍して，$3x^2+5x-45=17x+18$，$3x^2-12x-63=0$，$x^2-4x-21=0$，$(x+3)(x-7)=0$　$\therefore x=-3, 7$

(4)＜数の計算＞$\sqrt{18}=\sqrt{3^2\times2}=3\sqrt{2}$，$\sqrt{45}=\sqrt{3^2\times5}=3\sqrt{5}$より，与式$=(3\sqrt{2}-3\sqrt{5})(\sqrt{2}+\sqrt{5})=3(\sqrt{2}-\sqrt{5})(\sqrt{2}+\sqrt{5})=3\times(2-5)=3\times(-3)=-9$となる。

2〔独立小問集合題〕

(1)＜平面図形―角度＞正十二角形の内角の和は，$180^\circ\times(12-2)=1800^\circ$となるから，1つの内角の大きさは，$1800^\circ\div12=150^\circ$である。
≪別解≫多角形の外角の和は360°だから，正十二角形の1つの外角は$360^\circ\div12=30^\circ$である。よって，正十二角形の1つの内角の大きさは，$180^\circ-30^\circ=150^\circ$である。

(2)＜数の性質＞$\sqrt{\dfrac{4n+65}{n}}$が整数となるとき，$\dfrac{4n+65}{n}=4+\dfrac{65}{n}$は自然数の2乗となるから，$\dfrac{65}{n}$は自然数である。$n$は自然数なので，$\dfrac{65}{n}$が自然数となるのは，$n$が65の約数である，$n=1, 5, 13, 65$の場合である。$n=1$のとき，$4+\dfrac{65}{1}=4+65=69$となり，$n=5$のとき，$4+\dfrac{65}{5}=4+13=17$となり，いずれの場合も自然数の2乗にならないので，適さない。$n=13$のとき，$4+\dfrac{65}{13}=4+5=9=3^2$となる。よって，$\sqrt{\dfrac{4n+65}{n}}$が整数となる最小の自然数は，$n=13$である。

(3)＜確率―トランプ＞ジョーカーを除く52枚のうち，絵札のカードは，スペード，ハート，ダイヤ，クラブの11，12，13だから，$4\times3=12$(枚)あり，絵札以外の奇数のカードは，スペード，ハート，ダイヤ，クラブの1，3，5，7，9の$4\times5=20$(枚)ある。つまり，絵札または奇数のカードの枚数は，$12+20=32$(枚)ある。よって，求める確率は$\dfrac{32}{52}=\dfrac{8}{13}$である。

(4)＜一次方程式の応用＞買った品物の値段をx円とすると，残りの金額は兄が$1500-x$円，弟が$1200-x$円で，その比が8：5になるので，$(1500-x):(1200-x)=8:5$が成り立つ。これを解くと，$5(1500-x)=8(1200-x)$より，$7500-5x=9600-8x$，$3x=2100$，$x=700$となるので，買った品物の値段は700円である。

3〔関数─関数 $y=ax^2$ と直線〕

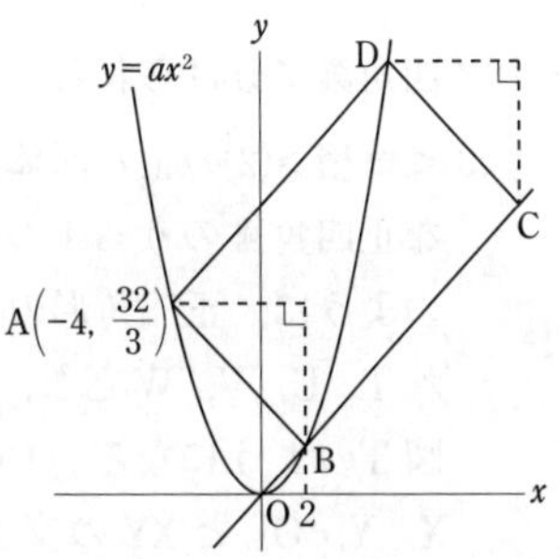

(1)＜比例定数＞右図で，関数 $y=ax^2$ のグラフは $\mathrm{A}\left(-4,\ \dfrac{32}{3}\right)$ を通るので，$x=-4$，$y=\dfrac{32}{3}$ を代入して，$\dfrac{32}{3}=a\times(-4)^2$ より，$a=\dfrac{2}{3}$ である。

(2)＜直線の式＞右図で，(1)より，点Bは関数 $y=\dfrac{2}{3}x^2$ のグラフ上にあり，x 座標が2だから，y 座標は $y=\dfrac{2}{3}\times2^2=\dfrac{8}{3}$ となり，$\mathrm{B}\left(2,\ \dfrac{8}{3}\right)$ である。これより，2点A，Bを通る直線の傾きは $\left(\dfrac{8}{3}-\dfrac{32}{3}\right)\div\{2-(-4)\}=(-8)\div6=-\dfrac{4}{3}$ だから，その式は $y=-\dfrac{4}{3}x+b$ とおけ，点Bの座標より，$\dfrac{8}{3}=-\dfrac{4}{3}\times2+b$，$b=\dfrac{16}{3}$ となる。よって，直線ABの式は $y=-\dfrac{4}{3}x+\dfrac{16}{3}$ である。

(3)＜座標＞右上図で，点Dの x 座標を t とすると，点Dは関数 $y=\dfrac{2}{3}x^2$ のグラフ上にあるので，y 座標は $y=\dfrac{2}{3}t^2$ となり，$\mathrm{D}\left(t,\ \dfrac{2}{3}t^2\right)$ である。点Aから点Bまでは，x 軸方向へ $2-(-4)=6$，y 軸方向へ $\dfrac{8}{3}-\dfrac{32}{3}=-8$ 移動する。AB∥DC，AB＝DCより，点Cの x 座標は $x=t+6$，y 座標は $y=\dfrac{2}{3}t^2-8$ となるから，$\mathrm{C}\left(t+6,\ \dfrac{2}{3}t^2-8\right)$ となる。直線OBの傾きが $\dfrac{8}{3}\div2=\dfrac{4}{3}$ だから，その式は $y=\dfrac{4}{3}x$ である。直線OBは点Cを通るので，$\dfrac{2}{3}t^2-8=\dfrac{4}{3}(t+6)$ が成り立ち，両辺に3をかけて，$2t^2-24=4(t+6)$，$2t^2-24=4t+24$，$2t^2-4t-48=0$，$t^2-2t-24=0$，$(t+4)(t-6)=0$　$\therefore t=-4,\ 6$　$t>0$ より $t=6$ だから，点Cの x 座標は $x=6+6=12$，y 座標は $y=\dfrac{2}{3}\times6^2-8=16$ となり，C(12，16)となる。

4〔空間図形─正三角形，立方体，正八面体〕

≪基本方針の決定≫(1)　△ABCと△BCGの面積で，底辺をともに辺BCとするときの高さを考える。　(2)，(3)　正八面体，および立方体の頂点を通る断面図で考える。

図1

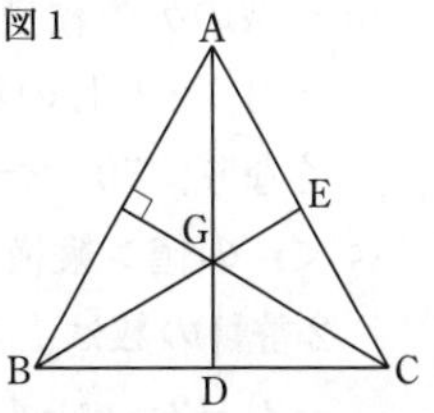

(1)＜面積の比＞右図1で，辺BCの中点をD，辺CAの中点をEとし，AB＝BC＝a とする。△ABCは正三角形より，AD⊥BC，∠ABD＝60°となるから，△ABDは3辺の比が $1:2:\sqrt{3}$ の直角三角形で，$\mathrm{AD}=\dfrac{\sqrt{3}}{2}\mathrm{AB}=\dfrac{\sqrt{3}}{2}a$ と表せる。また，BEは∠ABCの二等分線となるから，$\angle\mathrm{GBD}=\dfrac{1}{2}\angle\mathrm{ABC}=\dfrac{1}{2}\times60^\circ=30^\circ$ より，△BGDは3辺の比が $1:2:\sqrt{3}$ の直角三角形で，$\mathrm{GD}=\dfrac{1}{\sqrt{3}}\mathrm{BD}=\dfrac{1}{\sqrt{3}}\times\dfrac{1}{2}\mathrm{BC}=\dfrac{\sqrt{3}}{6}a$ と表せる。よって，$\triangle\mathrm{ABC}:\triangle\mathrm{BGC}=\dfrac{1}{2}\times\mathrm{BC}\times\mathrm{AD}:\dfrac{1}{2}\times\mathrm{BC}\times\mathrm{GD}=\mathrm{AD}:\mathrm{GD}=\dfrac{\sqrt{3}}{2}a:\dfrac{\sqrt{3}}{6}a=3:1$ である。

図2

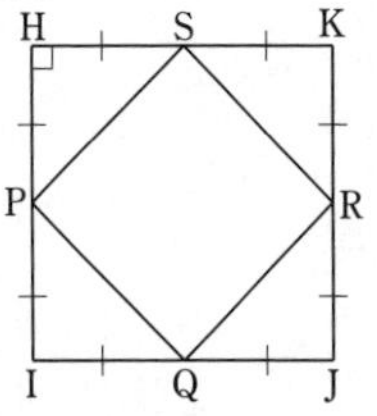

(2)＜長さ，体積＞立方体の側面の中心，つまり側面の正方形の対角線の交点をそれぞれP，Q，R，Sとし，これらの4点を通る面で切った切り口は，右図2のようになる。切り口と立方体の側面が交わる正方形をHIJKとすると，4点P，Q，R，Sはそれぞれ辺HI，IJ，JK，KHの中点だから，△HPSは直角二等辺三角形になる。よって，$\mathrm{HP}=\dfrac{1}{2}\mathrm{HI}=\dfrac{1}{2}\times1=\dfrac{1}{2}$ より，正八面体の1辺の長さは，$\mathrm{PS}=\sqrt{2}\,\mathrm{HP}=\sqrt{2}\times\dfrac{1}{2}=\dfrac{\sqrt{2}}{2}=\dfrac{1}{\sqrt{2}}$ である。また，正八面体は面PQRSによっ

て，底面が正方形PQRS，高さが立方体の高さ1の$\frac{1}{2}$，つまり，$\frac{1}{2}\times1=\frac{1}{2}$である，2つの合同な正四角錐に分けられる。よって，正八面体の体積は，$\frac{1}{3}\times\frac{1}{\sqrt{2}}\times\frac{1}{\sqrt{2}}\times\frac{1}{2}\times2=\frac{1}{6}$である。

(3)＜体積＞(2)の正八面体が，前ページの図2の面PQRSで分けられる2つの合同な正四角錐のうち1つの正四角錐の4つの側面の重心，つまり前ページの図1のように，正三角形の3つの頂点から対辺の中点に引いた線分の交点をそれぞれT，U，V，Wとし，4点を通る面で立方体と正八面体を切った切り口は，右図3のようになる。4点L，M，N，Oを定め，辺LM，LNの中点をそれぞれX，Y，OLとXYの交点をZとすると，(1)で，AG：GD＝(AD－GD)：GD＝$\left(\frac{\sqrt{3}}{2}a-\frac{\sqrt{3}}{6}a\right)$：$\frac{\sqrt{3}}{6}a=\frac{2\sqrt{3}}{6}a$：$\frac{\sqrt{3}}{6}a$＝2：1よりOT：TZ＝2：1で，OZ＝ZLより，OT：TL＝OT：(TZ＋ZL)＝OT：(TZ＋OZ)＝OT：(TZ＋OT＋TZ)＝2：(1＋2＋1)＝2：4＝1：2となる。同様に，OU：UM＝1：2で，TU∥LMとなるから，$TU=\frac{1}{1+2}LM=\frac{1}{3}\times1=\frac{1}{3}$となる。よって，正八面体の内部の立方体の体積は，$\left(\frac{1}{3}\right)^3=\frac{1}{27}$である。

図3

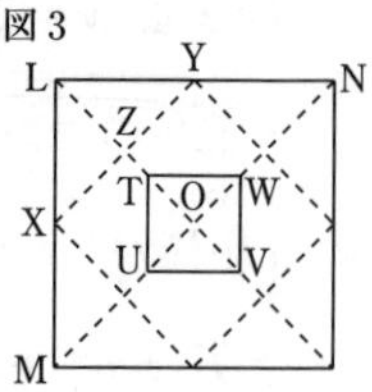

5 〔特殊・新傾向問題―規則性〕

≪基本方針の決定≫(1)，(2)　数の列で，小さい方から4個の数は規則的に増えていることに注目する。　(4)　大きい方から3個の数をnを使って表す。

(1)＜数の和＞縦横9枚ずつ敷き詰めたときにできる数の列について，小さい方から1番目の数は1，2番目の数は9であり，1番目から2番目まで，9－1＝8増えている。小さい方から4番目までは同様に8ずつ増えるので，小さい方から4番目の数は，1＋8×3＝25である。

(2)＜文字を使った数＞縦横n枚ずつ敷き詰めたときにできる数の列について，小さい方から1番目の数は1，2番目の数はnであり，1番目から2番目まで，$n-1$増えている。小さい方から4番目までは同様に$n-1$ずつ増えるので，小さい方から4番目の数は，$1+3(n-1)=1+3n-3=3n-2$である。

(3)＜数の列＞縦横9枚ずつ敷き詰めたときにできる数の列について，大きい方から1番目の数は$9^2=81$，2番目の数は1番目の数より2小さくなり，81－2＝79，3番目の数は2番目の数より2小さくなり，79－2＝77である。

(4)＜nの値＞縦横n枚ずつ敷き詰めたときにできる数の列について，大きい方から1番目の数はn^2，2番目の数は1番目の数より2小さくなり，n^2-2，3番目の数は2番目の数より2小さくなり，$(n^2-2)-2=n^2-4$と表せる。この3つの数の和が669になるので，$n^2+(n^2-2)+(n^2-4)=669$が成り立つ。これを解くと，$3n^2=675$，$n^2=225$，$n=\pm15$，nは自然数で奇数なので，$n=15$である。

2022年度／浦和麗明高等学校（推薦　単願・併願１回目）

国語解答

一　問１　④　　問２　①　　問３　③
問４　①〔②〕　　問５　②
問６　③　　問７　②　　問８　④
問９　④　　問10　①

二　問11　③　　問12　②　　問13　①
問14　②　　問15　③　　問16　④
問17　④　　問18　②　　問19　①
問20　④　　問21　①

三　問22　②　　問23　④　　問24　③
問25　②　　問26　①　　問27　④
問28　②〔③，④〕

一〔論説文の読解―自然科学的分野―科学〕出典；松永和紀『メディア・バイアス　あやしい健康情報とニセ科学』。

≪本文の概要≫DDTは環境団体などからは目の敵にされているが，最近その長所が見直され，世界では復活を遂げつつある。しかし，そのことは，日本のマスコミでは詳しく伝えられていない。DDTは，一九三八年に殺虫活性が見出された化合物で，ノミやシラミを殺し伝染病を防ぐ奇跡の粉として世界中で使われたが，レイチェル・カーソンが『沈黙の春』でその環境蓄積性や発がん性を指摘してから，一転して世界中で販売中止となった。ところが二〇〇六年，WHOは，マラリアの予防効果を理由に，DDTを見直す姿勢を明確にした。DDTの環境や野生動物への蓄積性は，否定できない事実である。しかしWHOは，さまざまな研究成果を集めて議論した結果，家の壁にスプレーする方法であれば使用量は少なく，マラリア予防という長所は，DDTのリスクを大きく上回ると判断した。欧米では，新聞などで何度も取り上げられてきたが，日本ではこのような重大事がマスコミであまり報じられておらず，取り上げた新聞社のうち一社では，DDTによる影響や発がん性のことが付記された。しかし，WHOは，DDTのリスクを認識したうえで，そのリスクを極力小さくし，長所を最大にする使い方を提示し，子どもたちを救う大人の決断をしたのである。

問１＜語句＞「WHO」は，World Health Organizationの略で，世界保健機関のこと。

問２＜慣用句＞「お墨付き」は，権威ある者から与えられた保証のこと。「太鼓判」は，太鼓のように大きな印判のことで，「太鼓判を押す」は，質などが確実であることを保証する，という意味。

問３＜文脈＞DDTが蚊の駆除に使われるようになってマラリアの患者数は激減したが，「DDTが販売中止になった直後から患者が急増して」しまい，現在，「衛生状態が悪いアフリカの国々を中心に毎年三億人がマラリアにかかり，一〇〇万人を超える人々が死亡して」いる。

問４＜漢字＞「侵〔進〕入」と書く。「侵入」は，立ち入るべきでない所に無理に入り込むこと。「進入」は，進んで入ること。①は「侵害」，②は「進路」，③は「震撼《しんかん》」，④は「浸水」。

問５＜接続語＞B．DDTは，一九四三年から農薬として大量生産が始まり，伝染病を防ぐ「奇跡の粉」として「世界で使われ」たが，六〇年代にレイチェル・カーソンによって環境蓄積性や発がん性が指摘され，「悪い化学物質」とされた。　C．マラリアを防ぐため，「一部の国ではDDTが使われるように」なり，それから，WHOがDDTを家の内壁にスプレーして蚊を防ぐことを「推奨する」という声明を出した。　D．DDTのリスクについて，国際がん研究機構は，「ヒトへの発がん性を分類できない」とし，ヒトへの環境ホルモン作用はまだ科学者の間で見解がまとまってはいないが，とはいえ環境や野生動物への蓄積性は「否定できない事実」である。

問６＜指示語＞DDTの環境や野生動物への蓄積性は否定できない事実であり，「アフリカで使用すれば世界中に広がり，さまざまな生物に吸収され蓄積」していくのである。DDTがさまざまな生物に吸収され蓄積していくというリスクを上回るマラリア予防という大きなベネフィットがあると，

WHO は判断したのである。

問７＜文章内容＞レイチェル・カーソンは，『沈黙の春』で DDT の環境蓄積性や発がん性を指摘した。それがきっかけで DDT は「世界中で販売中止」となったが，直後からマラリア患者が「急増」した。マラリアで大勢の子どもが死亡したことから，一部の新聞などでは「大虐殺」などと煽《あお》り立てたのである。

問８＜文章内容＞DDT に環境や野生動物への蓄積性があることは否定できない事実であるが，WHO は，DDT を家の壁にスプレーする方法であれば，ヒトや野生動物に危害を与えることはなく，「そのリスクをはるかに上回るマラリア予防という大きなベネフィットがある」と判断した。WHO は「DDT のリスクを認識したうえで，そのリスクを極力小さくし，ベネフィットを最大にする使い方を提示した」のである。

問９＜文章内容＞「WHO は DDT のリスクを認識したうえで，そのリスクを極力小さくし，ベネフィットを最大にする使い方を提示した」のである。しかし，日本のマスメディアは，WHO の判断については報道せず，「DDT と男児の生殖器異常との関連性を示す報告」や「動物実験の結果」の話を取り上げ，リスクを強調しているのである。

問10＜要旨＞レイチェル・カーソンがその著書『沈黙の春』で，DDT の環境蓄積性や発がん性を指摘したことがきっかけで DDT は販売中止となったが，その後国際がん研究機構が DDT を「ヒトへの発がん性を分類できない」というグループに分類している(①…○)。二〇〇六年，WHO は，リスクも十分検討したうえで，「マラリアに感染しやすいアフリカを中心とする地域」で，DDT の使用を推奨すると声明を発表し，一部の国では DDT が使われるようになった(②…×)。DDT は「農薬」として開発され，伝染病を防ぐ奇跡の粉として「日本だけでなく世界で」使用された(③…×)。DDT が蚊を駆除するために使われたことでマラリアの患者数は激減したが，DDT が使用禁止になるとスリランカの年間の患者数は「一一〇人」から「一〇〇万人」超の約一〇〇〇〇倍に激増した(④…×)。

二 〔小説の読解〕出典；井伏鱒二『夜ふけと梅の花』。

問11＜語句＞「くったく」は，一つのことが気にかかり心配すること。

問12＜漢字＞「仰いだ」と書く。「仰」は，六画の漢字。

問13＜語句＞「律」は，ここでは音楽の調子のこと。調子をとるように，血が，傷口から同じ速さで繰り返し流れていたのである。

問14＜文章内容＞彼の態度は，「まだ酒席における喧嘩の場のかもしれない興奮を十分残しているところがあった」ので，「私」は，自分に対しても，その興奮のまま暴力を振るうかもしれないと考えたのである。

問15＜文章内容＞「僕は訴えようと思うんだ」と言っていた「彼」は，交番へ行けという「私」の言葉を聞いて，「勤め先をしくじるから」悔しくても「おおっぴらにはしたくない」と冷静に判断したのである。

問16＜漢字＞「ふところで」と読む。手をふところに入れていること。

問17＜文章内容＞「私」が帰ろうとすると，「彼」は「私に散歩をつきあわせよう」とするかのように引きとめた。自分を置いて帰るとは冷たい人だと，「彼」は「私」に追いすがったのである。

問18＜語句＞「お銭」は，お金のことで，足で歩くように世の中を渡っていくことから，「お足」ともいう。

問19＜語句＞「はたして」は，結末が思ったとおりであるさまを表す。

問20＜文章内容＞「彼」は，自分の握らせようとしたのが「銅貨」だったと知ると，慌てて別の五円紙幣を渡そうとしたのである。「私」は，酔っぱらってはいても，「彼」が少しでも多くのお金をお礼として渡そうとしていることに気づいて苦笑いしたのである。

問21＜心情＞どうしてもお礼としてお金を渡したかった「彼」は，「私」が素直にお金を受け取り，しかも明日見舞いに来て，店の主人にも「彼」のけがの訳もうまく説明してくれるというので，すっかり感心し同意したのである。

三 〔古文の読解―随筆〕出典；清少納言『枕草子』。

≪現代語訳≫木の花は，濃いのも薄いのも，紅梅(がいい)。桜の，花びらが大きくて，色の濃いのが，枝は細く乾いた感じで咲いている(のがいい)。

藤の花は，房が長く，色がよく咲いているのが，とてもすばらしい。

卯の花は，品が劣っていて，取り立ててどうということはないけれど，咲く時節がおもしろく，ホトトギスが(花の)陰に隠れているだろうと思うと，とても心がひかれる。葵祭《あおいまつり》の帰りがけに，紫野の近辺のみすぼらしい家々や，乱れ茂っている垣根などに，とても白く咲いているのはおもしろい。(その様子は)黄ばんだもえぎ色の上着に，白い単衣を引きかぶっているのや，青朽葉色の衣などに似通っていて，やはりとても風情がある。四月の末，五月の初めなどの頃に，橘の(葉が)濃く青々として，花がとても白く咲いているところへ，雨の降った翌朝などは，比べるものがないほど情緒がある様子ですばらしい。花の中から黄金の玉のように(橘の実が)見えて，大変くっきりと見えているのなどは，朝露に濡れた桜(の風情)に劣らない。ホトトギスが寄ってくるとも思うからであろうか，なおさらに言う必要もない(ほどすばらしい)。梨の花は，実に興ざめで変なものとして，身近に置いて(賞美することなく)，ちょっとした手紙を結びつけることなどさえしない。かわいげのない人の顔などを見ては，たとえにして言うのも，いかにもその(花の)色からしてどうにもならない感じに見えるけれど，中国ではこのうえもない物として，漢詩などにもつくるということだから，そうはいっても何か訳があるのだろうと，強いて目を凝らして見ると，花びらの端に美しい色艶が，ほんのちょっぴりついているようだ。楊貴妃が，帝の使者に会って，泣いた顔にたとえて，「梨花の一枝が，春の雨に濡れている」などと言っているのは，並ひととおりではあるまいと思うから，やはり(この花が)とてもすばらしいことは，他に類があるまいと思われた。

問22＜古文の内容理解＞「卯の花」がみすぼらしい家々や，乱れ茂っている垣根などにとても白く咲いているのが，とてもおもしろいのである。

問23＜古典の知識＞「うづき(卯月)」は，陰暦四月の異名。「さつき(皐月)」は五月，「きさらぎ(如月)」は二月，「はづき(葉月)」は八月の異名。

問24＜古語＞「つごもり」は，月の終わり頃のこと。

問25＜古典の知識＞「唐土」は，中国を指して呼んだ古称。

問26＜歴史的仮名遣い＞歴史的仮名遣いの「au」は，現代仮名遣いでは「ou」になる。また，助動詞の「む」は，現代仮名遣いでは「ん」になる。

問27＜古文の内容理解＞卯の花について，清少納言は，品格は劣るが，ホトトギスが陰に隠れていると思うと賞すべき風情があると，評価している。

問28＜古文の内容理解＞朝露に濡れた桜に劣らずすばらしいと讃《たた》えられているのは，青々とした葉と白い花の間に「黄金の玉」のような実をつけている橘の様子である(②・③・④…×)。

2022年度 浦和麗明高等学校（推薦 併願 2回目）

【英　語】（45分）〈満点：100点〉

1 次の語の下線部と同じ発音を持つ語を1つずつ選びなさい。

問1 breathe　① eagle　② break　③ bread　④ heaven
問2 hut　① human　② business　③ trust　④ truth
問3 grow　① knowledge　② crowd　③ down　④ own

2 最も強いアクセントを含む音節の位置が，他の語と異なるものを1つずつ選びなさい。

問4 ① different　② museum　③ anyone　④ library
問5 ① engine　② damage　③ culture　④ enough
問6 ① energy　② audience　③ realize　④ horizon

3 次の各文の空所に入れるのに，最も適切なものを1つずつ選びなさい。

問7 You must finish your homework (　　) five tomorrow morning.
① by　② through　③ in　④ till

問8 The same family has been (　　) the company for years.
① starting　② running　③ walking　④ skipping

問9 (　　) our stay in London, we visited a lot of museums and galleries.
① During　② When　③ While　④ For

問10 The man (　　) a paper is my father.
① who is read　② who reading　③ reading　④ to read

問11 My sister (　　) the piano when I came into the room.
① has played　② is playing　③ plays　④ was playing

問12 A：Mary, can you do me a (　　)?　Will you go to the supermarket and buy some eggs?
B：Sure.　I'll go there right now.
① time　② favor　③ space　④ policy

問13 A：Could you use your headphones while you are listening to your music?　It's too noisy for me to study.
B：I'm sorry.　If it's (　　) you, I'll turn the music off.
① admiring　② removing　③ mending　④ bothering

問14 My parents wanted me to be a doctor, but I (　　) their wishes and became a teacher.
① got over　② took over　③ went against　④ went on

問15 My brother has been (　　) to sales manager at his company.　He is very excited about his new position.
① divided　② confused　③ promoted　④ examined

問16 People in France consume (　　) wine every month.
① a great number of　② a large quantity of
③ the number of　④ the quality of

4 次の文にはそれぞれ文法的・語法的に誤っている箇所が含まれている。その箇所を①～④から１つ選びなさい。

問17 His daughter ①got married a rock musician and ②had ③a happy life ④with him.

問18 Have you ①finish your homework ②yet? Let's ③play ④soccer outside!

問19 You ①have gained weight. You should ②to go to ③the gym and get ④some exercise.

問20 My brother ①is good ②at bake bread. I ③eat the bread ④he bakes every morning.

問21 My girlfriend ①want me ②to become a dog trainer, but I ③have decided ④to be a doctor.

5 次の会話文を読み，後の問い（問22～26）に答えなさい。

Thomas gets his second vaccination *dose early on a Saturday morning.

Thomas : (Walks into the house.) Hey.

Hannah : You were out early. (ア)

Thomas : I got my second COVID vaccine at the hospital just now.

Hannah : Oh, that's right. (イ)

Thomas : Fine. It didn't hurt a bit.

Hannah : How do you feel now?

Thomas : (ウ) I know a lot of people have side effects with the second shot. I'm pretty tough, though.

Hannah : Yeah, Dad said the same thing, but he was in bed all day after his second shot.

Thomas : エI think he (having / to lie / an excuse / enjoyed / in bed) and watch movies all day. (オ)

Hannah : Next Tuesday.

Thomas : I'm glad that I got it. Now I can work at the *espresso stand for the rest of the summer. I'm scheduled to start in July. Do you have a summer job?

Hannah : I'm babysitting the neighbor's kids three days a week starting in July.

Thomas : All three of them?

Hannah : Yup, all three. I'm going to make some scrambled eggs. Do you want some?

Thomas : I don't have much of an appetite. I think I'll go lie down for a minute.

注 ＊dose：投与，接種　＊espresso stand：エスプレッソスタンド（カフェの一種）

問22 会話文の流れに合うように空所（ア）に入れる文として最も適切なものを１つ選びなさい。

① Where have you been?　② Did you enjoy the concert?

③ Do you like to work at the hospital?　④ When is your first shot?

問23 会話文の流れに合うように空所（イ）に入れる文として最も適切なものを１つ選びなさい。

① How did it go?　② What have you been doing?

③ Did you have fun?　④ I'm sorry to hear that.

問24 会話文の流れに合うように空所（ウ）に入れる文として最も適切なものを１つ選びなさい。

① I'm so starved.　② I'm fond of vaccine.

③ I would like to get it again!　④ So far, so good.

問25 会話文の流れに合うように下線部エの（　）内を並べ替えたとき（　）内で４番目にくるものとして最も適切なものを１つ選びなさい。

① in bed　② having　③ an excuse　④ to lie

問26　会話文の流れに合うように空所(オ)に入れる文として最も適切なものを１つ選びなさい。

① I wish I were him.

② I'm so worried about him.

③ When are you getting your second shot?

④ When is he leaving the hospital?

6　次の文章を読み，後の問い(問27～33)に答えなさい。

In May 1985 two climbers, Joe Simpson and Simon Yates, left their base camp by a lake and started climbing the north face of a mountain called *Siula Grande in the *Peruvian Andes. This climb was incredibly dangerous but the two men were experienced climbers and physically fit. On Day 1, the weather was good and the climb began well. At night they made a snow cave and slept on the side of the mountain.

Three days later, after some very difficult climbing and bad weather, the two men stood at the summit. (1), the weather was getting worse so they didn't stay long. (2) they were going down a mountain ridge, a disaster happened. Simpson fell and broke his knee. Quickly, Yates tied a rope to himself and then to his friend. He began lowering Simpson down the mountain and, for hours and hours, Yates helped Simpson get down the mountain. They were getting close to the *glacier at the bottom of the mountain but suddenly Simpson slipped. This time he went over the edge of a cliff. He was hanging in mid-air. Simpson shouted up to Yates, but the wind was blowing loudly and Yates couldn't hear him.

Yates didn't know what was happening below. He waited for an hour but the rope was too heavy and it was pulling Yates down the mountain towards the cliff. He had two choices: hold the rope but then both of them might die, or cut the rope and survive. It was an impossible decision for Yates but, at the last second, Yates cut the rope and saved himself. Immediately, Simpson fell thirty meters into a *crevasse.

The next day, while Yates was (3)desperately looking for Simpson, he found the crevasse. He called for Simpson but he heard nothing. Sadly, he decided that Simpson was dead. Yates didn't know (4)it but Simpson was—unbelievably—still alive inside the crevasse.

Simpson waited for hours but when he realized Yates wasn't coming, he decided to take a risk. He had some rope so he *abseiled to the bottom of the crevasse. He managed to find a way out. For three days, Simpson drank water from the snow and ice. He *crawled back towards the base camp and at four o'clock in the afternoon of Day 7, Simpson was very near.

In the middle of that night, Yates was sleeping in his tent at base camp when he woke up. He was sure someone was shouting his name. Excitedly, he ran outside and looked around. Finally, after searching and searching he found Simpson. He was lying on the ground, not moving, but he was still breathing.

After a few days, the two men returned home and their story became famous. Unfairly, some climbers criticised Yates for cutting the rope. But, in 1988, Simpson wrote a book about the events and defended Yates. Simpson believed Yates made the right decision.

注　*Siula Grande：シウラ　グランデ　　*Peruvian Andes：ペルーアンデス山脈

*glacier：氷河　　*crevasse：クレバス(氷河の深い割れ目)

*abseil(ed)：(ロープで急斜面を)降りる　　*crawl(ed)：はう

問27　空所(1)に入れるものとして最も適切なものを次の①～④の中から1つ選びなさい。

①　Happily　②　Unfortunately　③　Exactly　④　Simply

問28　空所(2)に入れるものとして最も適切なものを次の①～④の中から1つ選びなさい。

①　As　②　Though　③　But　④　During

問29　下線部(3)desperatelyの意味として最も適切なものを次の①～④の中から1つ選びなさい。

①　very or very much　②　all the time

③　instantly　④　as soon as possible

問30　下線部(4)itが指す内容を次の①～④の中から1つ選びなさい。

①　He decided that Simpson was dead.

②　Simpson heard nothing.

③　He called for Simpson.

④　Simpson was still alive.

問31　本文の内容に当てはまらないものを，次の①～④の中から1つ選びなさい。

①　Some climbers thought that Yates' decision was wrong.

②　Simpson thought Yates' decision wasn't wrong.

③　The author of the article doesn't think Yates made the right decision.

④　Yates decided to cut the rope.

問32　本文の内容に当てはまる最も適切な文を次の①～④の中から1つ選びなさい。

①　They didn't reach the top of Siula Grande.

②　Simpson cut the rope because he wanted to survive.

③　Yates didn't look for Simpson afterwards.

④　Simpson tried to get to the base camp on his own.

問33　本文のタイトルとして最も適切なものを次の①～④の中から1つ選びなさい。

①　What happens?　②　To be a good climber

③　Was I right?　④　The right decision?

7　次の文章を読み，後の問い(問34～40)に答えなさい。

※　[1]～[8]は段落番号を表す。

[1] Many years ago, we lived in a part of the country that had a dry season every year. One year, we had not seen rain in almost a month. The crops were dying. The cows had stopped giving milk. The rivers and streams had all dried up. Seven local farmers would soon lose their farms before that dry was through.

[2] One day, I was in the kitchen making lunch when I saw my six-year-old son, Billy, walking toward the woods. He wasn't walking with the usual easy steps of a small child but with a serious purpose. I could only see his back. He was walking with great effort and trying to be as quiet as possible.

[3] Minutes after he disappeared into the woods, he came running back toward the house. I went back to making lunch thinking that whatever he had been doing was done. But soon, he was again walking in that slow, careful way toward the woods. (1)This went on for a while: walking carefully to the woods, running back to the house.

[4] I slipped out of the house and followed him. I was very careful not to be seen. He had both hands cupped in front of him as he walked and was being very careful not to drop what he held

in his tiny hands. Tree branches hit his little face but he did not try to avoid them. Then I saw several large deer standing in front of him.

[5] Billy walked right up to them. A huge male deer was very close. But the deer did not threaten him ; he didn't even move as Billy sat down. And I saw a tiny baby deer lying on the ground, clearly thirsty and tired from the heat. (2)It lifted its head to *lap up the water cupped in Billy's hands.

[6] When the water was gone, Billy jumped up and ran back to the house, to a water *faucet that we thought we had turned off. Billy opened it and a small amount of water began to come out. He waited, letting the water slowly fill up (3)his 'cup.' And then I understood. He had gotten in trouble the week before for playing with water. We had lectured him about the importance of not wasting water.

[7] After filling up his 'cup,' he somehow turned off the faucet by using his elbow. When he stood up and began the journey back, I was there in front of him. His little eyes filled with tears. "I'm not wasting," was all he said. I joined him with a pot of water from the kitchen. I let him tend to the baby deer. I stood at the edge of the woods watching him working so hard to save another life.

[8] As the tears that rolled down my face began to hit the ground, they were suddenly joined by other drops . . . and more drops . . . and more. Some people will probably say that this didn't mean anything, that miracles don't really exist, that it was bound to rain sometime. And I can't argue with that ? I'm not going to try. All I can say is that the rain that came that day saved our farm . . . just like the actions of one little boy saved another living creature.

注 ＊lap up：(水など)を舐める，飲む　＊faucet：(水道の)蛇口

問34 本文が伝えるメッセージとして最も適切なものを次の①～④の中から１つ選びなさい。

① People should believe in God and miracles.
② Miracles don't really exist and we are not bound to have rain.
③ We should realize the importance of water in our daily lives.
④ The only way to achieve an amazing success is to keep making small efforts.

問35 下線部(1)Thisが表す意味として最も近いものを次の①～④の中から１つ選びなさい。

① walking with great effort and trying to be as quiet as possible
② making lunch thinking that whatever he had been doing was done
③ walking with the usual easy steps of a small child
④ walking carefully to the woods, running back to the house

問36 下線部(2)Itが表す意味として最も近いものを次の①～④の中から１つ選びなさい。

① The heat　② The ground
③ A tiny baby deer　④ A huge male deer

問37 下線部(3)his 'cup'が表すものとして，最も適切なものを次の①～④の中から１つ選びなさい。

① his hands　② a water faucet　③ a pot of water　④ his journey

問38 次の質問の答えとして最も適切なものを下の①～④の中から１つ選びなさい。

According to paragraph [2] and [3], what was unusual about Billy walking toward the woods ?

① He wasn't walking with a serious purpose.
② He was walking with the easy steps of a small child.

③ He was walking in the slow, careful way.

④ He was walking only to see his back.

問39 次の質問の答えとして最も適切なものを下の①～④の中から１つ選びなさい。

According to paragraph [4] to [6], why did Billy walk to the woods and run back to the house?

① Because he had to play with water for a baby deer.

② Because he knew the importance of water.

③ Because he needed to carry water to save a baby deer.

④ Because there were several large deer.

問40 次の質問の答えとして最も適切なものを下の①～④の中から１つ選びなさい。

According to paragraph [7] and [8], which of the following is Not true?

① The writer's farm was saved by the rain.

② When the writer was crying, it started to rain.

③ Billy turned off the faucet without using his hands.

④ The writer uses Billy's actions as an example of a miracle.

【数　学】 (45分) 〈満点：100点〉

（注意） 1　問題の文中の [ア]，[イウ] などには，特に指示がない限り，符号(－)または数字(0～9)が入ります。ア，イ，ウ，…の一つ一つは，これらのいずれか一つに対応します。それらを解答用紙のア，イ，ウ，…で示された解答欄にマークして答えなさい。

2　分数形式で解答する場合，分数の符号は分子につけ，分母につけてはいけません。例えば，$\dfrac{[エオ]}{[カ]}$ に $-\dfrac{2}{3}$ と答えたいときには，$\dfrac{-2}{3}$ として答えなさい。

また，それ以上約分できない形で答えなさい。例えば，$\dfrac{3}{2}$ と答えるところを $\dfrac{6}{4}$ のように答えてはいけません。

3　根号を含む形で解答する場合，根号の中に現れる自然数が最小となる形で答えなさい。例えば，$[キ]\sqrt{[ク]}$ に $6\sqrt{2}$ と答えるところを，$3\sqrt{8}$ のように答えてはいけません。

4　根号を含む分数形式で解答する場合，例えば，$\dfrac{[ケ]+[コ]\sqrt{[サ]}}{[シ]}$ に $\dfrac{3+2\sqrt{2}}{3}$ と答えるところを，$\dfrac{6+4\sqrt{2}}{6}$ や $\dfrac{6+2\sqrt{8}}{6}$ のように答えてはいけません。

1　次の空欄に当てはまる符号，数字を答えなさい。

(1)　$(-4)^2\times1.5+6\div2+(-3^2)$ を計算した値は [アイ]

(2)　$(a^3b^3)^2\times a^5b^4\div(a^3b^4)^2$ を計算した値は $a^{[ウ]}b^{[エ]}$

(3)　2次方程式 $(\sqrt{3}x-2)^2=7-6\sqrt{3}x+4x^2$ を解くと，$x=\sqrt{[オ]}$

(4)　$(2\sqrt{3}-\sqrt{5})^2+(\sqrt{3}-2\sqrt{5})^2+(2\sqrt{3}+\sqrt{5})^2+(\sqrt{3}+2\sqrt{5})^2$ を計算した値は [カキ]

2　次の空欄に当てはまる符号，数字を答えなさい。

(1)　正二十角形の1つの内角の大きさは [アイウ]° である。

(2)　$\sqrt{\dfrac{9n+119}{n}}$ が整数となる最小の自然数 n を求めると，$n=$ [エオ]

(3)　4人で1回じゃんけんをするとき，2人が勝つ確率は $\dfrac{[カ]}{[キ]}$ である。

(4)　地図上の2cmの長さが実際の距離では30kmになる地図があります。この地図で，地点Aから地点Bまでの長さをはかったら3.2cmだった。2地点A，B間の実際の距離は [クケ] kmである。

3　図のように，2つの関数

$y=ax^2$（a は定数）…①，$y=\dfrac{b}{x}$（$x>0$，b は定数）…②

のグラフがある。

点Aは関数①，②のグラフの交点で，Aの x 座標は6である。

点Bは関数①のグラフ上にあって，Bの x 座標は3であり，点Cは関数②のグラフ上にあって，Cの x 座標は12である。

また，関数①については，x の値が1から3まで増加するときの変化の割合が $\dfrac{16}{9}$ である。このとき，次の問いに答えよ。

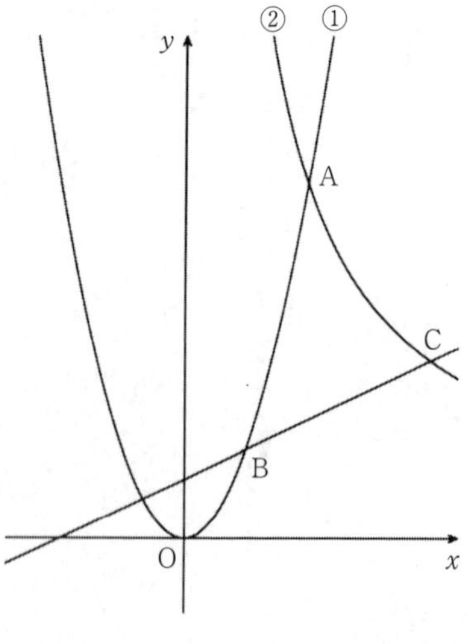

(1)　a の値は $\dfrac{[ア]}{[イ]}$ であり，b の値は [ウエ] である。

(2)　直線BCの式は $y=\dfrac{\boxed{オ}}{\boxed{カ}}x+\dfrac{\boxed{キ}}{\boxed{ク}}$ である。

(3)　関数①のグラフ上において２点A，Bの間にある点Pと，線分BC上において２点B，Cとは異なる点Qを，直線PQが x 軸と平行になるようにとる。また，直線PQと y 軸との交点をRとする。

このとき，PQ：PRが３：２となるときのPの座標を次のように求める。当てはまる値を答えなさい。

点Pの x 座標を t とおく。点Pは関数①のグラフ上にあるので，$\mathrm{P}\left(t,\ \dfrac{\boxed{ア}}{\boxed{イ}}t^2\right)$とおける。

また，点Qは直線BC上にあるので，点Qの座標は$\left(t^2-\boxed{ケ},\ \dfrac{\boxed{ア}}{\boxed{イ}}t^2\right)$となる。よって，線分PQの長さを t を使った式で表すと，$\mathrm{PQ}=t^2-t-\boxed{ケ}$ となる。PQ：PR＝３：２より，$t>3$ なので，$t=\boxed{コ}$ である。

以上より，点Pの座標は$\left(\boxed{コ},\ \dfrac{\boxed{サシ}}{\boxed{ス}}\right)$である。

4　図１のような底面が直角三角形である三角柱ABCDEFがある。AB＝8，AC＝10，AD＝7であるとき，次の問いに答えよ。ただし，円周率は π とする。

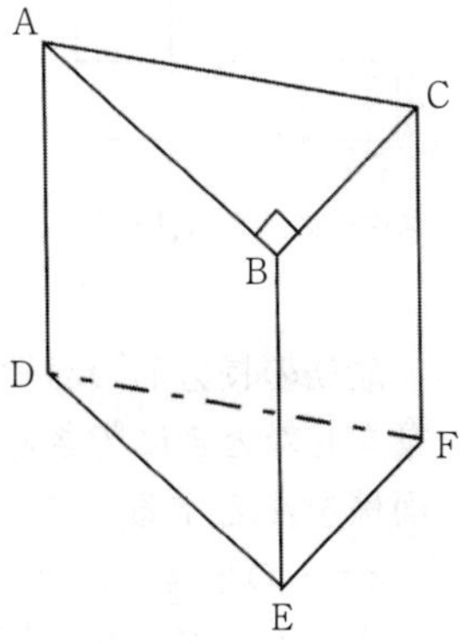

【図１】

(1)　３点A，C，Eを結ぶ平面で切ったとき，頂点Bを含む立体の体積は $\boxed{アイ}$ である。

(2)　ABの中点をMとし，ACの中点をNとする。４点M，N，F，Eを結ぶ平面で切ったとき，頂点Dを含む立体の体積は $\boxed{ウエ}$ である。

(3)　半径が２の円を底面とし，十分な高さを持つ円柱を面ABEDの対角線の交点と円の中心が重なるようにして，垂直に貫通させる。（図２）三角柱ABCDEFの内部にできた空洞の体積は $\boxed{オカ}\pi$ である。

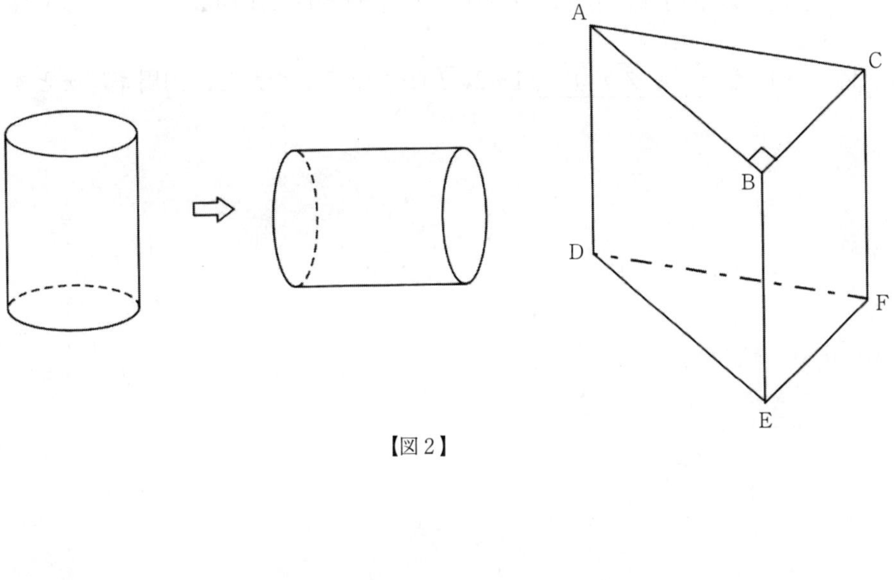

【図２】

5　2辺の長さがa，$b(0<a<b)$である長方形がある(図1)。この長方形を縦に2つ並べたところ(図2)，縦の長さと横の長さの比が$b:a$になった。このとき，次の問いに答えなさい。

(1)　$a:b=$ [ア] : $\sqrt{\text{[イ]}}$ である

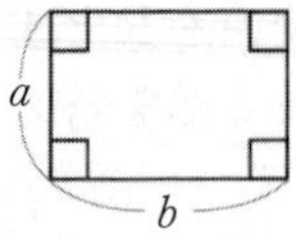

【図1】

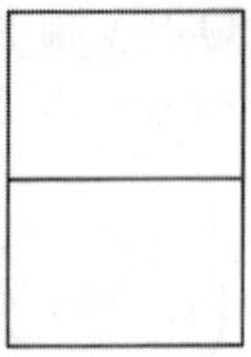
【図2】

(2)　(1)の長方形を次のような法則で大きくしていく。(図3)

①　横の辺が長いときは，同じ大きさの長方形を長方形の上に並べる。(1回目)

②　縦の辺が長いときは，同じ大きさの長方形を長方形の右横に並べる。(2回目)

以後，①，②の規則に従って長方形を並べていく。

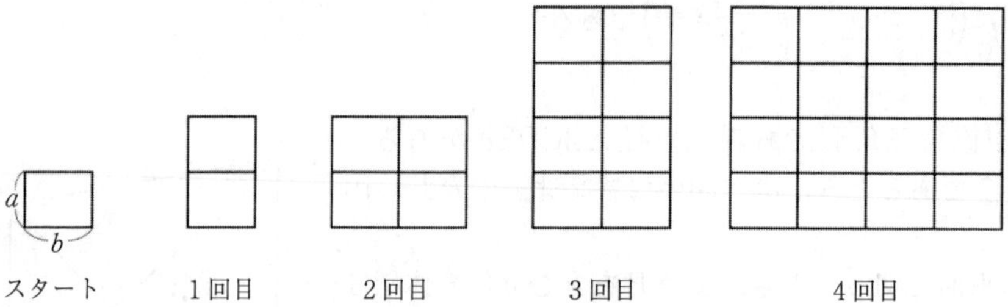

【図3】

最初の長方形の面積をA_1とし，1回目の作業をしたときにできる長方形の面積をA_2，2回目の作業をしたときにできる長方形の面積をA_3，以下同じ作業をし続けて，7回目の作業をした長方形の面積をA_8とする。

$a=1$のとき，$A_1+A_2+A_3+\cdots+A_8=$ [ウエオ] $\sqrt{\text{[カ]}}$ である。

(3)　A_1において，短い辺を軸として1回転してできる立体の体積をV_1，A_2の短い辺を軸として1回転してできる立体の体積をV_2，以下同様に考え，A_8の短い辺を軸として1回転してできる立体の体積をV_8とする。

$a=1$のとき，$V_1+V_2+\cdots+V_8=$ [キクケコ] $(1+2\sqrt{2})\pi$ である。ただし，円周率はπとする。

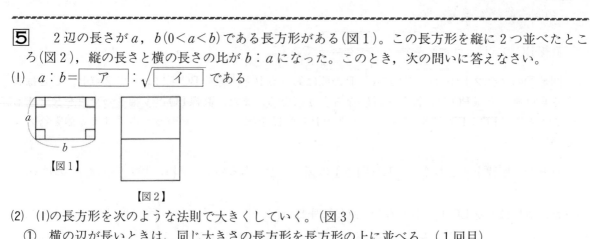

① 風　② 夜　③ 火　④ 作者

問26　傍線部⑥「出で来たりける」の主語として適当なものを選びなさい。

① 火　② 塵灰　③ 舞人　④ 作者

問27　傍線部⑦「風に堪へず、吹き切られたる焔飛ぶがごとくして」とありますが、これはどのような様子ですか。適当なものを選びなさい。

① 焼け落ちる家の板きれが、吹きつける風に吹きちぎられて火がついたまま飛んでいく様子。

② 火消しの人が風よりも速く、まるで炎のように走り抜けていく様子。

③ 家を燃やされた人が吹きつける風に吹き飛ばされ、服に火がついたまま転げまわる様子。

④ 舞人が時には風のように、時には炎のように舞って、神々に祈っている様子。

問28　傍線部⑧「身ひとつからうじてのがるるも」の現代仮名遣いとして適当なものを選びなさい。

① みひとつからうじてのがれるも

② みひとつかろうじてのがれるも

③ みひとつからうじてのがるるも

④ みひとつかろうじてのがるるも

問29　傍線部⑨「その費」の説明として適当なものを選びなさい。

① 都の三分の一を焼き尽くした火事の損害のこと。

② 人が煙に倒れたり、炎に焼かれたりしたこと。

③ 家の中に残されて焼けてしまった七珍万宝のこと。

④ 都に家を建てるための莫大な費用のこと。

持ち合わせている。

④　杉野君は、理想どおりのモデルがやってこなかったのは自分ではなく母親に周旋屋に行かせたからだと感じ、自身に腹を立てている。

問21　太宰治の作品として適当なものを選びなさい。

①　夜明け前　②　細雪　③　斜陽　④　金閣寺

三

次の文章を読んで、後の問いに答えなさい。（----の左側は口語訳です。）

予《よ》《私が》ものの心を知れりしより、①四十《よそぢ》あまりの春秋《はるあき》を送れるあひだに、世の不思議を見る事ややたびたびになりぬ。去《いにし》安元三年四月廿八日かとよ《だった、ということにしておこう》、風烈《はげ》しく吹きて、静かならざりし夜、②戌の時ばかり、都の③東南より火出《い》で来て、④西北に⑤至る。はてには朱雀門《すざくもん》大獄《たいごく》殿《でん》大学寮《だいがくれう》民部省《みんぶしやう》などまで移りて、一夜のうちに塵灰《ちりはい》となりにき。火《ほ》元《もと》は樋口富《ひぐちとみ》の小路《こうぢ》とかや《とかいうことだ》。舞人《まひびと》を宿《やど》せる仮屋《かりや》より⑥出で来たりけるとなん。

吹きまよふ風に、とかく移りゆくほどに、扇をひろげたるがごとく末広《すゑひろ》になりぬ。遠き家は煙にむせび、近きあたりはひたすら焔《ほのほ》を、地に吹きつけたり。空には灰を吹き立てたれば、火の光に映じて、あまねく紅《くれなゐ》なる中《なか》に、⑦風に堪へず、吹き切られたる焔飛ぶがごとくして、一二町を越えつつ移りゆく。その中の人現《うつ》し心あらむや《普通の気持ちで、気を確かに持っていられようか》。或《あるい》は煙にむせびて倒《たふ》れ伏し、或は焔にまぐれて《目がくらんで》たちまちに死ぬ。或は⑧身ひとつからうじてのがるるも、資材を取り出づるに及ばず。七珍万宝《しつちんまんぽう》さながら《金銀珠玉の宝物も》灰燼《くわいじん》となりにき。⑨その費《つひえ》いくそばくぞ。そのたび、公卿《くぎやう》の家十六焼けたり。ましてその外《ほか》数へ知るに及ばず。惣《すべ》て都のうち三分が一に及べりとぞ。男女《なんによ》死ぬるもの数十人、馬牛のたぐひ辺際《へんさい》を知らず。

人のいとなみ皆愚《おろ》かなるなかに、さしも危《あや》ふき京中《きやうちゆう》の家を作るとて、宝を費《つひや》し、心を悩ます事は、すぐれてあぢきなく《つまらない》ぞ侍《はべ》る。

鴨　長明『方丈記』

問22　傍線部①「四十あまりの春秋」とありますが、この説明として適当なものを選びなさい。

①　四十年と少しの年月　②　四十年と少しが経ったある年

③　四十年弱の年月　④　四十年弱が経ったある年

問23　傍線部②「戌の時」は何時くらいですか。適当なものを選びなさい。

①　午前二時頃　②　午前八時頃

③　午後二時頃　④　午後八時頃

問24　傍線部③「東南」④「西北」の読みの組み合わせとして適当なものを選びなさい。

①　東南：いぬゐ　西北：ひつじさる

②　東南：うしとら　西北：たつみ

③　東南：たつみ　西北：いぬゐ

④　東南：ひつじさる　西北：うしとら

問25　傍線部⑤「至る」の主語として適当なものを選びなさい。

しくじっても、この娘さんをしくじらせたくないと思いました。私だって知っていますよ。あの娘さんじゃ、画になりません。でも、せがれには、またこの次という事もあります。画かきだって何だって、一生、気永な仕事ですから。」

太宰　治『リイズ』

問11　傍線部①「家の中では、たいへん威張り散らしているが、一歩そとへ出ると、まるで意気地が無い」人のことを慣用句で何と言いますか。適当なものを選びなさい。

①　内将軍　②　内奉行　③　内弁慶　④　内頼朝

問12　空欄部 A に入る語句として適当なものを選びなさい。

①　わあん　②　ぐすん　③　めそめそ　④　さめざめ

問13　傍線部②「すぐに」の品詞として適当なものを選びなさい。

①　形容詞　②　形容動詞　③　助動詞　④　副詞

問14　傍線部③「ムカ」を漢字にした場合の画数として適当なものを選びなさい。

①　五画　②　六画　③　七画　④　八画

問15　空欄部 B に入る語句として適当なものを選びなさい。

①　丸く　②　細く　③　鋭く　④　固く

問16　傍線部④「両方に気の毒で気の毒で」は何に対しての感情ですか。その説明として適当なものを選びなさい。

①　杉野君の指示にうまく対応できないモデルの女性と、思うようなポーズをとらせることができずに嘆く杉野君に対して。

②　杉野君に否定ばかりされるモデルの女性と、期待していたのにそれを大きく裏切る女性が来た杉野君の失望に対して。

③　モデルの足のサイズと靴のサイズが合わずにいることと、それを泣き声で批判するしかない杉野君に対して。

④　場に合わせることができずに笑うモデルの女と、それでも何とか画にしようと奮闘する杉野君に対して。

問17　傍線部⑤「呼鈴」の読み方の説明として適当なものを選びなさい。

①　読み仮名は三文字で、濁音も半濁音もない。

②　読み仮名は四文字で、濁音がある。

③　読み仮名は三文字で、濁音がある。

④　読み仮名は四文字で、濁音も半濁音もない。

問18　傍線部⑥「なんの事やら、とってもぷんぷんして出かけましたよ。」という言葉の説明として適当なものを選びなさい。

①　母親は息子が怒っている理由は分かっているが、それを深刻に受け止めずあえて軽やかな口調で受け流している。

②　母親は自分の失敗で息子が怒ってしまった理由を分かっているが、友人の私にはそれを隠そうとしている。

③　母親は息子が怒っている理由は分かっているが、息子の気分をこれ以上害さないために分からないふりをしている。

④　母親は息子が怒っている理由を分かっているが、それを言うとモデルの女性を傷つけることになるので触れないでいる。

問19　傍線部⑦「ひとり目立っていけない」とはどのような意味ですか。適当なものを選びなさい。

①　大勢の中に埋もれてしまい、目立つことができていない。

②　まだ新人なので、周囲の人より目立つのは良くない。

③　田舎から出て来たばかりなので、目立つ手段を知らない。

④　周囲に比べて、美しさの点であまりにも劣っている。

問20　次の説明の中で、本文と合致するものとして適当なものを選びなさい。

①　私は杉野君の経済的に裕福な面をうらやましく思っていたため、画のモデルが理想通りではなかったことを小気味よく思っている。

②　杉野君は思うとおりのモデルが来てくれなかったことで、いい画が描けることを期待していた私に対して申し訳なく思っている。

③　杉野君の母親は息子の言うとおりにしている、という表記があるものの、すべてがそうではなく自分の意志で行動する面も

と戦ってみようと思っているんですよ。いまね、モデルが仕度していますから、ああ、出来た、わあ、これあひどい。」

　モデルは、アトリエのドアを静かにあけて玄関へ出て来たのである。どうも、あまりにも健康すぎる。夫人の容貌《ようぼう》に就いて、かれこれ言うのは、よくない事だが、ごく大ざっぱな印象だけを言うならば、どうも甚だ言いにくいのだが、——お団子が、白い袋をかぶって出て来た形であった。色、赤黒く、ただまるまると太っている。これでは、とても画にはなるまい。

「少し健康すぎたね。」と私は小声で杉野君に言うと、

「ううむ、」と杉野君も唸《うな》って、「さっき和服を着ていた時には、これほどでも、なかったんですがね。これあひどいですよ。泣きたくなっちゃった。とにかく、まあ、庭へ出ましょう。」

　私たちは庭の桜の木の下に集った。桜の葉は、間断なく散っていた。

「ここへ、ちょっと立ってみて下さい。」杉野君は、機嫌が悪い。

「はい。」女の人は、性質の素直な人らしく、顔を伏せたまま優しい返事をして、長いドレスをつまみ上げ、指定された場所に立った。とたんに杉野君は、目を[B]して、

「おや、君は、はだしですね。僕はドレスと一緒に靴をそろえて置いた筈《はず》なんだが。」

「あの靴は、少し小さすぎますので。」

「そんな事は無い。君の足が大きすぎるんだよ。なってないじゃないか。」ほとんど泣き声である。

「いけませんでしょうか。」かえって、モデルのほうが無心に笑っている。

「なってないなあ。こんなリイズってあるものか。ゴオギャンのタヒチの女にそっくりだ。」杉野君は、やぶれかぶれで、ひどく口が悪くなった。「光線が大事なんだよ。顔を、もっと挙げてくれ。ちえっ！　そんなにゲタゲタ笑わなくてもいいんだよ。なってないじゃないか。これじゃ僕は、漫画家になるより他《ほか》は無い。」

　私は、杉野君にも、またモデルの人にも、④両方に気の毒で気の毒で、立って見ている事が出来ず、こっそり家《うち》へ帰ってしまった。

　それから十日ほど経《た》って、きのうの朝、私は吉祥寺の郵便局へ用事があって出かけて、その帰りみち、また杉野君の家へ立ち寄った。先日のモデルの後日談も聞いてみたかったのである。玄関の⑤呼鈴を押したら、出て来たのは、あのひとである。先日のモデルである。白いエプロンを掛けている。

「あなたは？」私は瞬時、どぎまぎした。

「はあ。」とだけ答えて、それから、くすくす笑い、奥に引っ込んでしまった。

「おや、まあ。」と言ってお母さんが、入れ違いに出て来た。「あれは旅行に出かけましたよ。ひどく不機嫌でしてな。やっぱり景色をかいているほうが、いいそうですよ。⑥なんの事やら、とってもぷんぷんして出かけましたよ。」

「それあ、そうでしょう。ちょっと、ひどかったですものね。それで、あのひとは？　どうしたのです。まだ、ここにいるようですね。」

「女中さんがわりにいてもらう事にしました。どうして、なかなかいい子ですよ。おかげで私も大助かりでございます。いま時あんな子は、とても見つかりませんですからねえ。」

「なあんだ、それじゃお母さんは、女中を捜しに上野まで行って来たようなものだ。」

「いいえ、そんな事。」とお母さんは笑いながら打消して、「私だって、あれにいい画をかかせたいし、なるべくなら姿のいいひとを選んで来たいと思って行ったのですが、なんだか、あそこの家で大勢ならんで坐《すわ》っている中で、あのひとだけ、⑦ひとり目立っていけないのですものね。つい不憫《ふびん》になって、身の上を聞きましたら、あなた、東京へつい先日出て来たばかりで、人からモデルはお金になると聞いて、こうしてここに坐っているというんでしょう？　あぶない話ですものねえ。房州の漁師の娘ですって。私は、せがれの画が

二　次の文章を読んで、後の問いに答えなさい。

　杉野君は、洋画家である。いや洋画家と言っても、それを職業としているのでは無く、ただいい画《え》をかきたいと毎日、苦心しているばかりの青年である。おそらくは未だ、一枚の画も、売れた事は無かろうし、また、展示会にさえ、いちども入選した事は無いようである。それでも杉野君は、のんきである。そんな事は、ちっとも気にしていないのである。ただ、ひたすらに、いい画をかきたいと、それればかり日夜、考えているのである。母ひとり、子ひとりの家庭である。いま住んでいる武蔵野《むさしの》町の家は、三年まえ、杉野君の設計に拠《よ》って建てられたものである。もったいないほど立派なアトリエも、ついている。五年まえに父に死なれてからは、母は何事に於《おい》ても、杉野君の言うとおりにしている様子である。杉野君の故郷は北海道、札幌市で、かなりの土地も持っているようであるが、母は三年前、杉野君の指示に従い、その土地の管理は、すべて支配人に委《まか》せて、住み馴《な》れた家をも売却し、東京へ出て来て、芸術家の母としての生活を、はじめたわけである。杉野君は、ことし二十八歳であるが、それでも、傍で見て居られないほど、母に甘え、また、子供らしいわがままを言っている。①家の中では、たいへん威張り散らしているが、一歩そとへ出ると、まるで意気地《いくじ》が無い。私が、杉野君と知り合いになったのは、いまから五年まえである。そのころ杉野君は、東中野のアパートから上野の美術学校に通っていたのであるが、その同じアパートに私も住んでいて、廊下で顔を合わせる時があると、杉野君は、顔をぽっと赤くして、笑とも泣きべそともつかぬへんな表情を浮かべ、必ず小さい咳《せき》ばらいを一つするのである。何とか挨拶《あいさつ》を述べているつもりかも知れない。ずいぶん気の弱い学生だと思った。だんだん親しくなり、そのうちに父上の危篤《きとく》の知らせがあって、彼はその故郷からの電報を手に持って私の部屋へはいるなり、[A]と、叱《しか》られた子供のような甘えた泣き声を挙げた。私は、いろいろなぐさめて、②すぐに出発させた。そんな事があってから、私たちは、いよいよ親しくなり、彼が武蔵野町に綺麗《きれい》な家を建て、お母さんと一緒に住むようになってからも、私たちは時々、往き来しているのである。いまは私も、東中野のアパートを引き上げ、この三鷹《みたか》町のはずれに小さい家を借りて、住んでいるのであるから、お互の往き来には便利である。

　先日、めずらしく佳《よ》い天気だったので、私は、すぐ近くの井の頭公園へ、紅葉を見に出かけ、途中で気が変わって杉野君のアトリエを訪問した。杉野君は、ひどく意気込んで私を③ムカえた。

「ちょうどいいところだった。きょうからモデルを使うのです。」

　私は驚いた。杉野君は極度の恥ずかしがりやなので、いま迄《まで》いちども、モデルを自分のアトリエに呼びいれた事は無かったのである。人物といえば、お母さんの顔をかいたり、また自画像をかいたりするくらいで、あとは、たいてい風景や、静物ばかりをかいていたのである。上野に一軒、モデルを周旋してくれる家があるようであるが、杉野君はいつも、その家の前まで行ってはむなしく引返して来るらしいのである。なんとも恥ずかしくて、仕様が無いらしいのである。私は玄関に立ったままで、

「君が行って、たのんで来たのかね。」

「いや、それが、」と杉野君は顔を真赤にして、少し口ごもり、「おふくろに行って来てもらったんです。からだの健康そうな人を選んで来て下さいって頼んだのですが、どうも、あまりに丈夫すぎて、画にならないかも知れません。ちょっと不安なんです。あの、庭の桜の木の下に白いドレスを着て立ってもらうんです。いいドレスが手にはいったものですから、ひとつ、ルノアルのリイズのようなポオズをさせてみたいと思っているのです。」

「リイズってのは、どんな画かね。」

「ほら、真白い長いドレスを着た令嬢が、小さい白い日傘を左手に持って桜の幹に倚《よ》りかかっている画があったでしょう？　あれは、令嬢かな？　マダムかな？　あれはね、ルノアルの二十七八歳頃の傑作なのですよ。ルノアル自身のエポックを劃《かく》したとも言われているんです。僕だって、もう二十八歳ですからね。ひとつ、ルノアル

[C] たしかに [D] 例えば

③ [A] ただ [B] だが
[C] 例えば [D] たしかに

④ [A] ただ [B] だが
[C] たしかに [D] 例えば

問３ 傍線部②「こうした」が指す内容として適当なものを選びなさい。

① 都市自営業者は自分の仕事に誇りを持っていたということ。
② 都市自営業者はサラリーマンと違って職人気質だということ。
③ 都市自営業者はお金をたくさん持っていたということ。
④ 都市自営業者は代々続く家業を受け継いできたということ。

問４ 傍線部③「カン」と同じ漢字を使う熟語として適当なものを選びなさい。

① カンキョウ問題について調べる。
② 初志カンテツする。
③ カンサンとした商店街。
④ 時間をカンリする。

問５ 傍線部④「雇用者」と本文中で同じ意味で使われている語句は何ですか。適当なものを選びなさい。

① 都市自営業者
② 旧中間層
③ 新中間層
④ 商工サービス

問６ 傍線部⑤「こうした反規制という態度こそ、一種の信仰といえるだろう」とは具体的にどういうことですか。これを説明したものとして適当なものを選びなさい。

① 日常生活の規範として機能する、古くから人々の間に語り継がれている物語に従うということ。
② なにものにも縛られないという状態を理想としているが、それは現実的にあり得ないということ。
③ 経済学者が規制のない世の中に対して、自己をゆだねる自覚的な態度を取るということ。
④ 人間の思考や行動を非合理的に拘束し、左右する理念や固定観念にとらわれてしまうということ。

問７ 空欄部 [E] に入る語句として適当なものを選びなさい。

① 地方と都市の格差　② 地方の過疎化
③ 買い物難民　④ ネット社会

問８ 傍線部⑥「商店街」について筆者はどのように述べていますか。適当なものを選びなさい。

① 地域社会及び安定した都市自営業層の象徴である。
② 地域社会の基盤をくつがえす無用の長物である。
③ 国の補助金で保護されただけの地方のお荷物である。
④ 保護行政によってかろうじて現在まで存続してきた産物である。

問９ 次の文は本文のどこに入れるのが適当ですか。本文中の記号【１】～【４】から選びなさい。

なぜ、このような誤解が生まれたのか。その背景として、社会変動に対する認識不足がある。

① 【１】　② 【２】　③ 【３】　④ 【４】

問10 本文の内容として適当でないものを選びなさい。

① 筆者はバブル崩壊後の日本を振り返って、国の公共事業が地域社会の安定に寄与しているとは言えないとしている。
② 筆者は日本の「雇用の安定」は「日本型雇用慣行」によって支えられてきたとする従来の考えに対して異論を唱えている。
③ 筆者は高度経済成長の間に年々同じペースで都市自営業者は増加し、それと比例するように農業の従事者は減っているとしている。
④ 筆者は日本社会の安定は日本型の雇用によって支えられていたのでなく、都市自営業者の自営業の安定によって支えられていたのだと主張している。

一方で増加したのが広大で均質なショッピングモールである。郊外にあるショッピングモールの増加は、商店街や小規模スーパーの崩壊を招いた。その結果、地域によっては、自動車がないと日常生活に必要な商品が手に入らない状況に苦しむ人々、すなわち「[E]」を発生させた。【2】

また、ショッピングモールの増殖は、「自営業の安定」を崩壊させ、「雇用の流動化」―ショッピングモールで働く人の多くは非正規雇用である―を加速させた。その点で、小売業の規制緩和は、バブル崩壊以降の雇用流動化の象徴でもある。

こうして考えてみると、「自営業の安定化」の崩壊―そのなかでも、都市自営業の象徴たる零細小売業の崩壊―が、バブル崩壊以降の社会に大きな影響を与えたことがわかる。【3】

だが、バブル崩壊は、これまで「雇用の安定」の崩壊と同義としてみなされてきた。【4】

社会科学では、中間層を「旧中間層」と「新中間層」とに分類する。旧中間層は土地を自己所有する豊かな自営業層、新中間層は豊かな雇用者層を意味する。この「旧」と「新」という形容詞からわかるように、多くの社会科学者は、「旧い」中間層の自営業者が「新しい」中間層の雇用者層に置き換わる、と想定してきた。

しかし、この想定は誤っていた。「旧中間層」は、大きく農業層と都市自営業層とに分けることができるが、近代化は、農業層から雇用者層への移行だけでなく、都市自営業層への移行をも進めた。この都市自営業層を安定させたところに日本の近代化の大きな特徴がある。

商店街は、安定した都市自営業層の象徴であった。それだけでなく、地域社会の象徴ともなったわけである。二〇〇九(平成二一)年に成立した民主党政権は、子ども手当の実施などにより、個々人に対する生活保障を手厚く配分している。しかし、そこで見失われつつあるのは、地域社会をいかに安定させるかという視点である。個人を支えることも重要であるが、その生活を支えるためにも、地域社会の基盤を整えることが重要である。

だが、これまで都市の地域社会の核であった商店街は、自営業層の崩壊とともに、その機能を失いつつある。こうしたなかで各地域は、将来性ある産業の誘致を競う地域間競争に巻き込まれている。地域間競争に参入できない地域は、国から公共事業をいかにぶんどるか、という選択に追い込まれている。

一九九〇年代から二〇〇〇年代のあいだの日本を振り返ればわかるように、地域間競争にしろ、公共事業にしろ、地域社会の安定に貢献しているとは到底思えない。また、こうした地域間競争や公共事業が、日本全体の首を絞めていることも指摘せざるを得ない。

今後の地域社会のあり方を考えるうえでも、豊かな都市自営業層がいかにして形成されたか、そしてその象徴というべき商店街がいかにして繁栄し※凋落したかを検証する必要がある。

新 雅史『商店街はなぜ滅びるのか
～社会・政治・経済史から探る再生の道～』

※階層帰属意識…日本社会のどのあたりに位置するか、という意識のこと。多くの場合、「上」「中の上」「中の下」「下の上」「下の下」という五つの尺度で測られる。

※凋落…しぼんで落ちること。また、衰えること。落ちぶれること。

問1 傍線部①「雇用の流動化」によって発生したものは何ですか。適当なものを選びなさい。

① 非正規雇用者の増加
② 日本型雇用の慣行
③ ショッピングモールの増殖
④ 小売業の規制緩和

問2 空欄部[A]～[D]に入る語句の組み合わせとして適当なものを選びなさい。

① [A] だが　[B] ただ
　[C] 例えば　[D] たしかに
② [A] だが　[B] ただ

二〇二二年度　浦和麗明高等学校（推薦 併願 二回目）

【国　語】（四五分）〈満点：一〇〇点〉

一　次の文章を読んで、後の問いに答えなさい。なお、問題の関係上、本文中に省略した箇所があります。

近年、「①雇用の流動化」がよく取り上げられる。だからだろうか、かつて存在していた日本社会の安定は、「日本型雇用慣行」（長期雇用、新卒一括採用、年功賃金など）に支えられた「雇用の安定」からのみ捉えられてきた。

だが、こうした見方こそが大きな問題である。戦後日本社会の政治的・経済的安定は「雇用の安定」だけで実現したわけではなかった。戦後日本は、商店街の経営主をはじめとした、豊かな自営業によっても支えられていた。つまり、「自営業の安定」という、「雇用の安定」とは別の安定がしっかりと存在しているのである。とくに本書で注目したいのは都市型自営業の安定である。（中略）

総理府（現在の内閣府）の「国民生活に関する世論調査」によれば、高度経済成長期の商工サービス自営業者は、専門技術職や事務職といったホワイトカラーと肩をならべて、※階層帰属意識が高かった。また、高いのは主観的な意識だけではなかった。都市自営業は、所得、資産保有も多かったという。

［A］、②こうしたことを言うと、都市自営業者は既得権益層で、そこに新規参入できる者は少なかったのではないか、という反論が起きそうだ。だが、その反論には次のように答えておこう。じつは、こうした豊かな都市自営業者は、高度経済成長期に一③カンして増加していた、と。

自営業者（農業を含む）の数は、一九六〇年代から八〇年代初頭まで九〇〇万人台後半で安定しているが、この時期、農業に携わる層が急速に減少していた。農業層が減少していたということは、都市自営業者が増加していたということである。一九六〇年代というと、一般的にはサラリーマンの増加と思われることが多いが、増えているのは④雇用者だけではなかったのだ。

戦後社会は、よく総中流社会といわれる。しかし、それは「雇用の安定」だけで実現したわけではない。多くの者が自営業に参入し、その都市自営業者が「安定」していたからこそ、総中流社会がもたらされたのである。

［B］、近年の格差社会の議論は、「雇用の安定」の是非ばかりを論じて、「自営業の安定」の是非について論じることがなかった。おそらく「自営業の安定」は、あえて議論するまでもないということなのだろうが、本当にそれは検討すべきことではないのか。

都市自営業者を考えるうえで、いつも問題となるのが規制である。「自営業の安定」といっても、所詮、規制や補助金で守られていただけではないか。いつも、そんな疑念が持たれる。

［C］、行政による保護で自営業者が支えられていたことは否定できないし、その保護行政に多くの問題があったことも事実である。しかし、だからといって、過去の保護行政のすべてを誤りだったとするのも、短絡的な見方であるだろう。

わたしたちは、何らかの規範のなかで生きている。にもかかわらず、少なくない経済学者が、ルールのない状態を理念的に設定して、規制について批判をおこなう。⑤こうした反規制という態度こそ、一種の信仰といえるだろう。

規制緩和が日本で進んだのは一九八〇年代以降のことである。そして、この時期の規制緩和の象徴が、小売業の距離制限やゾーニング（土地利用規制）の緩和だった。しかし、以上の規制緩和がおこなわれた結果、さまざまな問題が噴出することになった。【1】

［D］、近年問題になっているのが、「［E］」である。規制緩和によって、⑥商店街を支えてきた酒屋、米穀店などの経営が苦しくなり、近隣地区にある商店の数が大きく減少した。その

英語解答

1 問１ ①　問２ ③　問３ ④

2 問４ ②　問５ ④　問６ ④

3 問７ ①　問８ ②　問９ ①　問10 ③　問11 ④　問12 ②　問13 ④　問14 ③　問15 ③　問16 ②

4 問17 ①　問18 ①　問19 ②　問20 ②　問21 ①

5 問22 ①　問23 ①　問24 ④　問25 ④　問26 ③

6 問27 ②　問28 ①　問29 ①　問30 ④　問31 ③　問32 ④　問33 ④

7 問34 ④　問35 ④　問36 ③　問37 ①　問38 ③　問39 ③　問40 ④

1〔単語の発音〕

問１．breathe［iː］　① eagle［iː］　② break［ei］　③ bread［e］　④ heaven［e］

問２．hut［ʌ］　① human［juː］　② business［i］　③ trust［ʌ］　④ truth［uː］

問３．grow［ou］　① knowledge［a］　② crowd［au］　③ down［au］　④ own［ou］

2〔単語のアクセント〕

問４．① díf-fer-ent　② mu-sé-um　③ án-y-one　④ lí-brar-y

問５．① én-gine　② dám-age　③ cúl-ture　④ e-nóugh

問６．① én-er-gy　② áu-di-ence　③ ré-al-ize　④ ho-rí-zon

3〔適語（句）選択〕

問７．「～までに」という‘期限’を表すのはby。till〔until〕は「～まで（ずっと）」という‘継続’を表す。　「明日の朝５時までに宿題を終わらせなければならない」

問８．runには「～を経営する」という意味がある。　「同じ一族が長年，会社を経営している」

問９．‘during＋名詞（句）’「～の間」の形。while「～する間」は接続詞なので，後ろには‘主語＋動詞...’が続く。　「ロンドン滞在中，私たちはたくさんの博物館や美術館を訪れた」

問10. The man reading a paperで「新聞を読んでいる男性」となる。‘名詞＋現在分詞＋語句’の形（現在分詞の形容詞的用法）。関係代名詞を使う場合はThe man who is reading a paperとなる。　「新聞を読んでいる男性は私の父だ」

問11.「私が部屋に入ったとき」に姉〔妹〕がしていた動作が入るので，‘過去のある時点で進行中の動作’を表す過去進行形（‘was/were＋～ing’）にする。　「私が部屋に入ったとき，姉〔妹〕はピアノを弾いていた」

問12. A：メアリー，お願いを聞いてもらえる？　スーパーに行って，卵を買ってきてくれない？／B：もちろんよ。すぐに行くわ。／／Can you do me a favor？は「お願いを聞いてくれますか」という意味の定型表現。

問13. A：音楽を聴いているときはヘッドホンを使ってもらえますか？　うるさくて勉強できません。／B：ごめんなさい。もしあなたの邪魔になっているなら，音楽を止めます。／／bother「～を困らせる」　admire「～を賞賛する」　remove「～を取り除く」　mend「～を直す」

問14. go against ～「～に逆らう」 get over ～「～を克服する」 take over「～を引き継ぐ」 go on「続ける」 「両親は私を医者にしたかったが，私は両親の願いに逆らって教師になった」

問15. promote「～を昇進させる」の受け身形。be promoted to ～で「～に昇進する」。 divide「～を分ける」 confuse「～を混乱させる」 examine「～を調べる」 「私の兄〔弟〕は会社で営業部長に昇進した。彼は新たな地位にとてもわくわくしている」

問16. wine は‘数えられない名詞’。a large quantity of ～で「大量の～」という意味。number「数」は‘数えられる名詞’に使う。 「フランス人は毎月，大量のワインを消費している」

4〔誤文訂正〕

問17. ‘get married to＋人’または‘marry＋人’で「〈人〉と結婚する」という意味を表すので，got married は got married to または married とするのが正しい。 「彼の娘はロックミュージシャンと結婚し，彼と幸せな生活を送った」

問18. 文頭に Have があるので現在完了の疑問文。現在完了は‘have/has＋過去分詞’で表すので finish は finished が正しい。 「宿題はもう終わった？ 外でサッカーをしようよ！」

問19. should「～するべきだ」は助動詞。助動詞の後には動詞の原形が続くので to go ではなく go が正しい。 「あなたは太ったね。ジムに行って運動した方がいいよ」

問20. be good at ～ing で「～するのが得意だ」となるので，at bake ではなく at baking が正しい。「私の兄〔弟〕はパンを焼くのが得意だ。私は毎朝，彼が焼いたパンを食べている」

問21. 主語の My girlfriend は３人称単数で，現在形の文なので，want me ではなく，wants me が正しい。 ‘want＋人＋to ～’「〈人〉に～してほしい」 「私のガールフレンドは私に犬の調教師になってほしいと思っているが，私は医者になることに決めた」

5〔長文読解総合―対話文〕

≪全訳≫トーマスは土曜日の午前中の早い時間に２回目の予防接種を受ける。❶トーマス(Ｔ)：(家に入ってきて)やあ。❷ハンナ(Ｈ)：早くから出かけていたのね。ア どこに行ってたの？❸Ｔ：ついさっき，病院で２回目のコロナワクチンを打ってきたんだ。❹Ｈ：ああ，そうだったわね。イ どうだった？❺Ｔ：大丈夫だよ。少しも痛くなかった。❻Ｈ：今の気分はどう？❼Ｔ：ウ 今のところは，大丈夫だよ。多くの人が２回目の注射で副作用が出るのは知ってる。でも，僕はかなり丈夫だよ。❽Ｈ：ええ，お父さんも同じことを言ってたけど，２回目の注射の後は一日中ベッドで寝てたわ。❾Ｔ：エ ベッドに横になって一日中映画を見る口実を持てたのを楽しんだと思うよ。オ ハンナはいつ２回目の注射を打つの？❿Ｈ：次の火曜日よ。⓫Ｔ：僕は注射を打っといてよかったよ。これで夏の残りはエスプレッソスタンドで働ける。７月に開始予定なんだ。夏休みはバイトするの？⓬Ｈ：７月開始で週３日，近所の子どもたちのベビーシッターをする予定よ。⓭Ｔ：３人全員？⓮Ｈ：うん，３人全員。スクランブルエッグをつくるつもりなんだけど，欲しい？⓯Ｔ：あまり食欲がないんだ。ちょっと横になろうと思う。

問22＜適文選択＞この質問を受けたトーマスは，at the hospital と‘場所’を答えている。

問23＜適文選択＞この後のトーマスの発言は注射が「どうだったか」を説明している。

問24＜適文選択＞今の気分をきかれたトーマスの返答。So far, so good. で「今のところは大丈夫」という意味の定型表現。

問25＜整序結合＞he の後の動詞となるのは enjoyed だけ。この他に to lie in bed というまとまりができる。残りはenjoy ～ing「～することを楽しむ」の形でenjoyed havingとし，havingの目的語にan excuseを置く。an excuse to ～で「～する口実」(to不定詞の形容詞的用法)。 I think he enjoyed having an excuse to lie in bed and watch movies all day.

問26＜適文選択＞この発言に対してハンナはNext Tuesday.と答えているので，Whenで尋ねる③か④が入る。父親が入院したとは言っていないので，父親の退院日をきく④は入らない。 leave the hospital「退院する」

6 〔長文読解総合―ノンフィクション〕

≪全訳≫❶1985年5月，2人の登山家，ジョー・シンプソンとサイモン・イェーツが湖畔のベースキャンプを出発し，ペルーアンデス山脈にあるシウラ・グランデと呼ばれる山の北面の登山を開始した。この登山は非常に危険だったが，2人は経験豊富な登山家であり，身体も健康だった。1日目，天気は良く，登山の始まりは良かった。夜には2人は雪洞をつくり，山の中腹で眠った。❷3日後，非常に大変な登山と悪天候の後，2人は山頂に立った。不幸なことに，天気が悪くなってきたので，2人は長く滞在はしなかった。2人が山の尾根を下っているとき，災難が起こった。シンプソンが転落して，膝を骨折したのだ。すぐに，イェーツはロープを自分自身に，それから友人に結んだ。彼はシンプソンを山の下に下ろし始め，何時間にもわたって，イェーツはシンプソンの下山を手伝った。2人は山のふもとにある氷河に近づいていたが，突然，シンプソンが滑った。今度は，崖のひさしを越えた。彼は宙づりになった。シンプソンはイェーツに叫んだが，風の吹く音が大きくて，イェーツには彼の声が聞こえなかった。❸イェーツは下で何が起こっているのかわからなかった。彼は1時間待ったが，ロープは重すぎて，自分を山の崖の方に引き下ろしていた。彼には2つの選択肢があった。ロープを握ること，ただし，そうすると2人とも死ぬ可能性がある，あるいは，ロープを切断して生き残ること。イェーツには無理な決断だったが，土壇場になって，彼はロープを切断して，自分自身を救った。直ちに，シンプソンは30メートル下のクレバスに転落した。❹翌日，イェーツが必死にシンプソンを捜しているとき，クレバスを見つけた。彼はシンプソンを呼んだが，何も聞こえなかった。悲しいことだが，彼はシンプソンが死んでしまったと判断した。イェーツは知らなかったが，シンプソンは信じられないことにクレバスの中でまだ生きていたのだ。❺シンプソンは何時間も待ったが，イェーツが来ないとわかると，危険を冒すことにした。彼には多少ロープがあったので，クレバスの底まで降りた。彼は何とか出口を見つけた。3日間，シンプソンは雪と氷から水を飲んでいた。ベースキャンプの方にはって戻り，7日目の午後4時にシンプソンはとても近くにいた。❻その夜中，イェーツはベースキャンプのテントで寝ていて，目を覚ました。誰かが彼の名前を叫んでいることを確信した。彼は興奮して，外に走り出て，辺りを見回した。ついに，捜索に次ぐ捜索の後，彼はシンプソンを見つけたのだ。シンプソンは地面に横たわって，動かなかったが，まだ息をしていた。❼数日後，2人が帰国すると2人の話は有名になった。不当にも，一部の登山家はイェーツがロープを切断したことを批判した。しかし，1988年，シンプソンはこの出来事について本を書き，イェーツを擁護した。イェーツは正しい決断をしたとシンプソンは信じていたのだ。

問27＜適語選択＞直後に天候が悪化したとある。 unfortunately「不幸なことに」

問28＜適語選択＞they were going down the mountain ridgeとa disaster happenedとのつながりを考える。「山の尾根を下りているとき，災難が起きた」のである。during「～の間」は前置詞なので後ろに‘主語＋動詞...’の形は続かない。

問29＜単語の意味＞desperatelyは「必死に」という意味。これと同様の意味を表すのは，①「大変，大いに」　all the time「いつも」　instantly「すぐに」　as soon as possible「できるだけ早く」

問30＜指示語＞前を探してもit が指す内容は見つからない。イェーツが知らなかったのは，but以下の内容である，④「シンプソンはまだ生きていた」ことである。このようにitは，後ろの内容を指すこともある。

問31＜内容真偽＞①「一部の登山家は，イェーツの決断は間違っていたと考えた」…○　第7段落第2文に一致する。　②「シンプソンは，イェーツの判断は間違っていなかったと思った」…○　第7段落第3，4文に一致する。　③「本文の筆者は，イェーツが正しい判断をしたと思っていない」…×　筆者の考えは書かれていない。　④「イェーツはロープを切断する決断をした」…○　第3段落第3，4文に一致する。

問32＜内容真偽＞①「彼らはシウラ・グランデの頂上まで着かなかった」…×　第2段落第1文参照。②「シンプソンは生き残りたかったので，ロープを切断した」…×　第3段落第3，4文参照。ロープを切断したのは，シンプソンではなくイェーツ。　③「イェーツは後になって，シンプソンを捜さなかった」…×　第4段落第1文参照。　④「シンプソンは自力でベースキャンプに行こうとした」…○　第5段落最終文に一致する。

問33＜表題選択＞第3段落第3，4文および最終段落参照。ロープを切らなければ2人とも死ぬ可能性があり，ロープを切れば自分は生き残れるが友人が死ぬとわかっている場面での判断が正しかったのかどうかがこの文章の主題である。これを表すのは，④「正しい決断か」。

7〔長文読解総合―物語〕

≪全訳≫❶何年も前，私たちは，国の中で毎年，乾期のある地域に住んでいた。ある年，1か月近く雨を見なかった。作物は枯れかけていた。牛は乳を出さなくなっていた。川や小川は全て干上がっていた。その乾期が終わる前に，地元の農家7軒がまもなく農地を失いそうだった。❷ある日，私が台所で昼食をつくっていると，6歳の息子のビリーが森へ歩いていくのが見えた。彼はいつもの子どもらしい気軽な足取りではなく，真剣な目的を持って歩いていた。私は彼の背中しか見えなかった。彼は大いに努力しながら歩いており，できるだけ音を立てないように努めていた。❸森の中に消えてから数分後，彼は家に走って戻ってきた。何にせよ彼がしていたことは終わったのだと思って，私は昼食づくりに戻った。しかしまもなくして，彼は再び，あのゆっくりとした注意深いやり方で森へ歩いていった。これがしばらく続いた。注意深く森へと歩いては，家に走って戻ってきた。❹私は家を抜け出て，彼のあとを追った。見られないように大いに注意した。彼は歩くときに両手を自分の前でお椀状にして，小さな両手の中に持っているものを落とさないようにとても注意していた。木の枝が彼の小さな顔に当たったが，彼は枝を避けようとはしなかった。すると，何頭かの大きな鹿が彼の前に立っているのが見えた。❺ビリーは鹿のところまで真っすぐ歩いていった。大きな雄の鹿がすぐ近くにいた。しかし，鹿はビリーを脅かさなかった。ビリーが座ったときに，動きすらしなかった。そして，小さな子鹿が地面に横たわっているのが見えたが，明らかに喉が渇いて，暑さで疲れていた。子鹿は頭を持ち上げて，ビリーの両手のお椀に入った水をなめた。❻水がなくなると，ビリーは飛び上がって，家まで走って戻り，私たちが閉めたと思っていた水道の蛇口に向かった。ビリーが蛇口を開けると，少量の水が出始めた。彼は待ちながら，水をゆっくりと彼の「お椀」にいっぱいにした。そのとき，私は理解した。彼はその前の週，水遊びをして問題を起こしていた。私たちは水を無駄にしないことの大切さを彼に説教していたのだ。❼彼は「お椀」をいっぱいにした後，肘を使ってどうにか蛇口を閉めた。彼が立ち上がって森へと戻りかけたとき，私は彼の目の前にいた。彼の小さな瞳は涙でいっぱいになった。「無駄にしてないよ」とだけ彼は言った。私は台所から鍋いっぱいの水を持って彼に加わった。私は彼に子鹿の方に向かわせた。私は森の端に立ち，彼がもう１つの命を救うために一生懸命働くのを見ていた。❽私の顔を流れ落ちる涙が地面を打ち始めたとき，その涙に急に別のしずく…もっと…もっと多くのしずくが加わった。たぶんこんなふうに言う人たちもいるだろう。これは何も意味していない，奇跡は全く存在しない，いつかは雨が降ることになっていた，と。そして私はそれと言い争うことはできないだろうか。私はそうするつもりはない。私に言えることは，あの日に降った雨が私たちの農場を救ったということだけだ…ちょうど，１人の少年の行動がもう１つの生き物を救ったように。

問34＜主題＞幼い息子のビリーが，水を少しずつ何度も何度も運んだことで子鹿を救った様子が述べられている。この内容から読み取れるメッセージとして適切なのは，④「驚くべき成功を達成する唯一の方法は，小さな努力を続けることだ」

問35＜指示語＞この後にあるコロン(:)の後で具体的に説明されている。④「注意深く森へと歩いては，家に走って戻ってきた」は，その内容に一致する。このように，コロンは「つまり，すなわち」の意味で，直前の内容を言い換えたり，具体的に説明したりする場合に用いられる。

問36＜指示語＞「頭を持ち上げて，水をなめた」のは何かを考える。

問37＜語句解釈＞第４段落第３文参照。このhad both hands cuppedは「両手をお椀状にする」という意味。　‘have＋目的語＋過去分詞’「～を…させる」

問38＜英問英答＞「第２，３段落によると，ビリーが森へ歩いていくことに関して，普通ではなかったのは何か」―③「ゆっくり注意深く歩いていた」　第２段落第２，４文および第３段落第３文参照。

問39＜英問英答＞「第４～６段落によると，ビリーはなぜ森へ歩いていき，家へ走って戻ったのか」―③「子鹿を助けるために水を運ぶ必要があったから」　第５段落参照。

問40＜英問英答＞「第７，８段落によると，次のうち，正しくないのはどれか」―④「筆者はビリーの行動を奇跡の例として使っている」…×　第８段落第２文～最終文参照。奇跡は存在しない，という人たちと言い争わないと言っている。

数学解答

1 (1) ア…1　イ…8
(2) ウ…5　エ…2　(3) 3
(4) カ…8　キ…0

2 (1) ア…1　イ…6　ウ…2
(2) エ…1　オ…7
(3) カ…2　キ…9
(4) ク…4　ケ…8

3 (1) ア…4　イ…9　ウ…9　エ…6
(2) オ…4　カ…9　キ…8　ク…3
(3) ケ…6　コ…4　サ…6　シ…4
ス…9

4 (1) ア…5　イ…6
(2) ウ…9　エ…8
(3) オ…1　カ…2

5 (1) ア…1　イ…2
(2) ウ…2　エ…5　オ…5　カ…2
(3) キ…1　ク…1　ケ…7　コ…0

1〔独立小問集合題〕

(1)＜数の計算＞与式 $=16\times1.5+3+(-9)=24+3-9=18$

(2)＜式の計算＞与式 $=a^6b^6\times a^5b^4\div a^6b^8=\dfrac{a^6b^6\times a^5b^4}{a^6b^8}=a^5b^2$

(3)＜二次方程式＞$(\sqrt{3}x)^2-2\times\sqrt{3}x\times2+2^2=7-6\sqrt{3}x+4x^2$，$3x^2-4\sqrt{3}x+4=7-6\sqrt{3}x+4x^2$，$-x^2+2\sqrt{3}x-3=0$，$x^2-2\sqrt{3}x+3=0$　解の公式より，$x=\dfrac{-(-2\sqrt{3})\pm\sqrt{(-2\sqrt{3})^2-4\times1\times3}}{2\times1}=\dfrac{2\sqrt{3}}{2}=\sqrt{3}$ である。

≪別解≫与式より $x^2-2\sqrt{3}x+3=0$，$x^2-2\times\sqrt{3}\times x+(\sqrt{3})^2=0$，$(x-\sqrt{3})^2=0$　$\therefore x=\sqrt{3}$

(4)＜数の計算＞与式 $=(2\sqrt{3})^2-2\times2\sqrt{3}\times\sqrt{5}+(\sqrt{5})^2+(\sqrt{3})^2-2\times\sqrt{3}\times2\sqrt{5}+(2\sqrt{5})^2+(2\sqrt{3})^2+2\times2\sqrt{3}\times\sqrt{5}+(\sqrt{5})^2+(\sqrt{3})^2+2\times\sqrt{3}\times2\sqrt{5}+(2\sqrt{5})^2=12-4\sqrt{15}+5+3-4\sqrt{15}+20+12+4\sqrt{15}+5+3+4\sqrt{15}+20=80$

2〔独立小問集合題〕

(1)＜平面図形―角度＞正二十角形の内角の和は，$180°\times(20-2)=3240°$ となるから，１つの内角の大きさは，$3240°\div20=162°$ である。

≪別解≫正二十角形の外角の和は $360°$ であるから，１つの外角の大きさは，$360°\div20=18°$ となる。隣り合う内角と外角の和は $180°$ だから，１つの内角の大きさは，$180°-18°=162°$ である。

(2)＜数の性質＞$\sqrt{\dfrac{9n+119}{n}}$ が整数となるとき，$\dfrac{9n+119}{n}=9+\dfrac{119}{n}$ は自然数の２乗となるから，$\dfrac{119}{n}$ は自然数となる。$\dfrac{119}{n}$ が自然数となるのは，$119=7\times17$ より，$n=1$，7，17，119 のときである。ここで，求める n は，最小の自然数だから，$n=1$，7，17，119 を小さい順に $9+\dfrac{119}{n}$ に代入していくと，$n=1$ のとき，$9+\dfrac{119}{1}=9+119=128$ となり，$n=7$ のとき，$9+\dfrac{119}{7}=9+17=26$ となり，いずれの場合も自然数の２乗にならないので，適さない。$n=17$ のとき，$9+\dfrac{119}{17}=9+7=16=4^2$ となり，適する。よって，求める n は $n=17$ である。

(3)＜確率―じゃんけん＞4 人で１回じゃんけんをするときの４人の手の出し方は，それぞれグー，チョキ，パーの３通りあるから，手の出し方は全部で，$3\times3\times3\times3=81$（通り）ある。ここで，４人をA，B，C，Dとすると，このうちの２人がグーで勝つ場合は，(A，B，C，D)＝(グー，グー，チョキ，チョキ)，(グー，チョキ，グー，チョキ)，(グー，チョキ，チョキ，グー)，(チョキ，グー，グー，チョキ)，(チョキ，グー，チョキ，グー)，(チョキ，チョキ，グー，グー)の6通りあり，チョキで勝つ場合も，パーで勝つ場合もそれぞれ6通りあるから，2人が勝つ場合は，$6+6+6=18$(通り)ある。よって，求める確率は$\frac{18}{81}=\frac{2}{9}$である。

(4)<平面図形—長さ>2地点A，B間の距離を$x$kmとすると，地図上の長さ2cmと実際の距離30kmの比と，2地点A，B間の地図上の長さ3.2cmと実際の距離$x$kmの比は等しいから，$2:30=3.2:x$が成り立つ。これを解くと，$2\times x=30\times 3.2$より，$x=48$(km)である。

3 〔関数—関数$y=ax^2$と一次関数，反比例のグラフ〕

《基本方針の決定》(1)　aの値は，変化の割合から求める。　(3)　2点P，Qのx座標から，線分PQ，PRの長さをtを使って表す。

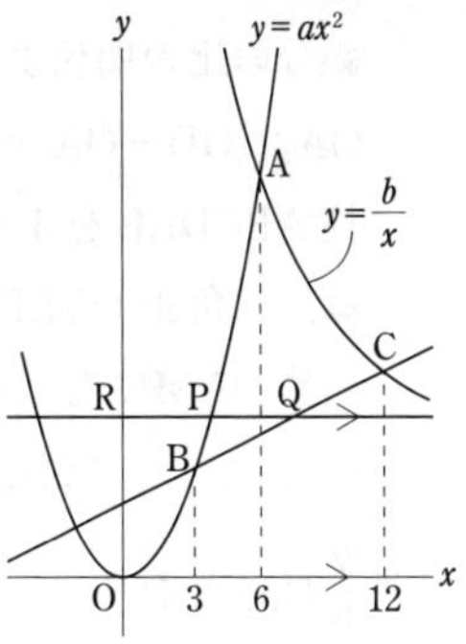

(1)<比例定数>右図で，関数$y=ax^2$について，$x=1$のとき$y=a\times 1^2=a$，$x=3$のとき$y=a\times 3^2=9a$となるから，xの値が1から3まで増加するときの変化の割合は，$\frac{9a-a}{3-1}=4a$となる。これが$\frac{16}{9}$だから，$4a=\frac{16}{9}$が成り立ち，$a=\frac{4}{9}$である。よって，点Aは関数$y=\frac{4}{9}x^2$のグラフ上にあり，x座標が6だから，y座標は，$y=\frac{4}{9}\times 6^2=16$となり，A(6，16)である。さらに，関数$y=\frac{b}{x}$のグラフは，点Aを通ることから，この式に$x=6$，$y=16$を代入して，$16=\frac{b}{6}$より，$b=96$である。

(2)<直線の式>右上図で，点Bは関数$y=\frac{4}{9}x^2$のグラフ上にあり，x座標が3だから，y座標は$y=\frac{4}{9}\times 3^2=4$となり，B(3，4)である。点Cは関数$y=\frac{96}{x}$のグラフ上にあり，$x$座標が12だから，$y$座標は$y=\frac{96}{12}=8$となり，C(12，8)である。よって，2点B，Cの座標より，直線BCの傾きは$\frac{8-4}{12-3}=\frac{4}{9}$となるから，直線BCの式は$y=\frac{4}{9}x+c$とおける。この直線が点Bを通ることから，この式に$x=3$，$y=4$を代入して，$4=\frac{4}{9}\times 3+c$，$c=\frac{8}{3}$となり，求める直線の式は$y=\frac{4}{9}x+\frac{8}{3}$である。

(3)<座標>右上図で，点Pのx座標をtとおくと，点Pは関数$y=\frac{4}{9}x^2$のグラフ上にあるから，y座標は，$y=\frac{4}{9}t^2$となり，$P\left(t,\ \frac{4}{9}t^2\right)$である。よって，PQ∥〔$x$軸〕より，点Qの$y$座標は点Pの$y$座標と等しく$\frac{4}{9}t^2$で，点Qは直線$y=\frac{4}{9}x+\frac{8}{3}$上にあるから，点Qの$x$座標は，$\frac{4}{9}t^2=\frac{4}{9}x+\frac{8}{3}$より，$t^2=x+6$，$x=t^2-6$となり，$Q\left(t^2-6,\ \frac{4}{9}t^2\right)$である。2点P，Qの$x$座標より，線分PQの長さは，$PQ=(t^2-6)-t=t^2-t-6$となる。また，PRの長さは，点Pの$x$座標より，$PR=t$だから，$PQ:PR=3:2$より，$(t^2-t-6):t=3:2$が成り立つ。これを解くと，$2(t^2-t-6)=3t$，$2t^2-2t-12=3t$，$2t^2-5t-12=0$となり，解の公式より，$t=\frac{-(-5)\pm\sqrt{(-5)^2-4\times 2\times(-12)}}{2\times 2}=\frac{5\pm\sqrt{121}}{4}=\frac{5\pm 11}{4}$となるので，$t=\frac{5+11}{4}=4$，$t=\frac{5-11}{4}=-\frac{3}{2}$となる。ここで，点Pは2点A，Bの間にあるから，点Pのx座標は点Bのx座標3より大きく，点Aのx座標6より小さくなる。よって，$t=4$だから，点Pのy座標は，$y=\frac{4}{9}\times 4^2=\frac{64}{9}$となり，$P\left(4,\ \frac{64}{9}\right)$である。

4 〔空間図形—三角柱〕

≪基本方針の決定≫(2)　体積を求める立体を含む三角錐を考える。　　(3)　三角柱ABCDEFを2つ合わせた四角柱を考える。

(1)<体積>右図1で，三角柱ABCDEFを3点A，C，Eを結ぶ平面で切ったとき，頂点Bを含む立体を，頂点をEとし，底面を△ABCとする三角錐と考える。△ABCで三平方の定理より，BC$=\sqrt{\mathrm{AC}^2-\mathrm{AB}^2}=\sqrt{10^2-8^2}=\sqrt{36}=6$となる。よって，BE=AD=7より，求める体積は，$\frac{1}{3}\times\triangle\mathrm{ABC}\times\mathrm{BE}=\frac{1}{3}\times\frac{1}{2}\times\mathrm{AB}\times\mathrm{BC}\times7=\frac{1}{3}\times\frac{1}{2}\times8\times6\times7=56$である。

図1
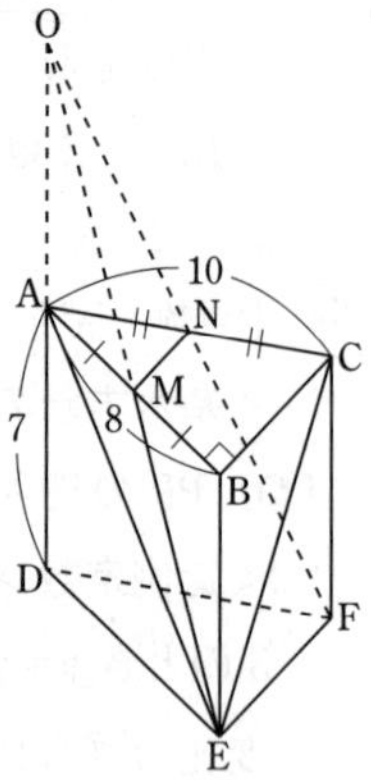

(2)<体積>右図1のように，辺AD，線分EM，FNの延長は1点で交わり，その交点をOとすると，AM∥DEであり，点Mが辺ABの中点だから，平行線と線分の比の関係より，OA：OD=AM：DE=1：2となる。よって，OA：AD=OA：(OD−OA)=1：(2−1)=1：1だから，OA=AD=7である。また，三角柱ABCDEFを4点M，N，F，Eを通る平面で切ったとき，頂点Dを含む立体は，三角錐ODEFから三角錐OAMNを除いた立体になる。面AMNと面DEFは平行だから，三角錐OAMNと三角錐ODEFは相似となり，相似比が，OA：OD=1：2より，体積比は，〔三角錐OAMN〕：〔三角錐ODEF〕$=1^3:2^3=1:8$であり，求める体積は，三角錐ODEFの体積の$\frac{8-1}{8}=\frac{7}{8}$(倍)となる。したがって，(1)より，△DEF=△ABC=24であり，OD=2OA=2×7=14だから，求める体積は，〔三角錐ODEF〕$\times\frac{7}{8}=\frac{1}{3}\times\triangle\mathrm{DEF}\times\mathrm{OD}\times\frac{7}{8}=\frac{1}{3}\times24\times14\times\frac{7}{8}=98$である。

(3)<体積>まず，右図2のように，三角柱ABCDEFと合同な三角柱A′B′C′D′E′F′について，面ADFCと面A′D′F′C′が重なるように合わせた立体を考える。△ABCは∠ABC=90°の直角三角形だから，合わせた立体は，底面を長方形とする四角柱となる。次に，この四角柱に，半径が2の円を底面とし，十分な高さを持つ円柱を，面ABEDの対角線の交点と円の中心が重なるようにして，面ABEDに対して垂直に貫通させるときの四角柱の内部にできる，空洞の形について考える。辺ABと辺BEはどちらも円柱の底面の直径の4より長いから，空洞の形は，半径が2の円を底面とし，高さが辺BCの長さ6と等しい円柱となる。よって，その体積は，$\pi\times2^2\times6=24\pi$となる。したがって，四角柱は三角柱ABCDEFと合同な三角柱を2つ合わせたものだから，三角柱ABCDEFの内部にできる空洞の体積は，この体積の半分となり，$24\pi\times\frac{1}{2}=12\pi$である。

図2
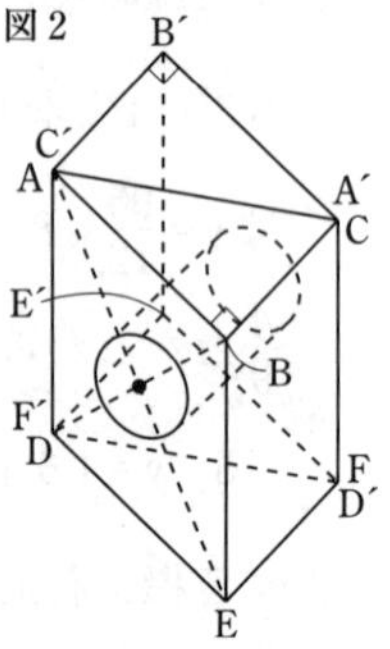

5 〔特殊・新傾向問題—規則性〕

≪基本方針の決定≫(1)　問題の図2の長方形の縦の長さをa，横の長さをbを使って表す。　　(3)　立体の体積を奇数回と偶数回に分けて考える。

(1)<長さの比>問題の図2のように，縦の長さがa，横の長さがbの長方形を縦に2つ並べたとき，全体の縦の長さは$2a$，横の長さはbとなる。また，その縦の長さと横の長さの比が$b:a$になったとき，$2a:b=b:a$が成り立つ。これより，$2a^2=b^2$であり，$0<a<b$より，$b=\sqrt{2}a$となるから，$a:b=a:\sqrt{2}a=1:\sqrt{2}$である。

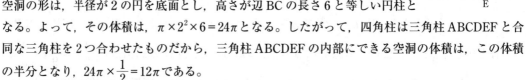

(2)＜面積＞(1)より，$a=1$のとき，$b=\sqrt{2}a=\sqrt{2}\times1=\sqrt{2}$だから，このときの最初の長方形の縦の長さは1，横の長さは$\sqrt{2}$となり，この長方形の面積A_1は，$1\times\sqrt{2}=\sqrt{2}$である。また，1回目の作業をしたときにできる長方形の面積A_2はA_1の2倍だから，$A_2=2A_1=2\times\sqrt{2}=2\sqrt{2}$であり，2回目の作業をしたときにできる長方形の面積A_3はA_2の2倍だから，$A_3=2A_2=2\times2\sqrt{2}=4\sqrt{2}$である。同様にして，$A_4=2A_3=2\times4\sqrt{2}=8\sqrt{2}$，$A_5=2A_4=2\times8\sqrt{2}=16\sqrt{2}$，$A_6=2A_5=2\times16\sqrt{2}=32\sqrt{2}$，$A_7=2A_6=2\times32\sqrt{2}=64\sqrt{2}$，$A_8=2A_7=2\times64\sqrt{2}=128\sqrt{2}$となる。よって，$A_1+A_2+A_3+A_4+A_5+A_6+A_7+A_8=\sqrt{2}+2\sqrt{2}+4\sqrt{2}+8\sqrt{2}+16\sqrt{2}+32\sqrt{2}+64\sqrt{2}+128\sqrt{2}=255\sqrt{2}$である。

(3)＜体積＞V_1は，最初の長方形の短い辺を軸として1回転してできる立体の体積だから，半径が$\sqrt{2}$の円を底面とし，高さが1の円柱の体積となり，$V_1=\pi\times(\sqrt{2})^2\times1=2\pi$となる。$V_2$は，1回目の作業をしたときにできる長方形の短い辺を軸として1回転してできる立体の体積だから，半径が2の円を底面とし，高さが$\sqrt{2}$の円柱の体積となり，$V_2=\pi\times2^2\times\sqrt{2}=4\sqrt{2}\pi$となる。また，最初の長方形と，2回目，4回目，6回目の作業をしたときにできる長方形は相似となり，これらの長方形の相似比は1：2：4：8である。このとき，それぞれの長方形を短い辺を軸として1回転してできる円柱も相似となり，相似比も長方形の相似比と同じ1：2：4：8である。よって，体積比は$V_1:V_3:V_5:V_7=1^3:2^3:4^3:8^3=1:8:64:512$となるから，$V_1+V_3+V_5+V_7=2\pi+2\pi\times8+2\pi\times64+2\pi\times512=2\pi\times(1+8+64+512)=2\pi\times585$である。同様に，1回目の作業をしたときにできる長方形と，3回目，5回目，7回目の作業をしたときにできる長方形は相似となり，これらの長方形の相似比は1：2：4：8だから，体積比は$V_2:V_4:V_6:V_8=1^3:2^3:4^3:8^3=1:8:64:512$となるから，$V_2+V_4+V_6+V_8=4\sqrt{2}\pi\times(1+8+64+512)=4\sqrt{2}\pi\times585$である。以上より，$V_1+V_2+V_3+V_4+V_5+V_6+V_7+V_8=(V_1+V_3+V_5+V_7)+(V_2+V_4+V_6+V_8)=2\pi\times585+4\sqrt{2}\pi\times585=2\pi\times585\times(1+2\sqrt{2})=1170(1+2\sqrt{2})\pi$となる。

国語解答

一　問１　①　問２　④　問３　③
問４　②　問５　③　問６　②
問７　③　問８　①　問９　④
問10　②，④

二　問11　③　問12　①　問13　④
問14　③　問15　①　問16　②
問17　②　問18　①　問19　④
問20　③　問21　③

三　問22　①　問23　④　問24　③
問25　③　問26　①　問27　①
問28　④　問29　①〔③〕

一　〔論説文の読解―社会学的分野―現代社会〕出典；新雅史『商店街はなぜ滅びるのか～社会・政治・経済史から探る再生の道～』。

≪本文の概要≫戦後社会は総中流社会といわれるが，それは雇用の安定だけで実現したわけではない。多くの者が自営業に参入し，その都市自営業者層が安定したからこそ，総中流社会がもたらされたのである。一九八〇年代以降，小売業の距離制限やゾーニングの規制が緩和された結果，さまざまな問題が噴出することになった。規制緩和によって商店街を支えてきた小売業の経営は厳しくなり，商店の数は大きく減少した。その一方で増加したのが，広大で均質なショッピングモールである。ショッピングモールの増加は，商店街や小規模スーパーの崩壊を招き，その結果，自動車がないと日常生活に必要な商品が手に入らないという状態を生んだ。農業層から雇用者層への移行だけでなく都市自営業者層への移行も進め，都市自営業者を安定させたところに日本近代化の大きな特徴があったのである。商店街は安定した都市自営業層の象徴であり地域社会の象徴でもあった。個人の生活を支えるためにも，地域社会の基盤を整え，地域社会を安定させる視点が必要である。

問１＜文章内容＞近年，長期雇用，新卒一括採用，年功賃金などの日本型雇用慣行に支えられた雇用の安定は失われ，非正規雇用など不安定な状態で働く雇用者が増加している。

問２＜接続語＞Ａ．高度経済成長期の都市自営業者は，所得や資産保有も多かったというが，とはいえ，こうしたことをいうと，都市自営業者は既得権益層だったのではないかという反論が起きそうである。　Ｂ．戦後総中流社会は，雇用の安定だけでなく多くの都市自営業者が安定していたからこそ生まれたのだが，近年，自営業の安定については論じられることがない。　Ｃ．都市自営業者は規制や補助金で守られていただけではないかという疑念が持たれるが，もちろん，行政による保護で自営業者が支えられてきたことは事実である。　Ｄ．一九八〇年代以降の規制緩和によってさまざまな問題が噴出することになり，具体的な例としては，ショッピングモールの増加による買い物難民の問題が挙げられる。

問３＜指示語＞高度経済成長期の都市自営業者は，階級帰属意識が高く，「所得，資産保有も多かった」という調査を見ると，「都市自営業者は既得権益層で，そこに新規参入できる者は少なかったのではないか」という反論が起きそうなのである。

問４＜漢字＞「一貫」と書く。初めから終わりまで同じに貫き通すこと。都市自営業者は，高度経済成長期に同じ調子で増加していたのである。①は「環境」，②は「貫徹」，③は「閑散」，④は「管理」。

問５＜文章内容＞社会科学では，中間層を「旧中間層」と「新中間層」とに分類する。「旧中間層は土地を自己所有する豊かな自営業層，新中間層は豊かな雇用者層を意味する」のである。

問６＜文章内容＞自営業者に対する保護行政に多くの問題があったことは事実だが，「ルールのない状態を理念的に設定」して，「過去の保護行政のすべてを誤りだったとする」のは，短絡的な見方と言わざるをえないのである。

問７＜文章内容＞ショッピングモールの増加は，地域の商店街や小規模スーパーの崩壊を招き，結果として，「自動車がないと日常生活に必要な商品が手に入らない状況に苦しむ」買い物難民と呼ばれる人々が生まれたのである。

問８＜文章内容＞「商店街は，安定した都市自営業層の象徴」であり，「地域社会の象徴」でもあった。しかし，「都市の地域社会の核であった商店街」は，自営業層の崩壊とともにその機能を失いつつある。

問９＜文脈＞自営業の安定化の崩壊は，バブル崩壊以降の社会に大きな影響を与えた。しかし，「バブル崩壊は，これまで『雇用の安定』の崩壊と同義としてみなされて」きた。この誤解がなぜ生まれたのかというと，社会変動に対する認識不足のせいなのである。

問10＜要旨＞戦後日本の政治的・経済的安定は，雇用の安定からとらえられがちだが，それだけではなく，自営業の安定によっても支えられていた(②・④…×)。高度経済成長期には，農業に携わる層が急速に減少し，都市自営業者が一貫して増加し続けた(③…○)。一九九〇年代から二〇〇〇年代の日本を振り返ってみると，地域間競争や公共事業が地域社会の安定に貢献しているとは到底思えない(①…○)。

二〔小説の読解〕出典；太宰治『リイズ』。

問11＜慣用句＞「内弁慶」は，家の中では威張るが，外に出ると全く意気地がない人のこと。

問12＜表現＞杉野君は，「わあん」と，「叱られた子供のような甘えた泣き声を挙げた」のである。

問13＜品詞＞「すぐに」は，活用せずに述部「出発させた」を修飾している副詞である。

問14＜漢字＞「迎えた」の「迎」は，七画の漢字。

問15＜文章内容＞「目を丸くする」は，驚いて目を見張る，という意味。杉野君は，モデルの女の人の足元を見て「おや，君は，はだしですね」と驚いたのである。

問16＜文章内容＞杉野君は，ようやくモデルを使って絵が描けると張りきっていたのだが，モデルはあまりに健康的すぎて，彼が期待していたイメージとは異なっていたのである。一方，モデルとしてやってきた女の人は，不機嫌な杉野君に口悪くあれこれ言われてしまった。「私」は，杉野君とモデルの女性の両方が気の毒でしかたがなかったのである。

問17＜漢字＞「よびりん」と読む。人を呼んだり合図したりするためのベルのこと。

問18＜文章内容＞杉野君のお母さんは，「私だって知っていますよ。あの娘さんじゃ，画になりません」と言った。「せがれの画がしくじっても，この娘さんをしくじらせたくない」と思ったお母さんは，「せがれには，またこの次という事」もあると考え，息子の不機嫌を大げさに考えてはいなかったのである。

問19＜文章内容＞「なるべくなら姿のいいひとを選んで来たいと思って行った」お母さんは，大勢のモデルの中から，「あの娘さんじゃ，画になりません」と思われるような女の人を選んだのである。

問20＜要旨＞杉野君のお母さんは，「何事に於ても，杉野君の言うとおりにしている様子である」が，「せがれの画がしくじっても，この娘さんをしくじらせたくない」と考え，「画にはなりません」と自分で言うような女の人をモデルに選んできて，息子の仕事は「気永な仕事」として見守っていこうと考えるように，息子の意志に反する行動を取る一面も持っているのである。

問21＜文学史＞『斜陽』は，昭和22(1947)年に発表された太宰治の小説。『夜明け前』は，昭和４～10(1929～35)年にかけて発表された島崎藤村の小説。『細雪』は，昭和18～23(1943～48)年にかけて発表された谷崎潤一郎の小説。『金閣寺』は，昭和31(1956)年に発表された三島由紀夫の小説。

三〔古文の読解―随筆〕出典；鴨長明『方丈記』。

≪現代語訳≫私が物事の道理というものを知ってから，四十年あまりの年月を送った間，世の不思議を眺めることも何度も数を重ねてきた。去る安元三年四月二十八日だった，ということにしておこう，風が激しく吹いて，穏やかでなかった夜，戌の刻くらいに，都の東南から火が出て，西北へと燃え広がった。ついには朱雀門や大極殿，大学寮，民部省などまで燃え移って，一夜のうちに塵や灰になってしまった。火元は樋口小路と富小路の交わる辺りとかいうことだ。舞人を泊める仮屋から火が出たのだという。

吹き迷う風に，あれやこれやして火が移っていくうちに，扇を広げたように末広がりに広まった。離れた家は煙にむせび，火に近い辺りはひたすら炎を，地面に吹きつけた。空には灰が吹き上げられ，火の光に映し出されて，辺り一面が紅に染まる中に，風に堪えきれず，吹き切られた(家の板切れで)炎(がついたままのもの)が飛ぶようにして，一二町を越えながら燃え移っていく。その中にいる人々は普通の気持ちで，気を確かに持っていられようか。ある者は煙にむせて倒れ伏し，ある者は炎に目がくらんでたちまち死んでしまう。またある者は身一つで何とかして逃れたものの，財産を持ち出すことはできない。金銀珠玉の宝物もすっかり灰になってしまった。その価値はどれくらいだったろうか。このたび，公卿の家も十六焼けた。ましてその他は数えることもできない。全て合わせれば都のうち三分の一も焼失したという。男女のなくなった者は数十人，馬や牛の類いは数さえわからない。

人間の営みは全て愚かなもので，これほど危険な京の中に家をつくろうと，財産を費やし，心を悩ませることは，あまりにもつまらないことです。

問22＜古語＞「春秋」は，年月のこと。春と秋で一年を代表させている。「あまり」は，数詞について，その数より少し多いことを示す接尾語。

問23＜古典の知識＞一日を十二等分し，０時を子として，二時間ごとに十二支で時刻を示した。

問24＜古典の知識＞東西南北を十二等分し，真北を子として，十二支で方位を示した。東南は辰と巳の中間なので「たつみ」，西北は戌と亥の中間で「いぬゐ」と呼ばれた。

問25＜古文の内容理解＞都の東南から火が出て，その火が西北にまで燃え広がったのである。

問26＜古文の内容理解＞火は，樋口富小路の舞人を泊めていた仮屋から出て燃え広がったということらしかったのである。

問27＜古文の内容理解＞火がついたままの板切れが，風にあおられて，飛ぶように一二町を越えていったことで，火が燃え広がっていったのである。

問28＜歴史的仮名遣い＞歴史的仮名遣いの「au」は，現代仮名遣いでは「ou」になる。

問29＜古文の内容理解＞火事に遭った人々は，ある者は煙にむせて倒れ伏し，ある者は炎に目がくらんで死んでしまったし，またある者は身一つで何とか逃れたものの財産を持ち出すことはできなかった。命も失われ，金銀珠玉の宝物もすっかり灰になってしまって，その損害はどれくらいかわからないのである。

2021年度 浦和麗明高等学校（推薦 単願・併願１回目）

【英　語】（45分）〈満点：100点〉

1 次の語の下線部と同じ発音を持つ語を１つずつ選びなさい。

問１ huge　① push　② adult　③ usual　④ umbrella

問２ treat　① head　② speak　③ beautiful　④ ear

問３ balloon　① floor　② tool　③ foot　④ flood

2 最も強いアクセントを含む音節の位置が，他の語と異なるものを１つずつ選びなさい。

問４ ① umbrella　② exciting　③ forever　④ scientist

問５ ① between　② gather　③ window　④ dirty

問６ ① terrible　② following　③ excellent　④ exactly

3 次の各文の空所に入れるのに，最も適切なものを１つずつ選びなさい。

問７ Lubicchi (　　) by Antonio and his gang.

① was surrounding　② was to surround

③ was surrounded　④ surrounds

問８ Rebecca tried (　　) off trashman's head.

① to pull　② pull　③ pulled　④ pulls

問９ You don't like that dirty costume, (　　　　)?

① are you　② do you　③ aren't you　④ don't you

問10 The two of them stopped (　　) each other after that.

① see　② seen　③ saw　④ seeing

問11 A："(　　) you hear?"

B："No, I can't hear anything in my left ear."

① Can　② May　③ Must　④ Will

問12 The people (　　) in the chimney town were encaged in black smoke.

注 encaged：閉じ込められる

① who living　② living　③ lived　④ lives

問13 The two played (　　) late that night.

① till　② with　③ for　④ on

問14 This pendant is (　　).

① you　② your　③ yourself　④ yours

問15 The place was filled (　　) countless points of light.

① in　② with　③ on　④ of

問16 A：(　　) don't you wash yourself in our yard?

B：What?　That's OK?

① Which　② What　③ How　④ Why

4 次の会話文が成り立つように空所に入る最も適切なものを1つずつ選びなさい。

問17 [*At an airport*]

A : Your passport, please.
B : Here you are.
A : (　　　　)
B : I'm going to study at university from September.

① What's your nationality ?
② Where are you going to stay ?
③ How long are you going to stay ?
④ What's the purpose of your visit ?

問18 [*At a shop*]

Clerk　　: May I help you ?
Customer : Where can I find a sketchbook ?
Clerk　　: (　　　　)
Customer : Thank you.

① They're over there.　② Yes, of course.
③ Any color is OK.　④ They are 30% off.

問19 [*On the phone*]

Man : May I speak to Mr. Yamada ?
Staff : (　　　　)
Man : May I leave a message ?
Staff : Sure. Go ahead.

① Yes, speaking.　② I'm sorry, but he is out.
③ Who was it ?　④ You have the wrong number.

問20 A : My mother is sick. We took her to the hospital yesterday.
B : (　　　　) Is she very sick ?
A : She was pretty bad yesterday but she isn't any worse today.
B : Please take good care of her.

① I told you about that yesterday.　② What did you do ?
③ I'm sorry to hear that.　④ Sorry. It's boring.

問21 A : I have two tickets for the movie tonight. Would you like to come with me ?
B : (　　　　) What time does it start ?
A : It starts at 7:00, but I think we can have dinner before that.
B : That's a nice idea.

① I'd love to.　② Please forgive me.
③ I don't like the movie.　④ I think you like it.

5 日本文に合うように語(句)を並べかえて英文を作るとき，(　)内で4番目に来るものとして正しいものを1つずつ選びなさい。ただし，文頭に来る語も小文字にしてある。

問22 「今は，仕事の帰りだからね。」

Well, I'm (ア my　イ from　ウ work　エ on　オ home　カ way).

① ア　② ウ　③ オ　④ カ

問23 「見つかったのは，ボロボロにこわれた(彼の)漁船だけ。」

The (ア thing イ only ウ found エ was オ they カ his fishing boat) in tatters.

注 in tatters：ボロボロになった

① ア ② イ ③ ウ ④ エ

問24 「光り輝く星が空にたくさん浮かんでいたんだ。」

There (ア thousands of イ the air ウ floating in エ were オ stars).

① ア ② ウ ③ エ ④ オ

問25 「父ちゃんは星を見る方法を僕に教えてくれたんだよ。」

Dad (ア could see イ told ウ I エ how オ me カ the stars).

① ア ② イ ③ ウ ④ エ

問26 「町の夜景はきれいでした。」

The (ア beautiful イ was ウ night view エ of オ the town).

① ア ② イ ③ ウ ④ エ

6 次の文章を読み，下の問い(問27〜33)に答えなさい。

※ 1〜5は段落番号を表すもの。

1 Stephen, a 14-year-old boy was seen alone in the mid of the road. It was almost 10 pm ; he was walking alone on the streets on a *breezy night. He recalled the incident that made him fight with his mother and he moved out of the house like a storm. His eyes were filled with tears.

2 He had a fight with his mother from morning. His mom (1)inquired about his low grades in the recent exam. Stephen had a careless attitude and did not reply to her well. She scolded him in the evening for being so careless. He quarreled with his mother and argued without understanding he was also in fault. The fight ended up so badly that Stephen left his home.

3 He walked for almost more than two hours. He smelled a nice *flavor from a shop and was attracted by the sweet smell. He couldn't resist the smell of that nice flavor and he felt very hungry. It was a small noodle shop and he stopped by the shop. Suddenly, he realized there's not even a single *penny in his pocket. With a sad face, he stood there for a minute and decided to leave the place. The shop owner saw him and asked him to have some food. Stephen told he had no money to pay for the food. The shop owner smiled, said, "It's ok. I don't ask you any money." and asked him to eat some food as he looked very tired. The shop owner prepared a hot bowl of sweet and delicious noodles. Stephen ate the noodles and thanked the shop owner from his heart. He felt that he (2)owes something to the shop owner and promised him that he would return his favor. Stephen was in tears when he ate the noodles.

4 The shop owner asked what happened to him and why he cried when he was eating the noodles. Stephen narrated the incident to him, the quarrel with his mother and felt that his mother did not understand him. The shop owner asked Stephen, "Do you feel you (2)owe me something right?" Stephen said, "Yes. Definitely! (3)This is a great help you did for me. I was very hungry as I ate nothing from the noon!" The shop owner smiled, "Good my dear young man! Now think about your mom. She was there with you from the moment you

were born. In fact, she carried you in her. She cooked for you. She played with you. She helped you and *consoled you with all her heart in your difficult times. She was there for you when you needed her. Even now, she had fight with you for your goodness. What did she expect? Nothing! Don't you feel *indebted to her?"

[5] Stephen realized his mistake, thanked the shop owner, and rushed to his home. He saw his mother standing with tears on their street. His mother said, "Where did you go? I was searching for you everywhere. I cooked your favorite meal. Come and have it now. You must be so hungry!" He hugged her and *pleaded to forgive him.

注 breezy：そよ風の吹く　flavor：風味　penny：ほんのわずかのお金
console(d)：慰める　indebted：恩義があって　plead(ed)：嘆願する

問27 下線部(1)inquired の意味として，最も近いものを次の①～④の中から１つ選びなさい。

① promised　② asked　③ thanked　④ thought

問28 ２か所ある下線部(2)owe(s) の意味として，最も近いものを次の①～④の中から１つ選びなさい。

① to need to do something to someone who has given something to you
② to tell someone that you will definitely do something
③ to understand or become aware of something
④ to put your arms around someone especially as a way of showing love

問29 下線部(3)This が指す内容として，最も近いものを次の①～④の中から１つ選びなさい。

① That the shop owner asked what happened to him and why he cried
② That the shop owner felt that Stephen's mother did not understand him
③ That the shop owner prepared a hot bowl of delicious noodles
④ That Stephen's mother was searching him everywhere

問30 本文の内容に合うように，次の英語に続けるのに最も適切な文を下の①～④の中から１つ選びなさい。

According to paragraph [1] and [2], (　　　　).

① Stephen did not understand why he was wrong
② Stephen's mother was not so angry at him
③ Stephen's mother was angry because he left his home
④ Stephen cried a lot because his mother got angry at him

問31 本文の内容に合うように，次の英語に続けるのに最も適切な文を下の①～④の中から１つ選びなさい。

According to paragraph [3], (　　　　).

① Stephen walked for about two hours to find some money to have some food
② Stephen looked tired, so the shop owner gave him a bowl of delicious noodles
③ Stephen couldn't eat all the delicious noodles because he was in tears
④ Stephen didn't have any money, but he decided to eat noodles

問32 下記にある(あ)～(お)を本文の内容に沿って並べたとき，最も適切なものをあとの①～④の中から１つ選びなさい。

(あ) Stephen had a fight with his mother.
(い) The shop owner told Stephen about his mother.
(う) Stephen realized that he was in fault.

(え) Stephen was walking alone with tears.
(お) Stephen ate delicious noodles with tears.

① (あ)→(え)→(お)→(い)→(う)
② (え)→(あ)→(い)→(う)→(お)
③ (あ)→(う)→(え)→(い)→(お)
④ (え)→(あ)→(お)→(い)→(う)

問33 本文が伝えるメッセージとして最も適切なものを次の①～④の中から１つ選びなさい。

① Noodles are best to eat when you are hungry.
② Walk around, and you can find a nice person.
③ Parent's love is warm and precious.
④ You shouldn't have a fight with the people around you.

7 次の文章を読み，下の問い(問34～40)に答えなさい。

This is a true story about a filmmaker named Nirvan Mullick. He helped make a young boy's dream come true.

The boy's name was Caine Monroy. He was nine years old and lived in California. He often spent the day at his father's store. His father sold parts for cars. One day, Caine said, "Dad, I want to have my own store, too. Can I use some boxes to make games?"

Caine made many games. One was a (ア) game. You throw a small paper ball into a basket. Another one was a (イ) game. You try to pick up things with a hook. If you pick up something, you can keep it! Now he had his own entertainment center. Caine waited for people to come. But no one came. Still he waited for customers and made more games.

Then one day, Nirvan Mullick came to buy a part for his car. He was very surprised. The front of the shop was full of games. He asked Caine how much it cost to play. "You can play four games for a dollar. Or a Fun Pass is two dollars. You can play 500 times with the Fun Pass." Nirvan bought a Fun Pass.

After playing some games, Nirvan said, "These games are (1)amazing!" Caine's father said, "Caine works really hard, but nobody comes. You are the only person who is interested in his games." Nirvan said, "May I invite people to come here and play the games? (2)That would be a good surprise for Caine."

He also wanted to make a short movie about Caine. His father agreed.

Nirvan used the Internet to ask people to visit the shop the next Sunday. That Sunday, Caine's father took Caine out to a restaurant for lunch. When they got back, over 100 people were waiting. They all wanted to play Caine's games! "Is this real life, or am I just dreaming?"

The people played his games and had fun. Nirvan made a movie and put it on the Internet. It soon became very popular. People liked it because Caine worked so hard and never gave up.

Caine was invited to make speeches at universities. Famous magazines wrote about him. Now Caine's life had really changed.

After that, Nirvan created a group called *The Imagination Foundation*. They help teachers and groups plan events. At these events, children imagine their own toys and games. Then, they plan and make them. Every year in October, they have a special day. Children in more than 50 countries have the chance to show their own toys and games to other children all around the world. In this way, children learn things that are not usually taught in schools.

Nirvan helped Caine. So Caine's dream came true. Now Nirvan is giving other children a chance to imagine. Maybe one day their dreams will come true, too.

問34 空所(ア)(イ)に入る語の組み合わせとして最も適切なものを次の①～④の中から1つ選びなさい。

① (ア) basketball (イ) crane ② (ア) basketball (イ) TV
③ (ア) baseball (イ) TV ④ (ア) baseball (イ) crane

問35 下線部(1)amazingの意味として，最も近いものを次の①～④の中から1つ選びなさい。

① beautiful ② terrible ③ easy ④ excellent

問36 下線部(2)Thatが指す内容として，最も近いものを次の①～④の中から1つ選びなさい。

① Working really hard
② Making a short movie about Caine
③ Being the only person interested in his games
④ Inviting people to play the games

問37 本文の内容に合うように，次の英語に続けるのに最も適切なものを下の①～④の中から1つ選びなさい。

When Nirvan visited the car shop, ( ).

① he was surprised that there were a lot of games in front of the shop
② he was surprised that the games Caine made were very expensive to play
③ Caine looked very sad because no one came to him
④ Caine sold a Fun Pass to Nirvan for 500 dollars

問38 本文の内容に合うように，次の英語に続けるのに最も適切なものを下の①～④の中から1つ選びなさい。

After Nirvan played Caine's games, ( ).

① he liked the games and made a film of Caine
② he was moved by the games and put them on the Internet
③ Caine's father became the only person who liked the games
④ Caine's father worked very hard to invite people to play the games

問39 本文の内容に合うように，次の英語に続けるのに最も適切なものを下の①～④の中から1つ選びなさい。

After Caines's success, ( ).

① Caine made a group with Nirvan to help children to make toys and games
② Caine made a lot of games and planned events for children
③ Nirvan created a group to give children some chances to imagine
④ Nirvan built some schools and taught how to make toys and games

問40 本文が伝えるメッセージとして最も適切なものを次の①～④の中から1つ選びなさい。

① Make and play a lot of games when you are young, and your imagination will be better.
② Have a big dream, and you can make the dream come true only by yourself.
③ Believe even if you are the only one, and someone will help you to realize your dream.
④ Work hard and never give up, and someone will make a movie about you.

【数　学】 (45分) 〈満点：100点〉

(注意)　1　問題の文中の $\boxed{\text{ア}}$，$\boxed{\text{イウ}}$ などには，特に指示がない限り，符号(−)または数字(0〜9)が入ります。ア，イ，ウ，…の一つ一つは，これらのいずれか一つに対応します。それらを解答用紙のア，イ，ウ，…で示された解答欄にマークして答えなさい。

2　分数形式で解答する場合，分数の符号は分子につけ，分母につけてはいけません。例えば，$\dfrac{\boxed{\text{エオ}}}{\boxed{\text{カ}}}$ に $-\dfrac{2}{3}$ と答えたいときには，$\dfrac{-2}{3}$ として答えなさい。

また，それ以上約分できない形で答えなさい。例えば，$\dfrac{3}{2}$ と答えるところを $\dfrac{6}{4}$ のように答えてはいけません。

3　根号を含む形で解答する場合，根号の中に現れる自然数が最小となる形で答えなさい。例えば，$\boxed{\text{キ}}\sqrt{\boxed{\text{ク}}}$ に $6\sqrt{2}$ と答えるところを，$3\sqrt{8}$ のように答えてはいけません。

4　根号を含む分数形式で解答する場合，例えば，$\dfrac{\boxed{\text{ケ}}+\boxed{\text{コ}}\sqrt{\boxed{\text{サ}}}}{\boxed{\text{シ}}}$ に $\dfrac{3+2\sqrt{2}}{3}$ と答えるところを，$\dfrac{6+4\sqrt{2}}{6}$ や $\dfrac{6+2\sqrt{8}}{6}$ のように答えてはいけません。

1　次の空欄に当てはまる符号，数字を答えなさい。

(1)　$3-(-0.3)\times3-3^2$ を計算した値は $\boxed{\text{アイ}}.\boxed{\text{ウ}}$

(2)　$\dfrac{\dfrac{3}{4}}{\dfrac{1}{2}+\dfrac{2}{3}}$ を計算した値は $\dfrac{\boxed{\text{エ}}}{\boxed{\text{オカ}}}$

(3)　$2^{10}-2^{12}+2^{11}$ を計算した値は $\boxed{\text{キクケコサ}}$

(4)　$\dfrac{x+4}{4}-\dfrac{x-3}{3}-\dfrac{-x+2}{2}$ を簡単にした式は $\dfrac{\boxed{\text{シ}}\,x+\boxed{\text{スセ}}}{\boxed{\text{ソタ}}}$

(5)　$(a^2b)^3\times a^4b^5\div(a^4b^2)^2$ を計算した値は $a^{\boxed{\text{チ}}}b^{\boxed{\text{ツ}}}$

2　次の空欄に当てはまる符号，数字を答えなさい。

(1)　2次方程式 $x^2-8x-9=0$ の解は $x=\boxed{\text{アイ}}$，$x=\boxed{\text{ウ}}$

(2)　2次方程式 $3x^2-4x-6=0$ の解は $\dfrac{\boxed{\text{エ}}\pm\sqrt{\boxed{\text{オカ}}}}{\boxed{\text{キ}}}$

(3)　連立方程式 $\begin{cases}2x+\dfrac{1}{2}y=1\\ 4x-\dfrac{1}{4}y=3\end{cases}$ を解くと $x=\dfrac{\boxed{\text{ク}}}{\boxed{\text{ケコ}}}$，$y=\dfrac{\boxed{\text{サシ}}}{\boxed{\text{ス}}}$

(4)　2次方程式 $3x^2-4x+a=0$ が解を1つしか持たないとき，a の値は $a=\dfrac{\boxed{\text{セ}}}{\boxed{\text{ソ}}}$ であり，x の値は $x=\dfrac{\boxed{\text{タ}}}{\boxed{\text{チ}}}$ である。

(5)　$\dfrac{\dfrac{a+1}{a+2}}{\dfrac{a+3}{a+4}}=-1$ を解くと，a の値は $a=\dfrac{\boxed{\text{ツテ}}\pm\sqrt{\boxed{\text{ト}}}}{\boxed{\text{ナ}}}$

3 次の空欄に当てはまる符号，数字を答えなさい。

(1) [1][2][3][4][5] の5枚のカードを並べて5桁の数字を作るとき，一番大きい数は54321となるが，70番目に大きい数は [アイウエオ] である。

(2) 100人の高校生に通学についてのアンケートを実施したところ，バス利用者は44人いて，電車利用者は58人いた。

バスも電車も利用していない生徒が21人いるとき，バスと電車の両方を利用している生徒は [カキ] 人である。

(3) 濃度が35％の食塩水120 g に水300 g を混ぜてできる食塩水の濃度は [クケ] ％である。

(4) 下の表はあるクラスの8人の数学のテストの点数結果である。

	A	B	C	D	E	F	G	H	平均点
点数	76	72	64	82	70	68	a	94	75

a の値は [コサ] である。

(5) 3人がじゃんけんをするとき，あいこになる確率は $\frac{シ}{ス}$ である。

4 次の図のように，2つの関数

$y=x^2$ …①

$y=\frac{a}{x}$ …②

のグラフがある。ただし，$a<0$，$y\geqq 0$ とする。①のグラフ上に2点A，Bがあり，その x 座標はそれぞれ1，2である。2点A，Bから x 軸に平行な直線をひき，②のグラフとの交点をそれぞれC，Dとする。また，点Dから線分ACに垂線をひき，交点をHとする。下の各問に答えなさい。

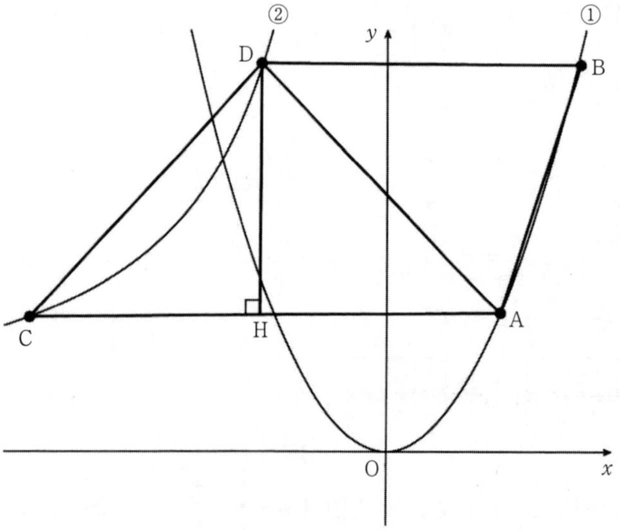

(1) DHの長さは [ア] である。

(2) △ACDの面積が $\frac{15}{2}$ のとき，a の値は [イウ] である。以下 $a=$[イウ] とする。

(3) 直線CDの式は $y=x+$ [エ] である。

(4) 点Aを通る直線で四角形ACDBの面積を2等分するとき，この直線と四角形ACDBの辺との交点のうち，Aと異なる点の座標は $\left(\frac{オカ}{キ}, \frac{クケ}{コ}\right)$ である。

5　図のような中央部分が円形の空洞になっている円柱がある。円周率をπとし，下の問に答えなさい。

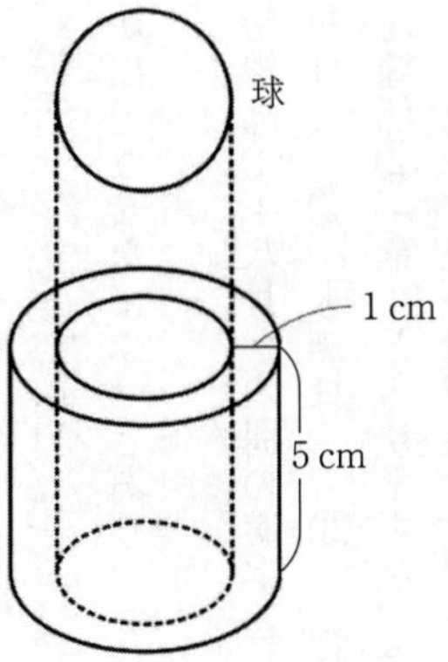

(1)　この空洞部分の半径をa cmとしたとき，円柱の体積は5(ア a+ イ)π cm^{3}となる。

(2)　空洞部分と直径が等しく，ちょうど空洞部分に入る球がある。この球の体積が36π cm^{3}のとき，この円柱の体積は ウエ π cm^{3}である。

6　図のように長方形ABCDと直角三角形DGHが重なっている。点E，Fはそれぞれ辺AD，BCの中点である。また辺BDと辺EFの交点をPとする。

点G，Hはそれぞれ辺DB，DCの延長上にあるものとする。

AB＝6，AD＝8，CH＝4のとき，下の問に答えなさい。

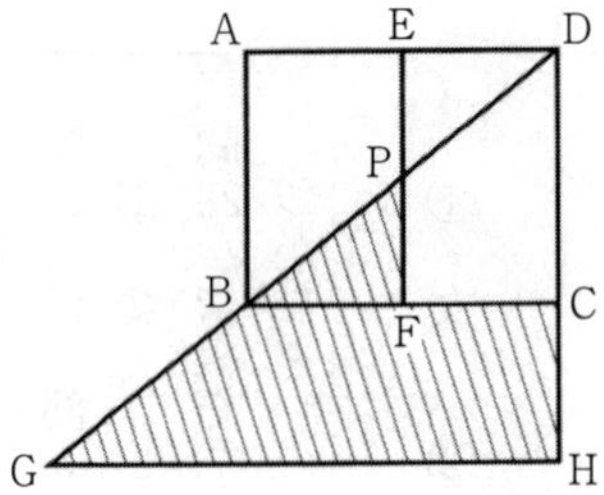

(1)　DGの長さは$\dfrac{\text{アイ}}{\text{ウ}}$となる。

(2)　斜線の部分の面積は$\dfrac{\text{エオカ}}{\text{キ}}$である。

「⑦関越えて今日ぞ問ふとや人は知る思ひたえせぬ心づかひを
逢坂の関を越えて今日お便りをするとは、あなたはお思いになりましたか。私の愛の絶えることのない思いやりをお知りになってください。
いつか出でさせたまふ」とあり。

和泉式部『和泉式部日記』

問22 傍線部①「八月」の別の漢字として適当なものを選びなさい。
① 卯月　② 水無月　③ 葉月　④ 神無月

問23 傍線部②「童」とありますが、本文中における「童」の説明として適当なものを選びなさい。
① 先日、女がいる所へ行っており、近頃は石山にいるという話を聞いていた。
② 宮の命令なので面倒くさいという気持ちは隠し、女のもとを訪れた。
③ 女のもとへ手紙を届けに行ったが、思ったところにいなかったので会えなかった。
④ 宮がなかなか女へ手紙を書かないので、早く書いた方がいいと進言した。

問24 空欄部 A に入る語として適当なものを選びなさい。（傍線部③「なむ」の役割を考えましょう）
① なり　② なる　③ なれ　④ なろ

問25 傍線部④「行きたれ」の主語として適当なものを選びなさい。
① 女　② 宮　③ 童　④ 筆者

問26 傍線部⑤「あはれに」とありますが、これの説明として適当なものを選びなさい。
① することがなく退屈な生活をしていたが、久しぶりに来客が来て嬉しい気持ち。
② 予想もしていなかったことに、宮からの手紙を使者が持って来たので嬉しい気持ち。
③ 思いもよらないことに、思いを寄せる宮からの使者が来たので嬉しい気持ち。
④ 宮から自分に好意を寄せる歌を贈ってもらい、望みどおりになって嬉しい気持ち。

問27 傍線部⑥「問はすれ」の主語として適当なものを選びなさい。
① 女　② 宮　③ 童　④ 筆者

問28 傍線部⑦「関越えて今日ぞ問ふとや人は知る思ひたえせぬ心づかひを」の和歌を詠んだのは誰ですか。適当なものを選びなさい。
① 女　② 宮　③ 童　④ 筆者

子がまとわりついてきてその理由を聞いてきたから。

問18　傍線部⑥「順方」とはどのような人物ですか。適当なものを選びなさい。

①　順吉の父方の義理の兄弟
②　順吉の母方の義理の兄弟
③　順吉の父方か母方かは分からないが、父か母の義理の兄
④　順吉の父方か母方かは分からないが、父か母の義理の弟

問19　本文から判断すると順吉は何人兄妹と考えられますか。※順吉を含めます

①　五人　②　六人　③　七人　④　八人

問20　本文の内容に合致するものを選びなさい。

①　順吉は一家の長のような振舞をしており、自身の考えのもと、博覧会に行きたがっている兄弟の意向に反対しているが、母親はそれに干渉できないでいる。
②　祖母は個人的には博覧会行きに賛成でも反対でもないが、日ごろから順吉の横柄な態度を快く思ってはいないため、家族を博覧会に行かせたいと思っている。
③　順吉は拓殖博覧会や日比谷公園、浅草に行くことには反対しているが、鎌倉なら叔父もいるし距離もそれほどではないから許可している。
④　順吉を除く家族は博覧会に行くつもりになっていたが、その許可を順吉に前もって得ていないことを祖母は心配していた。

問21　本文の作者である志賀直哉の作品を選びなさい。

①　黒い雨　②　暗夜行路　③　雪国　④　友情

三

次の文章を読んで、後の問いに答えなさい。（----の左側は口語訳です。）

かかるほどに①八月にもなりぬれば《なったので》、（女は）つれづれもなぐさめむとて《退屈さを慰めようというので》、石山に詣《まう》でて七日ばかりもあらむとて《こもっていようと》、詣でぬ《参詣した》。宮、久しうもなりぬるかなとおぼして、御文つかはすに、②童《わらは》、「一日《ひとひ》《この間》まかりてさぶらひしかば《うかがいましたところ》、石山に③なむこのごろおはします《いらっしゃるという話です》［A］」と申さすれば、「さは、今日は暮れぬ。つとめてまかれ《明日の朝早く行け》」とて御文書かせたまひて、たまはせて《お渡しになって》、石山に④行きたれば、仏の御前《まへ》にはあらで、ふるさと《都》のみ恋しくて、かかる歩も引きかへたる身の有様よ《こういう寺に引きこもって祈願する我が身の有様よ》と思ふに、いともの悲しうて、まめやかに《誠実に》仏を念じたてまつるほどに、高欄《かうらん》のしものかた《高欄の下の方》に人のけはひすれば、あやしくて見下《みおろ》したれば、この童なり。

⑤あはれに思ひがけぬところに来たれば、「なにぞ」と⑥問はすれば、御文さし出でたるも、つねよりもふと《急いで》引きあけて見れば、「いと心深う入りたまひにけるをなむ《たいそう信心も深くおこもりになられたのに》、などかくなむとものたまはせざりけむ《どうしてこういう事情でと気持ちをおっしゃってくださらなかったのでしょう》。ほだしまでこそおぼさざらめ《仏道の妨げとまでは思われないのでしょうが》、おくらかしたまふ、心憂く《あとに残してゆかれたことが、辛く思う》」とて

やん迷児にならないわ」
そう云って順吉を見上げた。
「お前がならなくても、隆子姉ちゃんが迷児になるからいけない」
順吉は隆子を見て笑った。
「まあ、いやだ」隆子は次の間に逃げて行った。母も倉の方へひき返して行った。
「いっそ鎌倉へ行きますか」又祖母が如何にも臆病《おくびょう》らしく云い出した。鎌倉というのは祖母には義理の子になっている⑥順方《のぶかた》と云う順吉の四つ上の叔父の家《うち》を意味していた。
「鎌倉ならいいでしょう」
「鎌倉なら兄さんも往《い》ってくれますか？」
「ええ」
祖母は急に嬉しそうな顔をした。そして、
「兄さんに往って貰えれば安心だ。淑子」と淑子をカエリみて、
「兄さんが鎌倉へ連れておんなると」と云った。
淑子は終りまで聞かずに走って行った。
これが伝わると急に皆元気づいた。

志賀直哉「鵠沼行」

※信玄袋…布製の手提げ袋
※千金丹…薬品名
※しころ…母屋の屋根より一段低いひさし

問11 傍線部①「え」と発した順三の心情として適当なものを選びなさい。
① 兄の考えを早く家族に知らせたいと焦っている。
② 楽しみにしていた行事を否定されて残念に思っている。
③ 決定権を持つ兄の意見なので仕方なく受け入れている。
④ 兄も同意してくれると思っていたので驚いている。

問12 傍線部②「一目も二目も置」くの本文中の意味として適当なものを選びなさい。
① 祖母が順吉に対して日ごろから嫌悪感を持っている。
② 祖母が順吉の考えを持ち上げてほめている。
③ 祖母が自分よりも順吉の方が優位であると感じている。
④ 祖母が順吉の言動や表情を常に注意して見ている。

問13 傍線部③「乱暴だ」のここでの意味として適当なものを選びなさい。
① 拓殖博覧会には人が多いので、その会場内は混乱していて危険だということ。
② 自分の了解を得ずに一方的に決めてしまうのは不快だし納得できないということ。
③ 祖母が提案した石井は家族ではないので引率してもらうには不適切だということ。
④ 人込みの中に幼い子供を連れて行くのは計画性と配慮に欠けるということ。

問14 空欄部[A]に入る語として最も適当なものを選びなさい。
① ばらばら　② ぐずぐず
③ ざらざら　④ よれよれ

問15 空欄部[B]に入る語として最も適当なものを選びなさい。
① 失望　② 驚嘆　③ 納得　④ 反発

問16 傍線部④「カエリ(みた)」を漢字にした場合、その字の部首名は何になりますか。
① はば　② しんにょう　③ おおがい　④ りっとう

問17 傍線部⑤「癇癪を起して」について、順三が「癇癪を起し」た理由として適当なものを選びなさい。
① 昌子は幼いため迷児になる可能性が高いのに、それを理解していないことに腹立たしくなったから。
② 順三は博覧会に行きたいのに、幼い昌子がいることによって行けない事実に納得できなかったから。
③ 昌子はまだ幼いために、博覧会に行かない理由を理屈で説明をしても理解することができないと思ったから。
④ 博覧会に行けないことを不満に思っているところに、幼い昌

「昨日から皆たのしみにしていたんだっけが……」

「迷児が出来たり怪我人《けがにん》が出来たりする事を思えば、そんな事は何でもないさ」

祖母は困ったと云う笑いをして黙って了った。

傍《そば》で黙ってそれを聴いていた十二になる淑子《よしこ》が母や隆子《たかこ》(十歳)が未だ着物を着更えている倉の※しころの方へ行った。すると隆子の、

「つまんないの」と鼻声で云うのが聞えた。

もう仕度の出来上がった英子《ふさこ》(十六)がその正月に生れた末の妹を抱いて座敷の方から出て来た。

そして

「お兄様、いらっしゃらないんですって?」と云った。

「何だ、こんな小さな奴まで連れてく気だったのか?」順吉は怒るように云った。

妹は気圧《けお》されたような顔をした。

「あぶないから、行ってはいけないと……」少し厭味《いやみ》らしく祖母が云った。

「皆もおやめなの?」こう云って英子もがっかりしたような顔をした。其処《そこ》に、

「今日はおやめですか?」と母が笑いながら、羽織を手に持って出て来た。

「そうなんですって」英子も少し不平らしく云った。

「総勢にしたら八人位じゃ有りませんか。若い者でもその人数じゃはぐれる位だ。はぐれまいとするだけだって何が見ていられるものですか」

「つまんないわ」と隆子が故意にそう云う顔をして母の袖にからまりついた。

「誰だ。青山へお葬式の車を見に行ってはぐれた奴は」順吉は隆子をにらみつけてそう云った。

「ふうんふうん」と半分笑いながら隆子は泣くような真似《まね》をして母の後《うしろ》に隠れた。

「植木屋に連れられて泣いて帰って来たんですの。ああ、いやいやそんなにからまっちゃあ。帯が[A]になって了う」母は隆子を叱った。「真実《ほんとう》におやめの方が無事ですよ。歩いて半杭《はんぐい》さんへ行って又皆で日比谷へおいでなさい。それが一番安心でいい」と母は笑った。

独りむっつりしていた順三が、

「日比谷なんか、つまんないや」と云った。

「向島《むこうじま》の百花園に行って見ますか」と僅《わずか》な希望をつなぐように祖母が云い出した。皆は黙って順吉の顔をうかがった。

「そりゃあ拓殖博覧会よりは幾らかましかもしれないけれど、何しろ浅草の方ですからね、若し電車で行くなら危いな。おまけに船もあるし」

こう云うと子供達の顔には一せいに[B]の表情が浮び出た。

「こんなにみんな支度が出来たのにねえ」と隆子はわざと大人びた調子で上の姉を④カエリみた。

「馬鹿」と英子は笑いながら隆子を叱った。

座敷の方から四つになる昌子が走って来た。未だ長い袖を手へ巻きつけて上げるようにしている。

「お兄様、博覧会にいらっしゃらないの?」

「うん、もう博覧会はおやめだ」

「もう博覧会はおやめ? 何故《なぜ》?」

「あぶないから」

「何故あぶないの?」

「お前が迷児になるといけないから」

「昌《ま》アちゃんが迷児になるから?」

順三が⑤癇癪《かんしゃく》を起して、

「昌アちゃんは黙っといで」と叱った。

昌子は吃驚《びっくり》して、大きな眼を一層大きくして順三を見上げた。然し、黙らなかった。

「昌アちゃん迷児にならないわ。福《ふく》やにおんぶするわ、ね、昌ァち

③ 駐車禁止　④ 四面楚歌

問8　傍線部⑧「Telegraph」とは具体的に何を指しますか。最も適当なものを選びなさい。

① ファクシミリ　② 電話
③ 公衆電話　④ 電報

問9　傍線部⑨「そういう社会的事情」とは具体的にどのようなことを指していますか。最も適当なものを選びなさい。

① 戦時中の何でも短くするという習慣が戦後の今も残っているということ。
② 長いことばを略語にしたがる習慣が、全てのことばに適応されたということ。
③ 書きことばよりも話しことばの音が戦後の日本では重視されたということ。
④ 頭文字をとって略語を作るという習慣が定着したということ。

問10　次の文章は本文中の〈1〉～〈4〉のどこに入りますか。最も適当なものを選びなさい。

> 世の中が忙しくなり、テンポが速くなると、ことばも短くなる傾向がつよまります。アメリカの学者によると、大きな戦争があるたびに、ことばは短くなるといいます。短くならないものは、頭文字だけになります。急ぎの通信に長いことばは不便だからです。新聞も大事件の見出しにはなるべく短いことばを使おうとします。

二

次の文章を読んで、後の問いに答えなさい。なお波線部の※の語については、意味が本文の後に記載してあります。

順吉は十四になる弟の順三の声で目を覚した。

「今日皆《みんな》で拓殖博覧会へ行くんですって。お兄様いらっしゃらない？」襖《ふすま》の外でこう云っている。

「皆って誰なんか行くんだ」

「みんな」

「お祖母《ばあ》さんや昌《ま》ァ公《こう》までか？」

「ええ」

順吉はむッとして黙って了《しま》った。

「お兄様、いらっしゃらない？」又弟が云った。

「今日は日曜じゃないか。そんな人込みに年寄や子供で行ってどうするんだ」

「いらっしゃらないの？」

「とても行けないって云ってくれ」

「①え」

間もなく順三の梯子段《はしごだん》を下りて行く跫音《あしおと》が聞えた。

順吉も起きた。そして少しふくれ面《つら》をして茶の間へ出て行った。

皆は着物を着更えていた。祖母は皮の※信玄袋の口をゆるめて、ハンケチだの煙草《たばこ》入れだの※千金丹だのをそれへ詰めていた。昌子《まさこ》は友禅《ゆうぜん》の着物を着せて貰って、その長い袖を持ち扱う風で、両手に一ト巻き巻いて、ぶくぶくした足袋《たび》を穿《は》いた足でその辺を駆け廻っていた。

「僕が行かなければ男は誰が行くんです」

順吉は露骨に不機嫌《ふきげん》を見せて祖母に云った。

祖母は②一目《もく》も二目も置いた調子で「お兄様がいらして下さらなければ可恐《こわ》い」と上の妹が云っていたと云うような事を云って、

「お前が行かなければ仕方がないから、丁度石井が来たから、あれに連れて行って貰おう」と云った。

「何しろ③乱暴だ。途中は俥《くるま》で行ってもいいが、中へ入ればもう同じですよ。第一そんな人込みで何が見られるもんですか。新聞で見たって解《わか》っているじゃありませんか、年寄や子供で遊びに行ける場所でない事は」

「それならよすか」

「無論およしなさい」

③　「絶対語感」が崩れてしまう原因は戦時中からことばを短くするのが良いという風潮に影響をされているからであるが、戦争から時間がたつのでその傾向も落ち着いてきた。

④　日本語の「絶対語感」は日本で生まれ育った日本人にしか身に着けられないものだから、外人が日本人と同じように日本語を話せるようになるのは、かなり難しい。

問2　傍線部②「『ら抜き』ことば」について生徒がそれぞれ発言をしました。本文の内容と合致しないものを選びなさい。

①　日本語の「れる」「られる」には受身の意味以外にも、尊敬・可能・自発の意味があって、筆者の取り上げている「ら抜き」ことばは「れる」「られる」の可能の用法について焦点をあてたものだね。

②　日本語の受身の助動詞「れる」「られる」はそれぞれどの動詞にくっつくかはちゃんと決まっていて、例えば「眠る」は五段活用だから「眠れる」となり、「寝る」は下一段活用だから「寝られる」が正しい形となるんだよね。

③　「ら抜き」ことばは「られる」をつけるべきところに「れる」をつけてしまう誤用法だから、もともと「れる」がつく五段活用の動詞に関しては「ら抜き」ことばは起こり得ない現象なんだよね。

④　「ら抜き」ことばも「い抜き」ことばも若者の間で絶対語感が崩れたことによって起こる現象だから、僕たち若者が気を付けて日本語の絶対語感を崩さないように気を付けていかなければいけないよね。

問3　傍線部③「この車、あと二人は乗せれるから、みんないっしょに行けれるでしょう」を正しく直したものとして最も適当なものを選びなさい。

①　この車、あと二人は乗せられるから、みんないっしょに行けれるでしょう

②　この車、あと二人は乗せれるから、みんないっしょに行けるでしょう

③　この車、あと二人は乗せられるから、みんないっしょに行かれるでしょう

④　この車、あと二人は乗せれるから、みんないっしょに行けられるでしょう

問4　傍線部④「本来、『とても』ということばは、否定のことばで結ばれるものでした」について、日本語の中で他にも「否定のことばで結ばれる」ものがあります。最も適当なものを選びなさい。

①　しばらく　　②　けっこう

③　とうてい　　④　いきおい

問5　傍線部⑤「はじめは許しがたいことのように思われたこのことばも、多くの人がどんどん使うようになったために、ついにこれが新しく慣用として認められることになりました」を端的に説明した語句として適当なものを選びなさい。

①　多数決原理　　②　経済法則

③　絶対語感　　④　新語法

問6　傍線部⑥「意味をなさなくなります」とは具体的にどういうことですか。適当なものを選びなさい。

①　「ナイフが切られる」というのは受身の形になってしまうので、文として意味がおかしいということ。

②　「ナイフが切られる」というのは「切る」には「れる」がつくのが正しいので、「ら」が余計だということ。

③　「ナイフが切れる」というのが正しい用法であって、「切られる」という使い方はありえないということ。

④　「ナイフが切れる」というのが「ら抜き」ことばであって、文として成立しないということ。

問7　傍線部⑦「日常生活」と同じ構成の四字熟語として最も適当なものを選びなさい。

①　時期尚早　　②　飢餓状態

戦後、家庭におけることばのしつけ、はじめのことばの教え方がおろそかになって、絶対語感が固まらないまま育ってしまった人たちがふえました。そのために、日本語全体の絶対語感が崩れたといえるでしょう。「見れる」「寝れる」「食べれる」ということばを何の抵抗もなく使う人は、幼いときに「見られる」「寝られる」「食べられる」という言い方を知らないまま、めいめいの絶対語感を固めてしまったのです。

消えたのは、「ら」ばかりではありません。「い」も抜けかけています。これを「ら」抜きことばにならって「い抜き」ことばと呼んでいる人もいます。

「走っている」が「走ってる」
「勝っている」が「勝ってる」

などといった具合で、話しことばでは、「いる」が、みな「る」に変化しようとしているのです。ただし、改まった文章では、やはり「いる」でなくてはいけません。このような「ら抜き」や「い抜き」の現象は、ことばをなるべく短くしようとする、時代の好みの表れと見ることもできます。ことばにも節約の原則というものがあります。それでなるべく短くしようという気持ちがはたらきます。

〈1〉

短くするのに、省略があります。固有名詞には、漢字がいくつも並んでいることが多いため、長いものがすくなくないのですが、経済法則とでもいうのでしょうか、短縮され、略語になるのです。「生活協同組合」と言う人はいません。「生協」という略語を使います。文部省が文部科学省という新しい名に変われば、さっそく「文科省」という略称が使われます。「かんぽ」は簡保、簡易生命保険の略ですが、ローマ字のkampoはアメリカの金融市場で、一大勢力として注目されているといいます。アメリカ人は、「kampo」が簡易生命保険の略であることは、もちろん知らないでしょう。

〈2〉

略語でも面倒だというのでしょう。ローマ字の頭文字だけにしてしまうことも多いようです。JRはJapan Railwaysの頭文字で、六つの旅客鉄道会社とひとつの貨物会社の共通の略称を英語にしたものです。JR、JRと言っている人の大半は、そんなことは知るよしもありません。ありがたいことに、ことばは知らなくても、電車に乗るのに差支《さしつか》えがないのです。NTTがNippon ⑧Telegraph and Telephone(Corporation)の略であることを知っている人が、どれほどいるでしょうか。さらに、もとの日本名、日本電信電話株式会社の名を知る人も、すくないと思われます。公社だったころは、電電公社と呼ばれていましたが、電電とはなんのことか、知ろうともしないで使っていました。

NHKは日本放送協会のローマ字書きの頭文字をとったものです。古くからの名だけあって、おとなしい略称ではありますが、日本放送協会という名前を見て、NHKとは別の「協会」でもあるのかと、錯覚する人もなかにはいたようです。

〈3〉

日本語で、ことばが消える、一部が落ちる、というのも、つまりは、背後の⑨そういう社会的事情によるのでしょう。こどもにことばを教える親は、めいめいの絶対語感をもっています。それを急に変えることは困難ですが、すくなくともそれが、これまでのことばとどのように異なるのかの反省は必要でしょう。

〈4〉

外山滋比古『日本語の絶対語感』

問1　傍線部①「日本語の絶対語感」を筆者はどのようなものであると述べていますか。最も適当なものを選びなさい。

①　絶対語感は子供の時に形作られ、子供が一旦成人してしまうと変化することはないのだから、学校教育でしっかりとしたことば遣いを子供に教えていくべきである。

②　絶対語感は子供の時に形作られるため、子供と接する時間が多い親の話すことばが影響を与える。親は自分の絶対語感が世間とずれていないか顧みるべきである。

二〇二一年度 浦和麗明高等学校（推薦 単願・併願一回目）

【国語】（四五分）〈満点：一〇〇点〉

一 次の文章を読んで、後の問いに答えなさい。

ここ十年くらいの間で、①日本語の絶対語感で、いちばん目立った変化をしたのは、いわゆる②「ら抜き」ことばでしょう。

「ここで弁当たべれますか」

「ゆうべ、よく寝れませんでしたので……」

「熱を出して、試験など受けれませんでした」

「③この車、あと二人は乗せれるから、みんないっしょに行けれるでしょう」

こういう使い方は、五十年前までは、はっきりなまりか誤りとされていました。できるという意味で助動詞を使うときの語尾が、変わってきたのです。そういうことばを耳にして、崩れた、乱れたという人も、まだすくなくはありませんが、若い人を中心に、このような言い方が、すでに大半を占めています。絶対語感が変わってしまったのです。ことばは多数決原理によって動くものですから、大半の人が十年も使っていれば、はじめはどんなに誤りだといわれたことばでも、許容されて、慣用になってしまうものです。絶対語感も多数派の慣用にもとづいているのです。

「この景色は、とても美しい」という言い方をします。これは、文章では、いまもいやがる人もあるようですが、話すことばでは、ほとんど抵抗なく使っています。実は、これは、大正時代になって現れた新語法なのです。はじめは、はっきりと誤用だとされていました。

④本来、「とても」ということばは、否定のことばで結ばれるものでした。たとえば、

「この料理は、とても食べられたものではない」

というのが、正しい用法だったのです。ところが、いつのまにか、「とてもおいしい」などと使われるようになりました。古い絶対語感にかえて、新しい絶対語感ができたわけです。⑤はじめは許しがたいことのように思われたこのことばも、多くの人がどんどん使うようになったために、ついにこれが新しく慣用として認められることになりました。

このような「ら抜き」ことばは、文法の誤りだと呼ぶ人がすくなくありませんでしたが、その広まりは一向に衰《おとろ》えません。そしてとうとう、国語審議会まで、半ば認めざるを得ない状況になりました。

「着れる」「信じれる」「続けれる」などは、いずれも「ら抜き」ことばです。ただし、「れる」で終わるのがすべて「ら抜き」ことばだというわけではありません。

「まだまだ走れる」

「このハサミ、よく切れますね」

「これさえあれば、クルミの殻も、かんたんに割れます」

これらは「ら」が抜けているのではありません。これらは、文法に照らしても、「ら」のないのが正しいのです。

「あまり食べれません」は「ら抜き」ですが、「このナイフはよく切れる」は、そうではありません。「よく切られる」とすれば、可能の意味ではなく、受身の意味になります。「ナイフが切られる」などというのは、⑥意味をなさなくなります。

これまでの日本語の文法では、上一段、カ行変格活用の動詞は「られる」と「ら」を入れて可能を示し、その他の五段活用の動詞には「れる」の語尾をつけるとされてきました。けれども⑦日常生活で、どれが上一段、下一段で、どれが五段活用の動詞かなどと考えている人はいないでしょう。学校で習ったかもしれませんが、忘れてしまっているでしょう。忘れていても、ずっと「れる」と「られる」を正しく区別して使ってこられたのは、こどものときに身につけた絶対語感がしっかりしていたからです。口が覚えていたのです。

その絶対語感がここへきて崩れたのです。

英語解答

1 問１ ③　問２ ②　問３ ②

2 問４ ④　問５ ①　問６ ④

3 問７ ③　問８ ①　問９ ②
問10 ④　問11 ①　問12 ②
問13 ①　問14 ④　問15 ②
問16 ④

4 問17 ④　問18 ①　問19 ②
問20 ③　問21 ①

5 問22 ③　問23 ③　問24 ②
問25 ③　問26 ②

6 問27 ②　問28 ①　問29 ③
問30 ①　問31 ②　問32 ④
問33 ③

7 問34 ①　問35 ④　問36 ④
問37 ①　問38 ①　問39 ③
問40 ③

1 〔単語の発音〕

問１．huge[juː]　① push[u]　② adult[ʌ]　③ usual[juː]　④ umbrella[ʌ]

問２．treat[iː]　① head[e]　② speak[iː]　③ beautiful[juː]　④ ear[iə]

問３．balloon[uː]　① floor[ɔː]　② tool[uː]　③ foot[u]　④ flood[ʌ]

2 〔単語のアクセント〕

問４．① um-brél-la　② ex-cít-ing　③ for-év-er　④ scí-en-tist

問５．① be-twéen　② gáth-er　③ wín-dow　④ dírt-y

問６．① tér-ri-ble　② fól-low-ing　③ éx-cel-lent　④ ex-áct-ly

3 〔適語（句）選択・語形変化〕

問７．「ルビッチは囲まれていた」という意味になるので，‘be動詞＋過去分詞’の受け身形にする。　「ルビッチはアントニオとその仲間に囲まれていた」

問８．‘try＋to不定詞’で「～しようとする」。　pull off ～「～をもぎ取る，引っぱって取る」　「レベッカはトラッシュマンの頭をもぎ取ろうとした」

問９．否定文の付加疑問は，文末に‘肯定形＋主語を受ける代名詞＋?’がつく。don’tの肯定形はdo。　「その汚い衣装は嫌だよね」

問10．‘stop＋動名詞（～ing）’で「～するのをやめる」。　「その後，彼ら２人は互いに会うのをやめた」

問11．Bがcan’t「～できない」を使って答えているので，Aも助動詞can「～できる」を使って質問したとわかる。　A：聞こえる？／B：いや，左耳からは何も聞こえないよ。

問12．空所からtownまでが前のThe peopleを修飾して，「煙突町に住んでいる人々」というまとまりになる。したがって，「～している…」という意味のまとまりをつくるはたらきを持つ現在分詞（～ing）が適切（現在分詞の形容詞的用法）。　「煙突町に住んでいる人々は，黒い煙に閉じ込められていた」

問13．tillは「～まで（ずっと）」という‘継続’の意味を表す前置詞。　「２人はその夜，遅くまで遊んだ」

問14．「～のもの」という意味を持つ所有代名詞の形が適する。　you－your－you－yours　「このペンダントはあなたのものだ」

問15. be filled with ～「～で満たされている，～でいっぱいである」　「その場所は無数の光の点でいっぱいだった」

問16. Why don’t you ～？は「～してはどう？」と相手に提案する表現。　A：うちの庭であなたの体を洗ったらどう？／B：え？　いいの？

4〔対話文完成─適文選択〕

問17. ［空港で］／A：パスポートをお願いします。／B：はい，どうぞ。／A：あなたの訪問の目的は何ですか？／B：９月から大学で勉強する予定です。∥入国審査の場面と考えられる。Bが「大学で勉強する」と答えているので，Aは滞在の‘目的’を尋ねたのだとわかる。　purpose「目的」

問18. ［店で］／店員：何かお探しですか？／客：スケッチブックはどこにありますか？／店員：あちらにございます。／客：ありがとうございます。∥客は「どこ？」ときいているので，場所を答えている①が適切。　over there「あちらに，あちらで」

問19. ［電話で］／男性：ヤマダさんをお願いします。／スタッフ：申し訳ございませんが，ヤマダは外出中です。／男性：伝言を残してもよろしいですか？／スタッフ：もちろんです。どうぞ。∥男性が伝言を残したがっているのだから，ヤマダさんは不在だとわかる。　out「外出して，不在で」　May I speak to ～？「(電話で)～さんをお願いします」

問20. A：母の具合が悪くて。昨日，病院に連れていったんだ。／B：それはお気の毒に。具合はとても悪いの？／A：昨日はかなり悪かったけど，今日はもう悪くないよ。／B：どうぞお大事に。∥I’m sorry to hear that. は相手に何かよくないことがあったとき，「残念だったね」「気の毒だったね」と相手を気遣う表現。

問21. A：今夜の映画のチケットが２枚あるんだ。僕と一緒に来ない？／B：ぜひ行きたいわ。何時に始まるの？／A：７時に始まるけど，その前に夕食を食べてもいいと思う。／B：それはいい考えね。∥I’d love to. は「ぜひとも，喜んで」といった意味で，相手の誘いを積極的に受ける表現。Would you like to ～？「～しませんか？」

5〔整序結合〕

問22. 語群にhomeがあるので，「仕事の帰り」を「仕事から家に帰る途中」と読み換える。「…から家に帰る途中で」は‘on ～’s way home from …’と表せる。　Well, I’m on my way home from work.

問23. 「見つかったのは～だけ」を，「彼らが見つけた唯一のものは～だった」と読み換える。「彼らが見つけた唯一のもの」は，they found「彼らが見つけた」がThe only thing「唯一のもの」を後ろから修飾する形でThe only thing they foundとまとめられる(目的格の関係代名詞が省略された形)。これにwas his fishing boatを続ければよい。　The only thing they found was his fishing boat in tatters.

問24. 「星が空にたくさん浮かんでいた」を，「空に浮かんでいる数千の星があった」と読み換える。「～がある〔いる〕」はThere is/are ～の構文で，「数千の～」はthousands of ～で表せる。まずThere were thousands of stars「数千の星があった」とまとめ，これに‘名詞＋現在分詞(～ing)＋語句’の形(現在分詞の形容詞的用法)でfloating in the air「空に浮いている」を続ける。

There were thousands of stars floating in the air.

問25.「父ちゃんは～を僕に教えてくれた」はDad told me ～で表せる。「星を見る方法」は「どのように僕が星を見ることができるか」と読み換える。これは文中の疑問文になるので，間接疑問の‘疑問詞＋主語＋動詞…’の語順で表す。 Dad told me how I could see the stars.

問26.「町の夜景」を，of「～の」を使ってnight view of the townとまとめ，これにwas beautiful「きれいでした」を続ける。 The night view of the town was beautiful.

6〔長文読解総合―物語〕

≪全訳≫❶14歳の少年であるステファンは，道の真ん中に１人でいるところを見られた。もうすぐ午後10時，そよ風の吹く夜に１人で通りを歩いていた。母親とけんかになった出来事と，嵐のように家を出たことを思い出していた。彼の目は涙でいっぱいだった。❷彼は朝から母親とけんかをした。母親は最近の試験で彼の成績が悪かったことについて尋ねてきた。ステファンはいいかげんな態度をとり，十分に答えなかった。夕方，母親は彼がそんなにいいかげんでいることを叱った。彼は母親と言い争いになり，自分にも非があることを理解せずに口論した。けんかがとてもひどく終わったので，ステファンは家を出たのだった。❸彼はおよそ２時間あまり歩いた。ある店からおいしそうなにおいがしてきて，その快いにおいにひきつけられた。そのおいしそうなにおいに我慢できず，彼はとても空腹を感じた。そこは小さな麺屋で，彼は店のそばで立ち止まった。突然，彼はポケットにほんのわずかなお金さえないことに気づいた。悲しそうな顔で少しの間そこに立ちつくし，彼はその場を離れることにした。店主は彼を見て，食べ物を食べないかと言った。ステファンは，食事をするお金がないと言った。店主はほほ笑んで，「大丈夫。お金はいらないよ」と言い，彼がとても疲れているように見えたので，食べ物を食べるように言った。店主は優しい味がしておいしい１杯の温かい麺をつくってくれた。ステファンは麺を食べると，店主に心から感謝した。彼は店主に恩を感じて，お返しをすると約束した。ステファンは麺を食べながら涙を流していた。❹店主は，彼に何があったのか，なぜ麺を食べながら泣いているのかを尋ねた。ステファンは自分に起きたこと，母親とのけんかのことを話し，母親が自分のことを理解してくれないと思った。店主はステファンに，「君は僕に何かの恩があると思ってるんだね？」と尋ねた。ステファンは，「はい，もちろんです！　このことで僕は本当に助けられました。お昼から何も食べていなくて，とてもおなかがすいていたんです！」と言った。店主はほほ笑んで，「よかったよ，少年！　じゃあ，君のお母さんのことを考えてごらん。お母さんは，君が生まれたときからずっとそばにいてくれた。実際，お母さんは君を抱っこしてくれた。君のために料理をしてくれた。一緒に遊んでくれた。君のつらいときには君を助け，心から慰めてくれた。君がお母さんを必要としたとき，君のためにそこにいてくれた。今度も，お母さんは君のためを思って君とけんかしたんだよ。何かが欲しくてかな？　何も欲しがってなんかいないさ！　君はお母さんに恩義があると感じないかい？」❺ステファンは自分の過ちに気づき，店主に感謝すると急いで家に帰った。彼は，道で涙を浮かべながら立っている母親と会った。母親は，「どこに行ってたの？　あちこち捜したのよ。あなたの大好きなご飯をつくったわ。すぐ来て，お食べ。おなかぺこぺこでしょう！」と言った。彼は母親を抱きしめ，許してほしいと嘆願した。

問27＜語句解釈＞inquireは「尋ねる，きく」。次の文で，ステファンがdid not reply「答えなかった」とあることから推測できる。

問28＜語句解釈＞‘owe ～ to＋人’または‘owe＋人＋～’で「〈人〉に～の恩義がある」。最初の下線部(2)の後に，return his favor「お返しをする，恩返しをする」とあることからも推測できる。最も近いものは，①の「自分に何かを与えてくれた誰かに対して，何かをする必要があること」。

問29＜指示語＞This は，ステファンが店主に対して感じている恩義の内容を指す。次の文でステファンが「とてもおなかがすいていたんです！」と話しているように，③の「店主がおいしい１杯の温かい麺をつくってくれたこと」でステファンはとても助けられたのである。

問30＜内容一致＞「第１・２段落によると，(　　)」─①「ステファンはなぜ自分が間違っているのか理解していなかった」　第２段落終わりから２文目参照。　without ～ing「～しないで，～せずに」　in fault「非がある，責任がある」

問31＜内容一致＞「第３段落によると，(　　)」─②「ステファンは疲れているようだったので，店主は彼に１杯のおいしい麺を与えた」　第３段落終わりから５，４文目参照。

問32＜要旨把握＞第１段落から順に内容を把握し，本文に出てきた順に並べる。　(え)「ステファンは１人で涙を流しながら歩いていた」→(あ)「ステファンは母親とけんかした」→(お)「ステファンは涙を流しながらおいしい麺を食べた」→(い)「店主はステファンに母親について話した」→(う)「ステファンは自分に非があると気づいた」

問33＜主題＞ステファンは１杯の麺をごちそうしてくれた店主に恩義を感じたが，店主はそれ以上に母親がステファンをずっと支え，無償の愛で見守ってくれていたのだと諭した。ステファンが家に戻ると，母親はひどいけんかの後にもかかわらず，息子をあちこち捜し，また息子が好きなご飯をつくって帰りを待ってくれていた。最後の１文から，ステファンの母親への謝罪と感謝の気持ちが伝わる。よって，③「親の愛は温かくて貴重である」が適切。

7〔長文読解総合─ノンフィクション〕

≪全訳≫❶これはニルバン・ムリックという映画製作者の実話である。彼は，少年の夢をかなえる手助けをした。❷少年の名前はケイン・モンロイといった。彼は９歳で，カリフォルニアに住んでいた。彼は昼間，父親の店で過ごすことが多かった。父親は車の部品を売っていた。ある日，ケインは「お父さん，僕も自分の店を持ちたいよ。ゲームをつくるために箱を使ってもいい？」と言った。❸ケインはたくさんのゲームをつくった。１つはバスケットボールのゲームだった。小さな紙のボールをかごに入れるものだ。もう１つはクレーンゲームだった。フックで物を釣り上げようとするものだ。何かを釣ったら，それを自分のものにできる！　今や，彼は自分の娯楽施設を持っていた。ケインは人々が来るのを待った。しかし，誰も来なかった。それでも彼は客を待って，さらに多くのゲームをつくった。❹そしてある日，ニルバン・ムリックが車の部品を買いに来た。彼はとても驚いた。店の前がゲームでいっぱいだったのだ。彼はケインに，遊ぶにはいくらかかるかきいた。「１ドルで４ゲームできるよ。それか，お楽しみ券は２ドル。お楽しみ券があれば，500回遊べるよ」　ニルバンはお楽しみ券を１枚買った。❺いくつかのゲームで遊んだ後，ニルバンは「これらのゲームはすばらしいね！」と言った。ケインの父親は，「ケインは一生懸命がんばってるんですが，誰も来ないんです。彼のゲームに興味を持ってくれたのはあなただけです」と言った。ニルバンは，「ここにゲームをしに来てくれる人を呼んでもいいでしょうか？　それはケインにとってすてきなサプライズになるでしょう」と言った。❻彼はまた，ケインについて短編映画をつくりたいと思った。父親は同意した。❼ニルバンはインターネットを使って，次の日曜日に店を訪れるよう人々に呼びかけた。その日曜日，父親は昼食を食べにケインをレストランへと連れ出した。彼らが戻ると，100人を超す人が待っていた。彼らは皆ケインのゲームをしたがっていたのだ！　「これって本当のことかな，それとも僕は夢を見ているだけかな？」❽人々は彼のゲームをして楽しんだ。ニルバンは映画をつくり，インターネットに載せた。それはすぐに大人気になった。ケインが一生懸命取り組み，決して諦めなかったので，人々は映画を気に入ったのだ。❾ケインは大学でスピーチをするために招かれた。有名な雑誌が彼について書いた。今や，ケインの人生は本当に変わった。❿その後，ニルバンは「イマジネーション財団」というグループを立ち上げた。彼らは教師や団体がイベントを企画するのを手助けしている。これらのイベントでは，子どもたちが自分自身のおもちゃやゲームを想像する。そして計画を立て，製作する。毎年10月には特別な日がある。50か国以上の子どもたちが，世界中の子どもたちに自分自身のおもちゃやゲームを見せる機会だ。このようにして，子どもたちは学校では通常教えてもらえないことを学ぶ。⓫ニルバンはケインの手助けをした。そして，ケインの夢は実現した。今，ニルバンは他の子どもたちに想像する機会を与えている。いつの日か，彼らの夢も実現するかもしれない。

問34＜適語選択＞(ア)次の文から，かごにボールを入れる遊びだとわかる。　‘throw ～ into …’「～を…に投げ入れる」　(イ)次の文にpick up things with a hook「フックで物を釣り上げる」とあるので，crane game「クレーンゲーム」であるとわかる。

問35＜語句解釈＞amazingは「驚くべき，すばらしい」。ニルバンがケインのゲームに興味を持ち，皆を呼びたいと考えていることから，ケインのゲームを高く評価したとわかる。　excellent「優秀な，すばらしい」

問36＜指示語＞Thatは，直前の文でニルバンが父親に確認した内容を指す。最も近いのは④の「ゲームで遊ぶために人々を招待すること」で，これが客を待っているケインにとってサプライズになるということである。

問37＜内容一致＞「ニルバンがそのカーショップを訪れたとき，(　　)」―①「店の前にたくさんのゲームがあったので驚いた」　第4段落第1～3文参照。

問38＜内容一致＞「ニルバンはケインのゲームをした後，(　　)」―①「そのゲームが気に入り，ケインの映画をつくった」　第5，6段落および第8段落第2文参照。

問39＜内容一致＞「ケインの成功後，(　　)」―③「ニルバンは子どもたちに想像する機会を与えるためのグループを立ち上げた」　第10段落参照。

問40＜主題＞ケインは自分のアイデアでたくさんのゲームをつくったが，はじめは誰も興味を示してくれなかった。それでも客を待ちながらゲームをつくり続けていたところ，ニルバンの目にとまり，彼のおかげで皆に遊びに来てもらいたいというケインの夢がかなった。このことから伝わるメッセージは，③の「もし自分1人だけであっても信じていることだ，そうすれば誰かがあなたの夢を実現する手助けをしてくれるだろう」だといえる。

数学解答

1 (1)　ア…－　イ…5　ウ…1
(2)　エ…9　オ…1　カ…4
(3)　キ…－　ク…1　ケ…0　コ…2
サ…4
(4)　シ…5　ス…1　セ…2　ソ…1
タ…2
(5)　チ…2　ツ…4

2 (1)　ア…－　イ…1　ウ…9
(2)　エ…2　オ…2　カ…2　キ…3
(3)　ク…7　ケ…1　コ…0　サ…－
シ…4　ス…5
(4)　セ…4　ソ…3　タ…2　チ…3
(5)　ツ…－　テ…5　ト…5　ナ…2

3 (1)　ア…3　イ…1　ウ…4　エ…2
オ…5
(2)　カ…2　キ…3
(3)　ク…1　ケ…0
(4)　コ…7　サ…4
(5)　シ…1　ス…3

4 (1)　3　(2)　イ…－　ウ…4
(3)　5
(4)　オ…－　カ…8　キ…5　ク…1
ケ…7　コ…5

5 (1)　ア…2　イ…1
(2)　ウ…3　エ…5

6 (1)　ア…5　イ…0　ウ…3
(2)　エ…1　オ…4　カ…6　キ…3

1〔独立小問集合題〕

(1)＜数の計算＞与式$=3-(-0.9)-9=3+0.9-9=-5.1$

(2)＜数の計算＞与式$=\frac{3}{4}\div\left(\frac{1}{2}+\frac{2}{3}\right)=\frac{3}{4}\div\left(\frac{3}{6}+\frac{4}{6}\right)=\frac{3}{4}\div\frac{7}{6}=\frac{3}{4}\times\frac{6}{7}=\frac{9}{14}$

(3)＜数の計算＞与式$=2^{10}-2^{10}\times2^2+2^{10}\times2=2^{10}\times(1-2^2+2)=2^{10}\times(1-4+2)=1024\times(-1)=-1024$

(4)＜式の計算＞与式$=\frac{3(x+4)-4(x-3)-6(-x+2)}{12}=\frac{3x+12-4x+12+6x-12}{12}=\frac{5x+12}{12}$

(5)＜式の計算＞与式$=a^6b^3\times a^4b^5\div a^8b^4=\frac{a^6b^3\times a^4b^5}{a^8b^4}=a^2b^4$

2〔独立小問集合題〕

(1)＜二次方程式＞左辺を因数分解して，$(x+1)(x-9)=0$　$\therefore x=-1,\ 9$

(2)＜二次方程式＞解の公式より，$x=\frac{-(-4)\pm\sqrt{(-4)^2-4\times3\times(-6)}}{2\times3}=\frac{4\pm\sqrt{88}}{6}=\frac{4\pm2\sqrt{22}}{6}=\frac{2\pm\sqrt{22}}{3}$となる。

(3)＜連立方程式＞$2x+\frac{1}{2}y=1$……①，$4x-\frac{1}{4}y=3$……②とする。①×２より，$4x+y=2$……①′　②×4より，$16x-y=12$……②′　①′+②′より，$4x+16x=2+12$，$20x=14$　$\therefore x=\frac{7}{10}$　これを①′に代入して，$\frac{14}{5}+y=2$　$\therefore y=-\frac{4}{5}$$\left(y\text{は，}\frac{-4}{5}\text{と解答する}\right)$

(4)＜二次方程式の応用＞解の公式より，$x=\frac{-(-4)\pm\sqrt{(-4)^2-4\times3\times a}}{2\times3}=\frac{4\pm\sqrt{16-12a}}{6}$となる。解を１つしか持たないとき，$16-12a=0$だから，$12a=16$，$a=\frac{4}{3}$となる。このとき，$x=\frac{4\pm0}{6}$となるので，$x=\frac{2}{3}$である。

(5)＜方程式＞$\frac{a+1}{a+2}\div\frac{a+3}{a+4}=-1$，$\frac{a+1}{a+2}\times\frac{a+4}{a+3}=-1$として，両辺に$(a+2)(a+3)$をかけると，$(a+1)(a+4)=-(a+2)(a+3)$，$a^2+5a+4=-(a^2+5a+6)$，$a^2+5a+4=-a^2-5a-6$，$2a^2+10a+10$

$=0$，$a^2+5a+5=0$ となる。よって，解の公式より，$a=\frac{-5\pm\sqrt{5^2-4\times1\times5}}{2\times1}=\frac{-5\pm\sqrt{5}}{2}$ である。

3 〔独立小問集合題〕

(1)＜数の性質＞一万の位の数字が5のとき，千の位の数字は1，2，3，4の4通りあり，それぞれについて百の位の数字は残りの3通り，十の位の数字は2通り，一の位の数字は1通りあるから，一万の位の数字が5の5けたの数は，$4\times3\times2\times1=24$(個)ある。一万の位の数字が4，3，2，1の5けたの数も24個ずつある。$24\times2=48$，$24\times3=72$ より，25番目から48番目に大きい数は一万の位の数字が4，49番目から72番目に大きい数は一万の位の数字が3だから，70番目に大きい数の一万の位の数字は3である。72番目に大きい数は，一万の位の数字が3の5けたの数のうち，一番小さい数だから，31245である。よって，71番目に大きい数は31254であり，70番目に大きい数は31425である。

(2)＜数の計算＞100人のうち，バスも電車も利用していない生徒が21人だから，バスか電車のどちらか，もしくは両方を利用している生徒は $100-21=79$(人)である。バス利用者は44人なので，バスを利用しないで電車のみを利用している生徒は $79-44=35$(人)である。電車利用者が58人だから，バスと電車の両方を利用している生徒は $58-35=23$(人)となる。

(3)＜数の計算＞35%の食塩水120gに水を300g混ぜると，含まれる食塩の量は $120\times\frac{35}{100}=42$(g)で変わらず，食塩水の量は $120+300=420$(g)になる。よって，濃度は $\frac{42}{420}\times100=10$(%)になる。
〔編集部注：濃度35%の食塩水は実際にはありえないが，問題を尊重し，そのままとした〕

(4)＜一次方程式の応用＞8人の点数の平均点が75点だから，点数の合計について，$76+72+64+82+70+68+a+94=75\times8$ が成り立つ。これを解くと，$526+a=600$ より，$a=74$(点)となる。

(5)＜確率—じゃんけん＞3人をA，B，Cとし，グーをグ，チョキをチ，パーをパとする。A，B，Cの3人がじゃんけんをするとき，3人の手の出し方は，全部で $3\times3\times3=27$(通り)ある。このうち，あいこになるのは，3人が同じものを出すか，グー，チョキ，パーを1人ずつ出す場合だから，(A，B，C)＝(グ，グ，グ)，(チ，チ，チ)，(パ，パ，パ)，(グ，チ，パ)，(グ，パ，チ)，(チ，グ，パ)，(チ，パ，グ)，(パ，グ，チ)，(パ，チ，グ)の9通りある。よって，求める確率は $\frac{9}{27}=\frac{1}{3}$ である。

4 〔関数—関数 $y=ax^2$ と直線〕

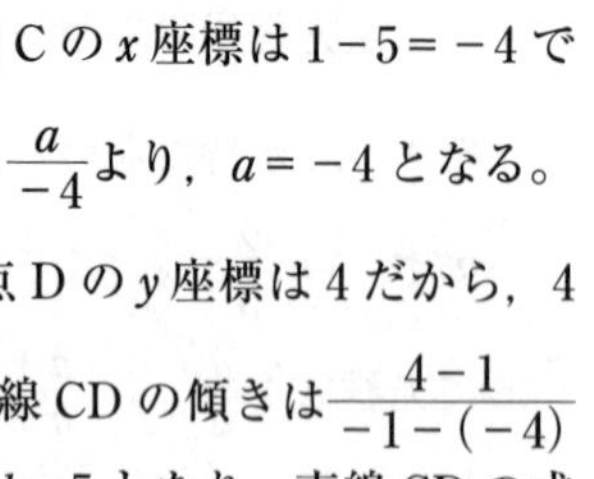

(1)＜長さ＞右図で，2点A，Bは関数 $y=x^2$ のグラフ上にあり，x 座標がそれぞれ1，2だから，$y=1^2=1$，$y=2^2=4$ より，A(1，1)，B(2，4)である。2直線AC，BDは x 軸に平行だから，2点H，Dの y 座標はそれぞれ1，4である。DH⊥ACより，直線DHは y 軸に平行だから，$\mathrm{DH}=4-1=3$ である。

(2)＜比例定数＞右図で，(1)より，$\mathrm{DH}=3$ だから，△ACDの面積が $\frac{15}{2}$ のとき，$\frac{1}{2}\times\mathrm{AC}\times3=\frac{15}{2}$ が成り立ち，$\mathrm{AC}=5$ となる。A(1，1)だから，点Cの x 座標は $1-5=-4$ であり，C(-4，1)となる。点Cは関数 $y=\frac{a}{x}$ のグラフ上にあるから，$1=\frac{a}{-4}$ より，$a=-4$ となる。

(3)＜直線の式＞右上図で，(2)より，点Dは関数 $y=-\frac{4}{x}$ 上の点となる。点Dの y 座標は4だから，$4=-\frac{4}{x}$ より，$x=-1$ となり，D(-1，4)である。C(-4，1)だから，直線CDの傾きは $\frac{4-1}{-1-(-4)}=1$ となり，その式は $y=x+b$ とおける。点Cを通るので，$1=-4+b$，$b=5$ となり，直線CDの式

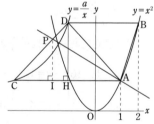

は$y=x+5$である。

(4)＜座標＞前ページの図で，B(2, 4)，D(−1, 4)より，BD$=2-(-1)=3$であり，DH$=3$だから，$\triangle\mathrm{ABD}=\frac{1}{2}\times\mathrm{BD}\times\mathrm{DH}=\frac{1}{2}\times3\times3=\frac{9}{2}$となる。$\triangle\mathrm{ACD}=\frac{15}{2}$より，$\triangle\mathrm{ACD}>\triangle\mathrm{ABD}$だから，点Aを通り四角形ACDBの面積を2等分する直線は辺CDと交わる。この交点をPとすると，〔四角形ACDB〕$=\triangle\mathrm{ACD}+\triangle\mathrm{ABD}=\frac{15}{2}+\frac{9}{2}=12$だから，$\triangle\mathrm{ACP}=\frac{1}{2}$〔四角形ACDB〕$=\frac{1}{2}\times12=6$となる。点Pから辺ACに垂線PIを引くと，AC$=5$だから，△ACPの面積について，$\frac{1}{2}\times5\times\mathrm{PI}=6$が成り立つ。これを解くと，$\mathrm{PI}=\frac{12}{5}$となるから，点Pの$y$座標は$1+\frac{12}{5}=\frac{17}{5}$である。(3)より，点Pは直線$y=x+5$上にあるから，$\frac{17}{5}=x+5$より，$x=-\frac{8}{5}$となり，$\mathrm{P}\left(-\frac{8}{5},\ \frac{17}{5}\right)$である。$\left(x\text{座標は，}\frac{-8}{5}\text{と解答する}\right)$

5〔空間図形―円柱，球〕

(1)＜体積＞空洞部分は，底面の半径が$a$cm，高さが5cmの円柱である。中央部分が空洞になっている立体と空洞部分を合わせると，底面の半径が$a+1$cm，高さが5cmの円柱となるから，求める立体の体積は，$\pi(a+1)^2\times5-\pi a^2\times5=5\{(a+1)^2-a^2\}\pi=5(2a+1)\pi(\mathrm{cm}^3)$となる。

(2)＜体積＞空洞部分の底面の円と直径が等しいので，球の半径は$a$cmである。体積が$36\pi\,\mathrm{cm}^3$だから，$\frac{4}{3}\pi a^3=36\pi$が成り立ち，$a^3=27$，$a^3=3^3$より，$a=3$となる。よって，(1)より，求める体積は，$5\times(2\times3+1)\pi=35\pi(\mathrm{cm}^3)$である。

6〔平面図形―長方形，直角三角形〕

≪基本方針の決定≫(1)　△DBC∽△DGHである。

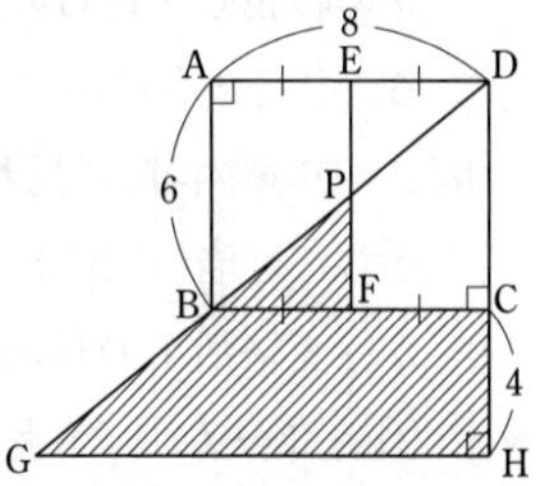

(1)＜長さ―三平方の定理，相似＞右図で，∠BAD$=90^\circ$だから，△ABDで三平方の定理より，$\mathrm{DB}=\sqrt{\mathrm{AB}^2+\mathrm{AD}^2}=\sqrt{6^2+8^2}=\sqrt{100}=10$である。∠BCD=∠GHD$=90^\circ$，∠BDC=∠GDHより，△DBC∽△DGHだから，DB：DG=DC：DHとなる。DC=AB$=6$，DH=DC+CH$=6+4=10$だから，10：DG$=6:10$が成り立ち，DG$\times6=10\times10$より，$\mathrm{DG}=\frac{50}{3}$となる。

(2)＜面積―相似＞右上図で，(1)より，△DBC∽△DGHであり，相似比はDC：DH$=6:10=3:5$だから，面積比は△DBC：△DGH$=3^2:5^2=9:25$となる。$\triangle\mathrm{DBC}=\frac{1}{2}\times\mathrm{BC}\times\mathrm{DC}=\frac{1}{2}\times8\times6=24$だから，$\triangle\mathrm{DGH}=\frac{25}{9}\triangle\mathrm{DBC}=\frac{25}{9}\times24=\frac{200}{3}$である。次に，四角形ABCDが長方形で，2点E，Fがそれぞれ辺AD，BCの中点だから，AB∥EF∥DCとなる。これより，△PBF∽△DBCであり，PF：DC=BF：BC$=1:2$となるから，$\mathrm{PF}=\frac{1}{2}\mathrm{DC}=\frac{1}{2}\times6=3$である。また，$\mathrm{FC}=\frac{1}{2}\mathrm{BC}=\frac{1}{2}\times8=4$である。よって，〔台形DPFC〕$=\frac{1}{2}\times(\mathrm{PF}+\mathrm{DC})\times\mathrm{FC}=\frac{1}{2}\times(3+6)\times4=18$となるから，斜線の部分の面積は，△DGH−〔台形DPFC〕$=\frac{200}{3}-18=\frac{146}{3}$となる。

国語解答

一　問１　②　問２　④　問３　③
問４　③　問５　①　問６　①
問７　②　問８　④　問９　①
問10　3

二　問11　②　問12　③　問13　④
問14　②　問15　①　問16　③
問17　④　問18　④　問19　③
問20　①　問21　②

三　問22　③　問23　①　問24　②
問25　③　問26　③　問27　①
問28　②

一〔論説文の読解―芸術・文学・言語学的分野―日本語〕出典；外山滋比古『日本語の絶対語感』。

≪本文の概要≫言葉は多数決原理で変化する。かつて，「ら抜き」言葉は誤った表現として扱われていたが，使う人が増えたことで，新しい語法として確立しつつある。これは，日本人の絶対語感が崩れ，変化してきている証拠といえるだろう。戦後，家庭における言葉のしつけがおろそかになることで，絶対語感が固まらないまま育ってしまった人々が増えた。これに加えて，言葉の節約を好む時代的な傾向もあり，正確な意味を知らないままに，略語や頭文字だけの略称を使う人々も増加している。言葉が短くなるのには，社会的事情が影響していて，めいめいの絶対語感を急に変えることは難しい。しかし，現代の日本人の絶対語感が，これまでの言葉とどのように異なるのかを知って，それについて今一度見直す必要はあるだろう。

問１＜文章内容＞絶対語感は，幼少期に身につく言語感覚である。そのため，子どもに言葉を教える立場の親は，自らの絶対語感が「これまでのことばとどのように異なるのか」を反省するべきである。

問２＜文章内容＞「見れる」，「食べれる」などの「ら抜き」言葉は，助動詞の「れる」，「られる」のうち，可能の用法に関する間違いが一般化してきた例である（①…○）。本来は，上一段，下一段，カ行変格活用の動詞には「られる」，五段，サ行変格活用の動詞には「れる」を用いるべきである（②・③…○）。筆者は，「こどもにことばを教える親」が自分の絶対語感について反省する必要があるとは述べているが，若者が日本語の絶対語感を崩さないように気をつけるべきだとは述べていない（④…×）。

問３＜品詞＞「乗せる」の未然形は「乗せ」となり，下一段活用動詞のため「られる」を用いる。「行く」の未然形は「行か」となり，五段活用の動詞のため「れる」を用いる。そのため，「乗せられる」，「行かれる」という表現が正しい形となる。

問４＜品詞＞「とても」と「とうてい」は，打ち消しの表現を伴う呼応の副詞。「しばらく」は，状態の副詞。「けっこう」は，程度の副詞。「いきおい」は，状態の副詞。

問５＜文章内容＞「ことばは多数決原理によって動くもの」であるため，新しい表現は，はじめは誤っているとされたとしても，多くの人が用いるようになると新しい慣用表現として許容され，絶対語感を変化させるのである。

問６＜文章内容＞ナイフは「切る」ための道具であり，「切られる」対象ではないため，受け身表現を用いると，文としての意味が成立しなくなってしまう。

問７＜四字熟語＞「日常生活」と「飢餓状態」は，上の二字が下の二字を修飾している連体修飾の関係である。「時期尚早」は，上の二字と下の二字が主語と述語の関係となっている。「駐車禁止」は，上の二字が下の二字の目的語となっている。「四面楚歌」は「四面に楚歌あり」という構成で，連用修飾の関係である。

問８＜語句＞「Telegraph」は，電報や電信のこと。

問９＜文章内容＞「急ぎの通信に長いことばは不便」だから，「大きな戦争があるたびに，ことばは短く」なる。戦時中の，言葉が短くなる習慣が今も残っていることが背景にあって，日本語で「ことばが消える，一部が落ちる」ことが起きるのである。

問10＜文脈＞言葉を短くするのに，省略というものがある。また，略語でも面倒な場合，ローマ字書きの頭文字だけにしてしまう。言葉が短くなる傾向が強まるのは，「世の中が忙しくなり，テンポが速くなる」ときであり，「大きな戦争があるたびに，ことばは短くなる」のは，「急ぎの通信に長いことばは不便」だからである。日本語は，「なるべく短いことばを使おうと」する「社会的事情」が今も残っていることによって，「ことばが消える，一部が落ちる」のである。

二〔小説の読解〕出典；志賀直哉『鵠沼行』。

問11＜心情＞家族で拓殖博覧会に行こうと誘ったものの，順吉から「とても行けない」と断られてしまったため，順三は，落胆して下の階に下りていったのである。

問12＜慣用句＞「一目置く」は，囲碁に由来した慣用句で，自分よりも相手の方が優れていると見なす，という意味。祖母は，順吉が一家の中で最も上の立場であると認識していた。そのため，拓殖博覧会に行くことに反対する順吉の発言に困惑しながらも，表立って反論はしなかったのである。

問13＜文章内容＞順吉は，拓殖博覧会が相当に混雑していることを考慮に入れずに祖母や幼い妹たちを連れて無理に遊びに行くのは，怪我や迷子の恐れがあるため，避けるべきだと考えていた。

問14＜表現＞「ぐずぐず」は，固くまとまったものが崩れかかって，ゆるんでいるさま。母は，隆子が自分にまとわりつくせいで帯がほどけそうになることを気にしたのである。「ばらばら」は，まとまったものが乱れ，散らばるさま。「ざらざら」は，さわった感じが荒く，なめらかでないさま。「よれよれ」は，衣類や紙などが古くなり，形が崩れてよれているさま。

問15＜心情＞子どもたちは，外に出かけるのを楽しみにしており，すでに支度もすませていた。しかし外出先がなかなか決まらず，向島の百花園に行くという提案も順吉が反対したため，がっかりした気分になった。

問16＜漢字の知識＞「顧(みた)」と書く。「顧」の部首は「頁(おおがい)」。

問17＜心情＞順三は，拓殖博覧会に行くことを楽しみにしていたが，順吉に反対されて不機嫌になっていた。そこに昌子がしつこく拓殖博覧会に行けない理由をきいてきたため，腹を立てて「昌ァちゃんは黙っといで」と声を荒げたのである。

問18＜文章内容＞順方は，祖母の義理の子である。本文中では祖母が父方か母方かを判断できないが，順吉の四つ上の叔父という点から，順方は，父か母の義理の弟にあたる人物という推測ができる。

問19＜状況＞登場する順に兄妹を列挙していくと，順吉，順三，昌子，淑子，隆子，英子，末の妹，の七人となる。

問20＜文章内容＞一家は，拓殖博覧会に出かけることを楽しみにしており，支度も進めていたが，順吉が反対した。祖母や順三や妹たちは，不満を抱いていたものの，順吉の意向を無視することはできず，母もまた「真実におやめの方が無事ですよ」と順吉の考えに従う発言をした。

問21＜文学史＞『暗夜行路』は，大正時代から昭和時代にかけて発表された志賀直哉の小説。『黒い雨』は，昭和時代に発表された井伏鱒二の小説。『雪国』は，昭和時代に発表された川端康成の小説。『友情』は，大正時代に発表された武者小路実篤の小説。

三〔古文の読解―日記〕出典；和泉式部『和泉式部日記』。

≪現代語訳≫こうしているうちに八月にもなったので，(女は)退屈さを慰めようというので，石山寺に詣でて七日ほどこもっていようと，参詣した。宮は，長い間会わないでいるものだなあとお思いになって，(女に)お手紙を送ろうとしたところ，童が，「この間伺いましたところ，この頃は石山寺にいらっしゃるという話です」と人づてに(宮に)申し上げたので，(宮は)「それでは，今日はもう日が暮れてしまった。明日の朝早く行け」とおっしゃってお手紙をお書きになって，(童に)お渡しになって，(次の日，)(童が)石山寺に行ってみると，(女は)仏の御前にはおらず，都が恋しくて，こういう寺に引きこもって祈願する我が身の有様よと思いながら，とても物悲しい気持ちを抱いて，誠実に仏を祈り申し上げていたところ，高欄の下の方に人の気配がするので，不審に思って見下ろしてみたところ，この童がいた。

うれしく感じながらも思いがけないところに(童が)来たので，「どうしたのか」と(侍女に)問わせると，(宮からの)お手紙を差し出してきたので，いつもよりも急いで開けて中を見ると，「たいそう信心も深くおこもりになられたのに，どうしてこういう事情でと気持ちをおっしゃってくださらなかったのでしょう。仏道の妨げとまでは思われないのでしょうが，あとに残してゆかれたことが，つらく思う」と書いてあって，「逢坂の関を越えて今日お便りをするとは，あなたはお思いになりましたか。私の愛の絶えることのない思いやりをお知りになってください。いつ山をお出になるのでしょうか」と(お手紙に)記されている。

問22＜古典の知識＞旧暦の月名は，一月から順に睦月・如月・弥生・卯月・皐月・水無月・文月・葉月・長月・神無月・霜月・師走である。

問23＜古文の内容理解＞童は，以前，女のいる所に行ったときに，女が最近は石山寺にいるとの話を聞いていた。そのことを宮に伝えると，宮から女への手紙を渡すよう頼まれた。

問24＜古典文法＞係助詞「なむ」があるため，伝聞の助動詞「なり」の連体形「なる」が入ることで係り結びが成立する。

問25＜古文の内容理解＞童は，手紙を渡すよう宮から頼まれ，女のいる石山寺に向かった。

問26＜古文の内容理解＞女は，石山寺で都を恋しく思いつつ，悲しい気分で仏に祈りをささげていた。そのため，宮の使いとして童が来たことをうれしく思ったのである。

問27＜古文の内容理解＞突然，宮の使いとして童が来たため，女は，何の目的で石山寺にやってきたのかを侍女に尋ねさせたのである。

問28＜古文の内容理解＞宮は，女が石山寺にこもることをなぜ教えてくれなかったのかと嘆く気持ちを，和歌を添えて手紙にしたためた。

2021年度 浦和麗明高等学校（推薦 併願 2回目）

【英　語】（45分）〈満点：100点〉

1 次の語の下線部と同じ発音を持つ語を１つずつ選びなさい。

問１　fear　①　create　②　hear　③　dead　④　mean

問２　shout　①　should　②　shoulder　③　touch　④　around

問３　smoke　①　body　②　do　③　hold　④　other

2 最も強いアクセントを含む音節の位置が，他の語と異なるものを１つずつ選びなさい。

問４　①　prepare　②　matter　③　hurry　④　silver

問５　①　festival　②　discover　③　anything　④　beautiful

問６　①　familiar　②　surprising　③　different　④　deliver

3 次の各文の空所に入れるのに，最も適切なものを１つずつ選びなさい。

問７　The town was full (　　) chimneys.

①　to　②　in　③　of　④　off

問８　There was a town (　　) by a 4,000 meter tall cliff.

注　cliff：崖

①　surround　②　surrounded　③　to surround　④　surrounding

問９　The wind kept (　　) stronger as they rose higher.

①　get　②　getting　③　to get　④　got

問10　This town is covered in smoke, right? So we (　　) see stars.

①　can　②　must not　③　can't　④　should

問11　A：“Halloween is fun.　Let's do it again tomorrow.”

B：“(　　) are you talking about?　Halloween is only today.”

①　Where　②　What　③　Which　④　Who

問12　A：(　　) you dropped anything?

B：Yeah.　A silver pendant with a picture of my dad.

①　Do　②　Did　③　Were　④　Have

問13　Poupelle stopped washing his body, (　　) he got even dirtier.

①　for　②　but　③　so　④　or

問14　This is the only picture of Dad (　　).

①　that I had it　②　I had it　③　I had　④　that had it

問15　He could hear the sound of bells (　　) the distance.

①　to　②　of　③　from　④　with

問16　If you don't have a name, you should give yourself (　　).

①　one　②　other　③　it　④　that

4 次の会話文が成り立つように空所に入る最も適切なものを１つずつ選びなさい。

問17 A： What's the matter with you?

B： I have a headache.

A：（　　　） Can I get medicine for you?

B： No, thanks. I'll be fine soon if I take a rest.

① That's too bad. ② I hope to see you.

③ It sounds great. ④ No kidding.

問18 A： Excuse me.（　　　）

B： Sure. What is it?

A： I got a letter from China. Could you read it for me?

B： All right.

① May I ask you a favor? ② Can I help you?

③ What's wrong? ④ What time is it now?

問19 [*At a theater*]

Man： Excuse me.

Staff： May I see your ticket?

Man： Here it is. Where is my seat?

Staff：（　　　）

① I'll be in the front seat, sir. ② Tickets are $40, sir.

③ I'll show you the way, sir. ④ You can buy them here, sir.

問20 A： Can you recommend a good video?

B：（　　　） It's an action movie.

A： I don't like action movies.

B： But everyone likes action movies. They're terrific.

① Not at all. ② Sorry. It's boring.

③ That sounds fun, doesn't it? ④ How about this one?

問21 A： Do you like your job?

B： No, not really.

A： Why not?

B：（　　　）

① I have to work long hours. ② I have an interview tomorrow.

③ OK. Let's work together. ④ I like my job, and the pay is good.

5 日本文に合うように語(句)を並べかえて英文を作るとき，（　）内で４番目に来るものとして正しいものを１つずつ選びなさい。ただし，文頭に来る語も小文字にしてある。

問22 「ルビッチの部屋の窓がコツコツと鳴りました。」

There (ア a knock イ Lubicchi's ウ window エ on オ was).

① ア ② イ ③ エ ④ オ

問23 「君が失くしたペンダントを探していたんだ。」

I (ア you イ for ウ was エ that pendant オ looking カ lost).

① ア ② イ ③ ウ ④ エ

問24 「それがどこに落ちたのかわかりません。」

There (ア to know イ where ウ no way エ it オ was カ fell).

① ア ② イ ③ エ ④ カ

問25 「やっとキミの正体がわかったよ。」

(ア are イ I ウ who エ know オ you) now.

① ア ② イ ③ ウ ④ オ

問26 「ぼくも(体を)洗わないと家にあがれないからね。」

I (ア before イ to ウ get in エ wash up オ I カ need) the house.

① ア ② イ ③ ウ ④ エ

6 次の文章を読み，下の問い(問27～33)に答えなさい。

In 2014, Kohei Uchimura won his fifth gold medal in *the World Gymnastics Championships. It is (1)amazing what *gymnasts can do with their bodies. Gymnastics is not an easy sport. Imagine doing this without being able to see.

Today's true story is about a young girl who dreams about going to the Olympic Games as a gymnast. She cannot see.

Adrianna Kenebrew was born in Texas in the United States. When she was a baby, her mother noticed that something was wrong with her. Adrianna always cried and cried when she was outside. So her mother took Adrianna to a doctor and found out some (ア) news. Adrianna was sick. She had a problem with her eyes. Since then, she has had more than 10 operations on her eyes. After the operations, she could see a little but not very much. Even with very powerful glasses, she couldn't see very much.

At her elementary school, she used a special machine. Without that machine, she could not read her books or the papers her teachers gave her. Adrianna also used a white *cane for walking. Her life was very different from other young girls. She needed a lot of help in everything she did. But there was one time she did not need all that help — it was when she was doing gymnastics. In the gymnastics club, she was the same as all the other children. Her mother said, "(2)That may be the reason why she loves the sport."

The only extra help her coaches gave Adrianna was by talking. The coaches told her when to jump or turn because she could not see well enough. Also, they sometimes said to her, "Look to your left!" This helped Adrianna because she could look at the judges when she finished her performance.

Because of her hard work, Adrianna became a good gymnast. When Adrianna was 10 years old, she was chosen as the best female gymnast in her area. When Adrianna was interviewed, she said that she had a (イ). "I want to be the first blind gymnast to win a gold medal at the Olympic Games." In another interview, a reporter asked if she wanted to change anything in her life. Adrianna answered, "No, I like who I am." She is doing the best she can with the life she has. "I just think the problem with my eyes makes me work harder for what I'm trying to do." We can all learn a lot from this young gymnast.

注 ＊the World Gymnastics Championships：世界体操選手権

＊gymnast(s)：体操選手 ＊cane：ステッキ

問27　下線部(1)amazingの意味として，最も近いものを次の①～④の中から１つ選びなさい。
① total
② very good and so surprising
③ not correct
④ stormy

問28　空所(ア)に入れるものとして最も適切なものをそれぞれ次の①～④の中から１つ選びなさい。
① mysterious　② neutral　③ bad　④ good

問29　空所(イ)に入れるものとして最も適切なものをそれぞれ次の①～④の中から１つ選びなさい。
① dream　② match　③ courage　④ problem

問30　下線部(2)Thatが指す内容を次の①～④の中から１つ選びなさい。
① Adrianna was so sick that her friends helped her with gymnastics.
② Adrianna can use a special machine to do gymnastics.
③ Adrianna was as good at gymnastics as all the other children.
④ Adrianna worked harder for what she's trying to do.

問31　下記にある(あ)～(え)を本文の内容に沿って並べたとき，最も適切なものを下の①～④の中から１つ選びなさい。
(あ) Adrianna went through more than ten operations.
(い) Adrianna's mother realized that she had some problems.
(う) Adrianna's mother took her to hospital.
(え) It is difficult for Adrianna to see even after the operations.
① (い)→(あ)→(え)→(う)　② (い)→(う)→(あ)→(え)
③ (う)→(あ)→(い)→(え)　④ (う)→(い)→(あ)→(え)

問32　本文の内容に合うように，次の英語に続けるのに最も適切なものを下の①～④の中から１つ選びなさい。
In the gymnastics club, (　　　　).
① Adrianna was famous for her strange performance
② the coach told the judges that Adrianna cannot see
③ there were many students going to the Olympic Games
④ the coach talked to Adrianna when she should jump or turn

問33　本文のタイトルとして最も適切なものを次の①～④の中から１つ選びなさい。
① A Girl with Special Power
② Practice at A Special Gymnastics Club
③ Winning The Gold Medal
④ The Blind Gymnast

7　次の文章を読み，下の問い(問34～40)に答えなさい。
※ 1～7は段落番号を表すもの。

1 "Japanese people are so (　ア　)!" I never expected to hear anyone say those words, but that's exactly what an American woman I met in Hawaii said to me once. What could she be talking about, I wondered? Most people admire Japanese people for being (　イ　). Then I heard her story.

2 "It happens every time I get on an elevator here," she said. "The elevator is already full and

then a group of Japanese will *literally push their way in until everyone is *squeezed together. It's so rude!"

3 Ah-ha. Then I understood. This woman had never been to Japan and didn't realize that squeezing into a train or elevator is (1)the norm here, even a *necessity, at least in the big city. And the Japanese tourists didn't realize that for Americans this kind of squeezing is rude because it *violates an American's (yes, Hawaii is America!) sense of personal space. So who's really *at fault in this kind of situation? I would say no one and everyone.

4 No one, because the Japanese tourists were just doing what they always do at home, and the American woman was just *reacting according to the customs she grew up with. Nobody was being rude *on purpose. It was simply a cultural *misunderstanding. But everyone was at fault in a way too. When visiting a foreign country, we're expected to watch what other people do and try to fit in — the old "when in Rome, do as the Romans do" idea. But at the same time, we can't expect foreign visitors to do everything the way we do. A little *tolerance may be necessary.

5 Still, it's always a good idea when you're in a foreign culture to slow down and notice what the natives are doing. （問36）

6 When feelings rather than actions are *involved, it gets more *complicated. A recent topic on an Internet discussion board was "rude students" in Japan. *Apparently, a lot of English teachers have students who comment on their weight, the size or shape of their nose, breasts, or face, and some were even told they look older than their age. After *a number of people, not only teachers, wrote in, there seemed to be a *conclusion: Talking about a person's appearance is *culturally more *acceptable in Japan than in the West. Now, I don't know if (2)this is an *accurate conclusion or not, but the discussion did make one thing clear. A lot of Westerners feel uncomfortable when the topic of conversation is their appearance, even if what's being said is meant as a joke or even a *compliment. Of course, most people like to be told they look nice, but when the comment gets more personal and specific especially about age, weight, or body parts, it seems to (3)cross the line into "rudeness" for a lot of Westerners.

7 So should Westerners just accept this kind of talk because it seems to be part of living in Japan? Even if they should, it's not so easy when feelings are involved. Perhaps the best solution is to keep learning about each other, be *sensitive, and above all, keep a good sense of humor!

注　*literally：文字通りに　*squeeze(d) / squeezing：押し潰す　*necessity：必要性
*violate：～を冒瀆する　*at fault：間違っている　*react(ing)：反応する　*on purpose：わざと
*misunderstanding：誤解　*tolerance：我慢　*involve(d)：～を関係させる
*complicated：わかりにくい　*apparently：どうも～らしい　*a number of ～：たくさんの～
*conclusion：結論　*culturally：文化的に　*acceptable：容認できる　*accurate：正確な
*compliment：賛辞　*sensitive：感受性の鋭い

問34　空所（ア）（イ）に入る語の組み合わせとして最も適切なものを次の①～④の中から１つ選びなさい。

①　（ア）　quiet　（イ）　loud　②　（ア）　loud　（イ）　quiet
③　（ア）　polite　（イ）　rude　④　（ア）　rude　（イ）　polite

問35　下線部$_{(1)}$the normの意味として，最も近いものを次の①～④の中から１つ選びなさい。

①　deep　　②　usual　　③　interesting　　④　popular

問36　以下の(あ)～(え)の文は５段落１文目以降に続く文です。順番に並べたときに，最も適切なものを下の①～④の中から１つ選びなさい。

(あ)　A lot of foreigners in Japan get into embarrassing situations for not doing just that.

(い)　If we forget to do these things, nothing terrible happens, but our lives in Japan will go a lot more *smoothly if we watch and learn from the people around us.

(う)　Simple things like waiting to take the first drink together at a party, leaving the bathroom slippers in the bathroom, and following all the necessary *rituals at the public bath.

(え)　And believe me, Japan is a country filled with rituals very different from those back home for most Westerners.

＊注　smoothly：なめらかに　　＊ritual(s)：慣例

①　(う)→(あ)→(え)→(い)

②　(う)→(え)→(あ)→(い)

③　(あ)→(い)→(え)→(う)

④　(あ)→(え)→(う)→(い)

問37　下線部$_{(2)}$thisが指す内容として，最も近いものを次の①～④の中から１つ選びなさい。

①　Talking about a person's appearance is only culturally acceptable in Japan.

②　Talking about a person's appearance is only culturally acceptable in the West.

③　Talking about a person's appearance is culturally more acceptable in Japan than in the West.

④　Talking about a person's appearance is culturally more acceptable in the West than in Japan.

問38　下線部$_{(3)}$cross the lineと同じ意味で使用している例文を次の①～④の中から１つ選びなさい。

①　You crossed the line because you stole Hiroto's idea.

②　When Mana drove a car, she crossed the line.

③　Saki and Natsumi crossed the line together at the marathon race.

④　Minato crossed the line into France after he visited Germany.

問39　本文の内容に当てはまる最も適切な文を次の①～④の中から１つ選びなさい。

①　The writer met an American woman in Hawaii and the woman had never been to Japan.

②　An American's sense of personal space is similar to a Japanese sense of personal space.

③　English teachers never have students who comment on their face.

④　When we visit a foreign country, we must do the same things as people in the country do.

問40　西洋人が日本特有の文化の中で生活していくために必要な方法で当てはまらないものを次の①～④の中から１つ選びなさい。

①　To keep a good sense of humor.

②　To learn about each other.

③　To push their way and get on an elevator.

④　To be sensitive.

【数　学】　(45分)　〈満点：100点〉

(注意)　1　問題の文中の $\boxed{\text{ア}}$，$\boxed{\text{イウ}}$ などには，特に指示がない限り，符号(−)または数字(0〜9)が入ります。ア，イ，ウ，…の一つ一つは，これらのいずれか一つに対応します。それらを解答用紙のア，イ，ウ，…で示された解答欄にマークして答えなさい。

2　分数形式で解答する場合，分数の符号は分子につけ，分母につけてはいけません。例えば，$\dfrac{\boxed{\text{エオ}}}{\boxed{\text{カ}}}$ に $-\dfrac{2}{3}$ と答えたいときには，$\dfrac{-2}{3}$ として答えなさい。

また，それ以上約分できない形で答えなさい。例えば，$\dfrac{3}{2}$ と答えるところを $\dfrac{6}{4}$ のように答えてはいけません。

3　根号を含む形で解答する場合，根号の中に現れる自然数が最小となる形で答えなさい。例えば，$\boxed{\text{キ}}\sqrt{\boxed{\text{ク}}}$ に $6\sqrt{2}$ と答えるところを，$3\sqrt{8}$ のように答えてはいけません。

4　根号を含む分数形式で解答する場合，例えば，$\dfrac{\boxed{\text{ケ}}+\boxed{\text{コ}}\sqrt{\boxed{\text{サ}}}}{\boxed{\text{シ}}}$ に $\dfrac{3+2\sqrt{2}}{3}$ と答えるところを，$\dfrac{6+4\sqrt{2}}{6}$ や $\dfrac{6+2\sqrt{8}}{6}$ のように答えてはいけません。

1　次の空欄に当てはまる符号，数字を答えなさい。

(1)　$1-(-0.6)\times\dfrac{2}{3}+0.2$ を計算した値は $\dfrac{\boxed{\text{ア}}}{\boxed{\text{イ}}}$

(2)　$3\sqrt{2}\times\sqrt{14}\div\sqrt{35}$ を計算した値は $\dfrac{\boxed{\text{ウ}}\sqrt{\boxed{\text{エ}}}}{\boxed{\text{オ}}}$

(3)　$\dfrac{3x+2y-z}{6}-\dfrac{x-y+z}{8}$ を簡単にした式は $\dfrac{\boxed{\text{カ}}x+\boxed{\text{キク}}y-\boxed{\text{ケ}}z}{\boxed{\text{コサ}}}$

(4)　$\dfrac{1-\dfrac{\frac{3}{2}+3}{3}}{\dfrac{1}{4}-3}$ を計算した値は $\dfrac{\boxed{\text{シ}}}{\boxed{\text{スセ}}}$ である。

(5)　$(a^2bc)^3\div(abc)^2\times bc^3$ を簡単にした式は $a^{\boxed{\text{ソ}}}b^{\boxed{\text{タ}}}c^{\boxed{\text{チ}}}$

2　次の空欄に当てはまる符号，数字を答えなさい。

(1)　2次方程式 $2x^2+4x-6=0$ を解くと $x=\boxed{\text{アイ}}$，$x=\boxed{\text{ウ}}$

(2)　2次方程式 $3x^2+3x-2=2x^2+4x-1$ を解くと $\dfrac{\boxed{\text{エ}}\pm\sqrt{\boxed{\text{オ}}}}{\boxed{\text{カ}}}$

(3)　連立方程式 $\begin{cases}\dfrac{1}{3}x-y=2\\-3x+4y=-3\end{cases}$ を解くと $x=\boxed{\text{キク}}$，$y=\boxed{\text{ケコ}}$

(4)　2次方程式 $x^2-ax+12=0$ の解の1つが $x=3$ であるとき，a の値は $a=\boxed{\text{サ}}$ であり，もう一方の x の値は $x=\boxed{\text{シ}}$ である。

(5)　$4x+31>6x+3$ を満たす素数は全部で $\boxed{\text{ス}}$ 個である。

3 次の空欄に当てはまる符号，数字を答えなさい。

(1) 右図を赤色と黄色と青色を使って同じ色が隣り合わないように塗り分けたい。3色を必ず使って塗り分ける方法は [ア] 通りである。

A	B	C

(2) あるスマートフォンの料金プランAでは月額1500円の固定費用がかかり，1G(ギガ)あたり200円加算されていく。料金プランBでは月額3000円の固定費用がかかり，1Gあたり150円加算されていく。月に [イウ] Gより多く使う場合は料金プランBの方がお得になる。

(3) A君とB君が，ある池の周りを同じ地点から逆方向に走った。A君は時速8kmで，B君は時速10kmで走ったとき，30分後に出会った。このとき，池の周りは [エ] kmである。

(4) 濃度が20%の食塩水120gと濃度が15%の食塩水80gを混ぜると [オカ] %の食塩水ができる。

(5) ある容器に蛇口Aだけを用いると30分で満水になるが，蛇口Bだけを使うと45分で満水になる。両方の蛇口を用いると満水になるまでに [キク] 分かかる。

4 次の図のように，放物線 $y=ax^2$ と直線 l が2点A$(-3-\sqrt{3},\ t)$，B$(3-\sqrt{3},\ 2-\sqrt{3})$で交わっている。下の問に答えなさい。

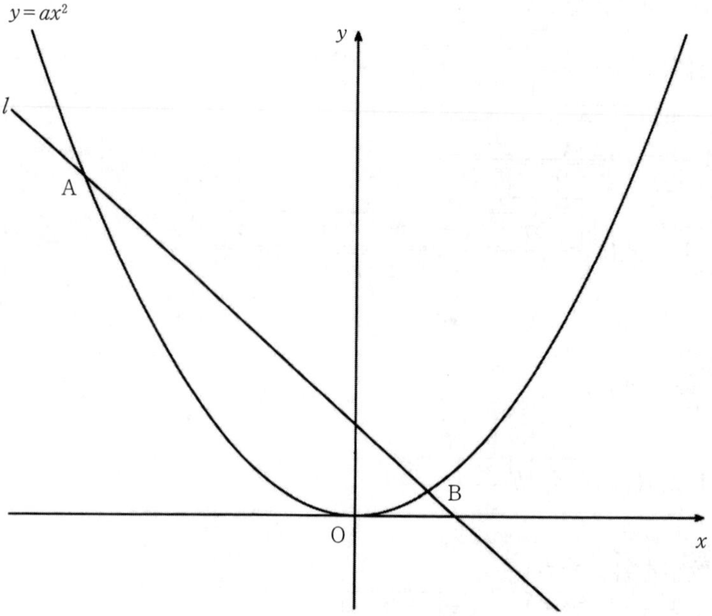

(1) a の値は $\dfrac{[ア]}{[イ]}$ である。

(2) t の値は $[ウ]+\sqrt{[エ]}$ である。

(3) 直線 l の方程式は $y=\dfrac{[オ]\sqrt{[カ]}}{[キ]}x+[ク]$ である。

(4) △OABの面積は [ケ] である。

(5) 放物線上の点で，△OABと△PABの面積が等しくなるような点PはO以外に3点ある。これを x 座標の小さい順に P_1，P_2，P_3 とする。$\triangle P_1P_2P_3$ の面積は $[コ]\sqrt{[サシ]}$ である。

5 　次の図のような半径2の円がある。直線 l は点Bにおける円Oの接線であり，直線 m は点Cにおける円Oの接線である。また，接線 l と接線 m は垂直に交わっている。このとき，下の問に答えなさい。

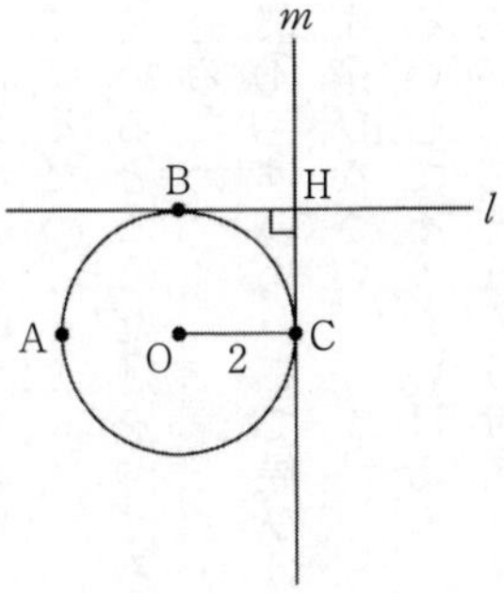

(1) OHの長さは $\boxed{ア}\sqrt{\boxed{イ}}$ である。

(2) ACが円Oの直径となるように点Aをとる。ABを通る直線を考え，接線 m との交点をEとする。このとき，AEの長さは $\boxed{ウ}\sqrt{\boxed{エ}}$ である。

6 　図1のような2つのローラーが点Tで接している。ローラーAは半径3cm，ローラーBは半径4cmである。このローラーが矢印の方向に回転する。点 p はローラーA上に，点 q はローラーB上にある。スタート時，図2のように点 p，q が点Tの位置にあるとき，下の問に答えなさい。

図1

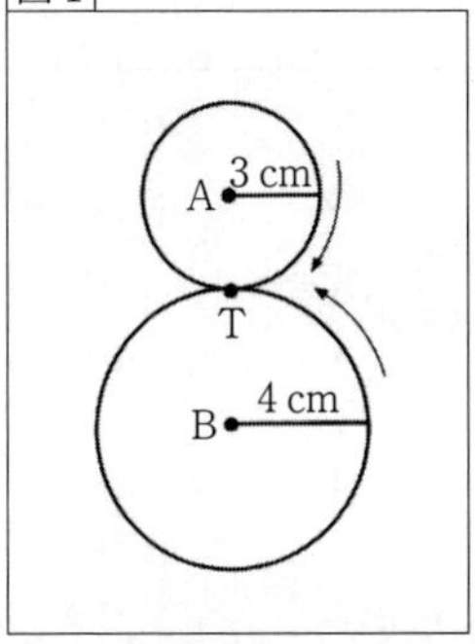

図2

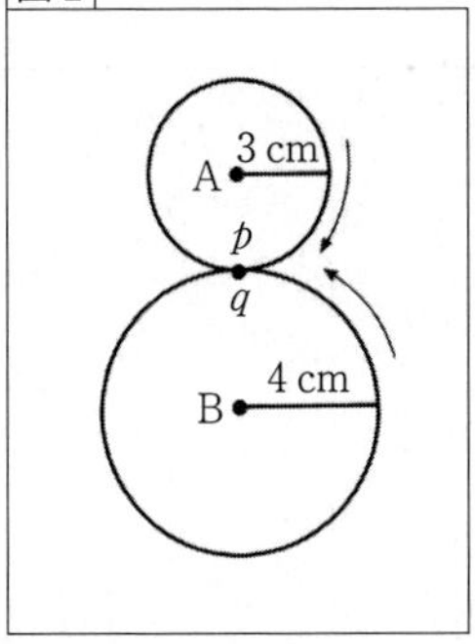

図3

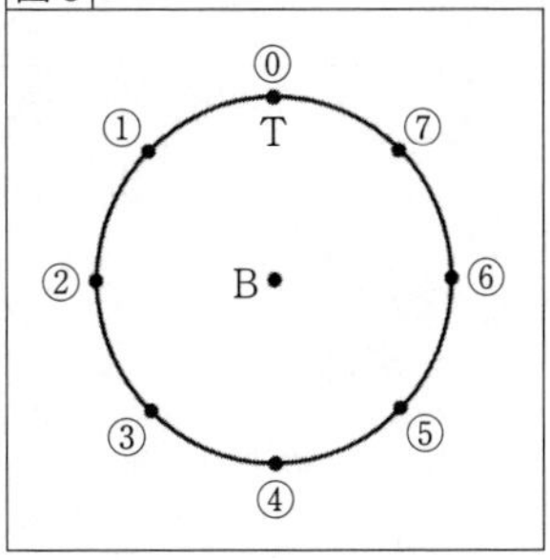

(1) ローラーが回り始めて，次に点Tで点 p，q が接するのはローラーAが $\boxed{ア}$ 回転，ローラーBが $\boxed{イ}$ 回転したときである。そのとき，点 p が回転した距離は，円周率を π とすると $\boxed{ウエ}\pi$ cmである。

(2) 点 p が2回転したとき，点 q はローラーBのどの位置にあるか。図3の点の番号で答えると $\boxed{オ}$ である。

③ わざと部分部分を張っておいて、若い人がそれを指摘するのを待っているため。

④ 破れているところだけをつくろって使うものだと、若い人に見習わせるため。

問25 傍線部④「けいめいして候ひける」の現代仮名遣いとして適当なものを選びなさい。

① けいめいしてそうらいける
② けいめいしてそうろうける
③ けいもうしてそうらいける
④ けいもうしてそうろうける

問26 傍線部⑤「さやうの事」が指し示すものとして適当なものを選びなさい。

① 障子の紙を張り替えること。
② 障子の紙を細かく切り張りすること。
③ 若い者の育成に力をいれること。
④ 若い者に対して厳しく指導をすること。

問27 傍線部⑥「申されけれ」の主語として適当なものを選びなさい。

① 相模守時頼　② 松下禅尼　③ 城介義景　④ 筆者

問28 傍線部⑦「申されける」の主語として適当なものを選びなさい。

① 相模守時頼　② 松下禅尼　③ 城介義景　④ 筆者

問29 傍線部⑧「天下を保つ程の人」とは誰のことですか。適当なものを選びなさい。

① 相模守時頼　② 松下禅尼
③ 城介義景　④ なにがし男

① 近代的である　② 見栄えが良い
③ ふさわしい　④ 景色が良い

問20 本文の内容に合致するものを選びなさい。

① 時枝は、雪子が夫のかつての恋人の娘と知っていても、それにこだわることなく雪子に自然体で優しく接している。

② 雪子の仕草から、肉親ではない自分たちとの同居生活を辛く感じていると察した佐山は、彼女の婚約を心から祝福している。

③ 佐山は大垣に用事があるという口実で出かけたが、雪子のために熱海で途中下車して新婚夫婦にふさわしい宿を探してあげている。

④ 雪子の親代わりを自負している佐山は、若い年齢での結婚をためらう雪子のさまざまな仕草に理解を示している。

問21 本文の作者、川端康成以外でノーベル文学賞を受賞した日本人を選びなさい。

① 安部公房　② 大江健三郎
③ 村上春樹　④ 井上靖

三 次の文章を読んで、後の問いに答えなさい。（------の左側は口語訳です。）

①相模守時頼《さがみのかみときより》の母は、松下禅尼《まつしたぜんに》と②ぞ申し［A］。守《かみ》を入れ申さるる《招き入れる》事ありけるに、すすけたる明り障子のやぶればかりを、禅尼手づから、小刀して③切りまはしつつ《あちらこちらを切って》張られければ、兄の城介《じやうのすけ》義景《よしかげ》、その日の④けいめいして候《さうら》ひける《精を出して勤めました》が、「給はりて《いただいて》、なにがし男に張らせ候はん。⑤さやうの事に心得たる者に候ふ」と⑥申されければ、「その男、尼が細工によもまさり侍《はべ》らじ《まさかまさっていることはございますまい》」とて、なほ一間《ひとま》づつ張られけるを、義景、「皆を張りかへ候はんは、はるかにたやすく候ふべし、まだらに候ふも見苦しくや」とかさねて申されければ、「尼も、さはさはと《さっぱりと》張りかへんと思へども、今日ばかりは、わざとかくてあるべきなり。物は破れたる所ばかりを修理《しゅり》して用ゐる事ぞと、若き人に見ならはせて、心づけんためなり」と⑦申されける、いとありがたかりけり《たいそう滅多にないほどすばらしいことであった》。

世を治むる道、倹約を本《もと》とす。女性《にょしゃう》なれども聖人の心にかよへり《通じている》。⑧天下を保つ程の人を、子にて持たれける、誠に、ただ人には《なみなみの人で》あらざりける《はなかったということである》とぞ。

吉田兼好『徒然草』

問22 傍線部①「相模」は現在の何県ですか。適当なものを選びなさい。

① 千葉県　② 神奈川県　③ 山梨県　④ 長野県

問23 空欄部［A］に入る語として適当なものを選びなさい。（傍線部②「ぞ」の役割を考えましょう）

① けり　② ける　③ けれ　④ けろ

問24 傍線部③「切りまはしつつ張られければ」とありますが、なぜ全体ではなく部分部分を張ったのでしょうか。その説明として適当なものを選びなさい。

① 自分よりも張るのが上手な者がいるので、その者にきれいに張ってもらうため。

② 全体を一気に張るよりも、少しずつ張った方がきれいに張れるため。

い。
　結婚によって、初めて自分の生活と家庭とが持てるようなものである。
　解放と独立との強い感じのなかに、婚礼の翌朝は目覚めさせてやりたいというのが、佐山の心づくしであった。穴から広い野に出たような、曇り空が晴れたような眺めの宿がいい。
　南に海と岬《みさき》を見晴らす熱海ホテルなどは⑦恰好だが、ホテルの構えにも、またあまり多くの新婚組がかち合っても、内気な幼な妻の雪子はものおじするだろう。

川端康成『母の初恋』

問11　空欄部 A に入る語句として適当なものを選びなさい。
①　そのため　②　やはり　③　もっとも　④　しかし

問12　傍線部①「閉口する」の意味として適当なものを選びなさい。
①　食べられなくなる　②　うんざりして嫌になる
③　自分のことが嫌いになる　④　情けなくなる

問13　傍線部②「いじらしくなって来た」理由として適当なものを選びなさい。
①　雪子が婚約者の若杉のために、慣れない料理の腕を上げようと日々努力しているから。
②　佐山にとって雪子の料理は、田舎の祖母が作ったものよりも口に合うようになったから。
③　雪子は佐山と時枝にとって実の娘ではないのに、佐山家の味を身につけて嫁に行くから。
④　雪子が佐山家に来てそれほど年数が経っていないのに、既に佐山が満足するほど腕を上げたから。

問14　傍線部③「雪子もいっしょに坐って、佐山と時枝の給仕をした」の説明として適当なものを選びなさい。
①　佐山が乗る予定の電車の時間が迫っていたため、佐山と時枝とが一緒に食事ができるようにその準備を雪子は急いだ。
②　娘同然に可愛がってくれる佐山夫婦と一緒に食事を楽しむことができるように、雪子は夫婦の話を聞いた。
③　雪子は、電車の発車時刻に間に合うように食事の用意をしている時枝の手伝いを、佐山と一緒にした。
④　佐山夫婦の実の娘同然の雪子は、女中に食事の準備を急がせて自分は佐山夫婦と一緒に食事をとれるようにした。

問15　傍線部④「座にいたたまれぬ」のここでの意味として適当なものを選びなさい。
①　中座しようとしても、その場の雰囲気からそれができない。
②　身体がこわばってしまい、移動することができない。
③　気持ちが落ち込み、その場でふさぎ込み立ち直れない。
④　平静でいられず、その場にいることが耐えられない。

問16　傍線部⑤「いいよ。」のここでの意味として適当なものを選びなさい。
①　出張に向かう佐山にカバンを持って待っている雪子の機転を褒めている。
②　門まで出てきている雪子に対して、そこまですることはないと伝えている。
③　本当の娘ではない雪子に門のところで見送られるのは遠慮したいと言っている。
④　雪子が、将来の夫である若杉にも同じ行為をするように暗に勧めている。

問17　傍線部⑥「熱海」の読み方を説明したものとして適当なものを選びなさい。
①　読み仮名は三文字で促音はない。
②　読み仮名は四文字で促音はない。
③　読み仮名は三文字で促音がある。
④　読み仮名は四文字で促音がある。

問18　空欄部 B に入る語句として適当なものを選びなさい。
①　養子　②　実子　③　居候　④　家政婦

問19　傍線部⑦「恰好」のここでの意味を選びなさい。

取られて、時枝の味をそっくり受け入れた。それを持って、嫁にゆくわけである。不思議と思えば不思議で、――そういうことはほかにもいろいろあるにちがいない。
雪子の味つけは、相手の若杉の口に合うだろうか。
佐山は雪子が②いじらしくなって来た。
茶の間へ入って、鳩時計を見上げながら、怒鳴りつけるように、
「おい、早くしてくれよ、一時三分の大垣行に乗るんだ。」
「はい。」
雪子はいそいで料理を運んだ。裏で炭を切っている女中を呼んだ。
③雪子もいっしょに坐って、佐山と時枝の給仕をした。
佐山は雪子の手を見た。水仕事でそれほど荒れているらしくはなかった。色白だからでもあるが、なんとしても、十九という若さであった。首のういういしいふくらみなどは、ぼうっと温かいものが匂《にお》って来そうだ。
佐山は不意にちょっと笑った。
時枝が顔を上げて
「なに?」
「うん、雪子が指環《ゆびわ》をはめてるからさ。」
「あら。だって、婚約指環じゃありませんか。いただいたんですもの、私がそう言って、はめさせたのよ。なにがおかしいの?」
雪子は真赤になって、指環を抜き取った。うろたえたとみえて、それを座蒲団《ざぶとん》の下に隠した。
「御免、御免。おかしいわけじゃないが、どういうのかな。僕は妙な時に笑う癖があって……。さびしい時にも、ひとりで吹き出したりするんだよ。」
佐山が弁解がましいことを言うと、雪子は尚《なお》かたくなってしまって、④座にいたたまれぬ風だった。
佐山はなぜ笑ったか、自分にもわからなかったが、雪子のはにかみようも尋常でなかった。
旅支度の洋服に着替えておいて、飯を食っていたので、佐山は直《す》ぐ出て行った。
雪子がカバンを持って、門口へ先廻りしていた。
「⑤いいよ。」
と、佐山は手を出したが、雪子は佐山の顔を悲しそうに見上げたまま、首を振って、
「バスのところまでお送りしますわ。」
なにか話があるのかと、佐山は思った。
雪子と若杉の新婚旅行の宿をきめに、佐山は⑥熱海へ行くのである。
佐山がわざとゆっくり歩いても、雪子はなにも言わなかった。

「どんな宿がいいの?」
と、佐山はもう幾度も聞いたことを、またたずねた。
「おじさんのおよろしいところで、いいんですの。」
バスが来るまで、雪子は黙って立っていた。
佐山が乗ってからも、しばらく見送っていた。そして、道端のポストへ手紙を入れた。気軽に投げ込むのではなく、すこしためらっているのか、静かなしぐさだった。
ポストの前に立った、雪子の後姿の肩あたりを、佐山はバスの窓から振り返って、やはりあの子が二十二三になってから、結婚させるべきだったかと思った。
今の手紙には、四銭切手が二枚はってあったようだ。どこへ出すのだろう。
新婚旅行の宿屋など、電話か端書で申し込んでおけばこと足りると、時枝の言う通りだった。しかし佐山は、ついでに芝居の腹案を練るという口実で、わざわざ出かけて来た。
雪子はものごころつく頃から、継父と貧乏とに苦しめられ、佐山の家へ引き取られてからは、落ちついたとはいうものの、いわば[B]である。それも親戚《しんせき》の厄介になるのならともかく、妙な事情からのことであった。一種の牢獄《ろうごく》にいる思いであったかもしれな

問9　傍線部⑦「排斥」と漢字の構成が同じ熟語として最も適当なものを選びなさい。

①　奇遇　②　抜群　③　身体　④　呼吸

問10　本文の内容の説明として最も適当なものを選びなさい。

①　筆者は病気の歴史について通史的に述べたうえで、現代の病気がほとんど克服された社会における過度な「健康」信仰に疑問を呈している。

②　筆者は西欧の病の歴史について詳細を述べたうえで、現代の人々が共通して恐れるのは、生活習慣病であると結論付けている。

③　筆者は、寿命が長くなった代償としてがんや生活習慣病にかかる人が多くなっているので、寿命が長くなるのもメリットだけではないと客観的に述べている。

④　筆者は「健康」信仰の結果、老いることや老人を「悪」とする風潮に憤りを感じており、即刻止めるべきだと主張している。

二　次の文章を読んで、後の問いに答えなさい。

婚礼の時に、白粉《おしろい》のりが悪いとみっともないから、もう雪子には水仕事をさせぬようにと、佐山は妻の時枝に注意した。

そういうことは、女の時枝が気を配ってくれるべきであった。また、雪子が佐山の昔の恋人の娘であるという間柄からしても、佐山はそういうことまでは時枝に言いづらかった。

[A]、時枝はいやな顔もしないで、

「そうよ。」

と、うなずいた。

「せめて二三度美容院へ行って、お化粧なれしておかないと、急に厚い白粉はなじまないかもしれませんよ。」

そして、雪子を見た。

「雪子さん。もうお炊事やお洗濯は、止《よ》しにして頂戴《ちょうだい》ね。お式の日に手がきたないとみっともないっていって、よく雑誌なんかにも書いてあるから……。寝る時に、コオルド・クリイムを塗って、手袋をはめて、そのままやすむといいわ。」

「ええ。」

お勝手から手を拭《ふ》き拭き出て来た雪子は、敷居際《しきいぎわ》にちょっと膝《ひざ》をついて聞いていたが、頬《ほお》を赤らめるほどでもなくて、うつ向いたまま、また煮物の方へ立って行った。

それがおとといの夕方のことで――今日の昼もやはり雪子はお勝手で立ち働いている。

これでは、式の日の朝飯の仕度《したく》までして、うちを出てゆくことになるだろう。

そう思って佐山が見ていると、雪子は小皿にしゃくったつゆを、ちらちら舌を出して味わってみながら、楽しそうに目を細めている。

佐山は誘い寄せられて、

「可愛いお嫁さんだね。」

と、軽く肩にさわった。

「お料理しながら、なにを考えてるんだい。」

「お料理しながら……?」

雪子は口ごもって、じっとしていた。

雪子は料理が好きで、女学校の三年頃から、時枝の手伝いをしていたが、去年卒業すると、もうまかせられたようなもので、今では、

「雪子さん、これちょっと見て頂戴。」

と、時枝が雪子に味つけさせるという風である。

そして、雪子は時枝と全く同じ味をつけることを、佐山は雪子を嫁にやるこの頃になって、ふと考えてみたりする。

母子《ははこ》や姉妹《あねいもうと》でも、こう同じとは限らない。佐山の田舎《いなか》の家には、姉が二人あって、嫁入りの前には、料理の稽古《けいこ》をさせられたが、下の妹の方は、どうしても甘くって、笑われ通しだったのを思い出す。

たまに田舎へ帰ると、佐山は老母の手料理がなつかしくはあるけれど、口に合わなくて①閉口する。してみると、今の佐山家の味は時枝が持って来たものであろう。雪子は十六で佐山のところへ引き

たりなことをした人がかかると考えるのはおかしいから。

② 天刑とは天帝が下す刑罰という意味であり、ハンセン病患者は天帝に逆らったので病気にかかると考えるのは不自然だから。

③ 天刑とは神が下す裁きという意味であり、ハンセン病は神様が与えた試練であると考えられていたが、宗教を信仰していない人には当然受け入れられなかったから。

④ 天刑とは、天による裁きという意味であり、ハンセン病にかかる確率が極めて低いことからこの名前が付けられたが、感染率は実際には高く、名に即していないから。

問3　空欄部［A］、［B］に共通して入る語句として最も適当なものを選びなさい。

①　たとえば　②　だが　③　そして　④　つまり

問4　傍線部③「藝術や文学の主題などになる機会は乏しく」について、その理由として最も適当なものを選びなさい。

① 病気を藝術や文学の主題にするのは不謹慎であるという世論が出回っているから。

② 抗生物質の発明により人々の肉体だけでなく、精神まで侵す病というものがなくなったから。

③ 現代では病気よりも健康であることのほうが重要視され、健康についての藝術や文学が流行っているから。

④ ほとんどすべての病気の治療法が確立された現代では病気に対する恐怖がなくなってしまったから。

問5　傍線部④「それ」が指し示す内容として最も適当なものを選びなさい。

①　思考や感情　②　白いペスト

③　暴力や飢餓　④　死病

問6　傍線部⑤「一種のイデオロギーとして文明を支配し始めた」とはどういうことですか。最も適当なものを番号で選びなさい。

① 健康でありたいと望む人類がその願望をかなえるべく医学を発展、進化させてきたということ。

② すべての人が健康であるということを望み、健康を獲得するために多くの時間とお金を費やすこと。

③ 健康であることだけが「正しい」とされ、死や病気であることが「悪」とされるということ。

④ 老いるということが社会的に悪いこととされ、それについての表現方法までも変えるということ。

問7　空欄部［C］には「とんでもないこと、もってのほか」という意味の四字熟語が入る。最も適当なものを選びなさい。

①　空前絶後

②　諸行無常

③　有象無象

④　言語道断

問8　傍線部⑥「福禄寿」とはどれを指しますか、最も適当なものを選びなさい。

①

②

③

④

いう意味でせいぜい政治と経済の問題ではあっても、③藝術や文学の主題などになる機会は乏しく、時代の共通感覚を育てる可能性も少ないといえるだろう。

④それに代わって、現代の共通感覚を培っているのは「健康」信仰であり、健全な身体の普遍的な存在への希求である。もちろん健康は人類始まって以来の関心事であり、強い願望の対象でもあって、だからこそ医学の長い歴史もあったし、近代の飛躍的な進歩も生じたといえる。しかし近代から現代にかけては、健康はたんに個人の願望ではなく、⑤一種のイデオロギーとして文明を支配し始めた点が注目される。

イデオロギーとは現実認識が内に規範意識を含んでいる状態のことであって、「現実がある」という判断が「あるべき」という要求に直結しやすい思考の態度を意味している。健康についていえば、その肯定がただちに健康は「美しく正しい」という主張に飛躍しがちな考え方を指すが、現代はほかならぬこのイデオロギーに浸食されているのである。

象徴的なのは、健康賛美と並行して今日では病気と死が秘匿され、社会の表面上に現れないように配慮されていることだろう。瀕死の病人を近親者で看取る古い習慣は廃せられ、末期の過程は病院の集中治療室の密室に隠されることになった。遺体の処理もかつてはコミュニティーの開かれた行事であったが、いまでは葬儀社という専門業者の手で人目を避けておこなうのが普通になった。病者や身体障害者が街頭に立ち、物乞いをする姿は日本でも半世紀まえまで広く見られたが、いまやそんな光景は「弱者」にとっても社会にとっても、[C]の屈辱として忌避される。（中略）

さらに顕著な※趨勢《すうせい》は、現代社会における老いの存在の否定の隠《いん》蔽《ぺい》だろう。この感情は老人その人たちにも若い人たちにも分け持たれていて、老いは醜いもの避けるべきものとして、あらゆる回避の努力が展開されている。見かけのうえでは、化粧や服飾から美容外科手術まで総動員して男女と老若を問わず万人が若づくりに余念がない。健康増強剤や栄養補助食品も市場に氾濫し、そのすべての広告が老化防止を唱《うた》っている。街のあちこちにいわゆるスポーツ・ジムが開業して、そのどれもが身体能力の維持をめざし、若返りを望むあらゆる年齢層の客で埋まっている。

注目すべきことに、現代では「老い」という言葉そのものがタブー視され、「加齢」とか「高齢化」といった言い換えが流行し、老人は「シニアー・シティズン」と呼び換えるのが礼儀と見なされている。「寿老人」「⑥福禄寿」など、老いを美化するイメージは一掃され、それらが誇示していた肥満や禿頭は恥ずべき徴候として貶められてしまった。

いまや老いはたんに個人の不幸であるばかりではなく、ほとんど道徳上の悪徳として⑦排斥されようとしている。象徴的なのは、かつて「老人病」と呼ばれていた症候が「生活習慣病」と変名され、その防止の努力が万人に強く要求されていることだろう。糖尿病や高血圧は悪しき生活習慣の結果なのであるから、それに※罹患《りかん》するのは個人の自己責任の問題であって、悪徳に近いというのがこの病名の含蓄《がんちく》だといえる。老人はすべからく摂生に努め、リハビリに汗を流し、老人らしさを克服するのが義務とされ美徳とされているのである。

山崎正和『世界文明史の試み』

※忌避…ある人物や事柄を存在してほしくないとして避けること。
※猖獗…悪いことがはびこること。
※趨勢…物事がこれから先どうなっていくかという様子。
※罹患…病気にかかること。

問1　傍線部①「依」と同じ発音をする漢字を含むものとして最も適当なものを選びなさい。

①　会得　②　異論　③　寄席　④　拠所

問2　傍線部②「不当な病名」とありますが、なぜ筆者は不当であると考えていますか。最も適当なものを選びなさい。

①　天刑とは天が下す刑罰という意味であり、ハンセン病は罰当

二〇二一年度　浦和麗明高等学校（推薦 併願 二回目）

【国　語】（四五分）〈満点：一〇〇点〉

一　次の文章を読んで、後の問いに答えなさい。なお※の語については、意味が本文の後に記載してあります。

しかし何といっても、近代から現代にかけてもっとも顕著な現象は、この地上に健康な身体が溢れ、それとともに健康についての意識が世界的に高まり、裏腹に死と病気にたいする※忌避《きひ》感が社会を覆ったことだろう。

その第一の原因が医療の進歩にあったことは先にも述べたが、とくに化学薬品による細菌性の伝染病の制圧があずかった成果にはめざましいものがあった。近代以前、当時の先進世界だった西洋にもたびたび疫病の大流行があって、それぞれの疫病が歴史上の一時代を画するという現象が見られた。人びとが特定の病気を時代の宿命と見る共通感覚が生まれ、それが宗教や文学や人生観に影響を与えたのである。

西洋中世のペストはもっとも典型的な災厄であり、都市の人口の大多数を奪うような被害をおよぼすことによって、社会に無常観ともいうべき悲観的な人生観を育んだ。「memento mori（死を想え）」という有名な標語は、具体的には民衆のペストの記憶を呼び覚ますことによって、キリスト教への帰①依を誘おうとするものであった。さらに古くはハンセン病が恐れられるあまり、東洋では「天刑病」という②不当な病名がつくられたり、逆に西洋ではキリストによる治癒の奇跡が伝えられたりした。十五世紀末からは梅毒が登場し、ヨーロッパ全土から東洋にまで流行したが、この病気もまた時代の病として、とくにヨーロッパの知識人の精神を脅かした。シューベルトやニーチェなど、多くの著名な藝術家や思想家が梅毒に冒され、あるいは感染の恐怖におののいた結果、その作品にひそかな影響が現れたことも指摘されている。

[A]「時代の病」といえばその最大のものは、やはり十九世紀以降の結核であることに疑いはあるまい。その脅威から「白いペスト」の異名をとった結核の※猖獗《しょうけつ》は、いうまでもなく工業社会の到来と、それが惹き起こした都市への人口集中の副産物であった。劣悪な栄養と衛生状態、密集した住居と労働環境は、古くからあったこの病気を爆発的に増幅させた。それはたちまち中流以上の若い男女をも侵して、その精神状態にも深い影を落とすことになった。症状の苦痛があまり激甚ではなく、死への過程が緩慢だという病気の特色は、若者の思考や感情を奇妙なかたちで刺激した。小デュマの『椿姫』からトーマス・マンの『魔の山』にいたるまで、多くの文学や藝術の素材となったという意味で、結核ほどたんに肉体のみならず、時代の精神をも支配した病気はほかにないだろう。

[B]二十世紀における抗生物質の発見と、衛生学、防疫制度の飛躍的な発展は、こうした宿命的「時代の病」を一挙に過去のものとした。もちろん細菌性の病気も根絶されてはおらず、抗生剤に耐性を持つ細菌の復活も憂慮されているし、新たなウイルスや特殊な蛋白質を病原とする疾病の蔓延も恐れられている。末期の癌の治療は困難であるし、長寿社会の皮肉な結果として、いわゆる生活習慣病の人が命を脅かしているのも事実である。とくにアフリカ大陸では、暴力や飢餓の恐怖とともに、新旧の感染症が猛威を振るっている。

とはいえこうした現代の「死病」はもはや宿命的な脅威ではなく、多くはメカニズムが解明されていて、治療や予防の対策も半ばは立てられている。アフリカでも伝染病の猖獗は文明の「遅れ」として理解されており、実現可能な対策の対象と考えられている。先進社会ではどの病気も個人的には深い恐怖の対象だが、ある特定の病気が全人類の共通の脅威としては意識されていない。現代人の意識にとっては、病気はすぐれて医学の問題であり、栄養と環境の改善と

2021年度／浦和麗明高等学校（推薦　併願２回目）

英語解答

1	問1 ②	問2 ④	問3 ③		5	問22 ②	問23 ④	問24 ②
2	問4 ①	問5 ②	問6 ③			問25 ④	問26 ①	
3	問7 ③	問8 ②	問9 ②		6	問27 ②	問28 ③	問29 ①
	問10 ③	問11 ②	問12 ④			問30 ③	問31 ②	問32 ④
	問13 ②	問14 ③	問15 ③			問33 ④		
	問16 ①				7	問34 ④	問35 ②	問36 ④
4	問17 ①	問18 ①	問19 ③			問37 ③	問38 ①	問39 ①
	問20 ④	問21 ①				問40 ③		

1〔単語の発音〕

問1．fear[iə]　① create[iei]　② hear[iə]　③ dead[e]　④ mean[iː]

問2．shout[au]　① should[u]　② shoulder[ou]　③ touch[ʌ]　④ around[au]

問3．smoke[ou]　① body[ɑ]　② do[uː]　③ hold[ou]　④ other[ʌ]

2〔単語のアクセント〕

問4．① pre-páre　② mát-ter　③ húr-ry　④ síl-ver

問5．① fés-ti-val　② dis-cóv-er　③ án-y-thing　④ béau-ti-ful

問6．① fa-míl-iar　② sur-prís-ing　③ díf-fer-ent　④ de-lív-er

3〔適語（句）選択〕

問7．be full of ～「～でいっぱいだ」　「その町には煙突がいっぱいあった」

問8．「～に囲まれている町」というまとまりをつくる語として，受け身の意味で前の名詞を修飾するはたらきを持つ形容詞的用法の過去分詞が適切。　「高さ4000メートルの崖に囲まれている町があった」

問9．keep ～ing「～し続ける」　「彼らが高度を上げるにつれて，風はより強くなり続けた」

問10．煙で覆われているので，私たちは星を「見ることができない」のである。　「この町は煙で覆われていますよね？　だから，私たちは星を見ることができません」

問11．talk about ～「～について〔～のことを〕話す」の‘～’の部分を問う疑問詞として，What「何」が適切。　A：ハロウィーンは楽しいね。明日またやろう。／B：何言ってるの？　ハロウィーンは今日だけだよ。

問12．疑問文であること，主語がyouであること，後にdroppedがあることから，‘have＋過去分詞’という現在完了の疑問文にすればよいとわかる。　A：何か落としたの？／B：うん。お父さんの写真入りの銀製のペンダントをね。

問13．「体を洗うのをやめた」と「彼はまだまだ汚れていた」をつなぐ語として，‘逆接’のbut「しかし，だが」が適切。　「プペルは体を洗うのをやめたが，まだまだ汚れていた」

問14．「私が持っていた」が「唯一の父の写真」を修飾する形。hadの目的語はthe only picture of Dadとして前に出ているので，itは不要。　「これは私が持っていた唯一の父の写真だ」

問15. from the distance「遠くから」 「彼には遠くから鐘の音が聞こえた」

問16. ‘give＋人＋物’で「〈人〉に〈物〉を与える」。後半は「あなた自身に名前を与える」という意味になると考えられるので，前に出たa nameを指す代名詞のoneが適切。 「もし名前がないのなら，名前をつけた方がいい」

4〔対話文完成—適文選択〕

問17. Ａ：どうしたの？／Ｂ：頭が痛いんだ。／Ａ：それはいけないね。薬を持ってこようか？／Ｂ：いや，いいよ。休めばすぐに元気になるさ。∥頭が痛いと言うＢにかける言葉として，①が適切。

問18. Ａ：すみません。お願いがあるんですが。／Ｂ：いいですよ。何でしょう？／Ａ：中国から手紙をもらったんです。私にそれを読んでいただけますか？／Ｂ：いいですよ。∥ＡがＢに頼み事をするというやり取りなので，①が適する。May I ask you a favor?「(あなたに)お願いがあるのですが」は，人に何かを頼むときに使う決まった表現。

問19. ［劇場で］男性：すみません。／スタッフ：チケットを拝見してもよろしいでしょうか？／男性：はい，ここにあります。私の座席はどこですか？／スタッフ：ご案内いたします，お客様。∥座席がどこか尋ねた男性に対するスタッフの対応として，座席を案内することを示す③が適切。

問20. Ａ：いいビデオを紹介してくれる？／Ｂ：このビデオはどう？ アクション映画だよ。／Ａ：アクション映画は好きじゃないんだ。／Ｂ：でも，アクション映画はみんな好きだよ。すごいよ。∥いいビデオを紹介してくれと頼むＡに対し，Ｂはアクション映画を紹介している。その前にくる内容として，「どう？」と‘提案’する④が適切。

問21. Ａ：君は自分の仕事が好きかい？／Ｂ：いや，そうでもないな。／Ａ：どうして？／Ｂ：長時間働かないといけないんだよ。∥Ｂが仕事をそれほど好きではないという理由として，①が適切。

5〔整序結合〕

問22. 文頭にThere，語群にwasがあるので，「ルビッチの部屋の窓にノックがありました」と読み換え，There was ～.「～がありました」の文で表す。 There was a knock on Lubicchi's window.

問23.「(僕は)～を探していたんだ」はlook for ～「～を探す」をwas/were ～ingという過去進行形にしてI was looking forと表す。「君が失くしたペンダント」は‘名詞＋主語＋動詞...’の形を使い，that pendant「(あの)ペンダント」をyou lost「君が失くした」が後ろから修飾する形にする。 I was looking for that pendant you lost.

問24. 文頭にThere，語群にto know, no way, wasがあるので，「～がわかる方法はなかった」と読み換え，There was no way to knowと表す。「それがどこに落ちたのか」は‘疑問詞＋主語＋動詞...’という間接疑問の語順でwhere it fellと表し，knowの後に続ける。 There was no way to know where it fell.

問25. 語群から，「私は今あなたが誰だかわかりました」と読み換える。I knowの後に‘疑問詞＋主語＋動詞...’という間接疑問の語順でwho you areと続け，文末のnowにつなげる。 I know who you are now.

問26. 語群にbefore, to, needがあるので，「私は家に入る前に，(体を)洗う必要があります」と読み換える。need to ～「～する必要がある」を用いてI need to wash upと始め，before I get in the house「家に入る前に」を続ける。 I need to wash up before I get in the house.

6〔長文読解総合―ノンフィクション〕

≪全訳≫❶2014年，内村航平は世界体操選手権で５つ目の金メダルを獲得した。体操選手が自らの体を使って成し遂げることには驚嘆する。体操は簡単なスポーツではない。目が見えずにこれを行うことを想像してほしい。❷本日の実話は，体操選手としてオリンピック大会に行くことを夢見る少女に関するものだ。彼女は目が見えない。❸アドリアーナ・ケネブリューはアメリカのテキサスで生まれた。彼女が赤ん坊の頃，母親は彼女がどこかおかしいと気づいた。アドリアーナは外にいるとき，いつも泣いてばかりいた。そこで母親はアドリアーナを医者に連れていき，そして悪い知らせを受け取った。アドリアーナは病気だった。彼女は目に問題を抱えていた。それ以来，彼女は10回以上目の手術を受けた。手術後，彼女の目は少し見えるようになったが，あまりよくは見えなかった。非常に度の強い眼鏡をかけても，彼女にはあまりものが見えなかった。❹小学校で，彼女は特別な機械を使用した。その機械なしでは，彼女は本や，先生から渡されたプリントを読むことができなかった。アドリアーナは，歩くのに白いステッキも使った。彼女の生活は，他の少女たちとは大きく異なっていた。彼女は，自分がするあらゆることに多くの手助けを必要とした。しかし，彼女がそうした手助けを必ずしも必要としないときがあった――それは体操をしているときだった。体操クラブでは，彼女は他の全ての子どもたちと同じだった。彼女の母親は，「それが，彼女がそのスポーツが大好きな理由かもしれません」と言った。❺コーチがアドリアーナに与える特別な支援は，声を出すことだけだった。彼女は目が十分に見えなかったので，コーチは彼女にいつ跳んだり回ったりすればよいかを伝えた。また，彼らはときどき彼女に，「左に目をやりなさい！」と言った。演技を終えたときに審判に目を向けることができたので，これはアドリアーナの役に立った。❻熱心に練習したおかげで，アドリアーナは優秀な体操選手になった。アドリアーナは10歳のとき，地元の最優秀女子体操選手として選出された。アドリアーナはインタビューを受けた際，自分には夢があると言った。「私は，オリンピック大会で金メダルを獲得する初の盲目の体操選手になりたいのです」　別のインタビューでは，あるリポーターが，彼女の人生において何か変えたいことがあるかどうかを尋ねた。アドリアーナは，「いいえ，私は今の自分を気に入っています」と答えた。彼女は自分自身の人生に関して最善を尽くしている。「私は目の問題のおかげで，自分がやろうとしていることに対してより一生懸命になれていると思うのです」　私たちは皆，この若い体操選手から多くのことを学ぶことができる。

問27＜語句解釈＞直後の文に「体操は簡単なスポーツではない」とあるので，筆者は体操選手が体を使って行うことをすばらしいことだと思っていると推測できる。したがって，②「とてもすばらしくて，非常に驚くべき」が適切。　amazing「驚くほどの，すごい，すばらしい」

問28＜適語選択＞直後に「アドリアーナは病気だった」という内容が続くので，③「悪い」が適切。

問29＜適語選択＞直後に「私はオリンピック大会で金メダルを獲得する初の盲目の体操選手になりたい」という内容が続くので，①「夢」が適切。　have a dream「夢を持つ〔抱く〕」

問30＜指示語＞Thatを含む文は，「それが，彼女がそのスポーツが大好きな理由かもしれません」という内容。「それ」は直前の文の内容を指しており，ここには，体操クラブにいるときのアドリアーナは他の全ての子どもたちと同じだったとある。よって，③「アドリアーナは他の全ての子どもたちと同じくらい体操が上手だった」が適する。

問31＜要旨把握＞全て第3段落の内容で，(い)「アドリアーナの母親は，彼女に問題があることに気づいた」（第2文）→(う)「アドリアーナの母親は，彼女を病院に連れていった」（第4文）→(あ)「アドリアーナは10回以上手術を経験した」（終わりから3文目）→(え)「アドリアーナは手術後でもものを見るのが困難だった」（終わりの2文）となる。

問32＜内容一致＞「体操クラブで，（　　）」―④「コーチはアドリアーナにいつ跳んだり回ったりするべきかを声に出して伝えた」　第5段落第1，2文参照。

問33＜表題選択＞本文は全体として，オリンピック大会での金メダル獲得を目指す盲目の体操選手アドリアーナの人生について書かれているので，④「盲目の体操選手」が適切。

7〔長文読解総合―エッセー〕

≪全訳≫❶「日本人は大変失礼だ！」　私は誰かがそんなことを言うのを聞くとは思いもしなかったが，それはまさに私がハワイで出会ったあるアメリカ人女性がかつて私に言ったことだ。彼女は何のことを言っているのだろうと私は不思議に思った。大半の人は，日本人は礼儀正しいと感心する。そこで，私は彼女の話を聞いた。❷「それは，私がここでエレベーターに乗るたびに起きます」と彼女は言った。「エレベーターはすでに満員なのに，日本人のグループが，皆が押しつぶされそうになるまで，文字通り人を押して乗り込んでくるのです。とても失礼です！」❸なるほど。それでわかった。この女性は1度も日本に行ったことがなく，電車やエレベーターに無理やり入り込むのはそこでは普通，というより少なくとも大都市では必要なことだということに気づいていなかったのだ。そして日本人観光客は，こういった押し合いはアメリカ人(そう，ハワイはアメリカだ！)のパーソナル・スペースの感覚をかき乱すものなので，アメリカ人にとっては失礼だということに気づいていなかったのである。では，こういう場合に本当に間違っているのは誰なのか？　私なら，誰も間違っていないし，誰もが間違っていると言う。❹誰も間違っていない，というのも，日本人観光客はいつも自国でしていることをただしていただけで，あのアメリカ人女性は，彼女が成長とともに身につけた慣習に従ってただ反応していただけだからだ。誰も，わざと無作法なことをしているわけではなかった。単なる文化の上での誤解だった。だがある面では，誰もが間違ってもいたのだ。外国を訪れたら，私たちは他の人々の行動を見て，それに合わせようとすることを求められる――古くからある「郷に入っては郷に従え」という考えだ。しかし同時に，私たちは外国人観光客に，自分たちがするように行動するよう期待することはできない。多少の我慢が必要かもしれない。❺それでもやはり，外国の文化に身を置いているとき，ゆとりを持って現地の人々がしていることに目を向けるというのは，常に適切な考えだ。(あ)日本にいる外国人の多くは，ただそれをしないばかりにばつの悪い状況に陥る。(え)そして確かに，大半の西洋人にとって，日本は母国とは大きく異なるしきたりに満ちた国だ。(う)パーティーで最初の1杯を一緒に飲むために待ったり，トイレにトイレ用のスリッパをそのまま置きっぱなしにしたり，銭湯で必要なしきたりの全てに従ったりといった単純なことだ。(い)私たちがこれらのことをし忘れたとしても，何もひどいことは起きないが，周囲にいる人々を観察して彼らから学べば，日本での暮らしはずっとスムーズになるだろう。❻行動よりもむしろ感情が関係している場合，ことはさらにわかりにくくなる。インターネットの掲示板上での最近の話題は，日本にいる「失礼な生徒」だった。どうも英語教師の多くが，彼らの体重，鼻の大きさや形，胸，顔についてコメントする生徒を受け持っていて，中には年齢よりも老けて見えると言われる教師さえいるらしい。教師だけでなく，たくさんの人々が書き込んだ後，１つの結論が出たようだ。つまり，人の外見を話題にすることは，西洋よりも日本で，文化的により容認されているのだ。さて，これが正確な結論なのかどうか私にはわからないが，この議論は確かにある１つのことを明らかにした。西洋人の多くは会話の話題が外見のことになると，言われていることが冗談，あるいはたとえ賛辞だったとしても，不快に感じる。もちろん，大半の人は魅力的に見えると言われるのが好きだが，そのコメントがより個人的で，特に年齢，体重，体のパーツに関する特定なものになると，多くの西洋人にとっては一線を越えて「失礼」な領域に入るようだ。❼では，この種の話題は日本での生活の一部のようだから，西洋人はこれをただ受け入れるべきなのだろうか？　たとえそうだとしても，感情が関係していると，それはそう簡単ではない。おそらく最善の解決法は，お互いについて学び続け，感受性を鋭くし，何よりもよいユーモアのセンスを持ち続けることだ！

問34＜適語選択＞第２段落から，第１段落で話題になっているアメリカ人女性は，日本人のことを失礼だと思っていることがわかる。一方で，大半の人は日本人の礼儀正しさに感心しているのである。

問35＜語句解釈＞日本について述べた部分で，「少なくとも大都市では必要」とあるので，電車やエレベーターに強引に乗り込むのは②「通常の，普通の」ことだ，という文脈だと推測できる。norm「標準的な状況」

問36＜文整序＞まず，「日本にいる外国人」の話題を出す(あ)がくる。(あ)の文末の that「それ」は，第１文の when 以下の内容を指している。(い)の初めにある these things「これらのこと」は(う)で挙げられた Simple things「単純なこと」を指しているとわかるので，(う)→(い)となる。この２つは，(え)にある rituals「しきたり」の具体例で，それがもたらす影響を後から補足する内容となっている。

問37＜指示語＞this を含む文は，「さて，これが正確な結論なのかどうか私にはわからないが，この議論は確かにある１つのことを明らかにした」という内容で，「これ」は直前の文の内容を指している。したがって，これとほぼ同じ内容の③「人の外見について話すことは，西洋よりも日本で，文化的により容認されている」が適する。

問38＜語句解釈＞この cross the line は「一線を越える」という意味なので，①の「あなたはヒロトの考えを盗んだので，一線を越えた」が適切。　②は「マナは車を運転中に車線を越えた」，③は「サキとナツミは，マラソン大会で一緒にゴールラインを越えた」，④は「ミナトはドイツを訪れた後，国境を越えてフランスに入った」。

問39＜内容真偽＞①「筆者はハワイでアメリカ人女性に出会い，その女性は１度も日本に行ったことがなかった」…○　第３段落第３文に一致する。主語の This woman は，第１，２段落で話題になっているアメリカ人女性を指している。　②「アメリカ人のパーソナル・スペースの感覚は，日本人のパーソナル・スペースの感覚と似ている」…×　第３段落第３，４文参照。　③「英語教師は，彼らの顔についてコメントする生徒を１人も受け持っていない」…×　第６段落第３文参照。　④「外国を訪れるとき，私たちはその国の人々がしているのと同じことをしなければならない」…×　第７段落参照。

問40＜要旨把握＞第７段落最終文参照。③「人を押してエレベーターに乗ること」といった内容は書かれていない。

数学解答

1 (1) ア…8　イ…5
(2) ウ…6　エ…5　オ…5
(3) カ…9　キ…1　ク…1　ケ…7
コ…2　サ…4
(4) シ…2　ス…1　セ…1
(5) ソ…4　タ…2　チ…4

2 (1) ア…−　イ…3　ウ…1
(2) エ…1　オ…5　カ…2
(3) キ…−　ク…3　ケ…−　コ…3
(4) サ…7　シ…4　(5) 6

3 (1) 6　(2) イ…3　ウ…0
(3) 9　(4) オ…1　カ…8
(5) キ…1　ク…8

4 (1) ア…1　イ…6
(2) ウ…2　エ…3
(3) オ…−　カ…3　キ…3　ク…1
(4) 3　(5) コ…2　サ…1　シ…5

5 (1) ア…2　イ…2
(2) ウ…4　エ…2

6 (1) ア…4　イ…3　ウ…2　エ…4
(2) ④

1 〔独立小問集合題〕

(1)＜数の計算＞与式$=1-\left(-\dfrac{3}{5}\right)\times\dfrac{2}{3}+\dfrac{1}{5}=1-\left(-\dfrac{2}{5}\right)+\dfrac{1}{5}=1+\dfrac{2}{5}+\dfrac{1}{5}=\dfrac{5}{5}+\dfrac{2}{5}+\dfrac{1}{5}=\dfrac{8}{5}$

(2)＜平方根の計算＞与式$=3\sqrt{\dfrac{2\times14}{35}}=3\sqrt{\dfrac{4}{5}}=3\times\dfrac{\sqrt{4}}{\sqrt{5}}=3\times\dfrac{2}{\sqrt{5}}=\dfrac{6}{\sqrt{5}}=\dfrac{6\times\sqrt{5}}{\sqrt{5}\times\sqrt{5}}=\dfrac{6\sqrt{5}}{5}$

(3)＜式の計算＞与式$=\dfrac{4(3x+2y-z)-3(x-y+z)}{24}=\dfrac{12x+8y-4z-3x+3y-3z}{24}=\dfrac{9x+11y-7z}{24}$

(4)＜数の計算＞与式$=\left\{1-\left(\dfrac{3}{2}+3\right)\div3\right\}\div\left(\dfrac{1}{4}-3\right)=\left\{1-\left(\dfrac{3}{2}+\dfrac{6}{2}\right)\div3\right\}\div\left(\dfrac{1}{4}-\dfrac{12}{4}\right)=\left(1-\dfrac{9}{2}\times\dfrac{1}{3}\right)\div$
$\left(-\dfrac{11}{4}\right)=\left(\dfrac{2}{2}-\dfrac{3}{2}\right)\div\left(-\dfrac{11}{4}\right)=-\dfrac{1}{2}\times\left(-\dfrac{4}{11}\right)=\dfrac{2}{11}$

(5)＜式の計算＞与式$=a^6b^3c^3\div a^2b^2c^2\times bc^3=\dfrac{a^6b^3c^3\times bc^3}{a^2b^2c^2}=a^4b^2c^4$

2 〔独立小問集合題〕

(1)＜二次方程式＞両辺を２でわって，$x^2+2x-3=0$，$(x+3)(x-1)=0$　$\therefore x=-3,\ 1$

(2)＜二次方程式＞$x^2-x-1=0$として，解の公式を用いると，$x=\dfrac{-(-1)\pm\sqrt{(-1)^2-4\times1\times(-1)}}{2\times1}=\dfrac{1\pm\sqrt{5}}{2}$となる。

(3)＜連立方程式＞$\dfrac{1}{3}x-y=2$……①，$-3x+4y=-3$……②とする。①×３より，$x-3y=6$……①′　①′×３＋②より，$-9y+4y=18+(-3)$，$-5y=15$　$\therefore y=-3$　これを①′に代入して，$x+9=6$　$\therefore x=-3$

(4)＜二次方程式の応用＞二次方程式$x^2-ax+12=0$の解の１つが$x=3$だから，解を方程式に代入して，$3^2-a\times3+12=0$より，$-3a=-21$，$a=7$となる。これより，二次方程式は$x^2-7x+12=0$となるから，$(x-3)(x-4)=0$　$\therefore x=3,\ 4$　よって，もう一方の解は$x=4$である。

(5)＜不等式＞$4x+31$と$6x+3$が等しくなるときを考えると，$4x+31=6x+3$より，$-2x=-28$，$x=14$となる。xが１増加すると，$4x+31$は４増加し，$6x+3$は６増加するから，増加する割合は，$6x+3$の方が大きい。よって，$x>14$のとき，$4x+31<6x+3$であり，$x<14$のとき，$4x+31>6x+3$となる。したがって，$4x+31>6x+3$を満たすのは，$x<14$だから，素数は$x=2,\ 3,\ 5,\ 7,\ 11,\ 13$の６個ある。

3〔独立小問集合題〕

(1)＜場合の数＞赤色，黄色，青色の３色を使うので，A，B，Cを塗り分ける方法は，(A，B，C)＝(赤，黄，青)，(赤，青，黄)，(黄，赤，青)，(黄，青，赤)，(青，赤，黄)，(青，黄，赤)の６通りある。

(2)＜一次方程式の応用＞月にxG(ギガ)使うとすると，プランAの料金は，固定費用の1500円に1G当たり200円加算されるので，$1500+x\times200=1500+200x$(円)となる。プランBの料金は，固定費用の3000円に1G当たり150円加算されるので，$3000+x\times150=3000+150x$(円)となる。料金が等しくなるときを考えると，$1500+200x=3000+150x$が成り立ち，$x=30$となる。よって，30Gより多く使うと1G当たりの加算が安いプランBの方が得になる。

(3)＜数の計算＞A君とB君が30分間に走った道のりの合計が池の周りの長さとなる。A君の速さは時速8km，B君の速さは時速10kmであり，30分は$\frac{30}{60}=\frac{1}{2}$(時間)だから，池の周りの長さは，$8\times\frac{1}{2}+10\times\frac{1}{2}=9$(km)である。

(4)＜数の計算＞20％の食塩水120gに含まれる食塩の量は$120\times\frac{20}{100}=24$(g)，15％の食塩水80gに含まれる食塩の量は$80\times\frac{15}{100}=12$(g)である。この２つの食塩水を混ぜると，含まれる食塩の量は$24+12=36$(g)，食塩水の量は$120+80=200$(g)となる。よって，濃度は，$\frac{36}{200}\times100=18$(％)となる。

(5)＜式の計算＞容器の満水の量をaとする。蛇口Aだけを用いると30分，蛇口Bだけを用いると45分で満水になるから，蛇口Aから入る水の量は毎分$\frac{a}{30}$，蛇口Bから入る水の量は毎分$\frac{a}{45}$である。よって，蛇口A，Bの両方を用いると，$\frac{a}{30}+\frac{a}{45}=\frac{a}{18}$より，毎分$\frac{a}{18}$の水が入るので，満水になるまでの時間は$a\div\frac{a}{18}=18$(分)である。

4〔関数—関数$y=ax^2$と直線〕

≪基本方針の決定≫(5)　等積変形の考え方を利用する。

(1)＜比例定数＞右図１で，$B(3-\sqrt{3},\ 2-\sqrt{3})$が放物線$y=ax^2$上の点だから，$2-\sqrt{3}=a(3-\sqrt{3})^2$が成り立つ。よって，$2-\sqrt{3}=a(9-6\sqrt{3}+3)$，$2-\sqrt{3}=a(12-6\sqrt{3})$，$2-\sqrt{3}=6a(2-\sqrt{3})$，$1=6a$より，$a=\frac{1}{6}$となる。

(2)＜y座標＞右図１で，(1)より，$A(-3-\sqrt{3},\ t)$は放物線$y=\frac{1}{6}x^2$上の点だから，$t=\frac{1}{6}(-3-\sqrt{3})^2$が成り立ち，$t=\frac{1}{6}(9+6\sqrt{3}+3)$，$t=\frac{1}{6}(12+6\sqrt{3})$，$t=2+\sqrt{3}$となる。

図１

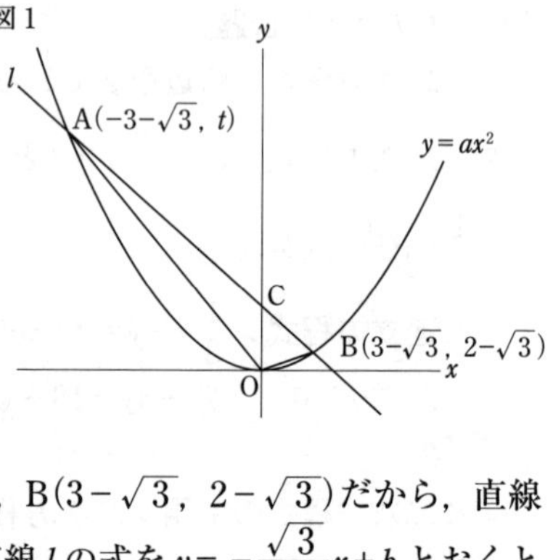

(3)＜直線の式＞右上図１で，(2)より$A(-3-\sqrt{3},\ 2+\sqrt{3})$であり，$B(3-\sqrt{3},\ 2-\sqrt{3})$だから，直線$l$の傾きは$\frac{(2-\sqrt{3})-(2+\sqrt{3})}{(3-\sqrt{3})-(-3-\sqrt{3})}=\frac{-2\sqrt{3}}{6}=-\frac{\sqrt{3}}{3}$となる。直線$l$の式を$y=-\frac{\sqrt{3}}{3}x+b$とおくと，点Bを通るから，$2-\sqrt{3}=-\frac{\sqrt{3}}{3}(3-\sqrt{3})+b$，$2-\sqrt{3}=-\sqrt{3}+1+b$，$b=1$となり，直線$l$の式は$y=-\frac{\sqrt{3}}{3}x+1$である。$\left(y=\frac{-\sqrt{3}}{3}x+1\text{と解答する}\right)$

(4)＜面積＞右上図１で，直線lとy軸の交点をCとすると，△OAB＝△OAC＋△OBCである。(3)より，OC＝1であり，△OACと△OBCの底辺を辺OCと見ると，２点A，Bのx座標より，△OACの高さは$0-(-3-\sqrt{3})=3+\sqrt{3}$，△OBCの高さは$3-\sqrt{3}$となる。よって，△OAB＝$\frac{1}{2}\times1\times$(3

$+\sqrt{3})+\dfrac{1}{2}\times1\times(3-\sqrt{3})=\dfrac{3}{2}+\dfrac{\sqrt{3}}{2}+\dfrac{3}{2}-\dfrac{\sqrt{3}}{2}=3$ である。

(5)＜面積＞3点 P_1，P_2，P_3 は，右図2のようになる。$\triangle P_2AB=\triangle OAB$ だから，$l /\!/ P_2O$ である。また，$\triangle P_1AB=\triangle P_3AB$ より，$P_1P_3 /\!/ l$ である。よって，$P_1P_3 /\!/ P_2O$ となるから，$\triangle P_1P_2P_3=\triangle OP_1P_3$ となる。さらに，$\triangle OAB=\triangle P_1AB$ より，3直線 P_1P_3，l，P_2O は等間隔になるので，直線 P_1P_3 と y 軸の交点をQとすると，CQ＝OC より，$OQ=2OC=2\times1=2$ となり，Q(0, 2)である。(3)より直線 l の傾きは $-\dfrac{\sqrt{3}}{3}$ なので，直線 P_1P_3 の傾きは $-\dfrac{\sqrt{3}}{3}$ であり，直線 P_1P_3 の式は $y=-\dfrac{\sqrt{3}}{3}x+2$ となる。2点 P_1，P_3 は放物線 $y=\dfrac{1}{6}x^2$ と

図2

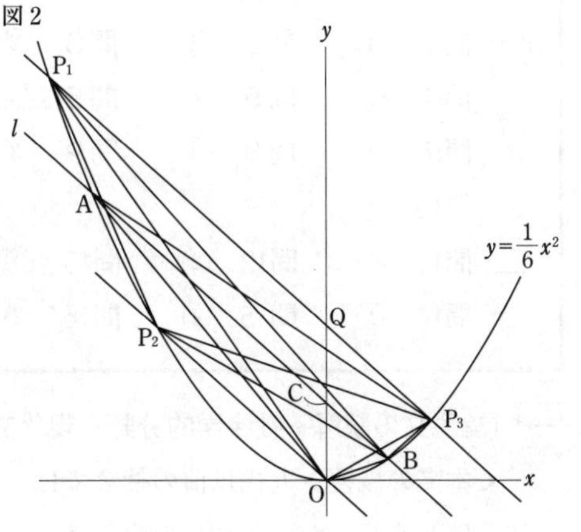

直線 $y=-\dfrac{\sqrt{3}}{3}x+2$ の交点となるから，$\dfrac{1}{6}x^2=-\dfrac{\sqrt{3}}{3}x+2$ より，$x^2+2\sqrt{3}x-12=0$ となり，解の公式より，$x=\dfrac{-2\sqrt{3}\pm\sqrt{(2\sqrt{3})^2-4\times1\times(-12)}}{2\times1}=\dfrac{-2\sqrt{3}\pm\sqrt{60}}{2}=\dfrac{-2\sqrt{3}\pm2\sqrt{15}}{2}=-\sqrt{3}\pm\sqrt{15}$ となる。これより，点 P_1 の x 座標は $-\sqrt{3}-\sqrt{15}$，点 P_3 の x 座標は $-\sqrt{3}+\sqrt{15}$ である。辺OQを底辺と見たときの $\triangle OP_1Q$ の高さは $0-(-\sqrt{3}-\sqrt{15})=\sqrt{3}+\sqrt{15}$，$\triangle OP_3Q$ の高さは $-\sqrt{3}+\sqrt{15}$ だから，$\triangle OP_1P_3=\triangle OP_1Q+\triangle OP_3Q=\dfrac{1}{2}\times2\times(\sqrt{3}+\sqrt{15})+\dfrac{1}{2}\times2\times(-\sqrt{3}+\sqrt{15})=2\sqrt{15}$ となり，$\triangle P_1P_2P_3=2\sqrt{15}$ である。

5〔平面図形―円と直線〕

(1)＜長さ―特別な直角三角形＞右図で，接点を通る半径と接線は垂直だから，$\angle OBH=\angle OCH=90°$ である。また，$\angle BHC=90°$ であり，OB＝OC だから，四角形OCHBは正方形である。よって，△OCHは直角二等辺三角形だから，$OH=\sqrt{2}OC=\sqrt{2}\times2=2\sqrt{2}$ となる。

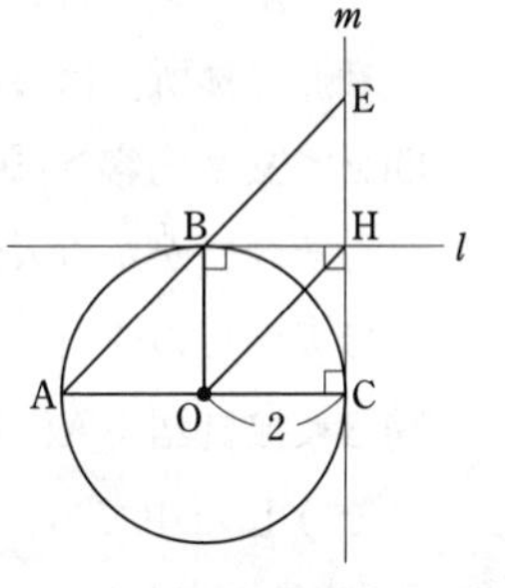

(2)＜長さ―特別な直角三角形＞右図で，(1)より，$\angle BOC=90°$ だから，$\angle AOB=90°$ となり，OA＝OB だから，△AOBは直角二等辺三角形である。よって，$\angle EAC=45°$ だから，△ACEも直角二等辺三角形となる。$AC=2OC=2\times2=4$ より，$AE=\sqrt{2}AC=\sqrt{2}\times4=4\sqrt{2}$ である。

6〔特殊・新傾向問題〕

(1)＜回転数，距離＞2つのローラーA，Bの半径がそれぞれ3cm，4cmより，半径の比は3：4だから，周の長さの比も3：4である。同じ時間に2点 p，q が回転した距離は等しいから，点 p が1回転すると，点 q は $\dfrac{3}{4}$ 回転する。これより，点 p が4回転すると，点 q は $\dfrac{3}{4}\times4=3$(回転)するので，次に点Tで2点 p，q が接するのは，点 p が4回転，点 q が3回転したときである。このとき，点 p が回転した距離は $2\pi\times3\times4=24\pi$(cm)である。

(2)＜位置＞(1)より，点 p が1回転すると，点 q は $\dfrac{3}{4}$ 回転するから，点 p が2回転したとき，点 q は $\dfrac{3}{4}\times2=\dfrac{3}{2}$(回転)する。$\dfrac{3}{2}=1+\dfrac{1}{2}$ だから，点 q は点Tの位置から $\dfrac{1}{2}$ 回転した位置の④の位置にある。

2021年度／浦和麗明高等学校（推薦　併願２回目）

国語解答

一　問１　①　問２　①　問３　②
問４　②　問５　④　問６　③
問７　④　問８　④　問９　③
問10　①

二　問11　④　問12　②　問13　③
問14　①　問15　④　問16　②
問17　①　問18　③　問19　③
問20　①　問21　②

三　問22　②　問23　②　問24　④
問25　①　問26　①　問27　③
問28　②　問29　①

一〔論説文の読解―社会学的分野―現代文明〕出典；山崎正和『世界文明史の試み』。

《本文の概要》近代以前の社会では，ペストや結核といった疫病が，しばしば歴史上の一時代を区切るほど流行した。これらの病気は多くの命を奪い，その時代を生きる人々にとっての宿命ととらえられることで共通感覚を生み出し，宗教や芸術などにも大きな影響を及ぼした。しかし，二十世紀以降は医学が飛躍的に発展し，「死病」は人々にとってもはや宿命的な脅威ではなくなったため，病気が時代の共通感覚を生み出すことはなくなった。その代わりに，人々は，普遍的に健康であることを希求するようになり，健康が，一種のイデオロギーとして文明を支配するようになった。健康賛美と並行して，今日では，死や病気は，社会の表面上に現れないように隠すようになっている。さらに，老いまでもが悪徳として排斥されようとしていて，老人は，老人らしさを克服するのが義務とされ美徳とされているのである。

問１＜漢字＞「帰依」は「きえ」と読む。「会得」は「えとく」，「異論」は「いろん」，「寄席」は「よせ」，「拠所」は「よりどころ」と読む。

問２＜文章内容＞「天刑」は，天が下す罰のこと。ハンセン病は，東洋で「天刑病」という，あたかもそれにかかる人が天からの刑罰を受けた罪人であるかのような名で呼ばれたが，病気にかかるのは天からの罰だというのは，道理に合っていないのである。

問３＜接続語＞Ａ．歴史上ではペストやハンセン病，梅毒などのさまざまな疫病が流行してきたが，そうした中でも，「最大」の猛威を振るった「時代の病」は，結核であった。　Ｂ．結核などの「時代の病」は，文学や芸術の素材にもなり，多くの人々の精神状態に大きな影響を与えたが，「二十世紀に」入るとさまざまな医学的発展により，「時代の病」にも対処ができるようになった。

問４＜文章内容＞死をもたらす疫病は，人々に恐怖を与え，文学や芸術の主題となるほどの精神的影響をもたらしていた。しかし，抗生物質の発見や衛生学，防疫制度の発展などにより，死をもたらす多くの病気の対処法が確立され，人々の「死病」への恐怖が和らいだ結果，病気が芸術や文学に影響を及ぼす機会も，減っていったのである。

問５＜指示語＞治療や予防の方法が確立された結果，「死病」が「時代の共通感覚を育てる可能性」は，少なくなった。そして「死病」の代わりに，「現代の共通感覚を培っている」のは，「健康」信仰である。

問６＜文章内容＞医学の発展などによって，人々は，「死病」から遠ざかり，健康であることが当たり前で「美しく正しい」と考えるようになった。それにとどまらず，健康でないことは正しくない状態であるととらえるようになり，病気や死を隠すようになったのである。

問７＜四字熟語＞「空前絶後」は，今までも，これからも一度もないと思われるほどまれなこと。「諸行無常」は，この世の全てのものは常に変化し，永遠に形をとどめるものはないこと。「有象無象」は，世の中にたくさん存在する取るに足らないもののこと。「言語道断」は，言葉に表せないほどひどいこと。

問８＜古典の知識＞福禄寿は，長寿や人望の神で，長いひげを持つ。①は，漁業や商売繁盛の神である恵比寿天。②は，財宝や開運の神である大黒天。③は，知恵や芸能の神である弁財天。

問９＜熟語の構成＞「排斥」と「身体」は，似た意味の漢字を組み合わせた熟語。「奇遇」は，上の漢字が下の漢字を修飾している熟語。「抜群」は，下の漢字が上の漢字の目的語となっている熟語。「呼吸」は，反対の意味の漢字を組み合わせた熟語。

問10＜要旨＞近代以前は，しばしばペストや結核といった多くの人々を死に追いやる病気が流行し，宗教や芸術などにも大きな影響を与えてきたが，二十世紀になるとそうした病気の多くは対処法が確立され，人々は，健康であることが当然であると考えるようになった。その結果，病気や死は隠され，「老い」は排斥され，「老人病」は「生活習慣病」と呼称されるようになり，その防止の努力が要求されるようになった。確かに健康は，長い歴史の中で人間が常に希求してきたものではあるが，現代は，極端な「健康」信仰に浸食されているのである（①…○）。

二〔小説の読解〕出典；川端康成『母の初恋』。

問11＜接続語＞雪子は昔の恋人の娘であるため，佐山は，時枝に気配りを求めるのがはばかられる気持ちを抱いていたが，時枝は，「いやな顔もしない」で，婚礼前の雪子を気遣う発言をした。

問12＜語句＞「閉口する」は，うんざりして何も言えなくなる，という意味。

問13＜文章内容＞雪子は，「佐山の昔の恋人の娘」で，佐山と時枝の娘ではないのに，佐山家の味として時枝の味を受け継いで嫁に行く。そのような雪子を，佐山はいじらしく思ったのである。

問14＜文章内容＞「給仕」は，そばで食事の世話をすること。佐山は「一時三分の大垣行」の電車に乗る予定であり，家を出る時間が迫っていた。そのため，雪子は，佐山と時枝がすぐに食事を済ませられるように食卓の準備を急いだのである。

問15＜文章内容＞「いたたまれない」は，落ち着かずじっとしていられないさま。雪子は，婚約指輪をはめていることを指摘され，気恥ずかしさのあまり，その場にじっと座っていられない気分になったのである。

問16＜文章内容＞出かけようとする佐山を見送るため，雪子はカバンを持って門口に先回りをした。佐山は，そこまでの気遣いは不要だと思い，「いいよ」と言ってカバンを受け取ろうとしたが，雪子は，バス停まで見送ると答えた。

問17＜漢字＞「熱海」の読みは，「あたみ」であり，ひらがな三文字で促音はない。

問18＜文章内容＞雪子は十六歳のときに引き取られて以来，佐山家で過ごしてきた。とはいえ血のつながりがあるわけでもなく，他人の家に世話になる「居候」のような存在であった。

問19＜語句＞「恰好」は，ちょうど似つかわしい様子。

問20＜文章内容＞雪子は佐山の昔の恋人の娘であったが，時枝はそうした事実にこだわる様子もなく，婚礼を目前にした雪子のことを気遣う言動をしたり，料理の味つけを雪子に任せたりするなど，ごく普通の母子のように接している。

問21＜文学史＞大江健三郎は，1994年に日本人で二人目となるノーベル文学賞を受賞している。

三 〔古文の読解―随筆〕出典；兼好法師『徒然草』第百八十四段。

≪現代語訳≫相模守時頼の母は，松下禅尼と申した。相模守を(屋敷に)招き入れることがあったとき，すすけた障子の破れた所だけを，禅尼が自らの手で，小刀を使ってあちらこちらを切ってお張りになっていたので，その日の精を出して勤めました兄の城介義景が，「(障子を)いただいて，なにがしの男に張らせましょう。そのようなことに心得がある者でございます」と申されたところ，「その男が，この尼の手仕事よりもまさかまさっていることはございますまい」と言って，やはり(障子の)一こまずつをお張りになるのを，義景は，「全て張り替えました方が，はるかにたやすくございます，まだらになりますのも見苦しくはございませんか」と重ねて申されたところ，「尼も，さっぱりと張り替えようと思うけれども，今日だけは，わざとこのようにしておくべきなのです。物は破れた所だけを修繕して使うことだと，若い人に見習わせて，気づかせるためです」と申されたのは，たいそう滅多にないほどすばらしいことであった。

世を治める道においては，倹約を基本とする。女性といっても聖人の心に通じている。天下を保つほどの人を，息子としてお持ちになっている(禅尼は)，誠に，なみなみの人ではなかったということである。

問22＜古典の知識＞相模は，旧国名の一つで，現在の神奈川県に相当する。

問23＜古典文法＞係助詞「ぞ」があるため，係り結びの法則により，過去の助動詞「けり」は連体形「ける」になる。

問24＜古文の内容理解＞松下禅尼は，自分も後日には障子を全て張り替えようと考えているが，今日だけはわざと破れた所だけを修繕して，まだらになった障子を息子である相模守時頼に見せ，物は破れた所だけを修繕して使うことを見習わせるのだと，城介義景に言った。

問25＜歴史的仮名遣い＞歴史的仮名遣いの「au」は，現代仮名遣いでは「ou」になる。また，語頭以外のハ行は，現代仮名遣いでは原則として「わいうえお」となる。したがって，「候ひ(さふらひ)」は，「そうらい」となる。

問26＜古文の内容理解＞松下禅尼が自ら小刀で障子の修繕をしていたのを見て，城介義景は，障子の張り替え作業に心得がある者に任せてはどうかと提案した。

問27＜古文の内容理解＞城介義景が，松下禅尼に，障子の張り替え作業に心得がある者に張らせましょうと言った。

問28＜古文の内容理解＞松下禅尼が，城介義景に，相模守時頼にわざとまだらになっている障子を見せ，物は破れた所だけを修繕して使うことを見習わせるのだと言った。

問29＜古文の内容理解＞「天下を保つ程の人を，子にて持たれける」人は，松下禅尼のことであり，松下禅尼は「相模守時頼の母」である。松下禅尼は，世の中の統治には倹約の精神が重要であることを理解していた。だからこそ，息子である相模守時頼にも障子の修繕を通じて倹約の心を教えようとしたのである。

●要点チェック●　図形編―合同

◎図形の合同

合同……一方の図形を移動させて(ずらしたり《平行移動》，回したり《回転移動》，裏返したり《対称移動》して)，他方の図形に重ね合わせることのできるとき，この２つの図形は合同である。

・合同な図形の性質

１．対応する線分の長さは等しい。

２．対応する角の大きさは等しい。

・三角形の合同条件

２つの三角形は次のどれかが成り立つとき合同である。

１．３組の辺がそれぞれ等しい。

２．２組の辺とそのはさむ角がそれぞれ等しい。

３．１組の辺とその両端の角がそれぞれ等しい。

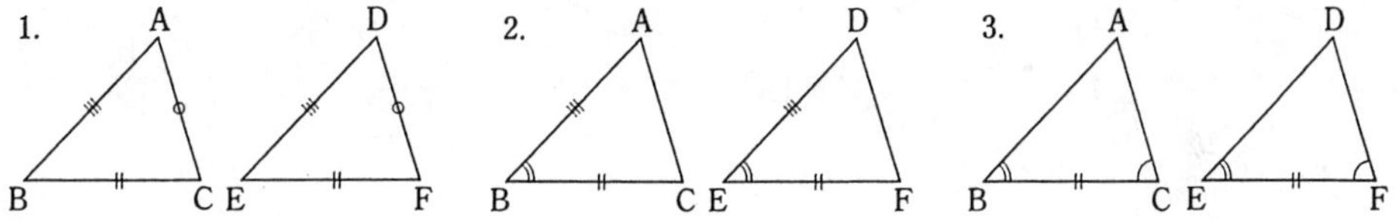

AB＝DE
BC＝EF
AC＝DF

AB＝DE
BC＝EF
∠ABC＝∠DEF

BC＝EF
∠ABC＝∠DEF
∠ACB＝∠DFE

・直角三角形の合同条件

２つの直角三角形は次のどちらかが成り立つとき合同である。

１．斜辺と１鋭角がそれぞれ等しい。

２．斜辺と他の１辺がそれぞれ等しい。

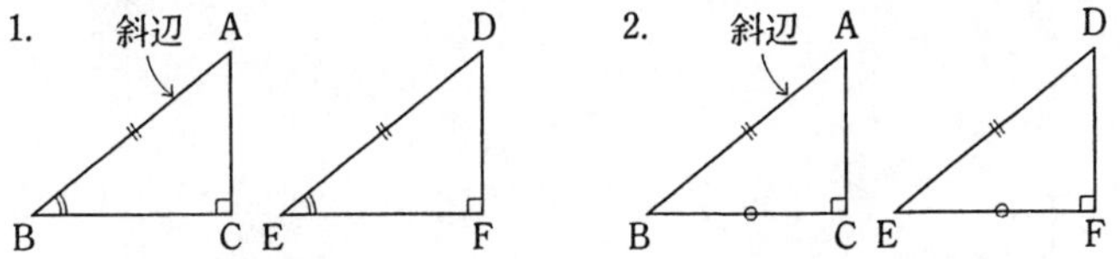

∠ACB＝∠DFE＝90°
AB＝DE
∠ABC＝∠DEF

∠ACB＝∠DFE＝90°
AB＝DE
BC＝EF

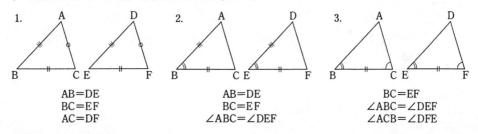

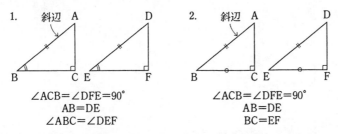

Memo

2025年度用

高校スーパー過去問

■編集人　声の教育社・編集部

■発行所　株式会社　声の教育社

〒162-0814 東京都新宿区新小川町8-15

☎03-5261-5061㈹ FAX03-5261-5062

https://www.koenokyoikusha.co.jp

浦和麗明高等学校

別冊 解答用紙

丁寧に抜きとって、別冊としてご使用ください。

★合格者平均点

コース	2024年度	2023年度
特選Ⅰ	単願 158.0	単願 176.1
	併願① 168.5	併願① 182.7
	併願② 176.6	併願② 180.9
特選Ⅱ	単願 142.4	単願 158.8
	併願① 150.9	併願① 168.7
	併願② 163.8	併願② 171.3
特選Ⅲ	単願 119.9	単願 134.6
	併願① 139.0	併願① 154.4
	併願② 154.7	併願② 158.2

コース	2022年度
特選Ⅰ	単願 184.5
	併願① 191.8
	併願② 167.3
特選Ⅱ	単願 160.3
	併願① 171.2
	併願② 147.2
特選Ⅲ	単願 153.0
	併願① 159.4
	併願② 138.1
特　進	単願 137.6
	併願① 146.8
	併願② 129.2

コース	2021年度
特選Ⅰ	単願 174.8
	併願① 179.0
	併願② 200.4
特選Ⅱ	単願 163.5
	併願① 168.3
	併願② 177.7
特選Ⅲ	単願 158.3
	併願① 160.2
	併願② 165.8
特進Ⅰ	単願 147.4
	併願① 155.0
	併願② 157.1
特進Ⅱ	単願 126.7
	併願① 130.9
	併願② 137.3

※併願①＝併願１回目　併願②＝併願２回目

注意

○ 解答用紙は、収録の都合により縮小したものや、小社独自に作成したものもあります。
○ 学校配点は学校発表のもの、推定配点は小社で作成したものです。
○ 無断転載を禁じます。
○ 解答用紙を拡大コピーする場合、表示した拡大率に対応する用紙サイズは以下のとおりです。
101%～102%＝B5　103%～118%＝A4　119%～144%＝B4　145%～167%＝A3
(タイトルと配点表は含みません)

２０２４年度　　浦和麗明高等学校　推薦　単願・併願１回目

英語解答用紙

評点	／100

氏名	

立	中学校

1. 記入欄・マーク欄以外には記入しないでください。
2. 鉛筆で、しっかり濃くマークしてください。
3. 間違った場合には、消しゴムで、きれいに消してください。

マーク例

良い例	●	悪い例	✓ ⊙ ◐

受験番号					
⓪	⓪	⓪	⓪	⓪	⓪
①	①	①	①	①	①
②	②	②	②	②	②
③	③	③	③	③	③
④	④	④	④	④	④
⑤	⑤	⑤	⑤	⑤	⑤
⑥	⑥	⑥	⑥	⑥	⑥
⑦	⑦	⑦	⑦	⑦	⑦
⑧	⑧	⑧	⑧	⑧	⑧
⑨	⑨	⑨	⑨	⑨	⑨

問	解答欄			
1	①	②	③	④
2	①	②	③	④
3	①	②	③	④
4	①	②	③	④
5	①	②	③	④
6	①	②	③	④
7	①	②	③	④
8	①	②	③	④
9	①	②	③	④
10	①	②	③	④
11	①	②	③	④
12	①	②	③	④
13	①	②	③	④
14	①	②	③	④
15	①	②	③	④
16	①	②	③	④
17	①	②	③	④
18	①	②	③	④
19	①	②	③	④
20	①	②	③	④
21	①	②	③	④
22	①	②	③	④
23	①	②	③	④
24	①	②	③	④
25	①	②	③	④

問	解答欄			
26	①	②	③	④
27	①	②	③	④
28	①	②	③	④
29	①	②	③	④
30	①	②	③	④
31	①	②	③	④
32	①	②	③	④
33	①	②	③	④
34	①	②	③	④
35	①	②	③	④
36	①	②	③	④
37	①	②	③	④
38	①	②	③	④
39	①	②	③	④
40	①	②	③	④
41	①	②	③	④
42	①	②	③	④
43	①	②	③	④
44	①	②	③	④
45	①	②	③	④
46	①	②	③	④
47	①	②	③	④
48	①	②	③	④
49	①	②	③	④
50	①	②	③	④

（注）この解答用紙は実物を縮小してあります。Ｂ４用紙に143％拡大コピーすると、ほぼ実物大で使用できます。（タイトルと配点表は含みません）

学校配点		計
	1, 2　各１点×６　　3, 4　各２点×15　　5　各３点×５ 6　問27　３点　問28　４点　問29～問32　各３点×４　問33　４点 7　問34　各４点×４　問35, 問36　各３点×２　問37　４点	100点

2024年度　浦和麗明高等学校　推薦　単願・併願1回目

数学解答用紙　No. 1

評点
/100

立　　　　中学校	
氏名	

受験番号					
0	0	0	0	0	0
1	1	1	1	1	1
2	2	2	2	2	2
3	3	3	3	3	3
4	4	4	4	4	4
5	5	5	5	5	5
6	6	6	6	6	6
7	7	7	7	7	7
8	8	8	8	8	8
9	9	9	9	9	9

マーク例

良い例	悪い例
●	⊙ ⊗ ◓

鉛筆で、しっかり濃くマークしてください。

1	解答欄										
	−	0	1	2	3	4	5	6	7	8	9
ア	−	0	1	2	3	4	5	6	7	8	9
イ	−	0	1	2	3	4	5	6	7	8	9
ウ	−	0	1	2	3	4	5	6	7	8	9
エ	−	0	1	2	3	4	5	6	7	8	9
オ	−	0	1	2	3	4	5	6	7	8	9
カ	−	0	1	2	3	4	5	6	7	8	9
キ	−	0	1	2	3	4	5	6	7	8	9
ク	−	0	1	2	3	4	5	6	7	8	9
ケ	−	0	1	2	3	4	5	6	7	8	9
コ	−	0	1	2	3	4	5	6	7	8	9
サ	−	0	1	2	3	4	5	6	7	8	9
シ	−	0	1	2	3	4	5	6	7	8	9
ス	−	0	1	2	3	4	5	6	7	8	9
セ	−	0	1	2	3	4	5	6	7	8	9
ソ	−	0	1	2	3	4	5	6	7	8	9
タ	−	0	1	2	3	4	5	6	7	8	9
チ	−	0	1	2	3	4	5	6	7	8	9
ツ	−	0	1	2	3	4	5	6	7	8	9
テ	−	0	1	2	3	4	5	6	7	8	9
ト	−	0	1	2	3	4	5	6	7	8	9
ナ	−	0	1	2	3	4	5	6	7	8	9
ニ	−	0	1	2	3	4	5	6	7	8	9
ヌ	−	0	1	2	3	4	5	6	7	8	9

2	解答欄										
	−	0	1	2	3	4	5	6	7	8	9
ア	−	0	1	2	3	4	5	6	7	8	9
イ	−	0	1	2	3	4	5	6	7	8	9
ウ	−	0	1	2	3	4	5	6	7	8	9
エ	−	0	1	2	3	4	5	6	7	8	9
オ	−	0	1	2	3	4	5	6	7	8	9
カ	−	0	1	2	3	4	5	6	7	8	9
キ	−	0	1	2	3	4	5	6	7	8	9
ク	−	0	1	2	3	4	5	6	7	8	9
ケ	−	0	1	2	3	4	5	6	7	8	9
コ	−	0	1	2	3	4	5	6	7	8	9
サ	−	0	1	2	3	4	5	6	7	8	9
シ	−	0	1	2	3	4	5	6	7	8	9
ス	−	0	1	2	3	4	5	6	7	8	9
セ	−	0	1	2	3	4	5	6	7	8	9
ソ	−	0	1	2	3	4	5	6	7	8	9
タ	−	0	1	2	3	4	5	6	7	8	9
チ	−	0	1	2	3	4	5	6	7	8	9
ツ	−	0	1	2	3	4	5	6	7	8	9
テ	−	0	1	2	3	4	5	6	7	8	9
ト	−	0	1	2	3	4	5	6	7	8	9
ナ	−	0	1	2	3	4	5	6	7	8	9
ニ	−	0	1	2	3	4	5	6	7	8	9
ヌ	−	0	1	2	3	4	5	6	7	8	9

3	解答欄										
	−	0	1	2	3	4	5	6	7	8	9
ア	−	0	1	2	3	4	5	6	7	8	9
イ	−	0	1	2	3	4	5	6	7	8	9
ウ	−	0	1	2	3	4	5	6	7	8	9
エ	−	0	1	2	3	4	5	6	7	8	9
オ	−	0	1	2	3	4	5	6	7	8	9
カ	−	0	1	2	3	4	5	6	7	8	9
キ	−	0	1	2	3	4	5	6	7	8	9
ク	−	0	1	2	3	4	5	6	7	8	9
ケ	−	0	1	2	3	4	5	6	7	8	9
コ	−	0	1	2	3	4	5	6	7	8	9
サ	−	0	1	2	3	4	5	6	7	8	9
シ	−	0	1	2	3	4	5	6	7	8	9
ス	−	0	1	2	3	4	5	6	7	8	9
セ	−	0	1	2	3	4	5	6	7	8	9
ソ	−	0	1	2	3	4	5	6	7	8	9
タ	−	0	1	2	3	4	5	6	7	8	9
チ	−	0	1	2	3	4	5	6	7	8	9
ツ	−	0	1	2	3	4	5	6	7	8	9
テ	−	0	1	2	3	4	5	6	7	8	9
ト	−	0	1	2	3	4	5	6	7	8	9
ナ	−	0	1	2	3	4	5	6	7	8	9
ニ	−	0	1	2	3	4	5	6	7	8	9
ヌ	−	0	1	2	3	4	5	6	7	8	9

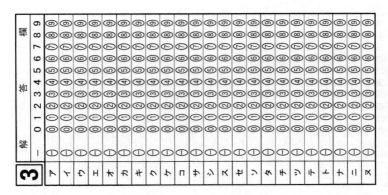

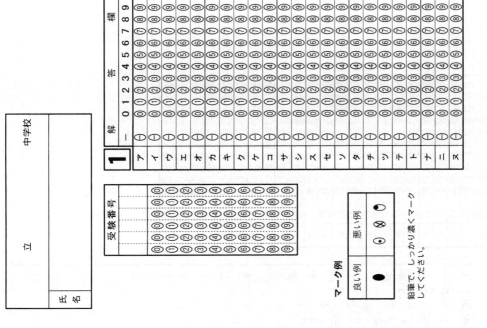

2024年度 浦和麗明高等学校 推薦 単願・併願1回目

数学解答用紙 No. 2

4 解答欄

	−	0	1	2	3	4	5	6	7	8	9
ア	⊖	⓪	①	②	③	④	⑤	⑥	⑦	⑧	⑨
イ	⊖	⓪	①	②	③	④	⑤	⑥	⑦	⑧	⑨
ウ	⊖	⓪	①	②	③	④	⑤	⑥	⑦	⑧	⑨
エ	⊖	⓪	①	②	③	④	⑤	⑥	⑦	⑧	⑨
オ	⊖	⓪	①	②	③	④	⑤	⑥	⑦	⑧	⑨
カ	⊖	⓪	①	②	③	④	⑤	⑥	⑦	⑧	⑨
キ	⊖	⓪	①	②	③	④	⑤	⑥	⑦	⑧	⑨
ク	⊖	⓪	①	②	③	④	⑤	⑥	⑦	⑧	⑨
ケ	⊖	⓪	①	②	③	④	⑤	⑥	⑦	⑧	⑨
コ	⊖	⓪	①	②	③	④	⑤	⑥	⑦	⑧	⑨
サ	⊖	⓪	①	②	③	④	⑤	⑥	⑦	⑧	⑨
シ	⊖	⓪	①	②	③	④	⑤	⑥	⑦	⑧	⑨
ス	⊖	⓪	①	②	③	④	⑤	⑥	⑦	⑧	⑨
セ	⊖	⓪	①	②	③	④	⑤	⑥	⑦	⑧	⑨
ソ	⊖	⓪	①	②	③	④	⑤	⑥	⑦	⑧	⑨
タ	⊖	⓪	①	②	③	④	⑤	⑥	⑦	⑧	⑨
チ	⊖	⓪	①	②	③	④	⑤	⑥	⑦	⑧	⑨
ツ	⊖	⓪	①	②	③	④	⑤	⑥	⑦	⑧	⑨
テ	⊖	⓪	①	②	③	④	⑤	⑥	⑦	⑧	⑨
ト	⊖	⓪	①	②	③	④	⑤	⑥	⑦	⑧	⑨
ナ	⊖	⓪	①	②	③	④	⑤	⑥	⑦	⑧	⑨
ニ	⊖	⓪	①	②	③	④	⑤	⑥	⑦	⑧	⑨
ヌ	⊖	⓪	①	②	③	④	⑤	⑥	⑦	⑧	⑨

5 解答欄

	−	0	1	2	3	4	5	6	7	8	9
ア	⊖	⓪	①	②	③	④	⑤	⑥	⑦	⑧	⑨
イ	⊖	⓪	①	②	③	④	⑤	⑥	⑦	⑧	⑨
ウ	⊖	⓪	①	②	③	④	⑤	⑥	⑦	⑧	⑨
エ	⊖	⓪	①	②	③	④	⑤	⑥	⑦	⑧	⑨
オ	⊖	⓪	①	②	③	④	⑤	⑥	⑦	⑧	⑨
カ	⊖	⓪	①	②	③	④	⑤	⑥	⑦	⑧	⑨
キ	⊖	⓪	①	②	③	④	⑤	⑥	⑦	⑧	⑨
ク	⊖	⓪	①	②	③	④	⑤	⑥	⑦	⑧	⑨
ケ	⊖	⓪	①	②	③	④	⑤	⑥	⑦	⑧	⑨
コ	⊖	⓪	①	②	③	④	⑤	⑥	⑦	⑧	⑨
サ	⊖	⓪	①	②	③	④	⑤	⑥	⑦	⑧	⑨
シ	⊖	⓪	①	②	③	④	⑤	⑥	⑦	⑧	⑨
ス	⊖	⓪	①	②	③	④	⑤	⑥	⑦	⑧	⑨
セ	⊖	⓪	①	②	③	④	⑤	⑥	⑦	⑧	⑨
ソ	⊖	⓪	①	②	③	④	⑤	⑥	⑦	⑧	⑨
タ	⊖	⓪	①	②	③	④	⑤	⑥	⑦	⑧	⑨
チ	⊖	⓪	①	②	③	④	⑤	⑥	⑦	⑧	⑨
ツ	⊖	⓪	①	②	③	④	⑤	⑥	⑦	⑧	⑨
テ	⊖	⓪	①	②	③	④	⑤	⑥	⑦	⑧	⑨
ト	⊖	⓪	①	②	③	④	⑤	⑥	⑦	⑧	⑨
ナ	⊖	⓪	①	②	③	④	⑤	⑥	⑦	⑧	⑨
ニ	⊖	⓪	①	②	③	④	⑤	⑥	⑦	⑧	⑨
ヌ	⊖	⓪	①	②	③	④	⑤	⑥	⑦	⑧	⑨

6 解答欄

	−	0	1	2	3	4	5	6	7	8	9
ア	⊖	⓪	①	②	③	④	⑤	⑥	⑦	⑧	⑨
イ	⊖	⓪	①	②	③	④	⑤	⑥	⑦	⑧	⑨
ウ	⊖	⓪	①	②	③	④	⑤	⑥	⑦	⑧	⑨
エ	⊖	⓪	①	②	③	④	⑤	⑥	⑦	⑧	⑨
オ	⊖	⓪	①	②	③	④	⑤	⑥	⑦	⑧	⑨
カ	⊖	⓪	①	②	③	④	⑤	⑥	⑦	⑧	⑨
キ	⊖	⓪	①	②	③	④	⑤	⑥	⑦	⑧	⑨
ク	⊖	⓪	①	②	③	④	⑤	⑥	⑦	⑧	⑨
ケ	⊖	⓪	①	②	③	④	⑤	⑥	⑦	⑧	⑨
コ	⊖	⓪	①	②	③	④	⑤	⑥	⑦	⑧	⑨
サ	⊖	⓪	①	②	③	④	⑤	⑥	⑦	⑧	⑨
シ	⊖	⓪	①	②	③	④	⑤	⑥	⑦	⑧	⑨
ス	⊖	⓪	①	②	③	④	⑤	⑥	⑦	⑧	⑨
セ	⊖	⓪	①	②	③	④	⑤	⑥	⑦	⑧	⑨
ソ	⊖	⓪	①	②	③	④	⑤	⑥	⑦	⑧	⑨
タ	⊖	⓪	①	②	③	④	⑤	⑥	⑦	⑧	⑨
チ	⊖	⓪	①	②	③	④	⑤	⑥	⑦	⑧	⑨
ツ	⊖	⓪	①	②	③	④	⑤	⑥	⑦	⑧	⑨
テ	⊖	⓪	①	②	③	④	⑤	⑥	⑦	⑧	⑨
ト	⊖	⓪	①	②	③	④	⑤	⑥	⑦	⑧	⑨
ナ	⊖	⓪	①	②	③	④	⑤	⑥	⑦	⑧	⑨
ニ	⊖	⓪	①	②	③	④	⑤	⑥	⑦	⑧	⑨
ヌ	⊖	⓪	①	②	③	④	⑤	⑥	⑦	⑧	⑨

（注） この解答用紙は実物を縮小してあります。Ｂ４用紙に128％拡大コピーすると、ほぼ実物大で使用できます。（タイトルと配点表は含みません）

学校配点

1 (1)、(2) 各4点×2 (3)、(4) 各2点×4 (5)、(6) 各4点×2

2 各4点×4

3 (1) 2点 (2) 各1点×4 (3) 4点 (4) 各5点×2

4 (1)、(2) 各3点×2 (3) 4点 (4)、(5) 各5点×2

5 ア～ト 各2点×7〔キ～コは完答〕 ナ～ヌ 各3点×2

100点	計

二〇二四年度　浦和麗明高等学校　推薦　単願・併願一回目

国語解答用紙

評点	／100

氏名	

立	中学校

1. 記入欄・マーク欄以外には記入しないでください。
2. 鉛筆で、しっかり濃くマークしてください。
3. 間違った場合には、消しゴムで、きれいに消してください。

マーク例

良い例	●	悪い例	✓ ⊙ ◐

受験番号					
⓪	⓪	⓪	⓪	⓪	⓪
①	①	①	①	①	①
②	②	②	②	②	②
③	③	③	③	③	③
④	④	④	④	④	④
⑤	⑤	⑤	⑤	⑤	⑤
⑥	⑥	⑥	⑥	⑥	⑥
⑦	⑦	⑦	⑦	⑦	⑦
⑧	⑧	⑧	⑧	⑧	⑧
⑨	⑨	⑨	⑨	⑨	⑨

問	解答欄			
1	①	②	③	④
2	①	②	③	④
3	①	②	③	④
4	①	②	③	④
5	①	②	③	④
6	①	②	③	④
7	①	②	③	④
8	①	②	③	④
9	①	②	③	④
10	①	②	③	④
11	①	②	③	④
12	①	②	③	④
13	①	②	③	④
14	①	②	③	④
15	①	②	③	④
16	①	②	③	④
17	①	②	③	④
18	①	②	③	④
19	①	②	③	④
20	①	②	③	④
21	①	②	③	④
22	①	②	③	④
23	①	②	③	④
24	①	②	③	④
25	①	②	③	④

問	解答欄			
26	①	②	③	④
27	①	②	③	④
28	①	②	③	④
29	①	②	③	④
30	①	②	③	④
31	①	②	③	④
32	①	②	③	④
33	①	②	③	④
34	①	②	③	④
35	①	②	③	④
36	①	②	③	④
37	①	②	③	④
38	①	②	③	④
39	①	②	③	④
40	①	②	③	④
41	①	②	③	④
42	①	②	③	④
43	①	②	③	④
44	①	②	③	④
45	①	②	③	④
46	①	②	③	④
47	①	②	③	④
48	①	②	③	④
49	①	②	③	④
50	①	②	③	④

（注）この解答用紙は実物を縮小してあります。B４用紙に143％拡大コピーすると、ほぼ実物大で使用できます。（タイトルと配点表は含みません）

学校配点		計
	一　問１　２点　問２～問５　各４点×４　問６　２点　問７～問９　各５点×３ 二　問10　２点　問11　３点　問12　４点　問13　２点　問14　３点 問15～問17　各４点×３　問18　２点　問19　３点　問20　４点 三　問21，問22　各３点×２　問23　５点　問24　３点　問25　４点　問26　５点 問27　４点　問28　３点	100点

２０２４年度　浦和麗明高等学校　推薦　併願２回目

英語解答用紙

評点	／100

氏名	

立	中学校

1. 記入欄・マーク欄以外には記入しないでください。
2. 鉛筆で、しっかり濃くマークしてください。
3. 間違った場合には、消しゴムで、きれいに消してください。

マーク例

良い例	●	悪い例	✓ ⊙ ◐

受験番号					
⓪	⓪	⓪	⓪	⓪	⓪
①	①	①	①	①	①
②	②	②	②	②	②
③	③	③	③	③	③
④	④	④	④	④	④
⑤	⑤	⑤	⑤	⑤	⑤
⑥	⑥	⑥	⑥	⑥	⑥
⑦	⑦	⑦	⑦	⑦	⑦
⑧	⑧	⑧	⑧	⑧	⑧
⑨	⑨	⑨	⑨	⑨	⑨

問	解答欄			
1	①	②	③	④
2	①	②	③	④
3	①	②	③	④
4	①	②	③	④
5	①	②	③	④
6	①	②	③	④
7	①	②	③	④
8	①	②	③	④
9	①	②	③	④
10	①	②	③	④
11	①	②	③	④
12	①	②	③	④
13	①	②	③	④
14	①	②	③	④
15	①	②	③	④
16	①	②	③	④
17	①	②	③	④
18	①	②	③	④
19	①	②	③	④
20	①	②	③	④
21	①	②	③	④
22	①	②	③	④
23	①	②	③	④
24	①	②	③	④
25	①	②	③	④

問	解答欄			
26	①	②	③	④
27	①	②	③	④
28	①	②	③	④
29	①	②	③	④
30	①	②	③	④
31	①	②	③	④
32	①	②	③	④
33	①	②	③	④
34	①	②	③	④
35	①	②	③	④
36	①	②	③	④
37	①	②	③	④
38	①	②	③	④
39	①	②	③	④
40	①	②	③	④
41	①	②	③	④
42	①	②	③	④
43	①	②	③	④
44	①	②	③	④
45	①	②	③	④
46	①	②	③	④
47	①	②	③	④
48	①	②	③	④
49	①	②	③	④
50	①	②	③	④

（注）この解答用紙は実物を縮小してあります。Ｂ４用紙に143％拡大コピーすると、ほぼ実物大で使用できます。（タイトルと配点表は含みません）

学校配点		計
	1, 2　各１点×６　3, 4　各２点×15　5　各３点×５ 6　問27～問30　各３点×４　問31～問33　各４点×３ 7　問34～問36　各３点×３　問37～問40　各４点×４	100点

2024年度　浦和麗明高等学校　推薦　併願2回目

数学解答用紙　No.1

評点
/100

立	中学校
氏名	

受験番号					
⓪	⓪	⓪	⓪	⓪	⓪
①	①	①	①	①	①
②	②	②	②	②	②
③	③	③	③	③	③
④	④	④	④	④	④
⑤	⑤	⑤	⑤	⑤	⑤
⑥	⑥	⑥	⑥	⑥	⑥
⑦	⑦	⑦	⑦	⑦	⑦
⑧	⑧	⑧	⑧	⑧	⑧
⑨	⑨	⑨	⑨	⑨	⑨

マーク例

良い例	悪い例
●	⊙ ⊗ ◓

鉛筆で、しっかり濃くマークしてください。

1	解			答						欄
	−	0	1	2	3	4	5	6	7	8	9
ア	⊖	⓪	①	②	③	④	⑤	⑥	⑦	⑧	⑨
イ	⊖	⓪	①	②	③	④	⑤	⑥	⑦	⑧	⑨
ウ	⊖	⓪	①	②	③	④	⑤	⑥	⑦	⑧	⑨
エ	⊖	⓪	①	②	③	④	⑤	⑥	⑦	⑧	⑨
オ	⊖	⓪	①	②	③	④	⑤	⑥	⑦	⑧	⑨
カ	⊖	⓪	①	②	③	④	⑤	⑥	⑦	⑧	⑨
キ	⊖	⓪	①	②	③	④	⑤	⑥	⑦	⑧	⑨
ク	⊖	⓪	①	②	③	④	⑤	⑥	⑦	⑧	⑨
ケ	⊖	⓪	①	②	③	④	⑤	⑥	⑦	⑧	⑨
コ	⊖	⓪	①	②	③	④	⑤	⑥	⑦	⑧	⑨
サ	⊖	⓪	①	②	③	④	⑤	⑥	⑦	⑧	⑨
シ	⊖	⓪	①	②	③	④	⑤	⑥	⑦	⑧	⑨
ス	⊖	⓪	①	②	③	④	⑤	⑥	⑦	⑧	⑨
セ	⊖	⓪	①	②	③	④	⑤	⑥	⑦	⑧	⑨
ソ	⊖	⓪	①	②	③	④	⑤	⑥	⑦	⑧	⑨
タ	⊖	⓪	①	②	③	④	⑤	⑥	⑦	⑧	⑨
チ	⊖	⓪	①	②	③	④	⑤	⑥	⑦	⑧	⑨
ツ	⊖	⓪	①	②	③	④	⑤	⑥	⑦	⑧	⑨
テ	⊖	⓪	①	②	③	④	⑤	⑥	⑦	⑧	⑨
ト	⊖	⓪	①	②	③	④	⑤	⑥	⑦	⑧	⑨
ナ	⊖	⓪	①	②	③	④	⑤	⑥	⑦	⑧	⑨
ニ	⊖	⓪	①	②	③	④	⑤	⑥	⑦	⑧	⑨
ヌ	⊖	⓪	①	②	③	④	⑤	⑥	⑦	⑧	⑨

2	解			答						欄
	−	0	1	2	3	4	5	6	7	8	9
ア	⊖	⓪	①	②	③	④	⑤	⑥	⑦	⑧	⑨
イ	⊖	⓪	①	②	③	④	⑤	⑥	⑦	⑧	⑨
ウ	⊖	⓪	①	②	③	④	⑤	⑥	⑦	⑧	⑨
エ	⊖	⓪	①	②	③	④	⑤	⑥	⑦	⑧	⑨
オ	⊖	⓪	①	②	③	④	⑤	⑥	⑦	⑧	⑨
カ	⊖	⓪	①	②	③	④	⑤	⑥	⑦	⑧	⑨
キ	⊖	⓪	①	②	③	④	⑤	⑥	⑦	⑧	⑨
ク	⊖	⓪	①	②	③	④	⑤	⑥	⑦	⑧	⑨
ケ	⊖	⓪	①	②	③	④	⑤	⑥	⑦	⑧	⑨
コ	⊖	⓪	①	②	③	④	⑤	⑥	⑦	⑧	⑨
サ	⊖	⓪	①	②	③	④	⑤	⑥	⑦	⑧	⑨
シ	⊖	⓪	①	②	③	④	⑤	⑥	⑦	⑧	⑨
ス	⊖	⓪	①	②	③	④	⑤	⑥	⑦	⑧	⑨
セ	⊖	⓪	①	②	③	④	⑤	⑥	⑦	⑧	⑨
ソ	⊖	⓪	①	②	③	④	⑤	⑥	⑦	⑧	⑨
タ	⊖	⓪	①	②	③	④	⑤	⑥	⑦	⑧	⑨
チ	⊖	⓪	①	②	③	④	⑤	⑥	⑦	⑧	⑨
ツ	⊖	⓪	①	②	③	④	⑤	⑥	⑦	⑧	⑨
テ	⊖	⓪	①	②	③	④	⑤	⑥	⑦	⑧	⑨
ト	⊖	⓪	①	②	③	④	⑤	⑥	⑦	⑧	⑨
ナ	⊖	⓪	①	②	③	④	⑤	⑥	⑦	⑧	⑨
ニ	⊖	⓪	①	②	③	④	⑤	⑥	⑦	⑧	⑨
ヌ	⊖	⓪	①	②	③	④	⑤	⑥	⑦	⑧	⑨

3	解			答						欄
	−	0	1	2	3	4	5	6	7	8	9
ア	⊖	⓪	①	②	③	④	⑤	⑥	⑦	⑧	⑨
イ	⊖	⓪	①	②	③	④	⑤	⑥	⑦	⑧	⑨
ウ	⊖	⓪	①	②	③	④	⑤	⑥	⑦	⑧	⑨
エ	⊖	⓪	①	②	③	④	⑤	⑥	⑦	⑧	⑨
オ	⊖	⓪	①	②	③	④	⑤	⑥	⑦	⑧	⑨
カ	⊖	⓪	①	②	③	④	⑤	⑥	⑦	⑧	⑨
キ	⊖	⓪	①	②	③	④	⑤	⑥	⑦	⑧	⑨
ク	⊖	⓪	①	②	③	④	⑤	⑥	⑦	⑧	⑨
ケ	⊖	⓪	①	②	③	④	⑤	⑥	⑦	⑧	⑨
コ	⊖	⓪	①	②	③	④	⑤	⑥	⑦	⑧	⑨
サ	⊖	⓪	①	②	③	④	⑤	⑥	⑦	⑧	⑨
シ	⊖	⓪	①	②	③	④	⑤	⑥	⑦	⑧	⑨
ス	⊖	⓪	①	②	③	④	⑤	⑥	⑦	⑧	⑨
セ	⊖	⓪	①	②	③	④	⑤	⑥	⑦	⑧	⑨
ソ	⊖	⓪	①	②	③	④	⑤	⑥	⑦	⑧	⑨
タ	⊖	⓪	①	②	③	④	⑤	⑥	⑦	⑧	⑨
チ	⊖	⓪	①	②	③	④	⑤	⑥	⑦	⑧	⑨
ツ	⊖	⓪	①	②	③	④	⑤	⑥	⑦	⑧	⑨
テ	⊖	⓪	①	②	③	④	⑤	⑥	⑦	⑧	⑨
ト	⊖	⓪	①	②	③	④	⑤	⑥	⑦	⑧	⑨
ナ	⊖	⓪	①	②	③	④	⑤	⑥	⑦	⑧	⑨
ニ	⊖	⓪	①	②	③	④	⑤	⑥	⑦	⑧	⑨
ヌ	⊖	⓪	①	②	③	④	⑤	⑥	⑦	⑧	⑨

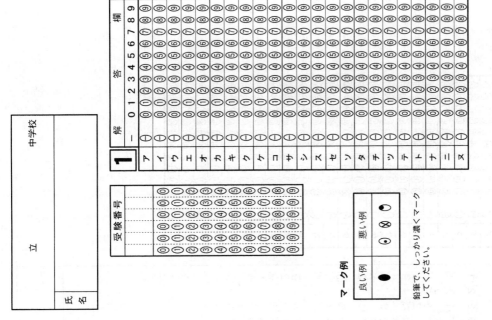

2024年度　浦和麗明高等学校　推薦　併願2回目

数学解答用紙　No.2

6

	解	答									欄
	−	0	1	2	3	4	5	6	7	8	9
ア	⊖	⓪	①	②	③	④	⑤	⑥	⑦	⑧	⑨
イ	⊖	⓪	①	②	③	④	⑤	⑥	⑦	⑧	⑨
ウ	⊖	⓪	①	②	③	④	⑤	⑥	⑦	⑧	⑨
エ	⊖	⓪	①	②	③	④	⑤	⑥	⑦	⑧	⑨
オ	⊖	⓪	①	②	③	④	⑤	⑥	⑦	⑧	⑨
カ	⊖	⓪	①	②	③	④	⑤	⑥	⑦	⑧	⑨
キ	⊖	⓪	①	②	③	④	⑤	⑥	⑦	⑧	⑨
ク	⊖	⓪	①	②	③	④	⑤	⑥	⑦	⑧	⑨
ケ	⊖	⓪	①	②	③	④	⑤	⑥	⑦	⑧	⑨
コ	⊖	⓪	①	②	③	④	⑤	⑥	⑦	⑧	⑨
サ	⊖	⓪	①	②	③	④	⑤	⑥	⑦	⑧	⑨
シ	⊖	⓪	①	②	③	④	⑤	⑥	⑦	⑧	⑨
ス	⊖	⓪	①	②	③	④	⑤	⑥	⑦	⑧	⑨
セ	⊖	⓪	①	②	③	④	⑤	⑥	⑦	⑧	⑨
ソ	⊖	⓪	①	②	③	④	⑤	⑥	⑦	⑧	⑨
タ	⊖	⓪	①	②	③	④	⑤	⑥	⑦	⑧	⑨
チ	⊖	⓪	①	②	③	④	⑤	⑥	⑦	⑧	⑨
ツ	⊖	⓪	①	②	③	④	⑤	⑥	⑦	⑧	⑨
テ	⊖	⓪	①	②	③	④	⑤	⑥	⑦	⑧	⑨
ト	⊖	⓪	①	②	③	④	⑤	⑥	⑦	⑧	⑨
ナ	⊖	⓪	①	②	③	④	⑤	⑥	⑦	⑧	⑨
ニ	⊖	⓪	①	②	③	④	⑤	⑥	⑦	⑧	⑨
ヌ	⊖	⓪	①	②	③	④	⑤	⑥	⑦	⑧	⑨

5

	解	答									欄
	−	0	1	2	3	4	5	6	7	8	9
ア	⊖	⓪	①	②	③	④	⑤	⑥	⑦	⑧	⑨
イ	⊖	⓪	①	②	③	④	⑤	⑥	⑦	⑧	⑨
ウ	⊖	⓪	①	②	③	④	⑤	⑥	⑦	⑧	⑨
エ	⊖	⓪	①	②	③	④	⑤	⑥	⑦	⑧	⑨
オ	⊖	⓪	①	②	③	④	⑤	⑥	⑦	⑧	⑨
カ	⊖	⓪	①	②	③	④	⑤	⑥	⑦	⑧	⑨
キ	⊖	⓪	①	②	③	④	⑤	⑥	⑦	⑧	⑨
ク	⊖	⓪	①	②	③	④	⑤	⑥	⑦	⑧	⑨
ケ	⊖	⓪	①	②	③	④	⑤	⑥	⑦	⑧	⑨
コ	⊖	⓪	①	②	③	④	⑤	⑥	⑦	⑧	⑨
サ	⊖	⓪	①	②	③	④	⑤	⑥	⑦	⑧	⑨
シ	⊖	⓪	①	②	③	④	⑤	⑥	⑦	⑧	⑨
ス	⊖	⓪	①	②	③	④	⑤	⑥	⑦	⑧	⑨
セ	⊖	⓪	①	②	③	④	⑤	⑥	⑦	⑧	⑨
ソ	⊖	⓪	①	②	③	④	⑤	⑥	⑦	⑧	⑨
タ	⊖	⓪	①	②	③	④	⑤	⑥	⑦	⑧	⑨
チ	⊖	⓪	①	②	③	④	⑤	⑥	⑦	⑧	⑨
ツ	⊖	⓪	①	②	③	④	⑤	⑥	⑦	⑧	⑨
テ	⊖	⓪	①	②	③	④	⑤	⑥	⑦	⑧	⑨
ト	⊖	⓪	①	②	③	④	⑤	⑥	⑦	⑧	⑨
ナ	⊖	⓪	①	②	③	④	⑤	⑥	⑦	⑧	⑨
ニ	⊖	⓪	①	②	③	④	⑤	⑥	⑦	⑧	⑨
ヌ	⊖	⓪	①	②	③	④	⑤	⑥	⑦	⑧	⑨

4

	解	答									欄
	−	0	1	2	3	4	5	6	7	8	9
ア	⊖	⓪	①	②	③	④	⑤	⑥	⑦	⑧	⑨
イ	⊖	⓪	①	②	③	④	⑤	⑥	⑦	⑧	⑨
ウ	⊖	⓪	①	②	③	④	⑤	⑥	⑦	⑧	⑨
エ	⊖	⓪	①	②	③	④	⑤	⑥	⑦	⑧	⑨
オ	⊖	⓪	①	②	③	④	⑤	⑥	⑦	⑧	⑨
カ	⊖	⓪	①	②	③	④	⑤	⑥	⑦	⑧	⑨
キ	⊖	⓪	①	②	③	④	⑤	⑥	⑦	⑧	⑨
ク	⊖	⓪	①	②	③	④	⑤	⑥	⑦	⑧	⑨
ケ	⊖	⓪	①	②	③	④	⑤	⑥	⑦	⑧	⑨
コ	⊖	⓪	①	②	③	④	⑤	⑥	⑦	⑧	⑨
サ	⊖	⓪	①	②	③	④	⑤	⑥	⑦	⑧	⑨
シ	⊖	⓪	①	②	③	④	⑤	⑥	⑦	⑧	⑨
ス	⊖	⓪	①	②	③	④	⑤	⑥	⑦	⑧	⑨
セ	⊖	⓪	①	②	③	④	⑤	⑥	⑦	⑧	⑨
ソ	⊖	⓪	①	②	③	④	⑤	⑥	⑦	⑧	⑨
タ	⊖	⓪	①	②	③	④	⑤	⑥	⑦	⑧	⑨
チ	⊖	⓪	①	②	③	④	⑤	⑥	⑦	⑧	⑨
ツ	⊖	⓪	①	②	③	④	⑤	⑥	⑦	⑧	⑨
テ	⊖	⓪	①	②	③	④	⑤	⑥	⑦	⑧	⑨
ト	⊖	⓪	①	②	③	④	⑤	⑥	⑦	⑧	⑨
ナ	⊖	⓪	①	②	③	④	⑤	⑥	⑦	⑧	⑨
ニ	⊖	⓪	①	②	③	④	⑤	⑥	⑦	⑧	⑨
ヌ	⊖	⓪	①	②	③	④	⑤	⑥	⑦	⑧	⑨

(注)この解答用紙は実物を縮小してあります。Ｂ４用紙に128％拡大コピーすると、ほぼ実物大で使用できます。(タイトルと配点表は含みません)

学校配点

1 (1)、(2) 各4点×2　(3)、(4) 各2点×4　(5)、(6) 各4点×2
2 各4点×4
3 (1) 各2点×2　(2) 各1点×8　(3) 各4点×2
4 ア～ケ 各3点×4　コ～ス 各4点×2
5 ア～ウ 2点　エ～テ 各3点×6

計　100点

二〇二四年度　浦和麗明高等学校　推薦　併願二回目

国語解答用紙

評点	／100

氏名	

立	中学校

1. 記入欄・マーク欄以外には記入しないでください。
2. 鉛筆で、しっかり濃くマークしてください。
3. 間違った場合には、消しゴムで、きれいに消してください。

マーク例

良い例	●	悪い例	✓ ⦿ ◐

受験番号					
⓪	⓪	⓪	⓪	⓪	⓪
①	①	①	①	①	①
②	②	②	②	②	②
③	③	③	③	③	③
④	④	④	④	④	④
⑤	⑤	⑤	⑤	⑤	⑤
⑥	⑥	⑥	⑥	⑥	⑥
⑦	⑦	⑦	⑦	⑦	⑦
⑧	⑧	⑧	⑧	⑧	⑧
⑨	⑨	⑨	⑨	⑨	⑨

問	解答欄			
1	①	②	③	④
2	①	②	③	④
3	①	②	③	④
4	①	②	③	④
5	①	②	③	④
6	①	②	③	④
7	①	②	③	④
8	①	②	③	④
9	①	②	③	④
10	①	②	③	④
11	①	②	③	④
12	①	②	③	④
13	①	②	③	④
14	①	②	③	④
15	①	②	③	④
16	①	②	③	④
17	①	②	③	④
18	①	②	③	④
19	①	②	③	④
20	①	②	③	④
21	①	②	③	④
22	①	②	③	④
23	①	②	③	④
24	①	②	③	④
25	①	②	③	④

問	解答欄			
26	①	②	③	④
27	①	②	③	④
28	①	②	③	④
29	①	②	③	④
30	①	②	③	④
31	①	②	③	④
32	①	②	③	④
33	①	②	③	④
34	①	②	③	④
35	①	②	③	④
36	①	②	③	④
37	①	②	③	④
38	①	②	③	④
39	①	②	③	④
40	①	②	③	④
41	①	②	③	④
42	①	②	③	④
43	①	②	③	④
44	①	②	③	④
45	①	②	③	④
46	①	②	③	④
47	①	②	③	④
48	①	②	③	④
49	①	②	③	④
50	①	②	③	④

（注）この解答用紙は実物を縮小してあります。B4用紙に143%拡大コピーすると、ほぼ実物大で使用できます。（タイトルと配点表は含みません）

学校配点		計
	一　問１　５点　問２～問５　各４点×４　問６　２点　問７　４点　問８　３点　問９　５点 二　問10　３点　問11　４点　問12　３点　問13　４点　問14　２点　問15　４点　問16　３点　問17～問19　各４点×３ 三　問20～問23　各３点×４　問24　４点　問25　５点　問26　４点　問27　５点	100点

２０２３年度　浦和麗明高等学校　推薦　単願・併願１回目

英語解答用紙

評点	／100

氏名	

立　　　　中学校

1. 記入欄・マーク欄以外には記入しないでください。
2. 鉛筆で、しっかり濃くマークしてください。
3. 間違った場合には、消しゴムで、きれいに消してください。

マーク例

良い例	●	悪い例	✓ ⊙ ◐

受験番号					
⓪	⓪	⓪	⓪	⓪	⓪
①	①	①	①	①	①
②	②	②	②	②	②
③	③	③	③	③	③
④	④	④	④	④	④
⑤	⑤	⑤	⑤	⑤	⑤
⑥	⑥	⑥	⑥	⑥	⑥
⑦	⑦	⑦	⑦	⑦	⑦
⑧	⑧	⑧	⑧	⑧	⑧
⑨	⑨	⑨	⑨	⑨	⑨

問	解答欄			
1	①	②	③	④
2	①	②	③	④
3	①	②	③	④
4	①	②	③	④
5	①	②	③	④
6	①	②	③	④
7	①	②	③	④
8	①	②	③	④
9	①	②	③	④
10	①	②	③	④
11	①	②	③	④
12	①	②	③	④
13	①	②	③	④
14	①	②	③	④
15	①	②	③	④
16	①	②	③	④
17	①	②	③	④
18	①	②	③	④
19	①	②	③	④
20	①	②	③	④
21	①	②	③	④
22	①	②	③	④
23	①	②	③	④
24	①	②	③	④
25	①	②	③	④

問	解答欄			
26	①	②	③	④
27	①	②	③	④
28	①	②	③	④
29	①	②	③	④
30	①	②	③	④
31	①	②	③	④
32	①	②	③	④
33	①	②	③	④
34	①	②	③	④
35	①	②	③	④
36	①	②	③	④
37	①	②	③	④
38	①	②	③	④
39	①	②	③	④
40	①	②	③	④
41	①	②	③	④
42	①	②	③	④
43	①	②	③	④
44	①	②	③	④
45	①	②	③	④
46	①	②	③	④
47	①	②	③	④
48	①	②	③	④
49	①	②	③	④
50	①	②	③	④

（注）この解答用紙は実物を縮小してあります。B４用紙に143％拡大コピーすると、ほぼ実物大で使用できます。（タイトルと配点表は含みません）

学校配点		計
	[1], [2]　各１点×６　[3], [4]　各２点×15　[5]　各３点×５ [6]　問27, 問28　各２点×２　問29〜問32　各４点×４ [7]　問33　２点　問34　３点　問35〜問40　各４点×６	100点

2023年度　浦和麗明高等学校　推薦　単願・併願1回目

数学解答用紙　No. 1

評点
/100

	立	中学校
氏名		

受験番号					
0	0	0	0	0	0
1	1	1	1	1	1
2	2	2	2	2	2
3	3	3	3	3	3
4	4	4	4	4	4
5	5	5	5	5	5
6	6	6	6	6	6
7	7	7	7	7	7
8	8	8	8	8	8
9	9	9	9	9	9

マーク例

良い例	悪い例
●	⊙ ⊗ ◐

鉛筆で、しっかり濃くマークしてください。

1

	解	答								欄	
	−	0	1	2	3	4	5	6	7	8	9
ア	−	0	1	2	3	4	5	6	7	8	9
イ	−	0	1	2	3	4	5	6	7	8	9
ウ	−	0	1	2	3	4	5	6	7	8	9
エ	−	0	1	2	3	4	5	6	7	8	9
オ	−	0	1	2	3	4	5	6	7	8	9
カ	−	0	1	2	3	4	5	6	7	8	9
キ	−	0	1	2	3	4	5	6	7	8	9
ク	−	0	1	2	3	4	5	6	7	8	9
ケ	−	0	1	2	3	4	5	6	7	8	9
コ	−	0	1	2	3	4	5	6	7	8	9
サ	−	0	1	2	3	4	5	6	7	8	9
シ	−	0	1	2	3	4	5	6	7	8	9
ス	−	0	1	2	3	4	5	6	7	8	9
セ	−	0	1	2	3	4	5	6	7	8	9
ソ	−	0	1	2	3	4	5	6	7	8	9
タ	−	0	1	2	3	4	5	6	7	8	9
チ	−	0	1	2	3	4	5	6	7	8	9
ツ	−	0	1	2	3	4	5	6	7	8	9
テ	−	0	1	2	3	4	5	6	7	8	9
ト	−	0	1	2	3	4	5	6	7	8	9
ナ	−	0	1	2	3	4	5	6	7	8	9
ニ	−	0	1	2	3	4	5	6	7	8	9
ヌ	−	0	1	2	3	4	5	6	7	8	9

2

	解	答								欄	
	−	0	1	2	3	4	5	6	7	8	9
ア	−	0	1	2	3	4	5	6	7	8	9
イ	−	0	1	2	3	4	5	6	7	8	9
ウ	−	0	1	2	3	4	5	6	7	8	9
エ	−	0	1	2	3	4	5	6	7	8	9
オ	−	0	1	2	3	4	5	6	7	8	9
カ	−	0	1	2	3	4	5	6	7	8	9
キ	−	0	1	2	3	4	5	6	7	8	9
ク	−	0	1	2	3	4	5	6	7	8	9
ケ	−	0	1	2	3	4	5	6	7	8	9
コ	−	0	1	2	3	4	5	6	7	8	9
サ	−	0	1	2	3	4	5	6	7	8	9
シ	−	0	1	2	3	4	5	6	7	8	9
ス	−	0	1	2	3	4	5	6	7	8	9
セ	−	0	1	2	3	4	5	6	7	8	9
ソ	−	0	1	2	3	4	5	6	7	8	9
タ	−	0	1	2	3	4	5	6	7	8	9
チ	−	0	1	2	3	4	5	6	7	8	9
ツ	−	0	1	2	3	4	5	6	7	8	9
テ	−	0	1	2	3	4	5	6	7	8	9
ト	−	0	1	2	3	4	5	6	7	8	9
ナ	−	0	1	2	3	4	5	6	7	8	9
ニ	−	0	1	2	3	4	5	6	7	8	9
ヌ	−	0	1	2	3	4	5	6	7	8	9

3

	解	答								欄	
	−	0	1	2	3	4	5	6	7	8	9
ア	−	0	1	2	3	4	5	6	7	8	9
イ	−	0	1	2	3	4	5	6	7	8	9
ウ	−	0	1	2	3	4	5	6	7	8	9
エ	−	0	1	2	3	4	5	6	7	8	9
オ	−	0	1	2	3	4	5	6	7	8	9
カ	−	0	1	2	3	4	5	6	7	8	9
キ	−	0	1	2	3	4	5	6	7	8	9
ク	−	0	1	2	3	4	5	6	7	8	9
ケ	−	0	1	2	3	4	5	6	7	8	9
コ	−	0	1	2	3	4	5	6	7	8	9
サ	−	0	1	2	3	4	5	6	7	8	9
シ	−	0	1	2	3	4	5	6	7	8	9
ス	−	0	1	2	3	4	5	6	7	8	9
セ	−	0	1	2	3	4	5	6	7	8	9
ソ	−	0	1	2	3	4	5	6	7	8	9
タ	−	0	1	2	3	4	5	6	7	8	9
チ	−	0	1	2	3	4	5	6	7	8	9
ツ	−	0	1	2	3	4	5	6	7	8	9
テ	−	0	1	2	3	4	5	6	7	8	9
ト	−	0	1	2	3	4	5	6	7	8	9
ナ	−	0	1	2	3	4	5	6	7	8	9
ニ	−	0	1	2	3	4	5	6	7	8	9
ヌ	−	0	1	2	3	4	5	6	7	8	9

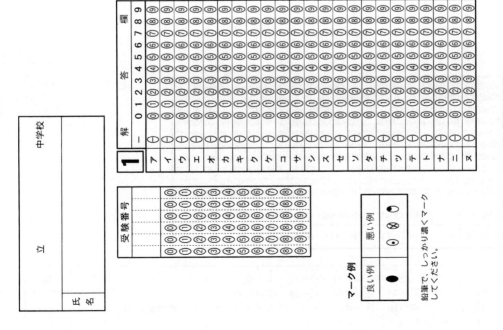

2023年度 浦和麗明高等学校 推薦 単願・併願1回目

数学解答用紙 No. 2

4

	解			答						欄
	−	0	1	2	3	4	5	6	7	8	9
ア	⊖	⓪	①	②	③	④	⑤	⑥	⑦	⑧	⑨
イ	⊖	⓪	①	②	③	④	⑤	⑥	⑦	⑧	⑨
ウ	⊖	⓪	①	②	③	④	⑤	⑥	⑦	⑧	⑨
エ	⊖	⓪	①	②	③	④	⑤	⑥	⑦	⑧	⑨
オ	⊖	⓪	①	②	③	④	⑤	⑥	⑦	⑧	⑨
カ	⊖	⓪	①	②	③	④	⑤	⑥	⑦	⑧	⑨
キ	⊖	⓪	①	②	③	④	⑤	⑥	⑦	⑧	⑨
ク	⊖	⓪	①	②	③	④	⑤	⑥	⑦	⑧	⑨
ケ	⊖	⓪	①	②	③	④	⑤	⑥	⑦	⑧	⑨
コ	⊖	⓪	①	②	③	④	⑤	⑥	⑦	⑧	⑨
サ	⊖	⓪	①	②	③	④	⑤	⑥	⑦	⑧	⑨
シ	⊖	⓪	①	②	③	④	⑤	⑥	⑦	⑧	⑨
ス	⊖	⓪	①	②	③	④	⑤	⑥	⑦	⑧	⑨
セ	⊖	⓪	①	②	③	④	⑤	⑥	⑦	⑧	⑨
ソ	⊖	⓪	①	②	③	④	⑤	⑥	⑦	⑧	⑨
タ	⊖	⓪	①	②	③	④	⑤	⑥	⑦	⑧	⑨
チ	⊖	⓪	①	②	③	④	⑤	⑥	⑦	⑧	⑨
ツ	⊖	⓪	①	②	③	④	⑤	⑥	⑦	⑧	⑨
テ	⊖	⓪	①	②	③	④	⑤	⑥	⑦	⑧	⑨
ト	⊖	⓪	①	②	③	④	⑤	⑥	⑦	⑧	⑨
ナ	⊖	⓪	①	②	③	④	⑤	⑥	⑦	⑧	⑨
ニ	⊖	⓪	①	②	③	④	⑤	⑥	⑦	⑧	⑨
ヌ	⊖	⓪	①	②	③	④	⑤	⑥	⑦	⑧	⑨

5

	解			答						欄
	−	0	1	2	3	4	5	6	7	8	9
ア	⊖	⓪	①	②	③	④	⑤	⑥	⑦	⑧	⑨
イ	⊖	⓪	①	②	③	④	⑤	⑥	⑦	⑧	⑨
ウ	⊖	⓪	①	②	③	④	⑤	⑥	⑦	⑧	⑨
エ	⊖	⓪	①	②	③	④	⑤	⑥	⑦	⑧	⑨
オ	⊖	⓪	①	②	③	④	⑤	⑥	⑦	⑧	⑨
カ	⊖	⓪	①	②	③	④	⑤	⑥	⑦	⑧	⑨
キ	⊖	⓪	①	②	③	④	⑤	⑥	⑦	⑧	⑨
ク	⊖	⓪	①	②	③	④	⑤	⑥	⑦	⑧	⑨
ケ	⊖	⓪	①	②	③	④	⑤	⑥	⑦	⑧	⑨
コ	⊖	⓪	①	②	③	④	⑤	⑥	⑦	⑧	⑨
サ	⊖	⓪	①	②	③	④	⑤	⑥	⑦	⑧	⑨
シ	⊖	⓪	①	②	③	④	⑤	⑥	⑦	⑧	⑨
ス	⊖	⓪	①	②	③	④	⑤	⑥	⑦	⑧	⑨
セ	⊖	⓪	①	②	③	④	⑤	⑥	⑦	⑧	⑨
ソ	⊖	⓪	①	②	③	④	⑤	⑥	⑦	⑧	⑨
タ	⊖	⓪	①	②	③	④	⑤	⑥	⑦	⑧	⑨
チ	⊖	⓪	①	②	③	④	⑤	⑥	⑦	⑧	⑨
ツ	⊖	⓪	①	②	③	④	⑤	⑥	⑦	⑧	⑨
テ	⊖	⓪	①	②	③	④	⑤	⑥	⑦	⑧	⑨
ト	⊖	⓪	①	②	③	④	⑤	⑥	⑦	⑧	⑨
ナ	⊖	⓪	①	②	③	④	⑤	⑥	⑦	⑧	⑨
ニ	⊖	⓪	①	②	③	④	⑤	⑥	⑦	⑧	⑨
ヌ	⊖	⓪	①	②	③	④	⑤	⑥	⑦	⑧	⑨

6

	解			答						欄
	−	0	1	2	3	4	5	6	7	8	9
ア	⊖	⓪	①	②	③	④	⑤	⑥	⑦	⑧	⑨
イ	⊖	⓪	①	②	③	④	⑤	⑥	⑦	⑧	⑨
ウ	⊖	⓪	①	②	③	④	⑤	⑥	⑦	⑧	⑨
エ	⊖	⓪	①	②	③	④	⑤	⑥	⑦	⑧	⑨
オ	⊖	⓪	①	②	③	④	⑤	⑥	⑦	⑧	⑨
カ	⊖	⓪	①	②	③	④	⑤	⑥	⑦	⑧	⑨
キ	⊖	⓪	①	②	③	④	⑤	⑥	⑦	⑧	⑨
ク	⊖	⓪	①	②	③	④	⑤	⑥	⑦	⑧	⑨
ケ	⊖	⓪	①	②	③	④	⑤	⑥	⑦	⑧	⑨
コ	⊖	⓪	①	②	③	④	⑤	⑥	⑦	⑧	⑨
サ	⊖	⓪	①	②	③	④	⑤	⑥	⑦	⑧	⑨
シ	⊖	⓪	①	②	③	④	⑤	⑥	⑦	⑧	⑨
ス	⊖	⓪	①	②	③	④	⑤	⑥	⑦	⑧	⑨
セ	⊖	⓪	①	②	③	④	⑤	⑥	⑦	⑧	⑨
ソ	⊖	⓪	①	②	③	④	⑤	⑥	⑦	⑧	⑨
タ	⊖	⓪	①	②	③	④	⑤	⑥	⑦	⑧	⑨
チ	⊖	⓪	①	②	③	④	⑤	⑥	⑦	⑧	⑨
ツ	⊖	⓪	①	②	③	④	⑤	⑥	⑦	⑧	⑨
テ	⊖	⓪	①	②	③	④	⑤	⑥	⑦	⑧	⑨
ト	⊖	⓪	①	②	③	④	⑤	⑥	⑦	⑧	⑨
ナ	⊖	⓪	①	②	③	④	⑤	⑥	⑦	⑧	⑨
ニ	⊖	⓪	①	②	③	④	⑤	⑥	⑦	⑧	⑨
ヌ	⊖	⓪	①	②	③	④	⑤	⑥	⑦	⑧	⑨

(注) この解答用紙は実物を縮小してあります。Ｂ４用紙に128%拡大コピーすると、ほぼ実物大で使用できます。(タイトルと配点表は含みません)

学校配点	
1 (1) 4点 (2) 各3点×2 (3)～(5) 各4点×3 2 (1) 各3点×2 (2) 4点 (3)～(5) 各3点×6 3 (1)、(2) 各3点×2 (3) オ～コ 各3点×2 サ～ニ 各4点×2 4 各4点×3 5 各3点×6	
100点	計

二〇二三年度　浦和麗明高等学校　推薦　単願・併願一回目

国語解答用紙

評点	／100

氏名	

立	中学校

1. 記入欄・マーク欄以外には記入しないでください。
2. 鉛筆で、しっかり濃くマークしてください。
3. 間違った場合には、消しゴムで、きれいに消してください。

マーク例

良い例	●	悪い例	✓ ⦶ ◐

受験番号					
⓪	⓪	⓪	⓪	⓪	⓪
①	①	①	①	①	①
②	②	②	②	②	②
③	③	③	③	③	③
④	④	④	④	④	④
⑤	⑤	⑤	⑤	⑤	⑤
⑥	⑥	⑥	⑥	⑥	⑥
⑦	⑦	⑦	⑦	⑦	⑦
⑧	⑧	⑧	⑧	⑧	⑧
⑨	⑨	⑨	⑨	⑨	⑨

問	解答欄			
1	①	②	③	④
2	①	②	③	④
3	①	②	③	④
4	①	②	③	④
5	①	②	③	④
6	①	②	③	④
7	①	②	③	④
8	①	②	③	④
9	①	②	③	④
10	①	②	③	④
11	①	②	③	④
12	①	②	③	④
13	①	②	③	④
14	①	②	③	④
15	①	②	③	④
16	①	②	③	④
17	①	②	③	④
18	①	②	③	④
19	①	②	③	④
20	①	②	③	④
21	①	②	③	④
22	①	②	③	④
23	①	②	③	④
24	①	②	③	④
25	①	②	③	④

問	解答欄			
26	①	②	③	④
27	①	②	③	④
28	①	②	③	④
29	①	②	③	④
30	①	②	③	④
31	①	②	③	④
32	①	②	③	④
33	①	②	③	④
34	①	②	③	④
35	①	②	③	④
36	①	②	③	④
37	①	②	③	④
38	①	②	③	④
39	①	②	③	④
40	①	②	③	④
41	①	②	③	④
42	①	②	③	④
43	①	②	③	④
44	①	②	③	④
45	①	②	③	④
46	①	②	③	④
47	①	②	③	④
48	①	②	③	④
49	①	②	③	④
50	①	②	③	④

（注）この解答用紙は実物を縮小してあります。B4用紙に143％拡大コピーすると、ほぼ実物大で使用できます。（タイトルと配点表は含みません）

学校配点		計
学校配点	一　問1，問2　各3点×2　問3　4点　問4　3点　問5　4点 問6～問8　各3点×3　問9　4点　問10　5点　二　問11　4点 問12～問14　各3点×3　問15　4点　問16，問17　各3点×2 問18～問20　各4点×3　三　問21　3点　問22，問23　各4点×2 問24　3点　問25，問26　各5点×2　問27　6点	100点

２０２３年度　浦和麗明高等学校　推薦　併願２回目

英語解答用紙

評点	／100

氏名	

立	中学校

1. 記入欄・マーク欄以外には記入しないでください。
2. 鉛筆で、しっかり濃くマークしてください。
3. 間違った場合には、消しゴムで、きれいに消してください。

マーク例

良い例	●	悪い例	✓ ⦿ ◐

受験番号					
⓪	⓪	⓪	⓪	⓪	⓪
①	①	①	①	①	①
②	②	②	②	②	②
③	③	③	③	③	③
④	④	④	④	④	④
⑤	⑤	⑤	⑤	⑤	⑤
⑥	⑥	⑥	⑥	⑥	⑥
⑦	⑦	⑦	⑦	⑦	⑦
⑧	⑧	⑧	⑧	⑧	⑧
⑨	⑨	⑨	⑨	⑨	⑨

問	解答欄			
1	①	②	③	④
2	①	②	③	④
3	①	②	③	④
4	①	②	③	④
5	①	②	③	④
6	①	②	③	④
7	①	②	③	④
8	①	②	③	④
9	①	②	③	④
10	①	②	③	④
11	①	②	③	④
12	①	②	③	④
13	①	②	③	④
14	①	②	③	④
15	①	②	③	④
16	①	②	③	④
17	①	②	③	④
18	①	②	③	④
19	①	②	③	④
20	①	②	③	④
21	①	②	③	④
22	①	②	③	④
23	①	②	③	④
24	①	②	③	④
25	①	②	③	④

問	解答欄			
26	①	②	③	④
27	①	②	③	④
28	①	②	③	④
29	①	②	③	④
30	①	②	③	④
31	①	②	③	④
32	①	②	③	④
33	①	②	③	④
34	①	②	③	④
35	①	②	③	④
36	①	②	③	④
37	①	②	③	④
38	①	②	③	④
39	①	②	③	④
40	①	②	③	④
41	①	②	③	④
42	①	②	③	④
43	①	②	③	④
44	①	②	③	④
45	①	②	③	④
46	①	②	③	④
47	①	②	③	④
48	①	②	③	④
49	①	②	③	④
50	①	②	③	④

（注）この解答用紙は実物を縮小してあります。Ｂ４用紙に143％拡大コピーすると、ほぼ実物大で使用できます。（タイトルと配点表は含みません）

学校配点	1，2　各１点×６　3，4　各２点×15　5　各３点×５ 6　問27，問28　各４点×２　問29，問30　各２点×２ 問31，問32　各４点×２ 7　問33　３点　問34　各４点×４　問35，問36　各３点×２ 問37　４点	計 100点

2023年度　浦和麗明高等学校　推薦　併願2回目

数学解答用紙　No. 1

立	中学校
氏名	

受験番号					
⓪	⓪	⓪	⓪	⓪	⓪
①	①	①	①	①	①
②	②	②	②	②	②
③	③	③	③	③	③
④	④	④	④	④	④
⑤	⑤	⑤	⑤	⑤	⑤
⑥	⑥	⑥	⑥	⑥	⑥
⑦	⑦	⑦	⑦	⑦	⑦
⑧	⑧	⑧	⑧	⑧	⑧
⑨	⑨	⑨	⑨	⑨	⑨

マーク例

良い例	悪い例
●	⊙ ⊗ ◓

鉛筆で、しっかり濃くマークしてください。

1

	解				答						欄
	−	0	1	2	3	4	5	6	7	8	9
ア	⊖	⓪	①	②	③	④	⑤	⑥	⑦	⑧	⑨
イ	⊖	⓪	①	②	③	④	⑤	⑥	⑦	⑧	⑨
ウ	⊖	⓪	①	②	③	④	⑤	⑥	⑦	⑧	⑨
エ	⊖	⓪	①	②	③	④	⑤	⑥	⑦	⑧	⑨
オ	⊖	⓪	①	②	③	④	⑤	⑥	⑦	⑧	⑨
カ	⊖	⓪	①	②	③	④	⑤	⑥	⑦	⑧	⑨
キ	⊖	⓪	①	②	③	④	⑤	⑥	⑦	⑧	⑨
ク	⊖	⓪	①	②	③	④	⑤	⑥	⑦	⑧	⑨
ケ	⊖	⓪	①	②	③	④	⑤	⑥	⑦	⑧	⑨
コ	⊖	⓪	①	②	③	④	⑤	⑥	⑦	⑧	⑨
サ	⊖	⓪	①	②	③	④	⑤	⑥	⑦	⑧	⑨
シ	⊖	⓪	①	②	③	④	⑤	⑥	⑦	⑧	⑨
ス	⊖	⓪	①	②	③	④	⑤	⑥	⑦	⑧	⑨
セ	⊖	⓪	①	②	③	④	⑤	⑥	⑦	⑧	⑨
ソ	⊖	⓪	①	②	③	④	⑤	⑥	⑦	⑧	⑨
タ	⊖	⓪	①	②	③	④	⑤	⑥	⑦	⑧	⑨
チ	⊖	⓪	①	②	③	④	⑤	⑥	⑦	⑧	⑨
ツ	⊖	⓪	①	②	③	④	⑤	⑥	⑦	⑧	⑨
テ	⊖	⓪	①	②	③	④	⑤	⑥	⑦	⑧	⑨
ト	⊖	⓪	①	②	③	④	⑤	⑥	⑦	⑧	⑨
ナ	⊖	⓪	①	②	③	④	⑤	⑥	⑦	⑧	⑨
ニ	⊖	⓪	①	②	③	④	⑤	⑥	⑦	⑧	⑨
ヌ	⊖	⓪	①	②	③	④	⑤	⑥	⑦	⑧	⑨

2

	解				答						欄
	−	0	1	2	3	4	5	6	7	8	9
ア	⊖	⓪	①	②	③	④	⑤	⑥	⑦	⑧	⑨
イ	⊖	⓪	①	②	③	④	⑤	⑥	⑦	⑧	⑨
ウ	⊖	⓪	①	②	③	④	⑤	⑥	⑦	⑧	⑨
エ	⊖	⓪	①	②	③	④	⑤	⑥	⑦	⑧	⑨
オ	⊖	⓪	①	②	③	④	⑤	⑥	⑦	⑧	⑨
カ	⊖	⓪	①	②	③	④	⑤	⑥	⑦	⑧	⑨
キ	⊖	⓪	①	②	③	④	⑤	⑥	⑦	⑧	⑨
ク	⊖	⓪	①	②	③	④	⑤	⑥	⑦	⑧	⑨
ケ	⊖	⓪	①	②	③	④	⑤	⑥	⑦	⑧	⑨
コ	⊖	⓪	①	②	③	④	⑤	⑥	⑦	⑧	⑨
サ	⊖	⓪	①	②	③	④	⑤	⑥	⑦	⑧	⑨
シ	⊖	⓪	①	②	③	④	⑤	⑥	⑦	⑧	⑨
ス	⊖	⓪	①	②	③	④	⑤	⑥	⑦	⑧	⑨
セ	⊖	⓪	①	②	③	④	⑤	⑥	⑦	⑧	⑨
ソ	⊖	⓪	①	②	③	④	⑤	⑥	⑦	⑧	⑨
タ	⊖	⓪	①	②	③	④	⑤	⑥	⑦	⑧	⑨
チ	⊖	⓪	①	②	③	④	⑤	⑥	⑦	⑧	⑨
ツ	⊖	⓪	①	②	③	④	⑤	⑥	⑦	⑧	⑨
テ	⊖	⓪	①	②	③	④	⑤	⑥	⑦	⑧	⑨
ト	⊖	⓪	①	②	③	④	⑤	⑥	⑦	⑧	⑨
ナ	⊖	⓪	①	②	③	④	⑤	⑥	⑦	⑧	⑨
ニ	⊖	⓪	①	②	③	④	⑤	⑥	⑦	⑧	⑨
ヌ	⊖	⓪	①	②	③	④	⑤	⑥	⑦	⑧	⑨

3

	解				答						欄
	−	0	1	2	3	4	5	6	7	8	9
ア	⊖	⓪	①	②	③	④	⑤	⑥	⑦	⑧	⑨
イ	⊖	⓪	①	②	③	④	⑤	⑥	⑦	⑧	⑨
ウ	⊖	⓪	①	②	③	④	⑤	⑥	⑦	⑧	⑨
エ	⊖	⓪	①	②	③	④	⑤	⑥	⑦	⑧	⑨
オ	⊖	⓪	①	②	③	④	⑤	⑥	⑦	⑧	⑨
カ	⊖	⓪	①	②	③	④	⑤	⑥	⑦	⑧	⑨
キ	⊖	⓪	①	②	③	④	⑤	⑥	⑦	⑧	⑨
ク	⊖	⓪	①	②	③	④	⑤	⑥	⑦	⑧	⑨
ケ	⊖	⓪	①	②	③	④	⑤	⑥	⑦	⑧	⑨
コ	⊖	⓪	①	②	③	④	⑤	⑥	⑦	⑧	⑨
サ	⊖	⓪	①	②	③	④	⑤	⑥	⑦	⑧	⑨
シ	⊖	⓪	①	②	③	④	⑤	⑥	⑦	⑧	⑨
ス	⊖	⓪	①	②	③	④	⑤	⑥	⑦	⑧	⑨
セ	⊖	⓪	①	②	③	④	⑤	⑥	⑦	⑧	⑨
ソ	⊖	⓪	①	②	③	④	⑤	⑥	⑦	⑧	⑨
タ	⊖	⓪	①	②	③	④	⑤	⑥	⑦	⑧	⑨
チ	⊖	⓪	①	②	③	④	⑤	⑥	⑦	⑧	⑨
ツ	⊖	⓪	①	②	③	④	⑤	⑥	⑦	⑧	⑨
テ	⊖	⓪	①	②	③	④	⑤	⑥	⑦	⑧	⑨
ト	⊖	⓪	①	②	③	④	⑤	⑥	⑦	⑧	⑨
ナ	⊖	⓪	①	②	③	④	⑤	⑥	⑦	⑧	⑨
ニ	⊖	⓪	①	②	③	④	⑤	⑥	⑦	⑧	⑨
ヌ	⊖	⓪	①	②	③	④	⑤	⑥	⑦	⑧	⑨

評点
/100

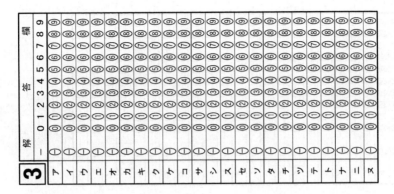

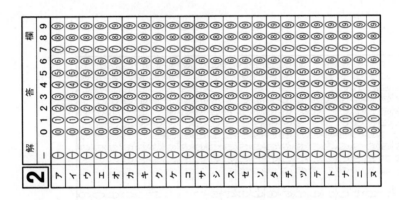

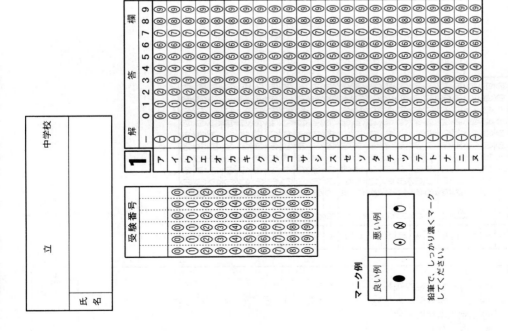

2023年度 浦和麗明高等学校 推薦 併願2回目

数学解答用紙 No.2

4	解答欄										
	−	0	1	2	3	4	5	6	7	8	9
ア	⊖	⓪	①	②	③	④	⑤	⑥	⑦	⑧	⑨
イ	⊖	⓪	①	②	③	④	⑤	⑥	⑦	⑧	⑨
ウ	⊖	⓪	①	②	③	④	⑤	⑥	⑦	⑧	⑨
エ	⊖	⓪	①	②	③	④	⑤	⑥	⑦	⑧	⑨
オ	⊖	⓪	①	②	③	④	⑤	⑥	⑦	⑧	⑨
カ	⊖	⓪	①	②	③	④	⑤	⑥	⑦	⑧	⑨
キ	⊖	⓪	①	②	③	④	⑤	⑥	⑦	⑧	⑨
ク	⊖	⓪	①	②	③	④	⑤	⑥	⑦	⑧	⑨
ケ	⊖	⓪	①	②	③	④	⑤	⑥	⑦	⑧	⑨
コ	⊖	⓪	①	②	③	④	⑤	⑥	⑦	⑧	⑨
サ	⊖	⓪	①	②	③	④	⑤	⑥	⑦	⑧	⑨
シ	⊖	⓪	①	②	③	④	⑤	⑥	⑦	⑧	⑨
ス	⊖	⓪	①	②	③	④	⑤	⑥	⑦	⑧	⑨
セ	⊖	⓪	①	②	③	④	⑤	⑥	⑦	⑧	⑨
ソ	⊖	⓪	①	②	③	④	⑤	⑥	⑦	⑧	⑨
タ	⊖	⓪	①	②	③	④	⑤	⑥	⑦	⑧	⑨
チ	⊖	⓪	①	②	③	④	⑤	⑥	⑦	⑧	⑨
ツ	⊖	⓪	①	②	③	④	⑤	⑥	⑦	⑧	⑨
テ	⊖	⓪	①	②	③	④	⑤	⑥	⑦	⑧	⑨
ト	⊖	⓪	①	②	③	④	⑤	⑥	⑦	⑧	⑨
ナ	⊖	⓪	①	②	③	④	⑤	⑥	⑦	⑧	⑨
ニ	⊖	⓪	①	②	③	④	⑤	⑥	⑦	⑧	⑨
ヌ	⊖	⓪	①	②	③	④	⑤	⑥	⑦	⑧	⑨

5	解答欄										
	−	0	1	2	3	4	5	6	7	8	9
ア	⊖	⓪	①	②	③	④	⑤	⑥	⑦	⑧	⑨
イ	⊖	⓪	①	②	③	④	⑤	⑥	⑦	⑧	⑨
ウ	⊖	⓪	①	②	③	④	⑤	⑥	⑦	⑧	⑨
エ	⊖	⓪	①	②	③	④	⑤	⑥	⑦	⑧	⑨
オ	⊖	⓪	①	②	③	④	⑤	⑥	⑦	⑧	⑨
カ	⊖	⓪	①	②	③	④	⑤	⑥	⑦	⑧	⑨
キ	⊖	⓪	①	②	③	④	⑤	⑥	⑦	⑧	⑨
ク	⊖	⓪	①	②	③	④	⑤	⑥	⑦	⑧	⑨
ケ	⊖	⓪	①	②	③	④	⑤	⑥	⑦	⑧	⑨
コ	⊖	⓪	①	②	③	④	⑤	⑥	⑦	⑧	⑨
サ	⊖	⓪	①	②	③	④	⑤	⑥	⑦	⑧	⑨
シ	⊖	⓪	①	②	③	④	⑤	⑥	⑦	⑧	⑨
ス	⊖	⓪	①	②	③	④	⑤	⑥	⑦	⑧	⑨
セ	⊖	⓪	①	②	③	④	⑤	⑥	⑦	⑧	⑨
ソ	⊖	⓪	①	②	③	④	⑤	⑥	⑦	⑧	⑨
タ	⊖	⓪	①	②	③	④	⑤	⑥	⑦	⑧	⑨
チ	⊖	⓪	①	②	③	④	⑤	⑥	⑦	⑧	⑨
ツ	⊖	⓪	①	②	③	④	⑤	⑥	⑦	⑧	⑨
テ	⊖	⓪	①	②	③	④	⑤	⑥	⑦	⑧	⑨
ト	⊖	⓪	①	②	③	④	⑤	⑥	⑦	⑧	⑨
ナ	⊖	⓪	①	②	③	④	⑤	⑥	⑦	⑧	⑨
ニ	⊖	⓪	①	②	③	④	⑤	⑥	⑦	⑧	⑨
ヌ	⊖	⓪	①	②	③	④	⑤	⑥	⑦	⑧	⑨

6	解答欄										
	−	0	1	2	3	4	5	6	7	8	9
ア	⊖	⓪	①	②	③	④	⑤	⑥	⑦	⑧	⑨
イ	⊖	⓪	①	②	③	④	⑤	⑥	⑦	⑧	⑨
ウ	⊖	⓪	①	②	③	④	⑤	⑥	⑦	⑧	⑨
エ	⊖	⓪	①	②	③	④	⑤	⑥	⑦	⑧	⑨
オ	⊖	⓪	①	②	③	④	⑤	⑥	⑦	⑧	⑨
カ	⊖	⓪	①	②	③	④	⑤	⑥	⑦	⑧	⑨
キ	⊖	⓪	①	②	③	④	⑤	⑥	⑦	⑧	⑨
ク	⊖	⓪	①	②	③	④	⑤	⑥	⑦	⑧	⑨
ケ	⊖	⓪	①	②	③	④	⑤	⑥	⑦	⑧	⑨
コ	⊖	⓪	①	②	③	④	⑤	⑥	⑦	⑧	⑨
サ	⊖	⓪	①	②	③	④	⑤	⑥	⑦	⑧	⑨
シ	⊖	⓪	①	②	③	④	⑤	⑥	⑦	⑧	⑨
ス	⊖	⓪	①	②	③	④	⑤	⑥	⑦	⑧	⑨
セ	⊖	⓪	①	②	③	④	⑤	⑥	⑦	⑧	⑨
ソ	⊖	⓪	①	②	③	④	⑤	⑥	⑦	⑧	⑨
タ	⊖	⓪	①	②	③	④	⑤	⑥	⑦	⑧	⑨
チ	⊖	⓪	①	②	③	④	⑤	⑥	⑦	⑧	⑨
ツ	⊖	⓪	①	②	③	④	⑤	⑥	⑦	⑧	⑨
テ	⊖	⓪	①	②	③	④	⑤	⑥	⑦	⑧	⑨
ト	⊖	⓪	①	②	③	④	⑤	⑥	⑦	⑧	⑨
ナ	⊖	⓪	①	②	③	④	⑤	⑥	⑦	⑧	⑨
ニ	⊖	⓪	①	②	③	④	⑤	⑥	⑦	⑧	⑨
ヌ	⊖	⓪	①	②	③	④	⑤	⑥	⑦	⑧	⑨

（注）この解答用紙は実物を縮小してあります。Ｂ４用紙に128%拡大コピーすると、ほぼ実物大で使用できます。（タイトルと配点表は含みません）

学校配点	
1 (1)～(4) 各3点×6 (5) 4点　2 (1) 各3点×2 (2)、(3) 各4点×3 (4)、(5) 各5点×2　3、4 各4点×8　5 各3点×6	
100点	計

二〇二三年度　浦和麗明高等学校　推薦　併願二回目

国語解答用紙

評点	／100

氏名	

立	中学校

1. 記入欄・マーク欄以外には記入しないでください。
2. 鉛筆で、しっかり濃くマークしてください。
3. 間違った場合には、消しゴムで、きれいに消してください。

マーク例

良い例	●	悪い例	✓ ⦿ ◐

受験番号					
⓪	⓪	⓪	⓪	⓪	⓪
①	①	①	①	①	①
②	②	②	②	②	②
③	③	③	③	③	③
④	④	④	④	④	④
⑤	⑤	⑤	⑤	⑤	⑤
⑥	⑥	⑥	⑥	⑥	⑥
⑦	⑦	⑦	⑦	⑦	⑦
⑧	⑧	⑧	⑧	⑧	⑧
⑨	⑨	⑨	⑨	⑨	⑨

問	解答欄				問	解答欄			
1	①	②	③	④	26	①	②	③	④
2	①	②	③	④	27	①	②	③	④
3	①	②	③	④	28	①	②	③	④
4	①	②	③	④	29	①	②	③	④
5	①	②	③	④	30	①	②	③	④
6	①	②	③	④	31	①	②	③	④
7	①	②	③	④	32	①	②	③	④
8	①	②	③	④	33	①	②	③	④
9	①	②	③	④	34	①	②	③	④
10	①	②	③	④	35	①	②	③	④
11	①	②	③	④	36	①	②	③	④
12	①	②	③	④	37	①	②	③	④
13	①	②	③	④	38	①	②	③	④
14	①	②	③	④	39	①	②	③	④
15	①	②	③	④	40	①	②	③	④
16	①	②	③	④	41	①	②	③	④
17	①	②	③	④	42	①	②	③	④
18	①	②	③	④	43	①	②	③	④
19	①	②	③	④	44	①	②	③	④
20	①	②	③	④	45	①	②	③	④
21	①	②	③	④	46	①	②	③	④
22	①	②	③	④	47	①	②	③	④
23	①	②	③	④	48	①	②	③	④
24	①	②	③	④	49	①	②	③	④
25	①	②	③	④	50	①	②	③	④

（注）この解答用紙は実物を縮小してあります。B4用紙に143％拡大コピーすると、ほぼ実物大で使用できます。（タイトルと配点表は含みません）

学校配点		計
学校配点	一 問１〜問３　各４点×３　問４，問５　各３点×２　問６　４点 問７〜問９　各３点×３　問10　４点　二 問11，問12　各３点×２ 問13　４点　問14　２点　問15　４点　問16，問17　各３点×２　問18　４点 問19〜問21　各３点×３　三 問22，問23　各３点×２　問24　４点 問25　５点　問26　３点　問27　４点　問28　５点　問29　３点	100点

２０２２年度　浦和麗明高等学校　推薦　単願・併願１回目

英語解答用紙

評点	／100

氏名	

立	中学校

1. 記入欄・マーク欄以外には記入しないでください。
2. 鉛筆で、しっかり濃くマークしてください。
3. 間違った場合には、消しゴムで、きれいに消してください。

マーク例

良い例	●	悪い例	✓ ⊙ ◐

受験番号					
⓪	⓪	⓪	⓪	⓪	⓪
①	①	①	①	①	①
②	②	②	②	②	②
③	③	③	③	③	③
④	④	④	④	④	④
⑤	⑤	⑤	⑤	⑤	⑤
⑥	⑥	⑥	⑥	⑥	⑥
⑦	⑦	⑦	⑦	⑦	⑦
⑧	⑧	⑧	⑧	⑧	⑧
⑨	⑨	⑨	⑨	⑨	⑨

問	解答欄			
1	①	②	③	④
2	①	②	③	④
3	①	②	③	④
4	①	②	③	④
5	①	②	③	④
6	①	②	③	④
7	①	②	③	④
8	①	②	③	④
9	①	②	③	④
10	①	②	③	④
11	①	②	③	④
12	①	②	③	④
13	①	②	③	④
14	①	②	③	④
15	①	②	③	④
16	①	②	③	④
17	①	②	③	④
18	①	②	③	④
19	①	②	③	④
20	①	②	③	④
21	①	②	③	④
22	①	②	③	④
23	①	②	③	④
24	①	②	③	④
25	①	②	③	④

問	解答欄			
26	①	②	③	④
27	①	②	③	④
28	①	②	③	④
29	①	②	③	④
30	①	②	③	④
31	①	②	③	④
32	①	②	③	④
33	①	②	③	④
34	①	②	③	④
35	①	②	③	④
36	①	②	③	④
37	①	②	③	④
38	①	②	③	④
39	①	②	③	④
40	①	②	③	④
41	①	②	③	④
42	①	②	③	④
43	①	②	③	④
44	①	②	③	④
45	①	②	③	④
46	①	②	③	④
47	①	②	③	④
48	①	②	③	④
49	①	②	③	④
50	①	②	③	④

（注）この解答用紙は実物を縮小してあります。B４用紙に143％拡大コピーすると、ほぼ実物大で使用できます。（タイトルと配点表は含みません）

学校配点		計
	1，2　各１点×６　　3，4　各２点×15　　5　各３点×５ 6　問27，問28　各３点×２　問29，問30　各４点×２　問31，問32　各３点×２　問33　５点 7　問34　５点　問35　３点　問36，問37　各２点×２　問38～問40　各４点×３	100点

2022年度　浦和麗明高等学校　推薦　単願・併願1回目

数学解答用紙　No.1

評点
/100

立	中学校
氏名	

受験番号					
0	0	0	0	0	0
1	1	1	1	1	1
2	2	2	2	2	2
3	3	3	3	3	3
4	4	4	4	4	4
5	5	5	5	5	5
6	6	6	6	6	6
7	7	7	7	7	7
8	8	8	8	8	8
9	9	9	9	9	9

マーク例

良い例	悪い例
●	⊙ ⊗ ◓

鉛筆で、しっかり濃くマークしてください。

1	解				答					欄
	−	0	1	2	3	4	5	6	7	8	9
ア	⊖	0	1	2	3	4	5	6	7	8	9
イ	⊖	0	1	2	3	4	5	6	7	8	9
ウ	⊖	0	1	2	3	4	5	6	7	8	9
エ	⊖	0	1	2	3	4	5	6	7	8	9
オ	⊖	0	1	2	3	4	5	6	7	8	9
カ	⊖	0	1	2	3	4	5	6	7	8	9
キ	⊖	0	1	2	3	4	5	6	7	8	9
ク	⊖	0	1	2	3	4	5	6	7	8	9
ケ	⊖	0	1	2	3	4	5	6	7	8	9
コ	⊖	0	1	2	3	4	5	6	7	8	9
サ	⊖	0	1	2	3	4	5	6	7	8	9
シ	⊖	0	1	2	3	4	5	6	7	8	9
ス	⊖	0	1	2	3	4	5	6	7	8	9
セ	⊖	0	1	2	3	4	5	6	7	8	9
ソ	⊖	0	1	2	3	4	5	6	7	8	9
タ	⊖	0	1	2	3	4	5	6	7	8	9
チ	⊖	0	1	2	3	4	5	6	7	8	9
ツ	⊖	0	1	2	3	4	5	6	7	8	9
テ	⊖	0	1	2	3	4	5	6	7	8	9
ト	⊖	0	1	2	3	4	5	6	7	8	9
ナ	⊖	0	1	2	3	4	5	6	7	8	9
ニ	⊖	0	1	2	3	4	5	6	7	8	9
ヌ	⊖	0	1	2	3	4	5	6	7	8	9

2	解				答					欄
	−	0	1	2	3	4	5	6	7	8	9
ア	⊖	0	1	2	3	4	5	6	7	8	9
イ	⊖	0	1	2	3	4	5	6	7	8	9
ウ	⊖	0	1	2	3	4	5	6	7	8	9
エ	⊖	0	1	2	3	4	5	6	7	8	9
オ	⊖	0	1	2	3	4	5	6	7	8	9
カ	⊖	0	1	2	3	4	5	6	7	8	9
キ	⊖	0	1	2	3	4	5	6	7	8	9
ク	⊖	0	1	2	3	4	5	6	7	8	9
ケ	⊖	0	1	2	3	4	5	6	7	8	9
コ	⊖	0	1	2	3	4	5	6	7	8	9
サ	⊖	0	1	2	3	4	5	6	7	8	9
シ	⊖	0	1	2	3	4	5	6	7	8	9
ス	⊖	0	1	2	3	4	5	6	7	8	9
セ	⊖	0	1	2	3	4	5	6	7	8	9
ソ	⊖	0	1	2	3	4	5	6	7	8	9
タ	⊖	0	1	2	3	4	5	6	7	8	9
チ	⊖	0	1	2	3	4	5	6	7	8	9
ツ	⊖	0	1	2	3	4	5	6	7	8	9
テ	⊖	0	1	2	3	4	5	6	7	8	9
ト	⊖	0	1	2	3	4	5	6	7	8	9
ナ	⊖	0	1	2	3	4	5	6	7	8	9
ニ	⊖	0	1	2	3	4	5	6	7	8	9
ヌ	⊖	0	1	2	3	4	5	6	7	8	9

3	解				答					欄
	−	0	1	2	3	4	5	6	7	8	9
ア	⊖	0	1	2	3	4	5	6	7	8	9
イ	⊖	0	1	2	3	4	5	6	7	8	9
ウ	⊖	0	1	2	3	4	5	6	7	8	9
エ	⊖	0	1	2	3	4	5	6	7	8	9
オ	⊖	0	1	2	3	4	5	6	7	8	9
カ	⊖	0	1	2	3	4	5	6	7	8	9
キ	⊖	0	1	2	3	4	5	6	7	8	9
ク	⊖	0	1	2	3	4	5	6	7	8	9
ケ	⊖	0	1	2	3	4	5	6	7	8	9
コ	⊖	0	1	2	3	4	5	6	7	8	9
サ	⊖	0	1	2	3	4	5	6	7	8	9
シ	⊖	0	1	2	3	4	5	6	7	8	9
ス	⊖	0	1	2	3	4	5	6	7	8	9
セ	⊖	0	1	2	3	4	5	6	7	8	9
ソ	⊖	0	1	2	3	4	5	6	7	8	9
タ	⊖	0	1	2	3	4	5	6	7	8	9
チ	⊖	0	1	2	3	4	5	6	7	8	9
ツ	⊖	0	1	2	3	4	5	6	7	8	9
テ	⊖	0	1	2	3	4	5	6	7	8	9
ト	⊖	0	1	2	3	4	5	6	7	8	9
ナ	⊖	0	1	2	3	4	5	6	7	8	9
ニ	⊖	0	1	2	3	4	5	6	7	8	9
ヌ	⊖	0	1	2	3	4	5	6	7	8	9

2022年度 浦和麗明高等学校 推薦 単願・併願1回目

数学解答用紙 No. 2

学校配点
1、2 各5点×8
3 (1)、(2) 各3点×2
(3) ク、ケ 各2点×2 コサ、シ 各3点×2 ス～タ 4点
4 (1) 4点 (2) 各5点×2 (3) 6点
5 (1) 4点 (2)、(3) 各5点×2 (4) 6点
計 100点

4 解答欄

	−	0	1	2	3	4	5	6	7	8	9
ア	⊖	⓪	①	②	③	④	⑤	⑥	⑦	⑧	⑨
イ	⊖	⓪	①	②	③	④	⑤	⑥	⑦	⑧	⑨
ウ	⊖	⓪	①	②	③	④	⑤	⑥	⑦	⑧	⑨
エ	⊖	⓪	①	②	③	④	⑤	⑥	⑦	⑧	⑨
オ	⊖	⓪	①	②	③	④	⑤	⑥	⑦	⑧	⑨
カ	⊖	⓪	①	②	③	④	⑤	⑥	⑦	⑧	⑨
キ	⊖	⓪	①	②	③	④	⑤	⑥	⑦	⑧	⑨
ク	⊖	⓪	①	②	③	④	⑤	⑥	⑦	⑧	⑨
ケ	⊖	⓪	①	②	③	④	⑤	⑥	⑦	⑧	⑨
コ	⊖	⓪	①	②	③	④	⑤	⑥	⑦	⑧	⑨
サ	⊖	⓪	①	②	③	④	⑤	⑥	⑦	⑧	⑨
シ	⊖	⓪	①	②	③	④	⑤	⑥	⑦	⑧	⑨
ス	⊖	⓪	①	②	③	④	⑤	⑥	⑦	⑧	⑨
セ	⊖	⓪	①	②	③	④	⑤	⑥	⑦	⑧	⑨
ソ	⊖	⓪	①	②	③	④	⑤	⑥	⑦	⑧	⑨
タ	⊖	⓪	①	②	③	④	⑤	⑥	⑦	⑧	⑨
チ	⊖	⓪	①	②	③	④	⑤	⑥	⑦	⑧	⑨
ツ	⊖	⓪	①	②	③	④	⑤	⑥	⑦	⑧	⑨
テ	⊖	⓪	①	②	③	④	⑤	⑥	⑦	⑧	⑨
ト	⊖	⓪	①	②	③	④	⑤	⑥	⑦	⑧	⑨
ナ	⊖	⓪	①	②	③	④	⑤	⑥	⑦	⑧	⑨
ニ	⊖	⓪	①	②	③	④	⑤	⑥	⑦	⑧	⑨
ヌ	⊖	⓪	①	②	③	④	⑤	⑥	⑦	⑧	⑨

5 解答欄

	−	0	1	2	3	4	5	6	7	8	9
ア	⊖	⓪	①	②	③	④	⑤	⑥	⑦	⑧	⑨
イ	⊖	⓪	①	②	③	④	⑤	⑥	⑦	⑧	⑨
ウ	⊖	⓪	①	②	③	④	⑤	⑥	⑦	⑧	⑨
エ	⊖	⓪	①	②	③	④	⑤	⑥	⑦	⑧	⑨
オ	⊖	⓪	①	②	③	④	⑤	⑥	⑦	⑧	⑨
カ	⊖	⓪	①	②	③	④	⑤	⑥	⑦	⑧	⑨
キ	⊖	⓪	①	②	③	④	⑤	⑥	⑦	⑧	⑨
ク	⊖	⓪	①	②	③	④	⑤	⑥	⑦	⑧	⑨
ケ	⊖	⓪	①	②	③	④	⑤	⑥	⑦	⑧	⑨
コ	⊖	⓪	①	②	③	④	⑤	⑥	⑦	⑧	⑨
サ	⊖	⓪	①	②	③	④	⑤	⑥	⑦	⑧	⑨
シ	⊖	⓪	①	②	③	④	⑤	⑥	⑦	⑧	⑨
ス	⊖	⓪	①	②	③	④	⑤	⑥	⑦	⑧	⑨
セ	⊖	⓪	①	②	③	④	⑤	⑥	⑦	⑧	⑨
ソ	⊖	⓪	①	②	③	④	⑤	⑥	⑦	⑧	⑨
タ	⊖	⓪	①	②	③	④	⑤	⑥	⑦	⑧	⑨
チ	⊖	⓪	①	②	③	④	⑤	⑥	⑦	⑧	⑨
ツ	⊖	⓪	①	②	③	④	⑤	⑥	⑦	⑧	⑨
テ	⊖	⓪	①	②	③	④	⑤	⑥	⑦	⑧	⑨
ト	⊖	⓪	①	②	③	④	⑤	⑥	⑦	⑧	⑨
ナ	⊖	⓪	①	②	③	④	⑤	⑥	⑦	⑧	⑨
ニ	⊖	⓪	①	②	③	④	⑤	⑥	⑦	⑧	⑨
ヌ	⊖	⓪	①	②	③	④	⑤	⑥	⑦	⑧	⑨

6 解答欄

	−	0	1	2	3	4	5	6	7	8	9
ア	⊖	⓪	①	②	③	④	⑤	⑥	⑦	⑧	⑨
イ	⊖	⓪	①	②	③	④	⑤	⑥	⑦	⑧	⑨
ウ	⊖	⓪	①	②	③	④	⑤	⑥	⑦	⑧	⑨
エ	⊖	⓪	①	②	③	④	⑤	⑥	⑦	⑧	⑨
オ	⊖	⓪	①	②	③	④	⑤	⑥	⑦	⑧	⑨
カ	⊖	⓪	①	②	③	④	⑤	⑥	⑦	⑧	⑨
キ	⊖	⓪	①	②	③	④	⑤	⑥	⑦	⑧	⑨
ク	⊖	⓪	①	②	③	④	⑤	⑥	⑦	⑧	⑨
ケ	⊖	⓪	①	②	③	④	⑤	⑥	⑦	⑧	⑨
コ	⊖	⓪	①	②	③	④	⑤	⑥	⑦	⑧	⑨
サ	⊖	⓪	①	②	③	④	⑤	⑥	⑦	⑧	⑨
シ	⊖	⓪	①	②	③	④	⑤	⑥	⑦	⑧	⑨
ス	⊖	⓪	①	②	③	④	⑤	⑥	⑦	⑧	⑨
セ	⊖	⓪	①	②	③	④	⑤	⑥	⑦	⑧	⑨
ソ	⊖	⓪	①	②	③	④	⑤	⑥	⑦	⑧	⑨
タ	⊖	⓪	①	②	③	④	⑤	⑥	⑦	⑧	⑨
チ	⊖	⓪	①	②	③	④	⑤	⑥	⑦	⑧	⑨
ツ	⊖	⓪	①	②	③	④	⑤	⑥	⑦	⑧	⑨
テ	⊖	⓪	①	②	③	④	⑤	⑥	⑦	⑧	⑨
ト	⊖	⓪	①	②	③	④	⑤	⑥	⑦	⑧	⑨
ナ	⊖	⓪	①	②	③	④	⑤	⑥	⑦	⑧	⑨
ニ	⊖	⓪	①	②	③	④	⑤	⑥	⑦	⑧	⑨
ヌ	⊖	⓪	①	②	③	④	⑤	⑥	⑦	⑧	⑨

(注) この解答用紙は実物を縮小してあります。Ｂ４用紙に128%拡大コピーすると、ほぼ実物大で使用できます。(タイトルと配点表は含みません)

二〇二二年度　浦和麗明高等学校　推薦　単願・併願一回目

国語解答用紙

評点	／100

氏名	

立	中学校

1. 記入欄・マーク欄以外には記入しないでください。
2. 鉛筆で、しっかり濃くマークしてください。
3. 間違った場合には、消しゴムで、きれいに消してください。

マーク例

良い例	●	悪い例	✓ ◉ ◐

受験番号					
⓪	⓪	⓪	⓪	⓪	⓪
①	①	①	①	①	①
②	②	②	②	②	②
③	③	③	③	③	③
④	④	④	④	④	④
⑤	⑤	⑤	⑤	⑤	⑤
⑥	⑥	⑥	⑥	⑥	⑥
⑦	⑦	⑦	⑦	⑦	⑦
⑧	⑧	⑧	⑧	⑧	⑧
⑨	⑨	⑨	⑨	⑨	⑨

問	解答欄			
1	①	②	③	④
2	①	②	③	④
3	①	②	③	④
4	①	②	③	④
5	①	②	③	④
6	①	②	③	④
7	①	②	③	④
8	①	②	③	④
9	①	②	③	④
10	①	②	③	④
11	①	②	③	④
12	①	②	③	④
13	①	②	③	④
14	①	②	③	④
15	①	②	③	④
16	①	②	③	④
17	①	②	③	④
18	①	②	③	④
19	①	②	③	④
20	①	②	③	④
21	①	②	③	④
22	①	②	③	④
23	①	②	③	④
24	①	②	③	④
25	①	②	③	④

問	解答欄			
26	①	②	③	④
27	①	②	③	④
28	①	②	③	④
29	①	②	③	④
30	①	②	③	④
31	①	②	③	④
32	①	②	③	④
33	①	②	③	④
34	①	②	③	④
35	①	②	③	④
36	①	②	③	④
37	①	②	③	④
38	①	②	③	④
39	①	②	③	④
40	①	②	③	④
41	①	②	③	④
42	①	②	③	④
43	①	②	③	④
44	①	②	③	④
45	①	②	③	④
46	①	②	③	④
47	①	②	③	④
48	①	②	③	④
49	①	②	③	④
50	①	②	③	④

（注）この解答用紙は実物を縮小してあります。B4用紙に143%拡大コピーすると、ほぼ実物大で使用できます。（タイトルと配点表は含みません）

学校配点		計
	一　問1，問2　各3点×2　問3　4点　問4　2点　問5，問6　各3点×2　問7～問9　各4点×3　問10　5点 二　問11　3点　問12　2点　問13　3点　問14，問15　各4点×2　問16　2点　問17～問19　各3点×3　問20，問21　各4点×2 三　問22～問26　各4点×5　問27，問28　各5点×2	100点

2022年度　浦和麗明高等学校　推薦　併願2回目

英語解答用紙

評点	／100

氏名	

立	中学校

1. 記入欄・マーク欄以外には記入しないでください。
2. 鉛筆で、しっかり濃くマークしてください。
3. 間違った場合には、消しゴムで、きれいに消してください。

マーク例

良い例	●	悪い例	✓ ⊙ ◐

受験番号					
⓪	⓪	⓪	⓪	⓪	⓪
①	①	①	①	①	①
②	②	②	②	②	②
③	③	③	③	③	③
④	④	④	④	④	④
⑤	⑤	⑤	⑤	⑤	⑤
⑥	⑥	⑥	⑥	⑥	⑥
⑦	⑦	⑦	⑦	⑦	⑦
⑧	⑧	⑧	⑧	⑧	⑧
⑨	⑨	⑨	⑨	⑨	⑨

問	解答欄				問	解答欄			
1	①	②	③	④	26	①	②	③	④
2	①	②	③	④	27	①	②	③	④
3	①	②	③	④	28	①	②	③	④
4	①	②	③	④	29	①	②	③	④
5	①	②	③	④	30	①	②	③	④
6	①	②	③	④	31	①	②	③	④
7	①	②	③	④	32	①	②	③	④
8	①	②	③	④	33	①	②	③	④
9	①	②	③	④	34	①	②	③	④
10	①	②	③	④	35	①	②	③	④
11	①	②	③	④	36	①	②	③	④
12	①	②	③	④	37	①	②	③	④
13	①	②	③	④	38	①	②	③	④
14	①	②	③	④	39	①	②	③	④
15	①	②	③	④	40	①	②	③	④
16	①	②	③	④	41	①	②	③	④
17	①	②	③	④	42	①	②	③	④
18	①	②	③	④	43	①	②	③	④
19	①	②	③	④	44	①	②	③	④
20	①	②	③	④	45	①	②	③	④
21	①	②	③	④	46	①	②	③	④
22	①	②	③	④	47	①	②	③	④
23	①	②	③	④	48	①	②	③	④
24	①	②	③	④	49	①	②	③	④
25	①	②	③	④	50	①	②	③	④

（注）この解答用紙は実物を縮小してあります。B4用紙に143%拡大コピーすると、ほぼ実物大で使用できます。（タイトルと配点表は含みません）

学校配点		計
	1, 2　各1点×6　3, 4　各2点×15　5　各3点×5 6　問27, 問28　各2点×2　問29, 問30　各3点×2　問31, 問32　各4点×2　問33　5点 7　問34　5点　問35　4点　問36　2点　問37　3点　問38〜問40　各4点×3	100点

2022年度　浦和麗明高等学校　推薦　併願2回目

数学解答用紙　No. 1

評点
/100

立	中学校
氏名	

受験番号					
0	0	0	0	0	0
1	1	1	1	1	1
2	2	2	2	2	2
3	3	3	3	3	3
4	4	4	4	4	4
5	5	5	5	5	5
6	6	6	6	6	6
7	7	7	7	7	7
8	8	8	8	8	8
9	9	9	9	9	9

マーク例

良い例	悪い例
●	⊙ ⊗ ◓

鉛筆で、しっかり濃くマークしてください。

1	解答欄										
	−	0	1	2	3	4	5	6	7	8	9
ア	−	0	1	2	3	4	5	6	7	8	9
イ	−	0	1	2	3	4	5	6	7	8	9
ウ	−	0	1	2	3	4	5	6	7	8	9
エ	−	0	1	2	3	4	5	6	7	8	9
オ	−	0	1	2	3	4	5	6	7	8	9
カ	−	0	1	2	3	4	5	6	7	8	9
キ	−	0	1	2	3	4	5	6	7	8	9
ク	−	0	1	2	3	4	5	6	7	8	9
ケ	−	0	1	2	3	4	5	6	7	8	9
コ	−	0	1	2	3	4	5	6	7	8	9
サ	−	0	1	2	3	4	5	6	7	8	9
シ	−	0	1	2	3	4	5	6	7	8	9
ス	−	0	1	2	3	4	5	6	7	8	9
セ	−	0	1	2	3	4	5	6	7	8	9
ソ	−	0	1	2	3	4	5	6	7	8	9
タ	−	0	1	2	3	4	5	6	7	8	9
チ	−	0	1	2	3	4	5	6	7	8	9
ツ	−	0	1	2	3	4	5	6	7	8	9
テ	−	0	1	2	3	4	5	6	7	8	9
ト	−	0	1	2	3	4	5	6	7	8	9
ナ	−	0	1	2	3	4	5	6	7	8	9
ニ	−	0	1	2	3	4	5	6	7	8	9
ヌ	−	0	1	2	3	4	5	6	7	8	9

2	解答欄										
	−	0	1	2	3	4	5	6	7	8	9
ア	−	0	1	2	3	4	5	6	7	8	9
イ	−	0	1	2	3	4	5	6	7	8	9
ウ	−	0	1	2	3	4	5	6	7	8	9
エ	−	0	1	2	3	4	5	6	7	8	9
オ	−	0	1	2	3	4	5	6	7	8	9
カ	−	0	1	2	3	4	5	6	7	8	9
キ	−	0	1	2	3	4	5	6	7	8	9
ク	−	0	1	2	3	4	5	6	7	8	9
ケ	−	0	1	2	3	4	5	6	7	8	9
コ	−	0	1	2	3	4	5	6	7	8	9
サ	−	0	1	2	3	4	5	6	7	8	9
シ	−	0	1	2	3	4	5	6	7	8	9
ス	−	0	1	2	3	4	5	6	7	8	9
セ	−	0	1	2	3	4	5	6	7	8	9
ソ	−	0	1	2	3	4	5	6	7	8	9
タ	−	0	1	2	3	4	5	6	7	8	9
チ	−	0	1	2	3	4	5	6	7	8	9
ツ	−	0	1	2	3	4	5	6	7	8	9
テ	−	0	1	2	3	4	5	6	7	8	9
ト	−	0	1	2	3	4	5	6	7	8	9
ナ	−	0	1	2	3	4	5	6	7	8	9
ニ	−	0	1	2	3	4	5	6	7	8	9
ヌ	−	0	1	2	3	4	5	6	7	8	9

3	解答欄										
	−	0	1	2	3	4	5	6	7	8	9
ア	−	0	1	2	3	4	5	6	7	8	9
イ	−	0	1	2	3	4	5	6	7	8	9
ウ	−	0	1	2	3	4	5	6	7	8	9
エ	−	0	1	2	3	4	5	6	7	8	9
オ	−	0	1	2	3	4	5	6	7	8	9
カ	−	0	1	2	3	4	5	6	7	8	9
キ	−	0	1	2	3	4	5	6	7	8	9
ク	−	0	1	2	3	4	5	6	7	8	9
ケ	−	0	1	2	3	4	5	6	7	8	9
コ	−	0	1	2	3	4	5	6	7	8	9
サ	−	0	1	2	3	4	5	6	7	8	9
シ	−	0	1	2	3	4	5	6	7	8	9
ス	−	0	1	2	3	4	5	6	7	8	9
セ	−	0	1	2	3	4	5	6	7	8	9
ソ	−	0	1	2	3	4	5	6	7	8	9
タ	−	0	1	2	3	4	5	6	7	8	9
チ	−	0	1	2	3	4	5	6	7	8	9
ツ	−	0	1	2	3	4	5	6	7	8	9
テ	−	0	1	2	3	4	5	6	7	8	9
ト	−	0	1	2	3	4	5	6	7	8	9
ナ	−	0	1	2	3	4	5	6	7	8	9
ニ	−	0	1	2	3	4	5	6	7	8	9
ヌ	−	0	1	2	3	4	5	6	7	8	9

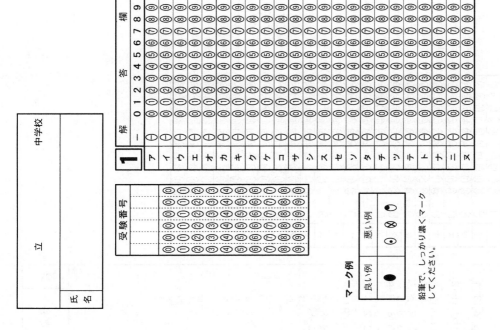

２０２２年度　浦和麗明高等学校　推薦　併願２回目

数学解答用紙　No. 2

4

	解			答						欄
	−	0	1	2	3	4	5	6	7	8	9
ア	−	0	1	2	3	4	5	6	7	8	9
イ	−	0	1	2	3	4	5	6	7	8	9
ウ	−	0	1	2	3	4	5	6	7	8	9
エ	−	0	1	2	3	4	5	6	7	8	9
オ	−	0	1	2	3	4	5	6	7	8	9
カ	−	0	1	2	3	4	5	6	7	8	9
キ	−	0	1	2	3	4	5	6	7	8	9
ク	−	0	1	2	3	4	5	6	7	8	9
ケ	−	0	1	2	3	4	5	6	7	8	9
コ	−	0	1	2	3	4	5	6	7	8	9
サ	−	0	1	2	3	4	5	6	7	8	9
シ	−	0	1	2	3	4	5	6	7	8	9
ス	−	0	1	2	3	4	5	6	7	8	9
セ	−	0	1	2	3	4	5	6	7	8	9
ソ	−	0	1	2	3	4	5	6	7	8	9
タ	−	0	1	2	3	4	5	6	7	8	9
チ	−	0	1	2	3	4	5	6	7	8	9
ツ	−	0	1	2	3	4	5	6	7	8	9
テ	−	0	1	2	3	4	5	6	7	8	9
ト	−	0	1	2	3	4	5	6	7	8	9
ナ	−	0	1	2	3	4	5	6	7	8	9
ニ	−	0	1	2	3	4	5	6	7	8	9
ヌ	−	0	1	2	3	4	5	6	7	8	9

5

	解			答						欄
	−	0	1	2	3	4	5	6	7	8	9
ア	−	0	1	2	3	4	5	6	7	8	9
イ	−	0	1	2	3	4	5	6	7	8	9
ウ	−	0	1	2	3	4	5	6	7	8	9
エ	−	0	1	2	3	4	5	6	7	8	9
オ	−	0	1	2	3	4	5	6	7	8	9
カ	−	0	1	2	3	4	5	6	7	8	9
キ	−	0	1	2	3	4	5	6	7	8	9
ク	−	0	1	2	3	4	5	6	7	8	9
ケ	−	0	1	2	3	4	5	6	7	8	9
コ	−	0	1	2	3	4	5	6	7	8	9
サ	−	0	1	2	3	4	5	6	7	8	9
シ	−	0	1	2	3	4	5	6	7	8	9
ス	−	0	1	2	3	4	5	6	7	8	9
セ	−	0	1	2	3	4	5	6	7	8	9
ソ	−	0	1	2	3	4	5	6	7	8	9
タ	−	0	1	2	3	4	5	6	7	8	9
チ	−	0	1	2	3	4	5	6	7	8	9
ツ	−	0	1	2	3	4	5	6	7	8	9
テ	−	0	1	2	3	4	5	6	7	8	9
ト	−	0	1	2	3	4	5	6	7	8	9
ナ	−	0	1	2	3	4	5	6	7	8	9
ニ	−	0	1	2	3	4	5	6	7	8	9
ヌ	−	0	1	2	3	4	5	6	7	8	9

6

	解			答						欄
	−	0	1	2	3	4	5	6	7	8	9
ア	−	0	1	2	3	4	5	6	7	8	9
イ	−	0	1	2	3	4	5	6	7	8	9
ウ	−	0	1	2	3	4	5	6	7	8	9
エ	−	0	1	2	3	4	5	6	7	8	9
オ	−	0	1	2	3	4	5	6	7	8	9
カ	−	0	1	2	3	4	5	6	7	8	9
キ	−	0	1	2	3	4	5	6	7	8	9
ク	−	0	1	2	3	4	5	6	7	8	9
ケ	−	0	1	2	3	4	5	6	7	8	9
コ	−	0	1	2	3	4	5	6	7	8	9
サ	−	0	1	2	3	4	5	6	7	8	9
シ	−	0	1	2	3	4	5	6	7	8	9
ス	−	0	1	2	3	4	5	6	7	8	9
セ	−	0	1	2	3	4	5	6	7	8	9
ソ	−	0	1	2	3	4	5	6	7	8	9
タ	−	0	1	2	3	4	5	6	7	8	9
チ	−	0	1	2	3	4	5	6	7	8	9
ツ	−	0	1	2	3	4	5	6	7	8	9
テ	−	0	1	2	3	4	5	6	7	8	9
ト	−	0	1	2	3	4	5	6	7	8	9
ナ	−	0	1	2	3	4	5	6	7	8	9
ニ	−	0	1	2	3	4	5	6	7	8	9
ヌ	−	0	1	2	3	4	5	6	7	8	9

（注）この解答用紙は実物を縮小してあります。Ｂ４用紙に128%拡大コピーすると、ほぼ実物大で使用できます。（タイトルと配点表は含みません）

学校配点	
1、2 各5点×8 3 (1)、(2) 各3点×3　(3) ケ 3点　コ、サ～ス 各4点×2 4 (1)、(2) 各6点×2　(3) 8点 5 (1)、(2) 各6点×2　(3) 8点	
100点	計

二〇二二年度　浦和麗明高等学校　推薦　併願二回目

国語解答用紙

評点	／100

氏名	

立	中学校

1. 記入欄・マーク欄以外には記入しないでください。
2. 鉛筆で、しっかり濃くマークしてください。
3. 間違った場合には、消しゴムで、きれいに消してください。

マーク例

良い例	●	悪い例	✓ ◉ ◐

受験番号					
⓪	⓪	⓪	⓪	⓪	⓪
①	①	①	①	①	①
②	②	②	②	②	②
③	③	③	③	③	③
④	④	④	④	④	④
⑤	⑤	⑤	⑤	⑤	⑤
⑥	⑥	⑥	⑥	⑥	⑥
⑦	⑦	⑦	⑦	⑦	⑦
⑧	⑧	⑧	⑧	⑧	⑧
⑨	⑨	⑨	⑨	⑨	⑨

問	解答欄				問	解答欄			
1	①	②	③	④	26	①	②	③	④
2	①	②	③	④	27	①	②	③	④
3	①	②	③	④	28	①	②	③	④
4	①	②	③	④	29	①	②	③	④
5	①	②	③	④	30	①	②	③	④
6	①	②	③	④	31	①	②	③	④
7	①	②	③	④	32	①	②	③	④
8	①	②	③	④	33	①	②	③	④
9	①	②	③	④	34	①	②	③	④
10	①	②	③	④	35	①	②	③	④
11	①	②	③	④	36	①	②	③	④
12	①	②	③	④	37	①	②	③	④
13	①	②	③	④	38	①	②	③	④
14	①	②	③	④	39	①	②	③	④
15	①	②	③	④	40	①	②	③	④
16	①	②	③	④	41	①	②	③	④
17	①	②	③	④	42	①	②	③	④
18	①	②	③	④	43	①	②	③	④
19	①	②	③	④	44	①	②	③	④
20	①	②	③	④	45	①	②	③	④
21	①	②	③	④	46	①	②	③	④
22	①	②	③	④	47	①	②	③	④
23	①	②	③	④	48	①	②	③	④
24	①	②	③	④	49	①	②	③	④
25	①	②	③	④	50	①	②	③	④

（注）この解答用紙は実物を縮小してあります。B4用紙に143％拡大コピーすると、ほぼ実物大で使用できます。（タイトルと配点表は含みません）

学校配点		計
	一 問1，問2　各3点×2　問3　4点　問4　2点　問5　3点　問6　4点 問7　3点　問8，問9　各4点×2　問10　5点　二 問11　2点 問12，問13　各3点×2　問14　2点　問15　3点　問16　4点　問17　3点 問18，問19　各4点×2　問20　5点　問21　2点　三 問22～問24　各3点×3 問25，問26　各4点×2　問27　5点　問28　3点　問29　5点	100点

２０２１年度　浦和麗明高等学校　推薦　単願・併願１回目

英語解答用紙

評点	／100

氏名	

立	中学校

受験番号					
⓪	⓪	⓪	⓪	⓪	⓪
①	①	①	①	①	①
②	②	②	②	②	②
③	③	③	③	③	③
④	④	④	④	④	④
⑤	⑤	⑤	⑤	⑤	⑤
⑥	⑥	⑥	⑥	⑥	⑥
⑦	⑦	⑦	⑦	⑦	⑦
⑧	⑧	⑧	⑧	⑧	⑧
⑨	⑨	⑨	⑨	⑨	⑨

1. 記入欄・マーク欄以外には記入しないでください。
2. 鉛筆で、しっかり濃くマークしてください。
3. 間違った場合には、消しゴムで、きれいに消してください。

マーク例

良い例	●	悪い例	✓ ⊙ ◐

問	解答欄			
1	①	②	③	④
2	①	②	③	④
3	①	②	③	④
4	①	②	③	④
5	①	②	③	④
6	①	②	③	④
7	①	②	③	④
8	①	②	③	④
9	①	②	③	④
10	①	②	③	④
11	①	②	③	④
12	①	②	③	④
13	①	②	③	④
14	①	②	③	④
15	①	②	③	④
16	①	②	③	④
17	①	②	③	④
18	①	②	③	④
19	①	②	③	④
20	①	②	③	④
21	①	②	③	④
22	①	②	③	④
23	①	②	③	④
24	①	②	③	④
25	①	②	③	④

問	解答欄			
26	①	②	③	④
27	①	②	③	④
28	①	②	③	④
29	①	②	③	④
30	①	②	③	④
31	①	②	③	④
32	①	②	③	④
33	①	②	③	④
34	①	②	③	④
35	①	②	③	④
36	①	②	③	④
37	①	②	③	④
38	①	②	③	④
39	①	②	③	④
40	①	②	③	④
41	①	②	③	④
42	①	②	③	④
43	①	②	③	④
44	①	②	③	④
45	①	②	③	④
46	①	②	③	④
47	①	②	③	④
48	①	②	③	④
49	①	②	③	④
50	①	②	③	④

（注）この解答用紙は実物を縮小してあります。B４用紙に143％拡大コピーすると、ほぼ実物大で使用できます。（タイトルと配点表は含みません）

学校配点	1, 2 各１点×６　3, 4 各２点×15　5 各３点×５ 6 問27, 問28　各２点×２　問29　３点　問30, 問31　各４点×２ 問32, 問33　各５点×２　7 問34, 問35　各２点×２　問36　３点 問37～問39　各４点×３　問40　５点	計 100点

2021年度　浦和麗明高等学校　推薦　単願・併願1回目

数学解答用紙　No. 1

評点
/100

立　　　　　中学校	
氏名	

受験番号					
⓪	⓪	⓪	⓪	⓪	⓪
①	①	①	①	①	①
②	②	②	②	②	②
③	③	③	③	③	③
④	④	④	④	④	④
⑤	⑤	⑤	⑤	⑤	⑤
⑥	⑥	⑥	⑥	⑥	⑥
⑦	⑦	⑦	⑦	⑦	⑦
⑧	⑧	⑧	⑧	⑧	⑧
⑨	⑨	⑨	⑨	⑨	⑨

マーク例

良い例	悪い例
●	⊙ ⊗ ◓

鉛筆で、しっかり濃くマークしてください。

1

	解				答						欄
	−	0	1	2	3	4	5	6	7	8	9
ア	⊖	⓪	①	②	③	④	⑤	⑥	⑦	⑧	⑨
イ	⊖	⓪	①	②	③	④	⑤	⑥	⑦	⑧	⑨
ウ	⊖	⓪	①	②	③	④	⑤	⑥	⑦	⑧	⑨
エ	⊖	⓪	①	②	③	④	⑤	⑥	⑦	⑧	⑨
オ	⊖	⓪	①	②	③	④	⑤	⑥	⑦	⑧	⑨
カ	⊖	⓪	①	②	③	④	⑤	⑥	⑦	⑧	⑨
キ	⊖	⓪	①	②	③	④	⑤	⑥	⑦	⑧	⑨
ク	⊖	⓪	①	②	③	④	⑤	⑥	⑦	⑧	⑨
ケ	⊖	⓪	①	②	③	④	⑤	⑥	⑦	⑧	⑨
コ	⊖	⓪	①	②	③	④	⑤	⑥	⑦	⑧	⑨
サ	⊖	⓪	①	②	③	④	⑤	⑥	⑦	⑧	⑨
シ	⊖	⓪	①	②	③	④	⑤	⑥	⑦	⑧	⑨
ス	⊖	⓪	①	②	③	④	⑤	⑥	⑦	⑧	⑨
セ	⊖	⓪	①	②	③	④	⑤	⑥	⑦	⑧	⑨
ソ	⊖	⓪	①	②	③	④	⑤	⑥	⑦	⑧	⑨
タ	⊖	⓪	①	②	③	④	⑤	⑥	⑦	⑧	⑨
チ	⊖	⓪	①	②	③	④	⑤	⑥	⑦	⑧	⑨
ツ	⊖	⓪	①	②	③	④	⑤	⑥	⑦	⑧	⑨
テ	⊖	⓪	①	②	③	④	⑤	⑥	⑦	⑧	⑨
ト	⊖	⓪	①	②	③	④	⑤	⑥	⑦	⑧	⑨
ナ	⊖	⓪	①	②	③	④	⑤	⑥	⑦	⑧	⑨
ニ	⊖	⓪	①	②	③	④	⑤	⑥	⑦	⑧	⑨
ヌ	⊖	⓪	①	②	③	④	⑤	⑥	⑦	⑧	⑨

2

	解				答						欄
	−	0	1	2	3	4	5	6	7	8	9
ア	⊖	⓪	①	②	③	④	⑤	⑥	⑦	⑧	⑨
イ	⊖	⓪	①	②	③	④	⑤	⑥	⑦	⑧	⑨
ウ	⊖	⓪	①	②	③	④	⑤	⑥	⑦	⑧	⑨
エ	⊖	⓪	①	②	③	④	⑤	⑥	⑦	⑧	⑨
オ	⊖	⓪	①	②	③	④	⑤	⑥	⑦	⑧	⑨
カ	⊖	⓪	①	②	③	④	⑤	⑥	⑦	⑧	⑨
キ	⊖	⓪	①	②	③	④	⑤	⑥	⑦	⑧	⑨
ク	⊖	⓪	①	②	③	④	⑤	⑥	⑦	⑧	⑨
ケ	⊖	⓪	①	②	③	④	⑤	⑥	⑦	⑧	⑨
コ	⊖	⓪	①	②	③	④	⑤	⑥	⑦	⑧	⑨
サ	⊖	⓪	①	②	③	④	⑤	⑥	⑦	⑧	⑨
シ	⊖	⓪	①	②	③	④	⑤	⑥	⑦	⑧	⑨
ス	⊖	⓪	①	②	③	④	⑤	⑥	⑦	⑧	⑨
セ	⊖	⓪	①	②	③	④	⑤	⑥	⑦	⑧	⑨
ソ	⊖	⓪	①	②	③	④	⑤	⑥	⑦	⑧	⑨
タ	⊖	⓪	①	②	③	④	⑤	⑥	⑦	⑧	⑨
チ	⊖	⓪	①	②	③	④	⑤	⑥	⑦	⑧	⑨
ツ	⊖	⓪	①	②	③	④	⑤	⑥	⑦	⑧	⑨
テ	⊖	⓪	①	②	③	④	⑤	⑥	⑦	⑧	⑨
ト	⊖	⓪	①	②	③	④	⑤	⑥	⑦	⑧	⑨
ナ	⊖	⓪	①	②	③	④	⑤	⑥	⑦	⑧	⑨
ニ	⊖	⓪	①	②	③	④	⑤	⑥	⑦	⑧	⑨
ヌ	⊖	⓪	①	②	③	④	⑤	⑥	⑦	⑧	⑨

3

	解				答						欄
	−	0	1	2	3	4	5	6	7	8	9
ア	⊖	⓪	①	②	③	④	⑤	⑥	⑦	⑧	⑨
イ	⊖	⓪	①	②	③	④	⑤	⑥	⑦	⑧	⑨
ウ	⊖	⓪	①	②	③	④	⑤	⑥	⑦	⑧	⑨
エ	⊖	⓪	①	②	③	④	⑤	⑥	⑦	⑧	⑨
オ	⊖	⓪	①	②	③	④	⑤	⑥	⑦	⑧	⑨
カ	⊖	⓪	①	②	③	④	⑤	⑥	⑦	⑧	⑨
キ	⊖	⓪	①	②	③	④	⑤	⑥	⑦	⑧	⑨
ク	⊖	⓪	①	②	③	④	⑤	⑥	⑦	⑧	⑨
ケ	⊖	⓪	①	②	③	④	⑤	⑥	⑦	⑧	⑨
コ	⊖	⓪	①	②	③	④	⑤	⑥	⑦	⑧	⑨
サ	⊖	⓪	①	②	③	④	⑤	⑥	⑦	⑧	⑨
シ	⊖	⓪	①	②	③	④	⑤	⑥	⑦	⑧	⑨
ス	⊖	⓪	①	②	③	④	⑤	⑥	⑦	⑧	⑨
セ	⊖	⓪	①	②	③	④	⑤	⑥	⑦	⑧	⑨
ソ	⊖	⓪	①	②	③	④	⑤	⑥	⑦	⑧	⑨
タ	⊖	⓪	①	②	③	④	⑤	⑥	⑦	⑧	⑨
チ	⊖	⓪	①	②	③	④	⑤	⑥	⑦	⑧	⑨
ツ	⊖	⓪	①	②	③	④	⑤	⑥	⑦	⑧	⑨
テ	⊖	⓪	①	②	③	④	⑤	⑥	⑦	⑧	⑨
ト	⊖	⓪	①	②	③	④	⑤	⑥	⑦	⑧	⑨
ナ	⊖	⓪	①	②	③	④	⑤	⑥	⑦	⑧	⑨
ニ	⊖	⓪	①	②	③	④	⑤	⑥	⑦	⑧	⑨
ヌ	⊖	⓪	①	②	③	④	⑤	⑥	⑦	⑧	⑨

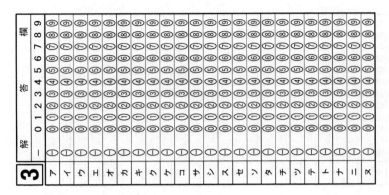

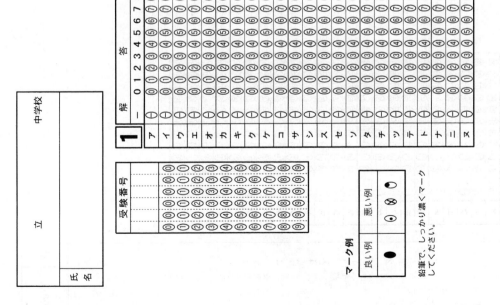

2021年度　浦和麗明高等学校　推薦　単願・併願1回目

数学解答用紙　No. 2

4

解答欄	−	0	1	2	3	4	5	6	7	8	9
ア	⊖	⓪	①	②	③	④	⑤	⑥	⑦	⑧	⑨
イ	⊖	⓪	①	②	③	④	⑤	⑥	⑦	⑧	⑨
ウ	⊖	⓪	①	②	③	④	⑤	⑥	⑦	⑧	⑨
エ	⊖	⓪	①	②	③	④	⑤	⑥	⑦	⑧	⑨
オ	⊖	⓪	①	②	③	④	⑤	⑥	⑦	⑧	⑨
カ	⊖	⓪	①	②	③	④	⑤	⑥	⑦	⑧	⑨
キ	⊖	⓪	①	②	③	④	⑤	⑥	⑦	⑧	⑨
ク	⊖	⓪	①	②	③	④	⑤	⑥	⑦	⑧	⑨
ケ	⊖	⓪	①	②	③	④	⑤	⑥	⑦	⑧	⑨
コ	⊖	⓪	①	②	③	④	⑤	⑥	⑦	⑧	⑨
サ	⊖	⓪	①	②	③	④	⑤	⑥	⑦	⑧	⑨
シ	⊖	⓪	①	②	③	④	⑤	⑥	⑦	⑧	⑨
ス	⊖	⓪	①	②	③	④	⑤	⑥	⑦	⑧	⑨
セ	⊖	⓪	①	②	③	④	⑤	⑥	⑦	⑧	⑨
ソ	⊖	⓪	①	②	③	④	⑤	⑥	⑦	⑧	⑨
タ	⊖	⓪	①	②	③	④	⑤	⑥	⑦	⑧	⑨
チ	⊖	⓪	①	②	③	④	⑤	⑥	⑦	⑧	⑨
ツ	⊖	⓪	①	②	③	④	⑤	⑥	⑦	⑧	⑨
テ	⊖	⓪	①	②	③	④	⑤	⑥	⑦	⑧	⑨
ト	⊖	⓪	①	②	③	④	⑤	⑥	⑦	⑧	⑨
ナ	⊖	⓪	①	②	③	④	⑤	⑥	⑦	⑧	⑨
ニ	⊖	⓪	①	②	③	④	⑤	⑥	⑦	⑧	⑨
ヌ	⊖	⓪	①	②	③	④	⑤	⑥	⑦	⑧	⑨

5

解答欄	−	0	1	2	3	4	5	6	7	8	9
ア	⊖	⓪	①	②	③	④	⑤	⑥	⑦	⑧	⑨
イ	⊖	⓪	①	②	③	④	⑤	⑥	⑦	⑧	⑨
ウ	⊖	⓪	①	②	③	④	⑤	⑥	⑦	⑧	⑨
エ	⊖	⓪	①	②	③	④	⑤	⑥	⑦	⑧	⑨
オ	⊖	⓪	①	②	③	④	⑤	⑥	⑦	⑧	⑨
カ	⊖	⓪	①	②	③	④	⑤	⑥	⑦	⑧	⑨
キ	⊖	⓪	①	②	③	④	⑤	⑥	⑦	⑧	⑨
ク	⊖	⓪	①	②	③	④	⑤	⑥	⑦	⑧	⑨
ケ	⊖	⓪	①	②	③	④	⑤	⑥	⑦	⑧	⑨
コ	⊖	⓪	①	②	③	④	⑤	⑥	⑦	⑧	⑨
サ	⊖	⓪	①	②	③	④	⑤	⑥	⑦	⑧	⑨
シ	⊖	⓪	①	②	③	④	⑤	⑥	⑦	⑧	⑨
ス	⊖	⓪	①	②	③	④	⑤	⑥	⑦	⑧	⑨
セ	⊖	⓪	①	②	③	④	⑤	⑥	⑦	⑧	⑨
ソ	⊖	⓪	①	②	③	④	⑤	⑥	⑦	⑧	⑨
タ	⊖	⓪	①	②	③	④	⑤	⑥	⑦	⑧	⑨
チ	⊖	⓪	①	②	③	④	⑤	⑥	⑦	⑧	⑨
ツ	⊖	⓪	①	②	③	④	⑤	⑥	⑦	⑧	⑨
テ	⊖	⓪	①	②	③	④	⑤	⑥	⑦	⑧	⑨
ト	⊖	⓪	①	②	③	④	⑤	⑥	⑦	⑧	⑨
ナ	⊖	⓪	①	②	③	④	⑤	⑥	⑦	⑧	⑨
ニ	⊖	⓪	①	②	③	④	⑤	⑥	⑦	⑧	⑨
ヌ	⊖	⓪	①	②	③	④	⑤	⑥	⑦	⑧	⑨

6

解答欄	−	0	1	2	3	4	5	6	7	8	9
ア	⊖	⓪	①	②	③	④	⑤	⑥	⑦	⑧	⑨
イ	⊖	⓪	①	②	③	④	⑤	⑥	⑦	⑧	⑨
ウ	⊖	⓪	①	②	③	④	⑤	⑥	⑦	⑧	⑨
エ	⊖	⓪	①	②	③	④	⑤	⑥	⑦	⑧	⑨
オ	⊖	⓪	①	②	③	④	⑤	⑥	⑦	⑧	⑨
カ	⊖	⓪	①	②	③	④	⑤	⑥	⑦	⑧	⑨
キ	⊖	⓪	①	②	③	④	⑤	⑥	⑦	⑧	⑨
ク	⊖	⓪	①	②	③	④	⑤	⑥	⑦	⑧	⑨
ケ	⊖	⓪	①	②	③	④	⑤	⑥	⑦	⑧	⑨
コ	⊖	⓪	①	②	③	④	⑤	⑥	⑦	⑧	⑨
サ	⊖	⓪	①	②	③	④	⑤	⑥	⑦	⑧	⑨
シ	⊖	⓪	①	②	③	④	⑤	⑥	⑦	⑧	⑨
ス	⊖	⓪	①	②	③	④	⑤	⑥	⑦	⑧	⑨
セ	⊖	⓪	①	②	③	④	⑤	⑥	⑦	⑧	⑨
ソ	⊖	⓪	①	②	③	④	⑤	⑥	⑦	⑧	⑨
タ	⊖	⓪	①	②	③	④	⑤	⑥	⑦	⑧	⑨
チ	⊖	⓪	①	②	③	④	⑤	⑥	⑦	⑧	⑨
ツ	⊖	⓪	①	②	③	④	⑤	⑥	⑦	⑧	⑨
テ	⊖	⓪	①	②	③	④	⑤	⑥	⑦	⑧	⑨
ト	⊖	⓪	①	②	③	④	⑤	⑥	⑦	⑧	⑨
ナ	⊖	⓪	①	②	③	④	⑤	⑥	⑦	⑧	⑨
ニ	⊖	⓪	①	②	③	④	⑤	⑥	⑦	⑧	⑨
ヌ	⊖	⓪	①	②	③	④	⑤	⑥	⑦	⑧	⑨

（注）この解答用紙は実物を縮小してあります。Ｂ４用紙に128％拡大コピーすると、ほぼ実物大で使用できます。（タイトルと配点表は含みません）

学校配点

1 (1) 各2点×2　(2)～(5) 各4点×4
2 (1) 各2点×2　(2) 4点　(3)、(4) 各2点×4　(5) 4点
3 各4点×5
4～6 各5点×8

計	100点

二〇二一年度　浦和麗明高等学校　推薦　単願・併願一回目

国語解答用紙

評点	／100

氏名	

立	中学校

1. 記入欄・マーク欄以外には記入しないでください。
2. 鉛筆で、しっかり濃くマークしてください。
3. 間違った場合には、消しゴムで、きれいに消してください。

マーク例

良い例	●	悪い例	✓ ⦿ ◐

受験番号					
⓪	⓪	⓪	⓪	⓪	⓪
①	①	①	①	①	①
②	②	②	②	②	②
③	③	③	③	③	③
④	④	④	④	④	④
⑤	⑤	⑤	⑤	⑤	⑤
⑥	⑥	⑥	⑥	⑥	⑥
⑦	⑦	⑦	⑦	⑦	⑦
⑧	⑧	⑧	⑧	⑧	⑧
⑨	⑨	⑨	⑨	⑨	⑨

問	解答欄			
1	①	②	③	④
2	①	②	③	④
3	①	②	③	④
4	①	②	③	④
5	①	②	③	④
6	①	②	③	④
7	①	②	③	④
8	①	②	③	④
9	①	②	③	④
10	①	②	③	④
11	①	②	③	④
12	①	②	③	④
13	①	②	③	④
14	①	②	③	④
15	①	②	③	④
16	①	②	③	④
17	①	②	③	④
18	①	②	③	④
19	①	②	③	④
20	①	②	③	④
21	①	②	③	④
22	①	②	③	④
23	①	②	③	④
24	①	②	③	④
25	①	②	③	④

問	解答欄			
26	①	②	③	④
27	①	②	③	④
28	①	②	③	④
29	①	②	③	④
30	①	②	③	④
31	①	②	③	④
32	①	②	③	④
33	①	②	③	④
34	①	②	③	④
35	①	②	③	④
36	①	②	③	④
37	①	②	③	④
38	①	②	③	④
39	①	②	③	④
40	①	②	③	④
41	①	②	③	④
42	①	②	③	④
43	①	②	③	④
44	①	②	③	④
45	①	②	③	④
46	①	②	③	④
47	①	②	③	④
48	①	②	③	④
49	①	②	③	④
50	①	②	③	④

（注）この解答用紙は実物を縮小してあります。Ｂ４用紙に143％拡大コピーすると、ほぼ実物大で使用できます。（タイトルと配点表は含みません）

学校配点		計
	一 問１～問３　各４点×３　問４～問６　各３点×３　問７　４点 問８　２点　問９　３点　問10　４点　二 問11　４点　問12　３点 問13　４点　問14，問15　各３点×２　問16　２点　問17　４点 問18，問19　各３点×２　問20　４点　問21　３点　三 問22　４点 問23　５点　問24，問25　各４点×２　問26　５点　問27，問28　各４点×２	100点

２０２１年度　浦和麗明高等学校　推薦　併願２回目

英語解答用紙

評点	／100

氏名	

立	中学校

1. 記入欄・マーク欄以外には記入しないでください。
2. 鉛筆で、しっかり濃くマークしてください。
3. 間違った場合には、消しゴムで、きれいに消してください。

マーク例

良い例	●	悪い例	✓ ⊙ ◐

受験番号					
0	0	0	0	0	0
1	1	1	1	1	1
2	2	2	2	2	2
3	3	3	3	3	3
4	4	4	4	4	4
5	5	5	5	5	5
6	6	6	6	6	6
7	7	7	7	7	7
8	8	8	8	8	8
9	9	9	9	9	9

問	解答欄			
1	①	②	③	④
2	①	②	③	④
3	①	②	③	④
4	①	②	③	④
5	①	②	③	④
6	①	②	③	④
7	①	②	③	④
8	①	②	③	④
9	①	②	③	④
10	①	②	③	④
11	①	②	③	④
12	①	②	③	④
13	①	②	③	④
14	①	②	③	④
15	①	②	③	④
16	①	②	③	④
17	①	②	③	④
18	①	②	③	④
19	①	②	③	④
20	①	②	③	④
21	①	②	③	④
22	①	②	③	④
23	①	②	③	④
24	①	②	③	④
25	①	②	③	④

問	解答欄			
26	①	②	③	④
27	①	②	③	④
28	①	②	③	④
29	①	②	③	④
30	①	②	③	④
31	①	②	③	④
32	①	②	③	④
33	①	②	③	④
34	①	②	③	④
35	①	②	③	④
36	①	②	③	④
37	①	②	③	④
38	①	②	③	④
39	①	②	③	④
40	①	②	③	④
41	①	②	③	④
42	①	②	③	④
43	①	②	③	④
44	①	②	③	④
45	①	②	③	④
46	①	②	③	④
47	①	②	③	④
48	①	②	③	④
49	①	②	③	④
50	①	②	③	④

（注）この解答用紙は実物を縮小してあります。B４用紙に143％拡大コピーすると、ほぼ実物大で使用できます。（タイトルと配点表は含みません）

学校配点		計
	1，2　各１点×６　　3，4　各２点×15　　5　各３点×５ 6　問27～問29　各２点×３　問30　３点　問31　５点　問32　４点　問33　５点 7　問34　４点　問35　２点　問36　５点　問37，問38　各３点×２　問39　４点 問40　５点	100点

2021年度 浦和麗明高等学校 推薦 併願2回目

数学解答用紙 No.1

	立	中学校
氏名		

受験番号

0	0	0	0	0	0
1	1	1	1	1	1
2	2	2	2	2	2
3	3	3	3	3	3
4	4	4	4	4	4
5	5	5	5	5	5
6	6	6	6	6	6
7	7	7	7	7	7
8	8	8	8	8	8
9	9	9	9	9	9

マーク例

良い例	悪い例
●	⊙ ⊗ ◐

鉛筆で、しっかり濃くマークしてください。

1 解答欄

	−	0	1	2	3	4	5	6	7	8	9
ア	−	0	1	2	3	4	5	6	7	8	9
イ	−	0	1	2	3	4	5	6	7	8	9
ウ	−	0	1	2	3	4	5	6	7	8	9
エ	−	0	1	2	3	4	5	6	7	8	9
オ	−	0	1	2	3	4	5	6	7	8	9
カ	−	0	1	2	3	4	5	6	7	8	9
キ	−	0	1	2	3	4	5	6	7	8	9
ク	−	0	1	2	3	4	5	6	7	8	9
ケ	−	0	1	2	3	4	5	6	7	8	9
コ	−	0	1	2	3	4	5	6	7	8	9
サ	−	0	1	2	3	4	5	6	7	8	9
シ	−	0	1	2	3	4	5	6	7	8	9
ス	−	0	1	2	3	4	5	6	7	8	9
セ	−	0	1	2	3	4	5	6	7	8	9
ソ	−	0	1	2	3	4	5	6	7	8	9
タ	−	0	1	2	3	4	5	6	7	8	9
チ	−	0	1	2	3	4	5	6	7	8	9
ツ	−	0	1	2	3	4	5	6	7	8	9
テ	−	0	1	2	3	4	5	6	7	8	9
ト	−	0	1	2	3	4	5	6	7	8	9
ナ	−	0	1	2	3	4	5	6	7	8	9
ニ	−	0	1	2	3	4	5	6	7	8	9
ヌ	−	0	1	2	3	4	5	6	7	8	9

2 解答欄

	−	0	1	2	3	4	5	6	7	8	9
ア	−	0	1	2	3	4	5	6	7	8	9
イ	−	0	1	2	3	4	5	6	7	8	9
ウ	−	0	1	2	3	4	5	6	7	8	9
エ	−	0	1	2	3	4	5	6	7	8	9
オ	−	0	1	2	3	4	5	6	7	8	9
カ	−	0	1	2	3	4	5	6	7	8	9
キ	−	0	1	2	3	4	5	6	7	8	9
ク	−	0	1	2	3	4	5	6	7	8	9
ケ	−	0	1	2	3	4	5	6	7	8	9
コ	−	0	1	2	3	4	5	6	7	8	9
サ	−	0	1	2	3	4	5	6	7	8	9
シ	−	0	1	2	3	4	5	6	7	8	9
ス	−	0	1	2	3	4	5	6	7	8	9
セ	−	0	1	2	3	4	5	6	7	8	9
ソ	−	0	1	2	3	4	5	6	7	8	9
タ	−	0	1	2	3	4	5	6	7	8	9
チ	−	0	1	2	3	4	5	6	7	8	9
ツ	−	0	1	2	3	4	5	6	7	8	9
テ	−	0	1	2	3	4	5	6	7	8	9
ト	−	0	1	2	3	4	5	6	7	8	9
ナ	−	0	1	2	3	4	5	6	7	8	9
ニ	−	0	1	2	3	4	5	6	7	8	9
ヌ	−	0	1	2	3	4	5	6	7	8	9

3 解答欄

	−	0	1	2	3	4	5	6	7	8	9
ア	−	0	1	2	3	4	5	6	7	8	9
イ	−	0	1	2	3	4	5	6	7	8	9
ウ	−	0	1	2	3	4	5	6	7	8	9
エ	−	0	1	2	3	4	5	6	7	8	9
オ	−	0	1	2	3	4	5	6	7	8	9
カ	−	0	1	2	3	4	5	6	7	8	9
キ	−	0	1	2	3	4	5	6	7	8	9
ク	−	0	1	2	3	4	5	6	7	8	9
ケ	−	0	1	2	3	4	5	6	7	8	9
コ	−	0	1	2	3	4	5	6	7	8	9
サ	−	0	1	2	3	4	5	6	7	8	9
シ	−	0	1	2	3	4	5	6	7	8	9
ス	−	0	1	2	3	4	5	6	7	8	9
セ	−	0	1	2	3	4	5	6	7	8	9
ソ	−	0	1	2	3	4	5	6	7	8	9
タ	−	0	1	2	3	4	5	6	7	8	9
チ	−	0	1	2	3	4	5	6	7	8	9
ツ	−	0	1	2	3	4	5	6	7	8	9
テ	−	0	1	2	3	4	5	6	7	8	9
ト	−	0	1	2	3	4	5	6	7	8	9
ナ	−	0	1	2	3	4	5	6	7	8	9
ニ	−	0	1	2	3	4	5	6	7	8	9
ヌ	−	0	1	2	3	4	5	6	7	8	9

評点 /100

2021年度 浦和麗明高等学校 推薦 併願2回目

数学解答用紙 No.2

4 解答欄

	−	0	1	2	3	4	5	6	7	8	9
ア	−	0	1	2	3	4	5	6	7	8	9
イ	−	0	1	2	3	4	5	6	7	8	9
ウ	−	0	1	2	3	4	5	6	7	8	9
エ	−	0	1	2	3	4	5	6	7	8	9
オ	−	0	1	2	3	4	5	6	7	8	9
カ	−	0	1	2	3	4	5	6	7	8	9
キ	−	0	1	2	3	4	5	6	7	8	9
ク	−	0	1	2	3	4	5	6	7	8	9
ケ	−	0	1	2	3	4	5	6	7	8	9
コ	−	0	1	2	3	4	5	6	7	8	9
サ	−	0	1	2	3	4	5	6	7	8	9
シ	−	0	1	2	3	4	5	6	7	8	9
ス	−	0	1	2	3	4	5	6	7	8	9
セ	−	0	1	2	3	4	5	6	7	8	9
ソ	−	0	1	2	3	4	5	6	7	8	9
タ	−	0	1	2	3	4	5	6	7	8	9
チ	−	0	1	2	3	4	5	6	7	8	9
ツ	−	0	1	2	3	4	5	6	7	8	9
テ	−	0	1	2	3	4	5	6	7	8	9
ト	−	0	1	2	3	4	5	6	7	8	9
ナ	−	0	1	2	3	4	5	6	7	8	9
ニ	−	0	1	2	3	4	5	6	7	8	9
ヌ	−	0	1	2	3	4	5	6	7	8	9

5 解答欄

	−	0	1	2	3	4	5	6	7	8	9
ア	−	0	1	2	3	4	5	6	7	8	9
イ	−	0	1	2	3	4	5	6	7	8	9
ウ	−	0	1	2	3	4	5	6	7	8	9
エ	−	0	1	2	3	4	5	6	7	8	9
オ	−	0	1	2	3	4	5	6	7	8	9
カ	−	0	1	2	3	4	5	6	7	8	9
キ	−	0	1	2	3	4	5	6	7	8	9
ク	−	0	1	2	3	4	5	6	7	8	9
ケ	−	0	1	2	3	4	5	6	7	8	9
コ	−	0	1	2	3	4	5	6	7	8	9
サ	−	0	1	2	3	4	5	6	7	8	9
シ	−	0	1	2	3	4	5	6	7	8	9
ス	−	0	1	2	3	4	5	6	7	8	9
セ	−	0	1	2	3	4	5	6	7	8	9
ソ	−	0	1	2	3	4	5	6	7	8	9
タ	−	0	1	2	3	4	5	6	7	8	9
チ	−	0	1	2	3	4	5	6	7	8	9
ツ	−	0	1	2	3	4	5	6	7	8	9
テ	−	0	1	2	3	4	5	6	7	8	9
ト	−	0	1	2	3	4	5	6	7	8	9
ナ	−	0	1	2	3	4	5	6	7	8	9
ニ	−	0	1	2	3	4	5	6	7	8	9
ヌ	−	0	1	2	3	4	5	6	7	8	9

6 解答欄

	−	0	1	2	3	4	5	6	7	8	9
ア	−	0	1	2	3	4	5	6	7	8	9
イ	−	0	1	2	3	4	5	6	7	8	9
ウ	−	0	1	2	3	4	5	6	7	8	9
エ	−	0	1	2	3	4	5	6	7	8	9
オ	−	0	1	2	3	4	5	6	7	8	9
カ	−	0	1	2	3	4	5	6	7	8	9
キ	−	0	1	2	3	4	5	6	7	8	9
ク	−	0	1	2	3	4	5	6	7	8	9
ケ	−	0	1	2	3	4	5	6	7	8	9
コ	−	0	1	2	3	4	5	6	7	8	9
サ	−	0	1	2	3	4	5	6	7	8	9
シ	−	0	1	2	3	4	5	6	7	8	9
ス	−	0	1	2	3	4	5	6	7	8	9
セ	−	0	1	2	3	4	5	6	7	8	9
ソ	−	0	1	2	3	4	5	6	7	8	9
タ	−	0	1	2	3	4	5	6	7	8	9
チ	−	0	1	2	3	4	5	6	7	8	9
ツ	−	0	1	2	3	4	5	6	7	8	9
テ	−	0	1	2	3	4	5	6	7	8	9
ト	−	0	1	2	3	4	5	6	7	8	9
ナ	−	0	1	2	3	4	5	6	7	8	9
ニ	−	0	1	2	3	4	5	6	7	8	9
ヌ	−	0	1	2	3	4	5	6	7	8	9

学校配点

1 各4点×5
2 (1) 各2点×2 (2) 4点 (3)、(4) 各2点×4 (5) 4点
3、4 各4点×10 5 各5点×2
6 (1) ア、イ 各1点×2 ウエ 3点 (2) 5点

100点	計

二〇二一年度　浦和麗明高等学校　推薦　併願二回目

国語解答用紙

評点	／100

氏名	

立	中学校

1. 記入欄・マーク欄以外には記入しないでください。
2. 鉛筆で、しっかり濃くマークしてください。
3. 間違った場合には、消しゴムで、きれいに消してください。

マーク例

良い例	●	悪い例	✓ ⊙ ◐

受験番号					
⓪	⓪	⓪	⓪	⓪	⓪
①	①	①	①	①	①
②	②	②	②	②	②
③	③	③	③	③	③
④	④	④	④	④	④
⑤	⑤	⑤	⑤	⑤	⑤
⑥	⑥	⑥	⑥	⑥	⑥
⑦	⑦	⑦	⑦	⑦	⑦
⑧	⑧	⑧	⑧	⑧	⑧
⑨	⑨	⑨	⑨	⑨	⑨

問	解答欄			
1	①	②	③	④
2	①	②	③	④
3	①	②	③	④
4	①	②	③	④
5	①	②	③	④
6	①	②	③	④
7	①	②	③	④
8	①	②	③	④
9	①	②	③	④
10	①	②	③	④
11	①	②	③	④
12	①	②	③	④
13	①	②	③	④
14	①	②	③	④
15	①	②	③	④
16	①	②	③	④
17	①	②	③	④
18	①	②	③	④
19	①	②	③	④
20	①	②	③	④
21	①	②	③	④
22	①	②	③	④
23	①	②	③	④
24	①	②	③	④
25	①	②	③	④

問	解答欄			
26	①	②	③	④
27	①	②	③	④
28	①	②	③	④
29	①	②	③	④
30	①	②	③	④
31	①	②	③	④
32	①	②	③	④
33	①	②	③	④
34	①	②	③	④
35	①	②	③	④
36	①	②	③	④
37	①	②	③	④
38	①	②	③	④
39	①	②	③	④
40	①	②	③	④
41	①	②	③	④
42	①	②	③	④
43	①	②	③	④
44	①	②	③	④
45	①	②	③	④
46	①	②	③	④
47	①	②	③	④
48	①	②	③	④
49	①	②	③	④
50	①	②	③	④

（注）この解答用紙は実物を縮小してあります。B4用紙に143％拡大コピーすると、ほぼ実物大で使用できます。（タイトルと配点表は含みません）

学校配点		計
学校配点	一 問1，問2　各3点×2　問3　2点　問4　4点　問5　3点　問6　4点　問7　3点　問8～問10　各4点×3　二 問11，問12　各3点×2　問13，問14　各4点×2　問15　3点　問16　4点　問17　2点　問18，問19　各3点×2　問20　4点　問21　3点　三 問22，問23　各3点×2　問24　5点　問25　3点　問26　5点　問27，問28　各4点×2　問29　3点	100点